AU MOYEN DU MOYEN ÂGE

Du même auteur

ESSAIS

Le Restant. Supplément aux commentaires du Ménon *de Platon*, Paris, Vrin / Les Belles Lettres, 1978 (rééd. Vrin, 1998).

Du temps chez Platon et Aristote. Quatre études, Paris, PUF, 1982 (rééd. 1995, 2003).

Aristote et la question du monde. Essai sur le contexte cosmologique et anthropologique de l'ontologie, Paris, PUF, 1988 (rééd. 2001).

Europe, la voie romaine, Paris, Criterion, 1992 (rééd. 1993 ; rééd. Gallimard, « Folio-Essais », 1999).

(avec P. Koslowski) *Vaterland Europa. Europäische und nationale Identität im Konflikt*, Vienne, Passagen Verlag, 1997.

La Sagesse du monde. Histoire de l'expérience humaine de l'univers, Paris, Fayard, 1999 (rééd. LGF, « Biblio-Essais », 2002).

El passat per endavant, traduction catalane par J. Galí y Herrera, Barcelone, Barcelonesa d'Edicions, 2001 (recueil inédit en français).

La Loi de Dieu. Histoire philosophique d'une alliance, Paris, Gallimard, 2005 (rééd. Gallimard, « Folio-Essais », 2008).

Introduction au monde grec. Études d'histoire de la philosophie, Chatou, La Transparence, 2005 (rééd. Flammarion, « Champs », 2008).

Du Dieu des chrétiens et d'un ou deux autres, Paris, Flammarion, 2008.

Image Vagabonde. Essai sur l'imaginaire baudelairien, Chatou, La Transparence, 2008.

OUVRAGES COLLECTIFS DIRIGÉS PAR L'AUTEUR

(avec J.-F. Courtine) *Herméneutique et ontologie*, Mélanges en l'honneur de Pierre Aubenque à l'occasion de son 60e anniversaire, Paris, PUF, 1990.

Saint Bernard et la philosophie, PUF, Paris, 1993.

(avec T. Schabert) *Die Macht des Wortes*, Munich, Fink, 1996.

TRADUCTIONS

Leo Strauss, *Maïmonide*, Paris, PUF, 1988 (de l'allemand et de l'anglais).

Maïmonide, *Traité de logique*, Paris, Desclée De Brouwer, 1996 (de l'arabe).

Shlomo Pinès, *La Liberté de philosopher, de Maïmonide à Spinoza*, Paris, Desclée De Brouwer, 1997 (de l'hébreu et de l'anglais).

Thémistius, *Paraphrase de la* Métaphysique *d'Aristote (livre Lambda)*, Paris, Vrin, 1999 (de l'hébreu et de l'arabe).

Maïmonide, *Traité d'éthique (« Huit Chapitres »)*, Paris, Desclée De Brouwer, 2001 (de l'arabe).

Razi, *La Médecine spirituelle*, Paris, GF-Flammarion, 2003 (de l'arabe).

ÉDITIONS

Paul Kraus, *Alchemie, Ketzerei, Apokryphen im frühen Islam. Gesammelte Aufsätze*, Hildesheim, Olms, 1994.

Ignace Goldziher, *Sur l'Islam. Origines de la théologie musulmane*, Paris, Desclée De Brouwer, 2003.

Rémi Brague

AU MOYEN DU MOYEN ÂGE

Philosophies médiévales en chrétienté, judaïsme et islam

Nouvelle édition revue et corrigée

Champs essais

Ma traductrice américaine, Lydia Cochrane, qui avait déjà magnifiquement traduit mon La Loi de Dieu *pour les presses universitaires de Chicago, a relu mon texte avec tant de soin qu'elle y a découvert plusieurs erreurs, parfois graves, qui m'avaient échappé. Je les ai rectifiées dans cette seconde édition, non sans lui exprimer ma plus vive reconnaissance.*

ISBN 978-2-0812-1785-0
Dépôt légal – 1re édition : 2006, décembre

8, avenue des Pommerots, 78400 Chatou
www.latransparence.fr

Avant-propos

La plupart des textes à partir desquels j'ai composé ce recueil ont déjà été publiés dans des ouvrages collectifs ou des revues dont on trouvera les références à la fin du volume. Ils datent en leur grande majorité des dix dernières années, même si deux ou trois ont été écrits au début des années 1990.

Tous ont été retravaillés. Des traductions plus récentes ont été utilisées, quand je n'ai pas révisé les miennes propres. J'ai essayé au maximum d'harmoniser les références, et, à l'inverse, d'éliminer les répétitions ou de les réduire quand elles étaient inévitables.

Ces articles commencent donc au début de mon enseignement à l'Université Panthéon-Sorbonne (Paris I). J'y ai été chargé depuis le départ de M. Pierre Thillet, en 1990, de l'enseignement de la « philosophie de langue arabe ». J'ai pris cette dénomination au sens large, en y englobant non seulement les philosophes musulmans, mais tous ceux qui ont philosophé en langue arabe : ainsi, des Juifs comme Jehuda Halévi ou Maïmonide, voire des libres-penseurs comme Razi. De plus, j'ai mis l'accent sur une perspective comparatiste : même si les auteurs que j'explique à mes étudiants écrivaient en arabe, j'essaie de ne jamais perdre de vue leurs sources grecques, et ce qui s'était pensé, se pensait ou allait se penser aussi en latin et en hébreu.

Il en est de même dans ce livre. J'y étudie peu les philosophes chrétiens, juifs ou musulmans pris séparément, et davantage les interactions entre mondes philosophiques. Ceux-ci sont confrontés aux mêmes problèmes, sur lesquels ils donnent des solutions parfois étonnamment proches, quoique souvent modulées à partir de leur appartenance religieuse. Ils jettent parfois un furtif coup d'œil les uns sur les autres. Enfin, massivement, ils se transmettent soit l'héritage commun des Grecs, soit leurs propres acquis philosophiques.

J'ai choisi de commencer par un entretien. Le faux style oral propre à ce genre littéraire permettra peut-être au lecteur d'entrevoir un peu mieux qui parle. Son contenu constitue une sorte d'ouverture qui annonce les thèmes qui seront développés par les textes qui suivent.

J'examine ensuite les traits communs de la pensée médiévale, puis quelques thèmes qui traversent celle-ci. Je considère ensuite en quoi les mondes philosophiques médiévaux se distinguent les uns des autres sur certains thèmes centraux, et enfin comment ils sont sortis les uns des autres en se transmettant textes, problèmes et concepts.

Mon titre s'explique par le désir de ne pas prendre le Moyen Âge simplement comme un objet, mais de l'écouter comme une période de l'histoire qui a quelque chose à nous apprendre sur nous. Une telle optique est d'autant plus nécessaire que nous nous comprenons nous-mêmes comme « modernes ». Depuis les débuts des temps qui ont choisi de s'appeler ainsi, cet adjectif a pris un sens essentiellement négatif. « Nous sommes modernes », cela veut dire en fait : « nous ne sommes plus au Moyen Âge ». Celui-ci est donc le miroir dans lequel nous nous regardons.

À l'époque des « Lumières » et du positivisme, ce miroir devait nous redire que nous étions les plus beaux, en tout cas moins vilains que la caricature grimaçante que nous étions fiers d'avoir laissée derrière nous. Le même miroir se mit aussi, en un parallèle souterrain, et dès le début du XIXe siècle, à renvoyer l'image dorée d'une « chrétienté » unie et d'une « société organique ». Enfin, il est depuis peu l'écran sur lequel nous projetons notre rêve d'un avenir de « dialogue » et de « convivialité ».

Rien d'étonnant donc à ce que, sur le Moyen Âge, les légendes grouillent. Je me suis efforcé de détruire le plus possible de cette vermine. La dernière partie du présent recueil s'y attache tout spécialement. Je ne me fais d'ailleurs aucune illusion : n'importe quel beau parleur médiatique peut faire en une minute mille fois plus pour perpétuer le faux que dix vies de rats de bibliothèque pour le démasquer. Cela dit, il n'est pas nécessaire d'espérer pour entreprendre... Et si le fonds de commerce de l'« intellectuel » est de redire l'opinion dominante en « causant bien », le devoir de l'universitaire est avant tout de rétablir ce qu'il croit être la vérité, qu'elle soit agréable ou non.

Que l'on veuille bien l'écouter, cela ne dépend plus de lui.

Paris, avril 2006

J'ai systématiquement choisi pour les noms propres et communs passés en français les transcriptions les moins prétentieuses et les plus communément reçues, même si elles ne sont pas les plus rigoureuses. On aura donc : Mahomet, Kindi, Farabi, Avicenne, Averroès, Ibn Khaldûn, etc., et : *fatwa*, *jihâd*, *sharia*, etc.

Abréviations

Sources

Abélard Pierre

DPJC = *Dialogo tra un filosofo, un giudeo e un cristiano*, trad. et notes de C. Trovo, testo latino a fronte, Milan, Rizzoli, 1992.

Augustin d'Hippone

CD = *Der Gottesstaat [De civitate Dei]*, trad. C. J. Perl, Paderborn *et al.*, Schöningh, 1979, 2 vol.

Averroès

CR = Averroes' *Commentary on Plato's "Republic"*, Edited with an Introduction, Translation and Notes by E. I. J. Rosenthal, Cambridge University Press, 1969.

DD = *Discours décisif*, éd. et trad. M. Geoffroy, Paris, GF-Flammarion, 1996.

EM = *Épitomé de la Métaphysique*, éd. U. Amîn, Le Caire, M. al-Halabî, 1958.

TT = *Tahâfut al-Tahâfut, Incohérence de l'incohérence*, éd. M. Bouyges, Beyrouth, Dâr el-Machreq, 1987 (= 1930).

Avicenne

SM = *Shifâ', Métaphysique*, éd. G. C. Anawati, Le Caire, Organisation Égyptienne Générale du Livre, 1960.

Bernard de Clairvaux

O = *Opera*, éd. J. Leclercq *et al.*, Rome, Editiones Cistercienses, 1957 s., 9 vol.

Condorcet

PEH = J. A. N. Caritat de Condorcet, *Esquisse d'un tableau historique des progrès de l'esprit humain*, éd. A. Pons, Paris, Garnier-Flammarion, 1988.

Crescas

LS = *Lumière du Seigneur*, éd. S. Fisher, Jérusalem, Sifrey Ramot, 1990.

Maître Eckhart

DW = *Deutsche Werke*, éd. J. Quint, Stuttgart, Kohlhammer, 1936 s.

Farabi

CV = *Kitāb mabādī Ārā' ahl- al-madīna al fādila*, éd. R. Walzer, Oxford University Press, 1985.

TS = *Kitāb Tahsīl as-Sa'āda*, dans *A'māl al-Falsafiyya*, vol. 1 [un seul paru], éd. J. al-Yâ-Sîn, Beyrouth, 1992, p. 119-197 ; trad. angl., *The Attainment of Happiness*, in M. Mahdi (éd.), *Alfarabi's Philosophy of Plato and Aristotle*, Ithaca, Cornell University Press, 1969 (2e éd.), p. 13-50.

« Frères Sincères de Basra »

RIS = *Rasâ'il Ihwân as-Safâ'*, éd. Bustanî, Beyrouth, 1983, 4 vol.

Gersonide

GS = *Guerres du Seigneur*, éd. Riva di Trento, 1560 ; éd. Leipzig, 1866.

jeu de quatre modèles idéal-typiques : « Timée » (en gros, le courant principal de la philosophie ancienne, de Platon à Proclus, y compris les Stoïciens), Épicure, « Abraham », la Gnose. Sur le fond d'une description du monde à peu près semblable, chacun propose une réponse différente à la question de savoir « ce que nous faisons sur terre » : imiter le bel ordre des corps célestes ; nous installer confortablement sur un îlot d'humanité dans un univers indifférent ; nous rapprocher du créateur d'un monde bon, mais en obéissant à Sa loi ou en suivant son Fils ; ou enfin « fuir, là-*haut*, fuir... », échapper à un monde bâclé ou carcéral, vers le Dieu étranger. Le modèle antico-médiéval, qui a tenu la route pendant un bon millénaire et demi, est issu d'un compromis entre « Timée » et « Abraham ». Ce qui m'intéresse n'est pas sa description, même si j'ai dû la mener avec quelque détail, c'est le problème posé par son effacement avec les Temps modernes. Il nous laisse seuls. L'exigence éthique chez l'homme n'a aucun répondant dans le monde.

Bien entendu, pour l'homme pré-moderne, la présence du monde, qu'il ressentait comme un *kosmos*, n'était pas littéralement celle d'un modèle à imiter. Feindre de le croire est faire un mauvais procès. On pourrait s'amuser à expliquer cela avec les concepts de Kant. Le rôle de l'ordre cosmique était analogue à celui des postulats de la raison pratique. Ceux-ci, à savoir la liberté, l'existence d'un Dieu juste et l'immortalité de l'âme ne servent en rien à fonder la Loi morale. Elle se suffit à elle-même et oblige de par une autorité intrinsèque et qu'elle n'a nul besoin d'emprunter ailleurs. Les postulats servent à garantir la possibilité du Bien suprême, c'est-à-dire de l'accord entre ce qu'exige la Loi et l'ordre du monde réel. Ou encore, on pourrait dire que le *kosmos* était moins un modèle auquel il faudrait se conformer qu'un exemple qui montre, du simple fait qu'il existe, qu'une conduite éthique est possible. La différence majeure entre la vision du monde pré-moderne et la morale de Kant est que la réalisation du bien est pour ce dernier seulement postulée. Elle reste pour ainsi dire du domaine de la foi et de l'espérance. Pour l'homme antique et médiéval, en revanche, la souveraineté du bien est déjà donnée dans l'harmonie cosmique. Il n'est que de la constater.

S'il est vrai que les monothéismes ont modifié la vision « païenne » du monde, est-ce que finalement croire en Dieu, ce n'est pas en un sens refuser le monde tel qu'il est et tel qu'il apparaît au regard non prévenu, de sorte que selon une logique des « vases communicants » que l'on trouve par exemple chez Nietzsche, tout ce que l'on peut prendre à Dieu serait autant de gagné pour le Monde ?

Il m'est effectivement arrivé de signaler chez Nietzsche une représentation assez grossière du rapport entre le divin et l'humain selon laquelle l'un devrait gagner ce que l'autre perd. Certes, Nietzsche a dit des choses autrement puissantes. Mais l'image hydraulique est aussi chez lui en toutes lettres : « Il est un lac, qui un jour se refusa à s'écouler et qui éleva une digue là où jusqu'alors il se vidait. Depuis lors, ce lac monte de plus en plus haut. Peut-être est-ce justement ce renoncement qui va nous conférer entre autres la force avec laquelle on peut supporter ce renoncement même. Peut-être l'homme va-t-il monter de plus en plus haut, là-même où il aura cessé de s'écouler en un dieu » [1]. Cette représentation est déjà

1. Fr. Nietzsche, *Die Fröhliche Wissenschaft*, IV, § 285 ; *KSA*, t. 3, p. 528.

discrètement chez le jeune Hegel, bruyamment chez Feuerbach. Aujourd'hui, des esprits encore plus médiocres ne cessent de s'y vautrer : l'homme devrait revendiquer son bien qui aurait été projeté en Dieu, etc. J'aimerais d'ailleurs qu'on m'explique ce verbe « projeter », que tout le monde a l'air de comprendre...

Si le rapport entre le monde et Dieu était de ce genre, ce serait évidemment Prométhée (dans son interprétation romantique) qui aurait raison. Mais que de naïvetés on suppose par là ! Et d'abord, que c'est à l'intérieur d'un même système que l'homme et Dieu échangent des denrées homogènes, et en quantité finie. Or, le B.A.-BA de la théologie, c'est de dire que ce n'est pas au même sens que l'on attribue des propriétés (justice, puissance, science, etc.) à Dieu et à l'homme. Nous aurions besoin de faire une petite cure de néoplatonisme : les idées ne *possèdent* pas les qualités qu'elles confèrent. Et de lire un peu de théologie, je veux dire celle des théologiens, pas celle que se bricolent les profs de philo. Tenez, deux phrases de Thomas d'Aquin, à méditer : « Retirer à la perfection des créatures, c'est retirer à la perfection du pouvoir divin... Dieu n'est offensé par nous que du fait que nous agissons contre notre propre bien » [1].

Il semble à vous lire que la distinction ultime de Kant entre hétéronomie et autonomie soit pour le moins fuyante, dès lors que vos œuvres passées et en préparation – sur la loi divine – semblent soutenir l'idée (mais peut-être vous avons-nous mal compris) que l'homme, s'il renonce à la loi de Dieu, semble nécessairement devoir admettre la loi du Monde ?

---

1. Thomas d'Aquin, *CG*, III, 69, puis 122 ; trad. franç. V. Aubin, Paris, Garnier-Flammarion, 1999, p. 242 et 419.

Le mouvement de pensée que vous me prêtez est au fond très traditionnel : on n'échappe jamais à une loi. La question est de savoir à laquelle. Si l'on abandonne une loi supérieure, on est passible d'une loi inférieure. Si l'on s'écarte des règles du patinage artistique, on tombe, c'est le cas de le dire, sous le coup de la loi de la gravité. De même, si l'on renonce à la loi de la raison, on est soumis aux lois de la nature, et que cette nature relève de la statique, de la biologie ou de la psychologie ne change rien à l'affaire. Kant se replace lui-même dans cette tradition : il dirait que si l'on renonce à la loi morale, on doit nécessairement admettre la loi des penchants, le pathologique. Ce dernier concept est la version kantienne de la « loi des membres » de saint Paul (Romains 7, 23), devenue au Moyen Âge le *fomes*, que l'on pourrait s'amuser à traduire étymologiquement « ce qui fomente ». On est ou sujet ou assujetti.

Quant à la distinction entre autonomie et hétéronomie, Kant est lui-même bien plus nuancé que ses épigones. On a tendance à lire l'idée kantienne d'autonomie à la lumière du projet moderne d'émancipation de l'homme et de domination de la nature. Kant a lui-même flirté avec cette tendance, par exemple dans le texte d'un de ses admirateurs qu'il reproduit dans le *Conflit des facultés* [1]. Il est même amusant que l'on enrôle dans la bande des émancipateurs quelqu'un pour lequel la loi est pure répression de tout le pathologique !

Kant se replace dans une tradition de réduction de la loi à un impératif qui commence chez Scot et Ockham, puis se retrouve chez Marsile de Padoue, puis Suarez et Hobbes. La loi de Dieu a été comprise comme un com-

1. I. Kant, *Der Streit der Fakultäten*, I, Anhang ; *WW*, t. 6, p. 340 s.

mandement extérieur, non comme la logique interne des choses créées. Un élève de Fénelon, Ramsay, a bien formulé le concept de loi qui était sous-jacent à la vision médiévale des choses : « La loi, en général, n'est autre chose que la règle que chaque être doit suivre pour agir selon sa nature »[1].

Est-ce que cependant la sagesse du monde qu'ont connue les Grecs peut s'opposer à la sagesse de Dieu, dès lors que le Monde et le Livre révélé ont, comme le répétaient les médiévaux (par exemple le « platonicien » Alain de Lille ou la tradition augustinienne – pourtant cosmoclaste en Bonaventure), un seul et même auteur ?

C'est une vieille et belle image que celle des deux livres qu'il faut savoir accorder. La sagesse du monde que j'essaie de dégager, et qui est effectivement grecque, n'a que le nom en commun avec cette « sagesse du monde » dont saint Paul dit que Dieu l'a rendue folle (1 Corinthiens 1, 20). Il s'agit dans le premier cas du bel ordre de l'univers physique, dans le second de l'existence humaine, telle qu'elle se veut coupée de Dieu et qu'elle prétend agir selon sa logique propre.

Un moyen de rendre intelligible le contenu de l'image médiévale des livres serait de prendre au sérieux l'idée de providence. Non pas telle qu'on se l'imagine trop souvent de nos jour : Dieu se mettant à notre place pour nous rattraper par les bretelles. Mais telle qu'elle est pensée par les médiévaux. J'espère écrire un jour là-dessus dans un livre pour lequel j'ai déjà, au moins, un titre : *À chacun selon ses besoins*. La conception médiévale de la providence suppose

1. A. M. Ramsay (d'après Fénelon), *Essai philosophique sur le gouvernement civil...*, dans Fénelon, *Œuvres*, Paris, 1865, t. 3, p. 353 *b*.

un Dieu qui donne. Et sans rien attendre en retour, car de quoi aurait-il besoin ? Il ne donne pas à des choses déjà toutes faites quelque supplément. Ce don coïncide avec la nature même de chaque chose créée, nature qui lui est confiée. Dieu donne à chaque créature, selon sa nature propre, ce dont celle-ci a besoin pour atteindre son bien. Il ne fait pas le bien de la créature à sa place. Et plus on s'élève, du minéral au végétal, du végétal à l'animal, de l'animal à l'humain, plus Dieu délègue, plus Il confie le soin de soi-même à la créature. Lorsqu'elle est confiée à l'homme, Sa providence, en un jeu de mots étymologique très conscient, devient la prudence, non pas le simple fait de regarder devant soi, mais toute cette sagesse pratique qu'Aristote appelait *phronèsis*. C'est là que sagesse de Dieu et sagesse de l'homme se rejoignent.

Nous aimerions vous poser une question un peu provocante, et un peu datée : dans quelle mesure un athée peut-il être un bon citoyen, s'il existe un lien très fort entre religion et politique (que l'on pense aux dieux de la Cité ou aux réflexions de Pétrarque sur la Croisade en plein xive siècle) [1] *? Est-il nécessaire pour penser l'indépendance du politique par rapport au religieux, de remotiver, comme a pu par exemple le faire Leo Strauss, une certaine philosophie politique classique ?*

Les questions datées sont toujours de bonnes questions si on les date précisément. C'est une des leçons que l'on peut tirer de la lecture de Strauss. Ce que celui-ci écrit de la pensée politique classique est d'ailleurs autrement plus nuancé, voire retors, que ce qu'en ont fait certains esprits binaires. Et en tout cas, on ne peut pas réduire un livre subtil comme *Droit naturel et Histoire* au plaidoyer

1. Pétrarque, *De la vie solitaire*, II, ix, 1-4.

pour un retour aux Anciens. Sans parler du reste de l'œuvre.

Parmi ces questions « datées », donc, celle du civisme de l'athée a pris une forme aiguë au XVIIe siècle, avec Bayle et Locke. Nous vivons encore en bonne partie sur la façon dont ils l'ont posée.

Dans sa *Lettre sur la tolérance* (1689), Locke prêche un *gentleman's agreement* entre les églises protestantes anglaises. Il en exclut les catholiques comme agents d'un prince étranger, le pape. Il en exclut aussi les athées. Sa raison peut sembler étrange, mais elle est au fond très profonde : les athées sont incapables de prêter serment. Car *sur quoi* pourraient-ils jurer ? « Les promesses, contrats et serments, qui sont les liens de la société humaine, ne peuvent avoir de prise sur un athée. Ôter Dieu, même si ce n'est qu'en pensée, dissout tout » [1]. Nous sourions de ces propos. Ce faisant, nous sommes comme les « incroyants » qui rient quand l'Insensé de Nietzsche leur annonce la mort de Dieu [2]. En fait, derrière la question un peu anecdotique du serment, il y a toute la question du sens.

Rappelons que la Constitution de la République française, cinquième du nom, la nôtre, donc, depuis 1958, cite intégralement la *Déclaration des droits de l'homme* de 1789 dans laquelle le peuple français fait toutes sortes de choses « en présence et sous les auspices de l'Être Suprême ». L'expression n'est pas réservée à l'horloger anémié des Lumières, elle désigne aussi le Dieu chrétien,

1. J. Locke, *A Letter Concerning Toleration*, dans *The Second Treatise of Government*..., éd. J. W. Gough, Oxford University Press, 1966, p. 158.
2. Fr. Nietzsche, *Die fröhliche Wissenschaft*, III, § 125 ; *KSA*, t. 3, p. 480.

chez Fénelon, par exemple. Et personne ne trouve rien à redire à cette mention de Dieu. Elle signifie que les droits qui sont affirmés ne sont pas fabriqués, mais constatés. Le problème qui se pose pour les démocraties modernes est que ce que quelqu'un fait, il peut aussi le défaire. Ce qui n'est qu'octroyé par des hommes – des « droits », une « dignité », etc. – pourrait un jour être retiré par ces mêmes hommes.

Bayle a brillamment transposé et reformulé un vieux paradoxe de Plutarque : mieux vaut être athée que superstitieux. Mais il déplace la question psychologique du grec sur le plan politique : l'athée est un citoyen plus paisible que le superstitieux. Si l'on accepte la thèse de Hobbes selon laquelle la cité des hommes se fonde sur la crainte de la mort, alors la religion est intrinsèquement dangereuse. Le superstitieux, qui craint l'enfer plus que la mort, ne peut être arrêté par rien. C'est parce que le XVIIIe siècle accepte au fond la prémisse de Hobbes qu'il a inventé le « fanatisme » comme épouvantail. Et c'est comme « fanatiques » que, sous la Révolution, on a guillotiné d'inoffensives bonnes sœurs.

Le problème reste très actuel : d'une part, de *quoi* au juste peut-on menacer le candidat à l'attentat-suicide ? D'autre part, si notre dernière vertu, notre « tolérance », peut nous empêcher de tuer, reste à se demander si elle suffit pour nous donner l'envie de vivre. Je livre à votre méditation une phrase de Rousseau : « les principes de l'athéisme ne font pas tuer les hommes, mais *ils les empêchent de naître* en détruisant les mœurs qui les multiplient, en les détachant de leur espèce, en réduisant toutes leurs affections à un secret égoïsme aussi funeste à la population qu'à la vertu. L'indifférence philosophique ressemble à la tranquillité de l'État sous le despotisme ;

c'est la tranquillité de la mort ; elle est plus destructive que la guerre même »[1].

Si le problème est d'assurer la coexistence pacifique des membres d'une société, voire d'assurer entre ceux-ci la répartition la plus équitable des ressources disponibles, il suffit de négocier une formule permettant de maximiser les avantages. Et pour ce faire, on n'a pas besoin d'une quelconque transcendance. Mais ceci ne vaut que pour ce que l'on a pris l'habitude, de façon d'ailleurs très symptomatique, d'appeler d'un terme d'origine économique, la « société ». Cette société est au fond le club des personnes présentes, qui dispose de la capacité d'y appeler de nouveaux membres ou de les en blackbouler. L'ennui, c'est que l'humanité est aussi une espèce animale qui perd constamment des individus, et qui ne peut donc subsister sans les remplacer par d'autres qu'elle ne peut tirer que d'elle-même. L'homme est non seulement mortel, mais, comme le disait Hannah Arendt, « natal ». Or, si l'on sait ce que l'on fait, pourquoi mettre au monde des enfants qui ne peuvent évidemment pas demander à le faire ? Si « la vie est une affaire qui ne couvre pas ses frais » (Schopenhauer), tout parent est, sans phrase, un criminel. Si l'on met des enfants au monde pour qu'ils payent nos retraites, c'est encore pire : jamais on ne pourrait pousser l'utilisation de l'autre comme un moyen jusqu'à un niveau aussi radical. Si c'est pour permettre à d'autres d'« accomplir une charmante promenade à travers la réalité »[2], bravo. Mais

1. J.-J. Rousseau, *La Profession de foi du vicaire savoyard*, dans *Émile*, I ; *Œuvres complètes*, éd. B. Gagnebin et M. Raymond, Paris, Gallimard, t. 4, 1969, p. 632-633. Souligné par moi.

2. E. Renan, *Souvenirs d'enfance et de jeunesse*, dernière phrase, dans *Œuvres complètes*, éd. H. Psichari, Paris, Calmann-Lévy, t. 2, 1948, p. 909.

encore faut-il montrer que la vie, que toute vie, est un bien à ce point incommensurable qu'elle puisse équilibrer les souffrances qu'elle entraîne. Souffrances que ne peut connaître, par définition, celui qui n'est pas né... Pour tout cela, on ne peut s'en tirer que par une métaphysique.

Le problème théologico-politique se pose-t-il d'ailleurs en termes comparables dans les trois religions du Livre ?

Le problème théologico-politique n'est qu'un cas particulier d'un problème plus vaste que je me permettrais d'appeler, non sans quelque pédantisme, « théio-pratique ». La première formulation, même si elle est devenue classique, a en effet trois inconvénients : elle suppose qu'on se trouve dans une religion où une théologie – au sens que j'ai dit plus haut – est possible ; elle suppose de plus qu'on est dans une religion dans laquelle le divin (au neutre grec : *theion*) a pris la figure d'un être personnel ou plus que personnel (au masculin/féminin grec : *theos*) ; enfin, elle restreint le genre de la philosophie pratique à une seule de ses espèces, le gouvernement de la cité, laissant de côté celui de l'individu par soi (éthique) et celui du « ménage » (économique – rapport entre époux, entre parents et enfants, entre supérieurs et subordonnés).

La question étroite du rapport du politique au religieux n'est pas la plus virulente. Une séparation de fait existe à peu près partout, en différents styles.

La chrétienté n'a cessé de négocier le *modus vivendi* concret entre ces deux dimensions. Cela s'est passé de façon paradoxale. Ainsi, c'est l'Église qui a laïcisé l'État médiéval en lui assignant son domaine propre, profane, le maintien de la paix. Bien malgré lui, car l'État, de son côté, ne rêvait que de se sacraliser. « Pour paradoxal que cela soit, (...) c'est l'action des papes qui a tendu, dès le

11e siècle, à “laïciser” le pouvoir politique, en lui retirant toute initiative en matière spirituelle » [1]. Cela a pu se faire parce que le christianisme s’était dès le début affirmé indépendamment de l’État romain qui existait déjà, et même qui le persécutait. Pour le judaïsme, celui-ci s’est constitué comme tel en se recentrant autour de la Torah, autour de laquelle il devait « faire la haie » comme autour du seul principe d’identité qui lui restait après la disparition de l’État. De la sorte, l’absence de dimension politique est constitutive du judaïsme. Pour l’islam, la naissance d’un État à Médine, et d’un Empire avec la conquête arabe, a précédé de deux bons siècles la constitution de la religion islamique comme nettement distincte des autres monothéismes. Et la *sharia* s’est constituée comme un contre-pouvoir opposé au pouvoir politique des califes.

La question que j’appelle théio-pratique reste cependant entière. Elle s’énonce : existe-t-il des commandements venant de Dieu qui nous imposeraient plus, voire autre chose que ce que la raison pratique commande à tout homme ?

Comment concevez-vous l’articulation des connaissances de l’historien au discours philosophique et théologique d’aujourd’hui ?

Parmi la bonne douzaine de sciences majeures que je regrette de n’avoir pas étudiées, il y a l’histoire. On connaît la réponse de Bachelard à je ne sais plus qui, qui lui disait que les savants avaient tous leur philosophie : les philosophes ont aussi leur science à eux. On pourrait dire

1. J. Quillet, *Les Clefs du pouvoir au Moyen Âge*, Paris, Seghers, 1972, p. 44.

la même chose de l'histoire. On s'imagine trop souvent que pour faire de l'histoire de la philosophie, il suffit d'être philosophe, et que la méthode historique va de soi ou s'apprend sur le tas. Quant à la vision de l'histoire médiévale qu'a le prof de philo moyen, elle est à peu près aussi caricaturale que celle de l'homme de la rue...

Peut-on croire à la raison, dès lors que c'est paradoxalement la raison qui apparaît aujourd'hui en crise depuis le début du xxe siècle, alors que de nombreuses fois religieuses semblent très bien se porter ? À ce propos, vous avez parlé d'« angoisse de la raison ». Que vouliez-vous dire par là ?

J'ai effectivement employé cette expression comme titre d'un article [1]. On ne cesse de parler de la montée de l'irrationalisme. Flanquer la chair de poule aux gens à ce propos est le fonds de commerce de plus d'un plumitif. Ces gens-là, d'ailleurs, se gardent bien de se demander pourquoi le « rationalisme » qu'ils défendent attire aussi peu... En tout cas, à supposer que cette montée soit réelle, elle ne m'inquiète pas trop. Je rappelle que le lien entre rationalisme et irrationalisme est fort complexe, et que la représentation historique d'une ascension progressive vers la lumière n'est que le résultat d'un oubli des ombres que cette lumière ne peut pas ne pas projeter. Deux exemples : l'apogée de la magie ne se situe pas au Moyen Âge. Ses deux sommets se situent juste avant et juste après celui-ci. C'est d'abord le néoplatonisme tardif : Proclus († 485) plaçait la magie (théurgie) plus haut que toute sagesse humaine [2] ; c'est ensuite sa renaissance dans la Florence

1. Voir mon « L'angoisse de la raison », trad. franç. I. Fernandez, *Communio*, XXV-6 (novembre-décembre 2000), p. 13-24.

2. Toutes les références dans l'Introduction de E. R. Dodds à son édition de Proclus, *The Elements of Theology*, Oxford University Press, 1963, p. XXII-XXIII.

du XVe siècle. Ensuite, n'oublions pas ce que contenait la fameuse malle de Newton : le grand savant s'intéressait tout autant à l'exégèse de l'*Apocalypse* qu'à la mécanique céleste. Magie et science sont deux sœurs jumelles, mais l'une a prospéré alors que l'autre s'étiolait.

Le vrai danger tient dans le paradoxe de votre formule : « croire à la raison ». Pour l'idéologie des Lumières, encore répandue dans le prolétariat intellectuel, c'est l'un ou l'autre : ou on croit, ou on est rationnel. La raison doit détruire la croyance et la remplacer par le savoir. Que la raison soit elle-même l'objet d'une croyance, c'est difficile à avaler. Et pourtant, Nietzsche avait déjà su identifier dans la croyance en la vérité un dernier écho d'une croyance platonicienne, puis chrétienne (le « platonisme pour le peuple ») [1]. Bien de ceux qui s'imaginent rationalistes, voire qui écrivent de fort inutiles brûlots contre ceux qu'ils disent irrationalistes, lesquels ne les lisent d'ailleurs pas, sont en dernière instance tout aussi irrationalistes que leurs têtes de turc. Ils pensent en effet que la raison n'est qu'un épiphénomène de l'irrationnel, par exemple le résultat de la sélection naturelle chez une certaine espèce de vivant. Cette espèce, dite *homo sapiens*, et la vie elle-même, étant déjà le résultat d'une série de coups de chance survenus au cours de l'évolution. Finalement, c'est le Père Brown, le prêtre détective de Chesterton, qui dit vrai : « je sais qu'on accuse l'Église d'abaisser la raison, mais c'est juste le contraire. L'Église est la seule sur terre à reconnaître que la raison est suprême. L'Église est seule sur terre à affirmer que Dieu lui-même est tenu par la raison » [2].

1. Fr. Nietzsche, *Die fröhliche Wissenschaft*, V, § 344 ; *KSA*, t. 3, p. 574-577.
2. Gilbert K. Chesterton, *The Blue Cross*, fin.

La « crise » de la raison va de pair, avons-nous dit, avec la bonne santé de certains mouvements religieux. Pourtant on constate en Europe la généralisation de l'incroyance, et la banalisation de l'athéisme. Peut-on faire un lien entre la dédivinisation du Monde et l'« éloignement » du Dieu chrétien, puisque, comme vous l'écrivez à propos de Jean de la Croix, avec la Nouvelle Alliance, paradoxalement, « le divin ne s'est pas rapproché, mais éloigné » ?

Cette phrase sur Jean de la Croix fait partie d'un commentaire d'un de ses passages les plus forts et doit être comprise dans son contexte [1]. Je partais du passage dans lequel le saint explique que Dieu n'a plus rien à nous donner, non qu'il voudrait nous refuser quelque chose, mais précisément parce qu'il a déjà tout donné en une seule fois en donnant son Fils.

Le divin païen est présent partout. Il fait partie des meubles. Les dieux grecs sont « les dieux de la Grèce » (Schiller), ils font partie du paysage. Ce pour quoi il n'est pas nécessaire de « croire » en eux. Le Dieu de la Bible concentre sur lui toute la sacralité, d'où l'impression d'une désacralisation, d'un désenchantement du monde, comme on dit depuis Max Weber, impression qui peut très bien nourrir une sorte de nostalgie. Cela dit, la sacralité est le fait des choses, non d'une liberté. Aucune liberté ne peut être sacrée. En revanche, elle peut être *sainte*. Lorsque donc le Dieu biblique se présente sous une figure personnelle, ce qui s'opère n'est pas uniquement une désacralisation du monde. C'est aussi une transformation de la sacralité en sainteté. Or, un Dieu

1. Voir mon « L'impuissance du Verbe. Le Dieu qui a *tout* dit », *Diogène*, 170 (avril-juin 1995), p. 49-74.

qui se manifeste sous une figure personnelle sollicite la liberté. C'est pourquoi il ne se donne que dans la foi. La foi est pour ainsi dire l'organe approprié pour percevoir le divin, comme l'œil saisit les couleurs ou l'entendement les concepts. La question est alors de savoir si l'on accepte de faire le pas vers le saint, ou si l'on en reste au sacré. Dans ce dernier cas, il faudra, au choix, s'accommoder d'un monde désenchanté, ou, ce que je trouve encore plus dangereux, chercher à réintroduire de force dans ce même monde désenchanté un sacré artificiel.

On parle beaucoup actuellement de la place qu'il faudrait réserver, ou non, à l'héritage chrétien dans la future Constitution européenne. Vous qui avez écrit un livre à succès sur l'identité européenne (Europe, la voie romaine) [1]*, comment concevez-vous le rapport du christianisme avec une Europe de plus en plus déchristianisée ?*

Je ne suis pas sûr qu'il faille à tout prix donner à une Constitution européenne un préambule qui comporte des rappels historiques. Cela dit, si l'on tient à faire de l'histoire, il serait simplement stupide de se contenter vaguement de mentionner l'héritage religieux et humaniste (ce dernier mot rendant l'anglais *humanist*, tournure britannique polie pour « athée »). Pourquoi ne pas appeler un chat un chat et ne pas nommer les deux religions qui ont marqué l'espace culturel qui s'est appelé lui-même « européen », à savoir le judaïsme et le christianisme ? L'ennui est que, des deux côtés, on confond souvent la constatation d'un fait avec la revendication d'un droit, la mémoire faite d'un passé avec une option sur l'avenir. Libre à quiconque de souhaiter que l'Europe continue à

1. Voir Brague, *EVR*.

s'éloigner du christianisme. Mais vouloir ignorer le passé, c'est prouver que l'on suit la logique de l'idéologie. Un Juif pratiquant, Joseph H. Weiler, professeur de droit européen à New York University, a écrit un fort intéressant livre dans lequel il défend l'identité chrétienne de l'Europe par des arguments, en particulier juridiques [1]. J'espère qu'il sera un jour traduit en français.

Le succès (très relatif) de mon petit livre, ses traductions, etc., continue à me surprendre. Mais je me demande parfois, quand je n'ai pas le moral, si je n'aurais pas mieux fait d'utiliser le temps que j'ai passé à l'écrire pour apprendre l'égyptien ou l'akkadien. Les civilisations qui utilisaient ces langues ont un avantage, c'est que l'on est sûr qu'elles sont bien mortes. Mais les Européens sont-ils vraiment vivants ? Veulent-ils encore vivre ? Ou sont-ils des zombies qui s'agitent frénétiquement pour se faire passer pour de vrais vivants ?

Une dernière question peut-être plus personnelle : quelle place le croyant d'une religion peut-il faire aux autres religions ?

Une place où ? Dans sa bibliothèque, en tant qu'homme cultivé, il en rangera avec soin les documents, et il s'efforcera de connaître le minimum qui évite de dire de trop grosses bêtises sur les religions qui ne sont pas la sienne propre. Il pourra éventuellement trouver chez des auteurs appartenant à d'autres religions que la sienne de belles expressions du sentiment religieux, qu'il saura recueillir pieusement.

Pourra-t-il respecter ces religions ? En rigueur de termes, non. Pas parce qu'il est croyant ou non, pas non

1. J. H. Weiler, *Ein christliches Europa. Erkundungsgänge*, trad. allemande, Salzbourg, Pustet, 2005.

plus parce qu'il adhère à la religion A plutôt qu'à la religion B, mais tout simplement parce qu'il sait le sens des mots. Les religions ne sont que des *choses*. Et on ne peut respecter que des *personnes*. On ne peut pas plus respecter une chose qu'écouter un tableau. Je ne respecte aucune religion, même pas la mienne. Je respecte les croyants de toute religion, non pas en tant qu'ils sont croyants, mais en tant qu'ils sont hommes.

Plus précisément encore, je n'ai aucune estime pour la croyance en tant que telle. Je déteste cette habitude que l'on a prise de considérer l'acte de croire comme ayant une valeur en soi, indépendamment de son contenu. Et je me méfie de ceux qui veulent découvrir des liens entre les « croyants », voire les associer, sans se demander *à quoi* ils croient. Car enfin, on peut « croire » aux soucoupes volantes ! Il y avait des nazis sincères et des léninistes convaincus. Et les pères carthaginois qui faisaient brûler vifs leurs fils en sacrifice au dieu Moloch (la scène est racontée par Flaubert, mais les faits sont réels) devaient très fort « y croire » [1]. Pour moi, une croyance vaut ce que vaut son objet, ni plus ni moins.

Comme j'ai un goût assez immodéré pour la provocation, j'irai jusqu'à revendiquer le droit de *haïr* une religion. Je pense à Yeshayahu Leibovitz, savant et érudit universel israélien, mort il y a quelques années. Il a déclaré, dans un entretien : « je hais le christianisme ». Le traducteur français, qui est de mes amis, et de qui je tiens l'anecdote, m'a dit avoir suggéré le verbe « détester ». Leibovitz, dont le français impeccable fleurait son XVIIIe siècle, a répondu en détachant ses mots : « Non, *ani soneh*, je hais ». Je m'empresse de dire que Leibovitz était

1. G. Flaubert, *Salammbô*, chap. 13.

dans la pratique l'homme le plus inoffensif du monde. En politique, c'était une sorte d'hyper-colombe qui réclamait l'évacuation immédiate des territoires occupés et assimilait le gouvernement de son propre pays à celui de l'Allemagne nazie ! Et qu'il ne haïssait en rien les chrétiens. À moi qui le suis, cette phrase ne fait pas plaisir. Je la déplore, je la regrette. Je pense qu'elle repose sur une erreur. Mais je la préfère à la ferveur sur commande de certains partenaires professionnels de « dialogues » interreligieux.

Tenez, un autre exemple : Ignace Goldziher, ce Juif hongrois du tournant du siècle († 1921), sans doute le plus grand islamologue qui ait vécu, dont je viens de rééditer les articles en français. Voilà quelqu'un que le christianisme, surtout catholique, dégoûtait littéralement [1]. Si j'avais pu le rencontrer, je ne lui aurais pas dit : « Comme c'est vilain de haïr ! » Je l'aurais encore moins traité de sale christianophobe pas politiquement correct. Je lui aurais demandé : « Quelles sont vos raisons ? Qu'est-ce exactement que vous n'aimez pas dans le christianisme ? » Et j'aurais essayé de lui montrer que tout cela n'atteignait pas le centre, ne touchait pas à l'essence du fait chrétien, mais ne constituait que des accrétions accidentelles.

(Question subsidiaire : Pourquoi restons-nous chrétiens ?)

Le « rester » dans votre question suggère que les chrétiens seraient une arrière-garde de gens pas encore dans le coup. Le sentiment religieux et ses expressions les plus variées, voire les plus échevelées, ne semblent guère bouger. Mais il est de fait, vous l'avez dit, qu'en Europe les grandes Églises chrétiennes sont en perte de vitesse. Je

1. I. Goldziher, *Sur l'Islam. Origines de la théologie musulmane*, Paris, Desclée de Brouwer, 2003. Voir mon introduction, p. 7-35, surtout p. 19-20.

nuancerai en rappelant que c'est l'Europe elle-même qui l'est tout entière. Et que les chrétiens vont plutôt moins vite vers la disparition que ne le font les Européens en général.

Votre question peut être une question de fait, au sens du célèbre article de Croce : « Pourquoi nous ne pouvons pas ne pas nous dire chrétiens » (1944) [1]. On demande alors ce qui, dans notre civilisation, reste encore marqué par le christianisme. Croce, d'ailleurs, ne voulait nullement faire une apologie historique du christianisme. Il prétendait tout au contraire que le laïcisme moderne est l'héritier légitime du christianisme, qu'il en a assumé tout le positif.

Parler de l'héritage chrétien de l'Europe me gène. Et encore plus de la « civilisation chrétienne ». Celle-ci a été fondée par des gens qui se souciaient de la civilisation chrétienne comme d'une guigne. Ce qui les intéressait, c'était le Christ, et les retentissements de sa venue sur l'ensemble de l'existence humaine. Les chrétiens croient au Christ, non au christianisme lui-même ; ils sont chrétiens, non pas « christianistes ».

Traduire le fait chrétien en des institutions, cela a pris des siècles. Pensez au temps qu'il a fallu pour que l'Église impose, contre des habitudes invétérées, que le consentement des fiancés soit la seule condition indispensable du mariage. Le fameux mariage monogame que l'on appelle maintenant « traditionnel » est en fait une nouveauté arrachée de haute lutte. Ce qui est vraiment traditionnel, c'est le contrat que concluent deux familles pour échanger

1. B. Croce, « Perché non possiamo non dirci "cristiani" », dans *Discorsi di varia filosofia*, vol. 1 [*Saggi filosofici*, t. XI], Bari, Laterza, 1945, p. 11-23.

des époux à qui on ne demande guère leur avis. Jusque très tard, la société dite chrétienne regarda d'un mauvais œil ceux qui s'étaient mariés, certes devant un prêtre, mais en passant par-dessus papa, maman et les convenances sociales. On en a un exemple fameux : quand le soyeux Gonzalo de Yepes épousa par amour Catalina Alvarez, une pauvre ouvrière tisserande, sa famille le renia. Et, devenue veuve, Catalina dut se débrouiller seule pour élever son fils, plus tard connu sous le nom de saint Jean de la Croix.

Qui nous dit que le christianisme a eu le temps de traduire en institutions la totalité de son contenu ? J'ai plutôt l'impression que nous sommes encore au début du christianisme.

Première partie

Généralités

Les leçons du Moyen Âge

Dans un recueil antérieur, j'ai déjà eu l'occasion de citer un dialogue de Platon dans lequel Socrate fait cette remarque sarcastique qu'il est toujours facile de faire l'éloge d'Athènes lorsque l'on parle devant un public d'Athéniens [1]. Faire l'éloge des études de philosophie médiévale devant un public de spécialistes des études de philosophie médiévale serait aussi facile qu'inutile. On peut penser, en effet, que ceux-ci sont acquis à l'intérêt et aux intérêts de ce qu'ils étudient.

La chose est plus difficile lorsqu'il s'agit de montrer cet intérêt en s'adressant aussi à des non-spécialistes. Nous sommes en effet citoyens d'États modernes, et non plus médiévaux, et nos références culturelles ne proviennent pas exclusivement, ni même principalement, du Moyen Âge. Or, pour cette défense des études médiévales, il me semble que je suis, paradoxalement, assez bien placé. Ce pourquoi il me faut rapidement me présenter [2].

1. Platon, *Ménexène*, 235 *d* ; voir mon *Introduction au monde grec. Études d'histoire de la philosophie*, Chatou, La Transparence, 2005, p. 9.

2. Voir mon programme déjà ancien, et que je n'ai réalisé qu'en partie : « Élargir le passé, approfondir le présent », *Le Débat*, 72 (novembre-décembre 1992), p. 29-39.

A. Autoportrait d'un transfuge

Je suis un universitaire, un philosophe de formation. J'ai fait mes travaux de thèse sur des penseurs de la Grèce classique, les plus célèbres, Platon et Aristote. L'hébreu, puis l'arabe ont été d'abord pour moi un violon d'Ingres, un « jardin secret », comme on dit plus joliment. J'ai été amené à occuper une chaire de philosophie médiévale, plus précisément, arabe, dans des circonstances compliquées qui tiennent en dernière instance à la structure un peu absurde du système universitaire français. Dans le domaine des études de philosophie médiévale, j'étais donc et suis au fond resté un nouveau venu, un débutant, un *outsider.*

Cette extériorité a un inconvénient manifeste. C'est, bien entendu, la nécessité d'apprendre au plus vite ce que j'enseigne déjà. Mais, du point de vue qui est le mien en ce moment, elle possède un gros avantage. C'est celui d'une certaine impartialité. En effet, une spécialité universitaire est aussi une profession, quelque chose qui s'apprend. On y acquiert une certaine familiarité avec les outils et les méthodes, une certaine habitude. Par ailleurs, une spécialité universitaire est aussi une raison sociale, et un gagne-pain.

On voit ainsi se profiler un double soupçon. Un soupçon d'ordre intellectuel, ou psychologique, et un soupçon plus sordide. Quant au premier : celui qui parle en faveur de son métier le fait-il parce qu'il s'y intéresse, ou parce que, lancé assez jeune dans une carrière, il en a l'habitude ? Ainsi, le médiéviste s'intéresse-t-il vraiment au Moyen Âge et à ses penseurs ? Sa passion ne serait-elle au fond qu'une paresse ? Quant au second soupçon, plus matériel, il est clair que faire l'éloge de sa profession, c'est aussi en montrer la légitimité sociale. Plus crûment, c'est montrer que l'on a raison d'être payé pour l'exercer. Le médiéviste qui fait l'éloge des études médiévales n'est-il pas ainsi en train de plaider *pro domo* ?

Or, je représente le cas de quelqu'un qui avait déjà un métier, une spécialité bien assise dans l'Université française, en l'occurrence la philosophie ancienne, et qui, avec les risques que cela comporte, a changé de domaine. J'aurais très bien pu continuer à vivre de Platon et d'Aristote. Seulement, voilà : le Moyen Âge m'a séduit. Et parce qu'il est intéressant. Il mérite que l'on s'intéresse à lui pour lui-même. Il mérite, pourrait-on dire, un intérêt désintéressé. J'ai parlé de mon cas personnel. Mais il n'est pas unique. Pour ne parler que de l'Université française, je ne suis pas le seul à avoir accompli ou à être en train d'accomplir, un tournant de ce genre. Je connais, par exemple, quelqu'un qui a fait une thèse d'esthétique sur la peinture américaine contemporaine, et qui est actuellement en train de publier des traductions d'un philosophe de la fin du XIIe siècle, qui ne s'est jamais occupé d'esthétique, à savoir Jean Duns Scot. En effet, la pensée scotiste du singulier l'aide à concevoir la singularité essentielle à l'œuvre d'art [1]. Ou encore, nombreux sont les logiciens qui se tournent vers Guillaume d'Ockham. De tels exemples montrent que l'on peut s'intéresser à la pensée médiévale en dehors de tout intérêt institutionnel et de toute contrainte de carrière.

Pourquoi, donc, la philosophie médiévale est-elle si intéressante ? Je vais essayer de le montrer, en me plaçant à un point de vue non-spécialisé.

---

1. Il s'agit de Gérard Sondag, maître de conférences à l'Université Blaise-Pascal (Clermont-Ferrand).

B. Deux légendes contraires

L'histoire de la philosophie, comme d'ailleurs l'histoire en général, vise à remplacer un rapport naïf au passé par un rapport réfléchi. Elle implique l'intention de tordre le cou aux légendes. Or, le Moyen Âge abonde en légendes. Peut-être même faut-il dire que le Moyen Âge *est* lui-même une légende.

1. La légende du Moyen Âge

Le terme apparaît au XVe siècle, probablement en 1464, en latin, *media tempestas*, sous la plume de l'humaniste italien Giovanni Andrea, dans une lettre figurant dans l'édition d'Apulée. Il y est question de Nicolas de Cuse, expert aussi bien dans la littérature de l'Antiquité que des Temps modernes, et de la « moyenne période » [1]. Plus de deux siècles par la suite, en 1685, c'est un certain Christian Keller (Cellarius) qui emploie le schéma tripartite pour classer les époques de l'histoire du monde. Selon lui, le Moyen Âge commence d'ailleurs à Constantin.

Ce concept a été forgé en vue d'une certaine vision de l'histoire intellectuelle de l'Europe, et d'elle seule. Son usage non-critique suffit à fomenter un certain « eurocentrisme ». Ce qui est d'autant plus irritant que l'époque que l'on nomme ainsi en est exempte, voire, qu'elle est celle pendant laquelle l'Europe se considère comme au bout du monde, loin des centres. Ce n'est que depuis les

1. Voir G. L. Burr, « How the Middle Ages Got their Name », *American Historical Review*, 20 (1914/1915), p. 813-815 ; N. Edelman, « The Early Uses of Medium Aevum, Moyen-Âge, Middle Ages », *Romanic Review*, 29 (1938), p. 3-25.

grandes découvertes que l'Europe peut se croire au centre du monde [1].

Le schéma ne s'applique en tout cas pas aux mondes culturels non européens. Ni à Byzance, qui se pense en termes de dynasties. Ni à l'Islam, qui se pense et se date à partir de l'Hégire (622), des schismes, des dynasties omeyyade (661), puis abbasside (750), et dont l'apogée, du IXe au XIe siècles, est un âge obscur pour l'Europe. Ni l'histoire juive, qui se pense par rapport à la destruction du second temple (70), à la rédaction du Talmud (*c.* 500), etc. Ce n'est guère qu'à partir de l'ère moderne que les articulations qu'elle ressent comme fortes coïncident – pour son malheur – avec celles de l'histoire non juive : 1492, l'expulsion d'Espagne, est l'une des dates qui ont été choisies comme le début des Temps modernes ; 1648, la paix de Westphalie et les massacres en Ukraine alors polonaise ; 1789, la Révolution et l'émancipation ; 1942-1945 : la Seconde Guerre mondiale et la Shoah.

Le schéma est ternaire : un creux entre deux sommets. Un temps de latence, peut-être fantasmé sur le modèle de celui que connaissent les analystes, comme chez Michelet [2]. Il est peut-être issu d'une sécularisation de l'idée des trois âges chez Joachim de Flore. Il n'est en tout cas pas « médiéval », puisque le Moyen Âge périodise plutôt l'histoire selon les Règnes, comme chez le prophète Daniel, ou dans l'*Apocalypse*, ou encore selon six époques, correspondant aux six jours de la création.

1. Voir Brague, *EE*, p. 251-252.
2. Voir A. Besançon, *Histoire et expérience du moi*, Paris, Flammarion, 1971, p. 190.

La représentation d'un Moyen Âge suppose une période brillante que serait venue interrompre une période d'obscurité, les « âges sombres », les « ténèbres » [1]. Cette période serait désormais close, et il s'agirait de renouer avec la clarté initiale. Ce faisant, on enjambait un âge censé être resté vide, et qu'il suffit de définir par sa place intermédiaire, le « Moyen Âge ». La Renaissance devait donc nommer la fin de l'obscurité médiévale.

2. Le noir...

Une légende venue de la Renaissance, puis des Lumières, et prolongée dans un certain positivisme, voit dans le Moyen Âge un âge de ténèbres. Ce n'est pas la seule période de l'histoire que l'on ait caractérisée, évidemment après coup, comme un âge obscur. Je pense par exemple à l'historiographie officielle tchèque, qui nomme « âge des ténèbres » (*temno*) l'époque même qui, en Espagne, s'appelle *siglo de oro*, et qui, même en Bohème, fut celle de l'épanouissement de l'âge baroque. Mais ce qui est exceptionnel, c'est que le « Moyen Âge » tire de cette façon de voir jusqu'à son nom. Il est en effet très paradoxal qu'une période de l'histoire soit définie comme intermédiaire, comme une sorte de passage à vide, de creux de la vague entre deux sommets.

Le schéma sous-jacent vient de Pétrarque (1304-1374) [2]. Il s'agissait chez lui d'une opération de promotion en faveur d'une nouvelle école littéraire, censée en

1. Voir L. Varga, *Das Schlagwort vom « finsteren Mittelalter »*, Baden bei Wien, Rohrer, 1932.

2. Voir Th. E. Mommsen, « Petrarch's Conception of the Dark Ages », *Speculum*, 17 (1942), p. 226-242 et H. Friedrich, *Epochen der italienischen Lyrik*, Francfort/Main, Klostermann, 1964, p. 173.

finir avec les temps obscurs. On retrouve sous la plume des humanistes une rhétorique analogue : ce qui les précède est caractérisé au moyen de plusieurs termes négatifs. Le mot « barbarie » reprend du service. Il désignait pour les Anciens ceux dont la langue est incompréhensible, et qui semblent émettre des sons dépourvus de sens – comme les slaves se nomment eux-mêmes « parlants » et les allemands « muets ». Il englobe désormais les peuples germaniques (les « Goths », les « Cimmériens »), ainsi que... les moines et les Turcs [1]. Rabelais fait dire à son Gargantua : « le temps était encore ténébreux et sentant l'infélicité et calamité des Goths, qui avaient mis à destruction toute bonne littérature » [2]. Les oppositions du sommeil et de l'éveil, de la lumière et de l'obscurité, reçoivent une dimension historique : arrachées à leur contexte cyclique, elles sont placées sur une ligne et réparties sur des périodes successives. Les époques historiques se mélangent : les philosophes dits scolastiques sont appelés « sophistes ».

Le schéma est repris par les mouvements se disant novateurs. Certains auteurs réformés mettent au débit de l'Église de Rome, identifiée depuis Luther avec l'Antéchrist, non seulement les défauts théologiques des siècles passés (ce qui est commun), mais aussi leurs faiblesses culturelles [3]. Plus tard, l'idéologie des « Lumières » (Turgot, Condorcet) reprend le même schéma, en le déplaçant. Il y entre en conflit avec la représentation que se

1. Voir H. Weisinger, « The Renaissance Theory of the Reaction against the Middle Ages as a Cause of the Renaissance », *Speculum*, 20 (1945), p. 461-467, surtout p. 462.

2. Rabelais, *Pantagruel*, chap. VIII, dans *Œuvres complètes*, éd. J. Boulenger, Paris, Gallimard, 1955, p. 204.

3. Voir le texte de John Foxe cité par Weisinger, *op. cit.*, p. 465.

font les Lumières d'un progrès de la civilisation [1]. Elle exige qu'on explique pourquoi une si longue rechute a interrompu ce qui aurait dû être continu et irrésistible. Il faudra donc un complot et des « méchants ». Pour les Humanistes, ce seront les moines ignorants. Mais, alors que les Humanistes, loin de songer à attaquer la foi, rêvaient au contraire de la purifier, les radicaux des Lumières voudront « écraser l'Infâme », ou le « fanatisme ». Ils rendront le christianisme en général responsable. Gibbon achève son histoire de la fin de l'Empire romain (1788) par la fameuse phrase : « j'ai raconté le triomphe de la barbarie et de la religion », dans laquelle la question de savoir si le « et » est à comprendre comme une compensation ou comme une conséquence est laissée dans un flou artistique. Condorcet, dans son *Esquisse d'un tableau historique des progrès de l'esprit humain* (octobre 1793) généralise la perspective en forgeant la catégorie anthropologique du « prêtre », détenteur du savoir, mais coupable de garder pour lui un savoir qu'il aurait dû vulgariser [2].

Un schéma analogue se retrouve dans le positivisme de Comte chez lequel le second âge, métaphysique, rappelle la scolastique, ou sa caricature. Il imprègne l'idéologie officielle et « républicaine » de la IIIe République, et jusqu'à nos jours chez les « laïcs ». Comme Français, et comme universitaire, je suis spécialement sensible à cette légende-là. C'est à elle, en effet, que l'on doit l'exclusion de la philosophie médiévale du domaine de l'Université

1. Voir W. Krauss, « Das Mittelalter in der Aufklärung », *Medium aevum romanicum. Festschrift Hans Rheinfelder*, Munich, Hueber, 1963, p. 223-231.

2. Condorcet, *PEH*, chap. 1er, p. 94 ; chap. 2, p. 100 ; chap. 3, p. 115.

française [1]. Qu'au Moyen Âge on ait vécu, lutté pour le pouvoir, chanté et peint, on pouvait l'admettre. Mais qu'on y ait pensé, et pas simplement cru, c'était insupportable. J'ai parlé tout à l'heure de certains de mes collègues qui se tournent vers l'étude de la pensée médiévale. Ce sont, comme moi, des autodidactes. Eh bien, tout Français qui s'occupe de philosophie médiévale est un autodidacte. Ou, s'il a eu la chance de rencontrer un maître, ce n'est pas dans l'Université proprement dite, mais dans les marges de celle-ci : au Collège de France, à l'École Pratique des Hautes Études, etc.

Le Moyen Âge finit, de nos jours, en lieu commun pour mass media promptes à rappeler que « nous ne sommes plus au Moyen Âge, enfin ! » ou à stigmatiser la résurgence, « en plein XXIe siècle, d'une barbarie toute médiévale ».

3. ... et le doré

Une légende inverse voit dans le Moyen Âge un âge d'or. Elle constitue d'ailleurs une réponse à la première légende, et une réaction à celle-ci. Cette contre-image idéalisée se forme en gros à partir du Romantisme allemand et atteint son sommet avec la Restauration. Novalis (Friedrich von Hardenberg), dans un essai de 1799, mais publié seulement en 1826, et lu dans le contexte de la Restauration, identifie l'Europe et la chrétienté [2]. Les romantismes européens suivent et lancent une véritable mode médiévale. Elle a des effets en littérature, avec

1. Voir Libera, *PMA*, p. 33, 36, 38, etc.

2. Novalis, *Die Christenheit oder Europa*, dans *Schriften*, t. 2 : *Das philosophisch-theoretische Werk*, éd. H.-J. Mähl, Darmstadt, Wissenschaftliche Buchgesellschaft, 1999 (= 1978), p. 732-750.

l'*Ivanhoë* de Walter Scott (1819), ou le *Notre-Dame de Paris* de Victor Hugo (1831) ; en peinture avec Caspar-David Friedrich, les préraphaélites anglais, les nazaréens allemands ; en architecture, avec tout le mouvement néo-gothique, néo-byzantin, avec en France les restaurations de Viollet-le-Duc et en Allemagne l'achèvement de cathédrales gothiques que le Moyen Âge avait laissées sans flèches ; en musique, avec le *Parsifal* de Wagner (1882).

Face à un État sécularisé, sans référence religieuse, on voit apparaître la nostalgie d'une société médiévale qui aurait été « organique » et sans conflit, harmonieusement répartie en corporations. Le lien social, tout entier situé dans le domaine des relations d'homme à homme, aurait échappé au caractère desséchant de notre monde moderne. Le Moyen Âge n'est plus seulement le cadre d'intrigues romanesques. Il devient l'objet d'une nostalgie souvent esthétisante, comme dans *La Cathédrale* de Joris-Karl Huysmans (1898) ou dans un passage de *La Femme pauvre* de Léon Bloy (1897). Le chef-d'œuvre de ce genre de littérature est peut-être dû à un citoyen d'un pays qui n'a pas connu le Moyen Âge, l'historien et autobiographe américain Henry Adams : *Mont Saint Michel and Chartres* (1904) [1]. Sous la forme d'un récit de voyage et d'un guide pour un parcours peut-être initiatique à travers les chefs-d'œuvre de l'architecture, Adams tente d'approcher le mystère de la Vierge, qui symbolise le monde médiéval comme la dynamo le XIXe siècle [2]. Le féminin est le

1. H. Adams, *Mont Saint Michel and Chartres*, éd. R. Carney, Londres *et al.*, Penguin, 1986 ; son autobiographie, *The Education of Henry Adams* (1907), éd. I. B. Nadel, Oxford University Press, 1999, tout aussi mystérieusement que la première œuvre, n'a jamais été traduite en français.

2. H. Adams, *The Education of Henry Adams*, XXV, p. 317-326.

principe de la société médiévale, dans laquelle l'amour est loi, au-delà de la loi [1]. Adams regarde cette société avec nostalgie, comme une enfance perdue [2]. Il est envers la Vierge comme un étranger et un hérétique [3]. Il ne la regarde pas comme religion, mais comme art [4]. À moins que la religion ne soit elle-même que sentiment [5].

L'histoire de la philosophie elle aussi est marquée par le rêve d'un âge d'or. Il n'est pas absent du néothomisme, qui a le vent en poupe pendant le XIXe siècle, et plus que jamais après l'encyclique *Aeterni Patris* (1879). Au Moyen Âge, la pensée aurait miraculeusement coïncidé avec son objet et, avec saint Thomas d'Aquin, atteint la vérité, sinon dans la totalité de son contenu, du moins quant à la bonne méthode pour y parvenir. Mais cette apogée fut de courte durée. La pensée connut en effet une chute, un « péché originel », dont la responsabilité incombe au scotisme, puis au « nominalisme ». Elle n'aurait fait ensuite que décliner de décadence en décadence, en une pente accélérée, tombant de l'idéalisme au subjectivisme, puis au nihilisme, etc.

4. Crever les baudruches

Étudier la philosophie médiévale, c'est ainsi dégonfler bien des baudruches, et rétablir des vérités oubliées.

1) Contre la première légende, celle d'un âge des ténèbres, on montrera qu'on n'a, au Moyen Âge, jamais cessé de penser, qu'on y a même beaucoup pensé, qu'on

1. H. Adams, *Mont Saint Michel and Chartres*, III, p. 46.
2. *Ibid.*, I, p. 7 ; VIII, p. 132 ; IX, p. 168 ; X, p. 186.
3. *Ibid.*, V, p. 78 ; VI, p. 99 ; VIII, p. 138 ; XIII, p. 247 et 260.
4. *Ibid.*, VII, p. 105 ; VIII, p. 139.
5. *Ibid.*, IX, p. 157 ; X, 183.

y a déployé des concepts d'une extrême finesse. La philosophie, entend-on dire, y était inséparable de la théologie. Mais en est-elle pour autant la servante ? Une étude plus précise montre que le rapport entre les deux disciplines est bien plus nuancé. Un seul exemple, mais il est massif : saint Thomas d'Aquin, au début de sa *Somme théologique*, ne se demande pas s'il est légitime de faire de la philosophie. Tout au contraire, il se pose la question de savoir s'il y a besoin d'une science qui vienne s'ajouter à la philosophie – il s'agit en l'occurrence, bien sûr, de la théologie. La philosophie est supposée indispensable. Qui plus est, c'est devant son tribunal que la théologie est convoquée, et qu'elle doit se justifier [1].

2) Contre la seconde légende, celle d'un âge d'or, et d'une décadence qui l'aurait suivi, on montrera comment la pensée médiévale n'échappe pas aux phénomènes qui marquent la pensée en général. Le passage d'un penseur à l'autre provient d'une dynamique interne aux œuvres et aux problèmes. Le mouvement qui anime l'histoire de la philosophie n'est ni un progrès ni une chute, mais la recherche constante d'une solution à des problèmes méthodiquement abordés et débordés, constamment reposés et précisés.

Toutefois, il ne suffit pas de rappeler qu'une discipline permet de corriger des erreurs communes pour prouver qu'elle est digne d'intérêt, et donc pour en légitimer l'exercice. Car enfin, on peut vivre avec des erreurs. Certaines sont même inévitables, comme celle qui, des siècles après Copernic, nous fait voir le soleil se lever et se coucher. Et de toute façon ces erreurs, comme leur

1. Saint Thomas, *ST*, Ia, q. 1, a. 1 : « Utrum sit necessarium, praeter philosophicas doctrinas, aliam doctrinam haberi ».

correction, n'affectent que les spécialistes et leur cercle étroit.

C. La pensée médiévale et son actualité pour l'Europe

Il faut montrer, donc, que l'étude de la philosophie médiévale peut nous aider à mieux poser certains des problèmes d'aujourd'hui. Et pas seulement des problèmes philosophiques, ce que l'on n'aura pas trop de mal à admettre, mais des problèmes très concrets.

Je voudrais ici traiter un seul exemple de l'intérêt des études de philosophie médiévale : ce qu'elles nous apprennent sur nous-mêmes, à l'heure de l'Europe. Je choisirai trois aspects, que je traiterai successivement. Je montrerai que les deux premiers peuvent eux aussi donner lieu à des légendes. Je conclurai sur le troisième, qui me semble fournir un exemple encore actuel d'un rapport sain à la culture et à soi-même.

1. Une Europe sans frontières linguistiques ?

Le premier aspect par lequel le Moyen Âge a une pertinence européenne est très connu, et c'est l'existence d'une communauté linguistique rendue possible par l'usage du latin [1]. On a déjà dit, à satiété, la façon dont les pensées et les personnes pouvaient circuler d'un bout à l'autre de la chrétienté latine. On a raconté bien des fois la carrière d'Anselme qui, né dans la vallée d'Aoste, est mort archevêque de Cantorbéry. Ou celles de penseurs venus

1. Voir par exemple Flasch, *PDM*, p. 136-139.

enseigner à Paris à partir de Naples, comme Thomas d'Aquin, ou de la Thuringe, comme Maître Eckhart. On peut rêver de restaurer cet état de choses dans une Europe désormais sans frontières.

Il est bon de rappeler le passé. Il est bon de rêver, car ce rêve est généreux. Mais il est bon, aussi, de nuancer : l'Europe d'aujourd'hui ne dispose pas d'une langue commune qui ne serait la langue maternelle de personne, et par rapport à laquelle chacun serait, en gros, à la même distance. Par ailleurs, au Moyen Âge, le latin n'était parlé que par une petite minorité de gens éduqués. Et c'est encore une minorité de cette minorité qui a pu ainsi circuler. Chercher ici un modèle pour une pratique contemporaine de l'Europe est certes bien intentionné, mais inadéquat. D'autant plus que, comme je ne l'ai pas encore rappelé, cette communauté de langue ne concerne qu'un seul des mondes médiévaux, et laisse en dehors de soi Byzance, qui parle grec, l'Islam, qui parle arabe, et les communautés juives, dans laquelle la langue de culture est soit l'arabe soit l'hébreu. Ceci m'amène à un second point.

2. Un dialogue entre cultures ?

Il s'agit de l'idée selon laquelle le monde médiéval est le théâtre d'un constant échange entre les cultures. Le « dialogue » entre les civilisations, tant chanté aujourd'hui, aurait-il là un modèle ? À cette question, il faudra répondre, comme on le verra, oui et non.

D'abord, un « oui » emphatique. Il est d'autant plus décidé qu'il s'agit, justement, de philosophie. On a des exemples de discussions sur des sujets philosophiques entre penseurs appartenant à diverses religions. En terre chrétienne, cela se passe entre chrétiens et Juifs – les musulmans n'y étant acceptés que de façon exceptionnelle, comme dans la Tolède fraîchement reconquise d'Alphonse le Sage. Ainsi, Isaac Albalag, juif catalan de la seconde moitié du XIIIe, rapporte une discussion avec un clerc (*kumâr*) sur l'interprétation de la thèse centrale de l'ontologie d'Avicenne : l'existence est accidentelle à la quiddité [1]. Plus tard, au XIVe siècle, Moïse de Narbonne rapporte une *disputatio* (*wikkuah*) avec « un sage remarquable (*nifla*) parmi les sages des Romains » – dont il ne cite malheureusement pas le nom – et la façon dont il a su déjouer une argutie logique de celui-ci [2]. Bien avant, déjà, en terre d'islam, chrétiens, Juifs et musulmans avaient échangé arguments et élèves dans la Bagdad du IXe et Xe siècles, les échanges étant facilités par un phénomène unique : la présence, pour les trois religions, d'une langue de culture unique, l'arabe. Farabi fut l'élève d'un chrétien. On a pu aller jusqu'à lui prêter un séjour d'études en Grèce [3]. Il eut en tout cas parmi ses élèves un chrétien, Yahya ibn 'Adî. À l'époque tardive de l'aristotélisme musulman, on connaît les célèbres réponses adressées par Ibn Sab'în de Murcie aux questions philosophiques de l'empereur Frédéric II de Sicile [4].

---

1. *Commentaire au Guide des Égarés*, II, 19, éd. Goldenthal, Vienne, 1852, p. 32 *a*.

2. Voir G. Vajda, *Isaac Albalag, averroïste juif, traducteur et annotateur d'al-Ghazali*, Paris, Vrin, 1960, p. 38.

3. Al-Khatabi, Ms. cité dans Farabi, *Deux ouvrages inédits sur la rhétorique...*, éd. J. Langhade et M. Grignaschi, Beyrouth, Dâr el-Machreq, 1971, p. 136, n. 2 (p. 137).

4. Ibn Sab'în, *Correspondance philosophique avec l'Empereur Frédéric II de Hohenstaufen*, éd. S. Yaltkaya, Istanbul/Paris, IFEA/de Boccard, 1943, XIX-98 p.

Plus généralement, les influences littéraires, entre penseurs que la distance temporelle empêchait de se connaître directement, ne sont pas arrêtées par les barrières des confessions. Ainsi, des penseurs chrétiens comme Jean Philopon, puis Jean Damascène ont joué un rôle clé dans la formation de la théologie apologétique de l'islam, puis du judaïsme [1]. Nombreux étaient les chrétiens parmi les traducteurs qui ont transmis l'héritage grec à l'Islam. Plus tard, l'influence de penseurs musulmans sur la pensée juive est massive : Maïmonide est à peu près incompréhensible sans Farabi, et ses successeurs, sans Averroès. La philosophie musulmane et la philosophie juive exercent à partir du XIIe siècle une influence énorme sur les penseurs chrétiens, le fait est trop connu pour qu'on ait besoin d'entrer dans les détails.

Le même phénomène a eu lieu aussi dans l'autre sens. C'est en tout cas vrai pour le domaine juif. Si les penseurs de l'Islam ne semblent pas avoir subi d'influence venue d'Europe, les Juifs sont en effet entrés dans la sphère intellectuelle chrétienne, à une date sur laquelle on dispute, mais que les recherches récentes tendent à placer de plus en plus tôt. Peut-être dès le début du XIIIe siècle puisque, à en croire des spécialistes comme Gershom Scholem ou Alexander Altmann, il n'est pas exclu que Jean Scot Érigène ait influencé la Kabbale – et pas n'importe laquelle, mais celle, justement, de Gérone [2]. Pour la philosophie, un article révolutionnaire de Shlomo

1. Voir Maïmonide, *G*, I, 71. Pour l'influence chrétienne sur le Kalâm juif, voir Dawud ibn Marwân al-Muqammis' *Twenty Chapters (Ishrûn Maqâla)*, Edited, Translated and Annotated by S. Stroumsa, Leyde *et al.*, Brill, 1989, 320 p.

2. Voir A. Altmann, « Problems of Research in Jewish Neoplatonism » [hébreu], *Tarbiz*, XXVII-4 (juillet 1958), p. 501-507.

Pinès cherchait des traces du scotisme et du nominalisme chez Gersonide et Crescas [1]. Il se peut même qu'il faille remonter jusqu'à Nissim, le maître de Crescas [2]. Tout le monde est d'accord, en tout cas, pour admettre cette influence à une date plus tardive. Elle est d'ailleurs manifeste, chez des auteurs comme Joseph Albo et surtout chez Hillel b. Samuel de Vérone, qui traduit des passages entiers de saint Thomas. Des phénomènes analogues se rencontrent à l'intérieur même du monde chrétien où l'Orient grec subit l'influence de l'Occident latin : dans la Byzance du XIVe siècle, on traduit aussi Thomas d'Aquin [3].

Mais là aussi il faut nuancer et, après un premier « oui », risquer un « non » dégrisé. En effet, d'une part, un authentique dialogue reste exceptionnel là où il met en jeu des personnes qui ne font pas qu'appartenir à différentes religions, mais qui les représentent. Quand il se produit, il se déroule dans un contexte polémique déplaisant, par exemple celui du *wikkuah* imposé par les chrétiens aux Juifs. De véritables efforts pour comprendre l'autre restent rares. D'autre part, le christianisme et, encore plus, l'Islam avant lui, « tolérent » (le mot est anachronique) bien des communautés hétérogènes sur leur territoire. Mais il reste interdit de prêcher une autre religion que celle qui détient le pouvoir politique. Et à plus

1. S. Pinès, « Scholasticism after Thomas Aquinas and the Teachings of Hasdai Crescas and his Predecessors », trad. A. Ivry (1967), dans *CW*, t. 5, p. 489-589.

2. Je dois cette indication au Professeur W. Z. Harvey (Université Hébraïque de Jérusalem).

3. Voir S. G. Papadopulos, « Thomas in Byzanz. Thomas-Rezeption und Thomas-Kritik in Byzanz zwischen 1354 und 1453 », *Theologie und Philosophie*, 48 (1974), p. 274-304.

forte raison, il est exclu de se convertir de celle-ci à une autre. On se gardera donc de projeter dans le Moyen Âge le rêve, certes noble, d'une coexistence sans conflits. On se gardera aussi d'une analogie trop rapide avec nos sociétés occidentales laïques. Deux villes espagnoles peuvent servir à nommer des rêves symétriques : ce que l'on pourrait appeler le « rêve de Cordoue » me semble aussi mythique que ce que l'on a appelé le « rêve de Compostelle ».

3. L'émergence intellectuelle de l'Europe, un fait médiéval

En revanche, il est un troisième point sur lequel l'expérience de l'Europe médiévale peut être pour nous de l'actualité la plus brûlante. Je m'étendrai donc plus longuement sur celui-ci.

Il s'agit de la nature de ce que l'on pourrait appeler l'expérience européenne, c'est-à-dire l'Europe comme expérience, comme tentative, comme dynamisme. Il ne s'agit plus ici de raconter des faits qui se sont situés à l'intérieur de l'histoire européenne, même si ces faits sont fort intéressants et instructifs, comme les deux que je viens de rappeler. Il s'agit, plus radicalement, de nous demander ce que c'est, au juste, que l'Europe. Et de prendre conscience de ce que celle-ci ne va pas de soi, de rappeler l'Europe à la particularité, voire à la bizarrerie, de son histoire. Or donc, j'affirme à titre de thèse que les études médiévales peuvent nous aider à comprendre l'essence même de l'Europe.

Nous appelons aujourd'hui « européens » des phénomènes politiques, ou culturels au sens le plus large, qui sont présents sur toute la surface du globe. Et qui y sont présents parce que l'Europe s'est étendue, par la puissance de ses armes. Mais la domination de l'Occident latin a d'abord été une domination intellectuelle. Elle est perçue dès le XIIIe siècle. Ainsi par des Juifs, observateurs désintéressés et bien placés, à la frontière des mondes musulman et chrétien, comme le traducteur du *Guide des égarés* de Maïmonide, Samuel Ibn Tibbon († 1232). Il écrit : « j'ai remarqué que les sciences véritables sont très répandues parmi les nations sous la domination desquelles et dans les terres desquelles nous vivons, bien plus qu'elles ne sont répandues dans les terres d'Ismaël » [1].

Un demi-siècle après, en 1287, un moine nestorien de langue syriaque, Rabban Sâwmâ, visite Paris comme ambassadeur des Mongols. Il relate ce qui l'y a frappé :

> Il y avait à Paris trente mille étudiants qui s'occupaient de l'étude des livres ecclésiastiques d'instruction, c'est-à-dire des commentaires et de l'exégèse de toutes les Saintes Écritures, et aussi de savoir profane ; ils étudiaient la sagesse, c'est-à-dire la philosophie, et la rhétorique, la médecine, la géométrie, l'arithmétique, et l'astronomie ; ils étaient continuellement occupés à écrire, et tous ces élèves recevaient du roi de l'argent pour subsister.
>
> Ils virent également une grande église où se trouvaient les cercueils des défunts rois ; des statues d'or et d'argent se trouvaient sur leurs tombes. Cinq cents moines étaient employés à célébrer des services de commémoration dans le mausolée des rois, et tous mangeaient et buvaient aux frais des rois. Ils jeûnaient et priaient continuellement dans le mausolée de ces rois. (...)

1. Samuel Ibn Tibbon, *Ma'amar Yiqqawu ham-maim*, éd. M. L. Bisseliches, Presbourg, 1837, p. 175.

En un mot, Rabban Sâwmâ et ses compagnons virent tout ce qui était splendide et renommé [1].

De Paris, tout ce qui vaut d'être vu revient à deux choses : l'Université et la basilique de Saint-Denis. Les deux institutions ont en commun que des gens chargés d'activités non pratiques y sont entretenus sur des fonds publics, les uns pour étudier, les autres pour prier. Sâwmâ note que les études des premiers englobent aussi le savoir profane, et énumère une bonne partie des arts libéraux, plus la médecine. En quelques lignes sommaires, cet observateur perspicace a vu l'essentiel : une société capable de libérer une partie de la richesse sociale pour financer l'acquisition d'un savoir qui n'a pas pour fonction exclusive d'en assurer ou d'en légitimer la structure.

Plus tard encore, un musulman du XIVe siècle, Ibn Khaldûn, après un tableau pessimiste de la situation des sciences intellectuelles en terre d'islam, et surtout au Maghreb, écrit :

1. *The Monks of Kûblai Khân Emperor of China or the History of the Life and Travels of Rabban Sâwmâ, Envoy and Plenipotentiary of the Mongol Khâns to the Kings of Europe, and Markôs who as Mär Yabkh-Allâhâ II Became Patriarch of the Nestorian Church in Asia*, Translated from the Syriac by Sir E. A. Wallis Budge, Kt. (...), Londres, The Religious Tract Society, 1928, chap. VIII, p. 183-184. Je traduis de l'anglais, en simplifiant. Il existe une traduction française : « Histoire du Patriarche Mar Jabalaha III et du moine Rabban Çawma », traduite du syriaque par J.-B. Chabot, *Revue de l'Orient latin*, 2 (1894), p. 107 s. J'aurais aimé la consulter dans une bibliothèque qui conserve cette revue rare ; mais je n'ai pu déjouer la vigilance des fonctionnaires chargés d'empêcher les lecteurs d'y avoir accès. Mon attention a été attirée sur ce texte par J. Fried, *Die Aktualität des Mittelalters. Gegen die Überheblichkeit unserer Wissensgesellschaft*, Stuttgart, Jan Thorbecke, 2002, p. 43-44.

nous avons appris que, à notre époque, les sciences philosophiques connaissent une grande prospérité dans le pays des Francs, dans la région de Rome et dans les contrées voisines de la rive nord. On y assiste, dit-on, au renouvellement de ces sciences, qui sont enseignées dans de nombreux cours, font l'objet de traités systématiques, comptent de nombreux connaisseurs et attirent une foule d'étudiants [1].

Un véritable complexe d'infériorité apparaît à ce moment, chez les Juifs [2], mais aussi chez des Byzantins du XIVe siècle, comme Georgios Scholarios ou les frères Kydonès [3]. Un siècle plus tard, Isaac Abravanel fera encore honte à ceux de ses coreligionnaires juifs qui mettaient en doute la création du monde et les miracles, en leur donnant l'exemple des chrétiens, dont la science a dépassé celle des fils de l'Orient, et qui pourtant gardent foi en la lettre des Écritures :

Voici que les fils d'Edom [Rome], on ne peut imaginer « la sagesse de leurs sages, et l'intelligence de leurs intelligents échappe » (Isaïe 29, 12), car elle est innombrable ; ils leur sont nés « des hommes sages, intelligents et savants » (Deutéronome 1, 13), « ils ont tenu conseil et fait jugement » (Isaïe 16, 3 a) dans la sagesse du discours [logique], la sagesse de la nature [physique], dans les

1. Ibn Khaldûn, *M*, VI, 18, t. 3, p. 93 ; *LE*, p. 946.

2. Le mot est de Ch. Touati, « La controverse de 1303 autour des études philosophiques et scientifiques », dans *Prophètes, Talmudistes, Philosophes*, Paris, Cerf, 1990, p. 215 et voir p. 208. Plusieurs références dans A. Ravitzky, « Samuel ibn Tibbon and the Esoteric Character of the *Guide of the Perplexed* », *Association of Jewish Studies Review*, 6 (1981), p. 116, n. 113.

3. Voir les passages de Kydonès, de Scholarios et d'autres cités dans Fr. Fuchs, *Die höheren Schulen von Konstantinopel im Mittelalter* [Byzantinisches Archiv, Heft 8], Leipzig / Berlin, 1926, p. 66-67.

choses divines [métaphysique] et dans toute la sagesse des études [mathématiques]. Ils ont été plus sages « que la sagesse de tous les fils de l'Orient » (1 Rois 5, 10), et il n'est pas de fin aux livres qu'ils ont composés [1].

Le ton de ces textes est surprenant. Avouons-le : il est même un peu gênant. On croirait entendre la bonne conscience occidentale se légitimant elle-même, et se donnant à elle-même la mission de civiliser de prétendus sauvages. Mais ces textes viennent de non-européens, ou de non-chrétiens, dont certains, d'ailleurs, n'ont guère à se féliciter de leur symbiose avec les chrétiens, comme justement Abravanel, expulsé d'Espagne. Nous devons donc nous étonner, et nous demander d'où vient un tel progrès.

4. Savoir emprunter

Car ce progrès est très inattendu : l'Europe venait de loin, et de bas. On a cité plus haut Samuel Ibn Tibbon, traducteur de Maïmonide, et sa surprise. Car que disait le Maître lui-même ? Tout le contraire. De la même façon que tous ceux qui vivent au sud de la Méditerranée, il perçoit les régions de sa rive nord comme des pays barbares, et même... sales. Écoutons-le justifier l'interdiction biblique de la viande de porc : « si l'on se nourrissait de la chair des porcs, les rues et même les maisons seraient plus malpropres que les latrines, comme on le voit maintenant dans le pays des Francs » [2]. Le passage fait sourire. Il annonce en effet, à un renversement près sur l'identité

1. Abravanel, *Commentaire sur Josué* 10, 12, réédition Jérusalem, Torah ve-Da'at, 1976, p. 53 *b*.
2. Maïmonide, *G*, III, 48, p. 439, 15-18 ; trad. Munk, p. 396.

des « barbares », un cliché « occidental » hélas encore trop vivace.

Il faut certes nuancer : l'Europe du XIIe siècle n'était plus un désert intellectuel, loin de là. Mais celle du IXe siècle ne pesait pas lourd par rapport à l'Irak. Il est en tout cas salutaire de se rappeler l'humilité de ses origines. Non pour mesurer avec satisfaction la distance parcourue. Mais pour savoir à quoi et à qui on doit d'avoir accompli ces progrès. Il existe un devoir de réminiscence. Il est bon aussi de rappeler d'où l'Europe a tiré les sucs nourriciers dont elle s'est engraissée. La réponse est simple : elle les a pris en dehors d'elle. Elle les a empruntés au monde gréco-romain qui l'a précédée, puis au monde de culture arabe qui s'est développé en parallèle avec elle, enfin au monde byzantin. C'est du monde arabe, en particulier, que sont venus les textes arabes d'Aristote, de Galien, et de bien d'autres, qui, traduits en latin, ont nourri la Renaissance du XIIe siècle. C'est du monde byzantin que vinrent les originaux de ces mêmes textes, qui en permirent une étude plus précise et alimentèrent la floraison scolastique du XIIIe siècle. Que serait Thomas d'Aquin s'il n'avait trouvé en Averroès un adversaire à sa mesure ? Que serait Duns Scot s'il n'avait trouvé en Avicenne, pour reprendre la formule de Gilson, un « point de départ » ? Et bien des textes dont l'Europe s'est nourrie lui sont venus par l'intermédiaire de traducteurs juifs. L'Europe doit ainsi prendre conscience de l'immensité de la dette culturelle qu'elle a envers ces truchements (c'est d'ailleurs un mot arabe...) : envers les Juifs, en dehors d'elle comme en son intérieur, ainsi qu'envers le monde de culture arabe, chrétiens comme musulmans.

Il ne s'agit pas par là de chercher une origine dernière. Chaque peuple reçoit des autres, en un échange et une circulation infinis. Un passage de l'Encyclopédie arabe des « Frères Sincères », du début du Xe siècle, le rappelle très joliment. Parmi les représentants de divers peuples se trouve un Grec, qui se vante des conquêtes scientifiques de sa nation. On lui rappelle que les Grecs ont emprunté leurs sciences aux Perses et à d'autres encore. Il en convient de bon gré, et répond en généralisant : jamais aucun peuple n'a tout inventé, mais toujours chacun donne et reçoit [1].

5. Éloge du complexe d'infériorité

Encore faut-il, pour emprunter, deux conditions. Il faut d'abord se rendre compte que l'on manque. Il faut ensuite accepter d'aller chercher en dehors de soi ce que d'autres ont inventé. Il faut accepter de se sentir inférieur. Cela demande un certain courage. Il serait plus facile de refuser de se reconnaître inférieur, de refuser de s'avouer nécessiteux. Il serait même plus confortable de se draper dans le rêve d'une pureté primitive, et, éventuellement, de faire l'idéologie de sa pauvreté pour y voir une richesse cachée, que d'autres auraient perdue, de telle sorte que, se croyant « avancés », ils seraient en fait en retard...

Or, cette attitude – s'accepter secondaire par rapport à des sources antérieures et extérieures, aller y puiser sans l'espoir d'une assimilation totale – est, me semble-t-il, celle qui marque le Moyen Âge tout entier. Ce complexe d'infériorité, dont j'ai parlé plus haut à propos de penseurs byzantins, juifs ou musulmans, notre Moyen Âge occidental, latin, européen, l'avait éprouvé lui aussi.

1. *RIS*, II, 8 (22), t. 2, p. 288. Traduction allemande récente par A. Giese, *Mensch und Tier vor dem König der Dschinnen*, Hambourg, Meiner, 1990, p. 103.

Ainsi, lorsque les œuvres grecques, venues du monde arabe, lui parvinrent au XIIe siècle. L'Europe l'avait même éprouvé bien plus tôt, à l'égard du monde antique. Et au fond, elle l'avait éprouvé dès le début, dès son origine romaine. Virgile le fait dire magnifiquement à l'ombre d'Anchise, s'adressant aux Enfers à Énée, son fils : d'autres que les Romains seront de meilleurs sculpteurs, de meilleurs orateurs, de meilleurs astronomes ; Rome devra se contenter du métier des armes et de la politique [1].

Ce sentiment d'infériorité, au Moyen Âge, n'est pas qu'une attitude parmi d'autres. C'est, me semble-t-il, à cette attitude que le Moyen Âge doit tout simplement d'exister. C'est à elle qu'il doit d'être lui-même. Le Moyen Âge est cette époque où, pour reprendre une image célèbre, on a su que l'on n'était qu'un nain juché sur les épaules de géants [2]. Le nain peut certes se vanter de voir plus loin que le géant. Il sait pourtant au fond de soi-même qu'il ne doit pas sa vision lointaine à sa taille propre, mais à la situation qu'il a la chance d'avoir reçue. Situation fragile et vacillante. Situation qui combine paradoxalement l'orgueil et l'humilité : orgueil d'être en haut, humilité d'être petit.

Il fallait cette humilité pour accepter d'aller puiser aux sources. C'est ce que le Moyen Âge n'a cessé de faire. Les historiens nous ont débarrassés de l'image d'un Moyen Âge obscur pour lui substituer celle d'une suite ininterrompue de renaissances. Risquons-le : le Moyen Âge est une époque, peut-être la seule époque de l'histoire, qui

---

1. *Énéide*, VI, 847-853.

2. Bernard de Chartres, cité par Jean de Salisbury, *Metalogicon*, III, 4 ; *PL*, 199, p. 900 *c*.

n'a jamais accepté d'être un Moyen Âge. Il a toujours voulu être une Renaissance, depuis le début. Et il n'a jamais hésité à aller chercher en dehors de soi ce qu'il lui fallait : l'« authenticité » n'a jamais été un souci tel qu'il écartait le souci primordial de ce qui est vrai, beau, utile, intéressant. Lorsque, dans la Bagdad du IXe siècle, les califes ont encouragé la traduction des œuvres grecques en philosophie, en mathématique, en médecine, ils ne se sont pas demandé si Aristote, Galien ou Euclide allaient ou non troubler la pureté de leur identité. Lorsque les bénédictins recopiaient l'*Art d'aimer* d'Ovide, croyaient-ils sérieusement qu'ils y lisaient une allégorie dont le christianisme livrait la clé ?

On me permettra une rapide généralisation philosophique. Le propre n'est pas le Bien : ce qui est « à moi » n'est pas nécessairement ce qui est bien. L'Europe a eu la chance de faire l'expérience concrète de cette différence grâce à la distance qui la sépare de ses sources culturelles. Ce qui fait la culture européenne, l'hellénisme et Israël, n'est pas européen, de même que les deux villes qui les symbolisent, Athènes et Jérusalem, ne sont pas en Europe. Les étudier, ce n'est pas s'approprier son passé, mais sortir de soi. Les sources où puise l'Europe sont en dehors d'elle. Elles peuvent donc ne pas être sources, mais le devenir, pour quiconque veut y puiser.

D. CONCLUSION : UN EXEMPLE À SUIVRE

Il y a là un exemple pour l'Europe d'aujourd'hui. Pas seulement pour ce qui se trouve enserré dans ses frontières géographiques, d'ailleurs assez floues, mais aussi pour tout ce qui, dans les cinq continents, se réclame d'elle. Les médiévaux ont su aller chercher en dehors de chez eux, en dehors de leur expérience immédiate, chez les Anciens, et même en dehors de leur tradition propre, dans le monde arabe, des données culturelles. Ils ont su les travailler, les développer, les prolonger. Mais sans jamais oublier que ce qu'ils empruntaient venait du dehors. Sans jamais oublier non plus que la source *restait* au dehors. De la sorte, on pouvait sans cesse retourner y puiser. On pouvait ainsi corriger une réception par l'original que l'on avait reçu et permettre par là une nouvelle réception plus fidèle aux sources. L'Europe s'engageait ainsi dans une dialectique sans fin. Elle trouvait son moteur dans l'étrangeté même de ce qu'il lui fallait assimiler et qui, restant au dehors, continuait de susciter son désir. On me permettra une image un peu baroque, celle de l'âne que l'on fait avancer en attachant devant lui une carotte qu'il voit, mais ne peut atteindre...

Puissions-nous donc ne jamais céder à la satisfaction du possédant. Puissions-nous ne jamais nous endormir sur notre richesse matérielle ou, ce qui est peut-être pire, car la profanation affecterait quelque chose de plus digne, puissions-nous ne jamais justifier notre sommeil par nos richesses culturelles. Ces richesses ne sont pas à nous. Elles viennent d'ailleurs. Et elles ne sont pas que pour nous. C'est ce que les penseurs médiévaux avaient compris. Leur étude le montre de plus en plus clairement. Les médiévaux ont eu le courage d'agir en conséquence. Puissions-nous les imiter.

Sens et valeur de la philosophie dans les trois cultures médiévales

Mon titre laisse augurer d'un style pompeux et d'un genre littéraire relevant de l'éloge, épainétique si l'on veut. En réalité, je prends les mots « sens » et « valeur » dans une acception précise, celle qu'ils reçoivent dans la terminologie linguistique de Ferdinand de Saussure. Celui-ci distinguait le « sens » d'un mot et la « valeur » qu'il a par rapport à d'autres mots voisins, dans le découpage concomitant des signifiants et des signifiés. Ainsi, pour reprendre l'exemple de Saussure lui-même, le français « mouton » et l'anglais « *sheep* » ont bien le même sens, mais ils n'ont pas la même valeur, puisque « mouton » sera traduit, dans d'autres contextes, non par « *sheep* », mais par « *mutton* » [1].

Ma thèse d'ensemble est la suivante : pour comprendre le rôle de la philosophie dans le christianisme, le judaïsme et l'Islam médiévaux, il ne suffit pas d'en étudier le sens, il faut encore en considérer la valeur. En d'autres termes, il ne suffit pas de la considérer isolée, et de comparer terme à terme une philosophie « chrétienne », une

1. F. de Saussure, *Cours de linguistique générale*, publié par Ch. Bally *et al.*, Paris, Payot, 1964, IIe partie, chap. IV, p. 155-169. Exemple p. 160.

philosophie « juive » et une philosophie « islamique ». Il faudrait aussi, dans l'idéal, considérer l'édifice entier du savoir dans une culture donnée – ce que l'on pourrait appeler son *epistèmè* [1] –, et voir quelle place la philosophie y occupe par rapport à des disciplines voisines. On peut citer ainsi : le savoir de la nature, la théologie, le droit, l'éthique, l'expérience mystique, etc. Il est bien entendu que ces noms ne doivent servir ici que d'étiquettes révisables et adaptables selon les cultures, les domaines en question y étant en effet plus ou moins accentués, et, déjà, différemment compris. On verrait ainsi se dessiner des configurations globales dans lesquelles la philosophie, tout en gardant le même « sens », prendrait une « valeur » différente.

On l'aura compris : il ne peut s'agir ici que d'un programme. La discipline qui pourrait le remplir serait la philosophie médiévale comparée, laquelle n'existe pas, sauf à titre de rêve. Quant à mon propre rapport à cette science, je me permettrai de le définir en adaptant une plaisanterie déjà éculée, à savoir : « Si vous ne connaissez pas une chose, enseignez-la ! » Je l'élargirai donc : « Si vous ne connaissez pas plusieurs choses, comparez-les ! »

Dans le cadre de la présente contribution, je commencerai par des remarques portant sur le sens. Puis, dans l'optique de la valeur, je présenterai trois thèses sur la nature des trois *epistèmai* médiévales dans lesquelles la philosophie s'est développée. Enfin, j'en tirerai deux thèses, l'une sur le sens, l'autre sur la valeur de la philosophie dans les cultures médiévales.

---

1. J'emprunte cet usage du terme à M. Foucault, *Les Mots et les choses. Une archéologie des sciences humaines*, Paris, Gallimard, 1966, p. 13.

A. Sens

Quant au sens même du mot « philosophie », le problème a été posé pour le monde latin par l'article fondamental de Marie-Dominique Chenu. Il a été publié il y a exactement soixante ans, en 1937 [1]. C'est sous son invocation, et à l'occasion de cet anniversaire, que j'aimerais placer le présent exposé. Il serait bon de le compléter en envisageant le destin du mot et de la chose au-delà du monde latin auquel Chenu s'est limité. Or, nous constatons sur ce point un intéressant déséquilibre entre les différentes aires culturelles.

On peut distinguer un point sur lequel tous les mondes culturels médiévaux ont, en gros, la même attitude, et un autre sur lequel le monde islamique présente une divergence intéressante.

1. Un mot étranger

Ce qui est commun est le fait que le mot grec est perçu comme tel, donc comme d'origine étrangère. Cela vaut pour tous les mondes médiévaux, à l'exception, bien entendu, de Byzance qui, de langue grecque dès le début, a prolongé l'usage antique.

La chrétienté latine connaît l'étymologie grecque du mot latin qu'elle n'a fait que transcrire [2].

En Islam, *falsafa* est perçue d'emblée comme un mot grec, et continue à l'être. Le mot est décomposé et expliqué par Kindi, qui en propose ensuite plusieurs défini-

---

1. M.-D. Chenu, « Les "Philosophes" dans la philosophie chrétienne médiévale », *Revue des Sciences philosophiques et théologiques*, 26 (1937), p. 27-40.

2. Voir Isidore de Séville, *Étymologies*, II, xxiv, 3 et VIII, vi, 1-2.

tions, parallèles à celles que l'on rencontre chez les commentateurs grecs d'Aristote. Par ailleurs, il défend le droit d'emprunter le savoir à une source non musulmane [1]. Mais il semble que ce soit Farabi qui, dans le traité qu'il a consacré au nom de la philosophie, insiste sur le fait que le nom de la philosophie est grec :

> Le nom de la philosophie est grec et d'origine étrangère (*dahil*) en arabe. Selon la façon de procéder de leur langue, c'est *filsofa*, et son sens est « prédilection (*îtâr*) pour la sagesse ». Dans leur langue il est composé de *fila* et de *sofia* ; *fila* est la prédilection, et *sofia* la sagesse. *Faylasuf* est dérivé de *falsafa*. Selon la façon de procéder de leur langue, c'est *filsofos*. Cette mutation <phonétique> est fréquente dans leurs dérivations. Son sens est « celui qui a une prédilection pour la sagesse ». Celui qui a une prédilection pour la sagesse, selon eux, est celui qui fait de la sagesse le pôle (*wakd*) de sa vie et le but de son existence [2].

Il est suivi plusieurs siècles après par Shahrastani au début de sa présentation de la philosophie [3]. Il en est de même chez Ibn Khaldûn dans la « Réfutation de la philosophie » qui figure dans sa *Muqaddima* [4]. Et aussi chez d'autres auteurs postérieurs comme encore, au XVIe siècle,

1. Kindi, *Épître des définitions*, n° 73, éd. M. A. Abû Rida, *Rasâ'il al-falsafiyya*, t. 1, Le Caire, Dâr al-Fikr al-'Arabî, 1978 (2e éd.), p. 172, 8-9 et *Sur la philosophie première*, chap. 1 ; *MC*, p. 9, 9 et p. 13, 15-16.

2. Farabi, dans Ibn Abî Usaybi'a, *'Uyun al-anba' fi Tabaqat al-Atibba'*, éd. N. Rida, Beyrouth, Dâr Maktabat al-Hayat, s.d., p. 604, 9-13.

3. Shahrastani, *Kitâb al-Milal wa-n-Nihal*, éd. W. Cureton, Leipzig, Harrasowitz, 1923 (= Londres, 1842-1846), p. 251.

4. Ibn Khaldûn, *M*, VI, 30, t. 3, p. 210, 7-8 ; *LE*, p. 1034.

chez al-Amiri [1]. De plus, l'origine étrangère du mot reflète le statut importé de la chose qu'il désigne : la philosophie est venue au monde arabe à partir de la Grèce [2].

On retrouve sous la plume des auteurs juifs, qui connaissent l'existence de la philosophie tout aussi bien que les musulmans et que les chrétiens [3], des idées tout à fait semblables. Ainsi, Moïse b. Ezra déclare que « la totalité de la philosophie est devenue un des noms de la Grèce » [4]. De même, la conscience de l'origine grecque de la philosophie restera vive. Elle sert parfois d'argument pour contester l'originalité de son étude, ou simplement pour en relativiser l'autorité. C'est ainsi que le rabbin mis en scène par Jehuda Halévi déclare :

> Les philosophes sont excusables, car ces gens n'ont reçu en héritage ni science ni loi révélée. En effet, ce sont des Grecs, et Javan est un des descendants de Japhet, qui habitent le Nord. Or la science reçue en héritage d'Adam et confortée par la divinité ne se trouve que dans la descendance de Shem, qui est l'élu d'entre les enfants de Noé [5].

---

1. Voir les références données plus loin p. 108, n. 3. Le passage auquel je renvoie ici se trouve t. 2, 40, 360 (*non vidi*), dans Fr. Rosenthal, *The Classical Heritage in Islam*, trad. E. & J. Marmorstein, Londres, Routledge & Kegan Paul, 1975, p. 74.

2. Voir par exemple Farabi, *TS*, § 65, p. 196.

3. Voir al-Muqammis, *Ishrûn Maqâlat*, IV, dans Dawud Ibn Marwân al-Muqammis' *Twenty Chapters (Ishrûn Maqâla)*, p. 9 ; Saadia Gaon, *Kitâb al-Amânât wa-'l-I'tiqâdât*, Introduction, éd. J. Qâfih, Jérusalem/New York, Sura, 1970, p. 26.

4. Moïse b. Ezra, *Kitâb al-Muhâdara wal-Mudhâkara / Liber Discussionis et Commemorationis (Poetica hebraica)*, éd. A. S. Halkin, Jérusalem, Mekize Nirdamim, 1975, p. 40. La traduction hébraïque de l'éditeur porte : « les noms de la philosophie sont des noms grecs » (p. 41).

5. Halévi, *K*, I, § 63, p. 17, 8-11 ; trad. Touati, p. 16.

Ainsi, dans les autres langues que le grec, le mot reste transcrit plutôt que traduit ou remplacé par un autre. On peut d'ailleurs remarquer que cela reste le cas dans les langues de l'Europe moderne. À une exception près, celle du néerlandais. Celui-ci a en effet forgé *wijsbegeerde*, mot qui calque l'étymologie de *philosophia*. Et au début du XIXe siècle, Fichte fait encore remarquer que « Philosophie » continue à être ressenti comme un mot étranger, aucune véritable traduction allemande n'ayant réussi à s'imposer [1].

2. Variété sémantique

Le point sur lequel il me semble que le monde islamique fait exception est la variété sémantique du mot. À la fin de l'Antiquité, « philosophe » et « philosophie » ont des sens divers. En particulier, *philosophia* désigne la vie monastique [2]. Ce sens est dans la droite ligne, non tant d'une acception païenne que d'une *pratique* païenne, celle de la philosophie comme « exercice spirituel », pour reprendre l'expression de Pierre Hadot, qui a très bien mis en lumière cet aspect de la philosophie antique [3].

a) Byzance

C'est, semble-t-il, dans le christianisme dit byzantin, que le mot a la plus large variété de sens. Là aussi, le mot désigne bien sûr la philosophie au sens technique, telle

1. J. G. Fichte, *Reden an die deutsche Nation* (1807/1808), 5e Discours ; *Werke*, éd. Fr. Medicus, Darmstadt, Wissenschaftliche Buchgesellschaft, 1962 (= 1910), t. 5, p. 440.

2. Voir entre autres J. Leclercq, *Initiation aux auteurs monastiques du Moyen Âge*, Paris, Cerf, 1957, p. 99-100.

3. Voir P. Hadot, *Exercices spirituels et philosophie antique*, Paris, Études Augustiniennes, 1981, 1993 (3e éd.).

qu'elle est exprimée dans des définitions qui reprennent celles des commentateurs néoplatoniciens d'Aristote [1]. Mais le mot *philosophos* désigne également, comme en Occident, le moine [2]. En syriaque, d'après les dictionnaires, auxquels se limite ma compétence, « philosophie » signifie aussi « vie ascétique ». En grec, il semble que l'éventail des significations soit encore plus largement ouvert. C'est ainsi que nous avons un texte stupéfiant de Michel Psellos qui, sans doute en connaissance de cause, prend le contre-pied à peu près exact de la façon dont la philosophie antique se définissait elle-même : « J'appelle philosophes non pas ceux qui explorent les substances des étants (*ousiai tôn ontôn*), ni ceux qui, tout en cherchant les principes du monde (*arkhai tou kosmou*), négligent les principes de leur propre salut, mais ceux qui méprisent le monde et vivent ensuite avec les choses d'au-delà du monde » [3].

Le mot *philosophos* en vient à se fondre avec *sophos* pour désigner quiconque possède une compétence, dans quelque domaine que ce soit. Il s'étend jusqu'à désigner un homme cultivé en général. Mais *philosophos* a une connotation sociale d'appartenance à la classe dominante des fonctionnaires ayant fait des études, évidemment mal

1. Voir I. Sevcenko, « The Definition of Philosophy in the Life of Saint Constantine », dans M. Halle *et al.* (éd.), *For Roman Jacobson. Essays on the Occasion of his Sixtieth Birthday*, La Haye, Mouton, 1956, p. 449-457.

2. Voir Fr. Dölger, « Zur Bedeutung von *philosophos* und *philosophia* in Byzantinischer Zeit », dans *Byzanz und die europäische Staatenwelt*, Darmstadt, Wissenschaftliche Buchgesellschaft, 1964 (= Ettal, 1953), p. 197-208.

3. Michel Psellos, *Chronographie ou histoire d'un siècle de Byzance, 976-1077*, éd. E. Renauld, Paris, Les Belles Lettres, 1926 ; Michel IV, chap. 3, t. 1, p. 73, cité dans Fr. Dölger, *op. cit.*, p. 199.

vue par les petites gens. Dans la poésie populaire, est *philosophos* celui qui se croit très malin, sans l'être, bien entendu. Dans l'épopée animale, c'est le personnage le moins sympathique, le renard, qui est *philosophos*. L'accent ne portant pas sur sa ruse, comme en Occident, mais sur la vanité avec laquelle il fait étalage de son savoir [1].

b) L'Occident latin

Dans le christianisme latin, l'usage survit à la période patristique et se rencontre jusqu'au XIIe. C'est le cas d'une des rares occurrences du syntagme *philosophia christiana*. Elle se rencontre sous la plume de Bernard de Clairvaux, qui écrit : « bien qu'il soit clair dans la philosophie chrétienne (*christiana* [...] *philosophia*) que rien n'est convenable si ce n'est ce qui est permis, et que rien n'est expédient si ce n'est ce qui est convenable et permis, il ne s'ensuit pas que tout ce qui est permis soit automatiquement (*continuo*) convenable ou expédient » [2].

Il s'agit, comme on le voit, d'une sorte de logique de l'existence chrétienne. Bernard réfléchit à partir d'une phrase de saint Paul, que je cite ici dans la Vulgate que lisait l'abbé de Clairvaux : « *Omnia mihi licent, sed non omnia expediunt* » (1 Corinthiens 6, 12 et 10, 23). Il n'est nullement question de la « philosophie chrétienne » tant débattue dans la France du début des années 1930, mais bien des principes les plus hauts de la morale, tels que la vie monastique en présente la forme la plus pure. Il semble cependant que Bernard se soit amusé à mettre ces principes en forme logique, et qu'il l'ait souligné en

1. Fr. Dölger, *op. cit.*, p. 203-204.
2. Bernard de Clairvaux, *De consideratione*, III, 4 (15) ; *O*, t. 3, 442, 22-25 = *PL*, 182, p. 767 *a*.

utilisant des termes techniques (*continuo*, *consequens*). On a ainsi un syllogisme en Barbara : tout ce qui est expédient est convenable ; or, tout ce qui est convenable est permis ; donc, tout ce qui est expédient est aussi permis. Puis, un syllogisme en Baroco : tout ce qui est expédient est convenable ; or tout ce qui est permis n'est pas convenable (quelque permis n'est pas convenable) ; donc tout ce qui est permis n'est pas expédient (quelque permis n'est pas expédient).

c) Le judaïsme : les silences d'Ibn Tibbon

Le sens large du mot « philosophie » n'est pas une exclusivité du christianisme. Nous avons à ce sujet un passage fort intéressant de Samuel Ibn Tibbon, le traducteur hébraïque du *Guide des égarés* de Maïmonide. Il ajoute à sa traduction un glossaire des mots étrangers, dans lequel il y fait figurer une notice sur le mot *pilosofia :*

> *Pilosofia.* Mot grec. Son sens est : amour de la sagesse. C'est de lui que dérive : *pilosof.*
>
> On trouve aussi dans le Talmud : *pilosof.* Peut-être <le mot> était-il courant dans leur vocabulaire [litt. : bouche]. Les traducteurs et les auteurs (*mehabberim*) parmi les fils de notre nation l'ont transporté de sa langue <d'origine> à nos livres. Les philosophes ont bâti à partir de lui dans la langue arabe, des formes <verbales>, et nous autres également [1].

Ce texte d'apparence simple est déjà intéressant en ce qu'il reconstitue, certes de façon très schématique, l'histoire du mot jusqu'à son emploi par Samuel lui-même. Il

1. *Perush ham-millot haz-zarot*, dans *Doctor Perplexorum (Guide of the Perplexed)* by R. Moses ben Maimun (Rambam), Hebrew version of R. Samuel Ibn Tibbon, éd. Y. Ibn-Shmuel, Jérusalem, Mosad Rav Kook, 1987, p. 75.

devient passionnant par ses silences. Sur l'origine grecque du mot, Samuel tire probablement son savoir d'une source arabe, qui était sans doute Farabi, on l'a vu. Mais sa remarque sur la présence du mot dans le Talmud me semble très révélatrice. Il doit la signaler, car sa stratégie, comme celle de son maître Maïmonide, est de supposer que les rédacteurs du Talmud disposaient d'un savoir philosophique très profond [1]. Par ailleurs, il avoue la rupture de la tradition, point sur lequel il suit aussi les traces de Maïmonide [2]. C'est à la suite de cette rupture que l'on doit se contenter de supputer l'usage des Sages, faute d'en avoir une connaissance certaine. Enfin, Ibn Tibbon se garde bien de dire en quel sens le mot de « philosophe » est employé dans le Talmud. En effet, une surprise nous attend : il désigne plutôt des esprits forts, qui posent aux Sages des questions censées les désarçonner, comme, par exemple, celle de la matière première de la création [3]. Ces gens peuvent même être des non-juifs ; le dictionnaire de Jastrow rend le mot par « *philosopher, one living a life of speculation and self-denial, monk* » [4]. Ibn Tibbon mentionne ensuite les traducteurs et auteurs juifs, puis les philosophes. Cet ordre est quelque peu surprenant : on ne sait guère, en effet, où les situer dans le temps les uns par rapport aux autres. Quant aux philosophes, il semble

1. Voir Maïmonide, *G*, I, 71, début, p. 121, 9-26 ; trad. Munk, p. 332-335.

2. Voir *ibid.*, II, 11, p. 192, 2 ; trad. Munk, p. 9 ; III, Préface, p. 297, 17-1 ; trad. Munk, p. 4.

3. Voir *Midrash Bereshit Rabba*, I, 1, Critical Edition with Notes and Commentary by J. Theodor and Ch. Albeck, Jérusalem, Wahrmann, 1965, p. 8.

4. M. Jastrow, *Dictionary of the Targumim*..., New York, Judaica Press, 1985 (= 1886-1903), s.v., 1164 *a*.

aller de soi qu'ils sont arabophones : ils intègrent le mot grec à la langue arabe, non seulement comme un emprunt, mais en le digérant totalement. Ils en ont tiré une racine verbale à quatre consonnes (F-L-S-F), sur laquelle on peut en effet construire des verbes : *falsafa*, *tafalsafa*. Si les traducteurs et auteurs sont antérieurs aux philosophes, comme le suggère l'ordre dans lequel ils sont mentionnés, on ne voit pas très bien de qui il pourrait s'agir. Enfin, Ibn Tibbon semble se placer parmi les « nous » qui ont fait de même. Mais il ne précise pas ce qu'il entend par « nous ». S'agit-il des Juifs en général ? Ou des Juifs provençaux, qui ont l'hébreu comme langue de culture ? Ou encore des philosophes en général ? Ou enfin des « traducteurs et auteurs » juifs, parmi lesquels Ibn Tibbon pourrait très bien se placer ? Il ne précise pas non plus à quel genre d'activité se livrent ces « nous ». S'agit-il d'une simple créativité linguistique ? Ou, s'il y a là plus, de quoi exactement ? Grâce à tout ce flou, Ibn Tibbon récupère la légitimité talmudique du terme, et la légitimité juive de l'activité qu'il exprime, tout en les remplissant d'un sens nouveau, proprement « philosophique ».

d) L'Islam

En terre d'islam, en revanche, il semble que le mot *faylasuf*, qui lui aussi transcrit le grec, y ait eu d'emblée le sens que nous connaissons. Certes, les adjectifs arabes désignant la sagesse et le savoir ne s'appliquent pas qu'au seul philosophe, et peuvent qualifier ceux que nous préférerions appeler des « mystiques ». Il en est ainsi de *hakîm* (« sage »), de *'arîf* (« gnostique », « initié »), etc. Mais le mot « philosophe » lui-même n'y désigne que ceux que nous appellerions encore de ce terme. Ainsi, lorsqu'un mystique comme Dhu Nun l'Égyptien († 953) est qualifié de « philosophe », le mot ne veut pas dire « ascète » ; son usage représente une accusation, celle de n'être que l'adepte d'une science étrangère [1].

Les deux faits sont sans doute liés : la distance par rapport à la langue-mère est en raison inverse de la bigarrure sémantique ; c'est parce que le mot *philosophos* est grec qu'il reste soumis à l'évolution naturelle de la langue, avec les processus de diversification et de spécialisation sémantique qu'elle entraîne.

Cela dit, il convient de s'interroger sur la référence du mot « philosophie ». Je ne poserai que la question de savoir ce qui, dans une culture donnée, est philosophie et ce qui ne l'est pas. Il faut avoir résolu cette question pour se demander, en un second temps, comment découper correctement le champ d'une *epistèmè* médiévale. Le problème est particulièrement brûlant quant à la philosophie islamique. L'habitude a été prise de faire commencer celle-ci avec Kindi, soit vers le IXe siècle, et de la faire se terminer avec Averroès, soit la fin du XIIe siècle. Or, on le sait, Henry Corbin a contesté cette limitation, dans les deux directions. Il nous faut donc interroger son œuvre [2].

L'enjeu n'est rien de moins que l'existence même d'un objet que l'on pourrait appeler légitimement « philosophie islamique » : pour Corbin, nous n'avons pas le droit de séparer celle-ci du soufisme, shi'isme, etc., bref, de tout ce qui combat pour l'« islam spirituel » (57). L'élargissement sémantique entraîne un élargissement

1. Voir A. Schimmel, *Mystische Dimensionen des Islam. Geschichte des Sufismus*, Cologne, Diederichs, 1985, p. 71.

2. Je me fonde avant tout sur sa synthèse : *Histoire de la philosophie islamique*, Paris, Gallimard, 1986 (ici = *HPI*). Les chiffres dans la suite du texte renvoient à cette œuvre.

chronologique : c'est parce que Corbin élargit l'acception du terme « philosophie » qu'il peut aussi constater la présence de ce qu'il désigne ainsi au-delà de la période habituellement reconnue à celle-ci, vers l'amont, et surtout vers l'aval. Vers l'amont, il inclut dans la philosophie ce qu'il appelle la « philosophie prophétique » du shi'isme, dont il rappelle à plusieurs reprises que les questions qu'elle pose sont d'origine non-grecque (51, 55, 121). Mais c'est vers l'aval que l'apport de Corbin est le plus important. Il se propose en effet de montrer que, même si l'on admet l'idée d'un arrêt de la philosophie avec Averroès, cet arrêt ne concerne qu'un petit canton du monde islamisé, lequel a continué de penser jusqu'à nos jours, ailleurs, et avant tout dans le monde iranien. Celui-ci se place dans le sillage d'Avicenne, puis de Sohravardi et d'Ibn Arabi.

La question demeure cependant : nul ne contestera que les musulmans ont continué à penser après Averroès. Mais il reste à savoir dans quelle mesure cette pensée doit être qualifiée du nom de philosophie. Car enfin, il y a dans l'histoire de l'humanité des œuvres fort respectables, que l'on ne songerait jamais à qualifier de philosophiques, mais pour lesquelles des noms plus vagues, comme « sagesse » ou « pensée », conviendraient mieux. Ainsi, Heidegger, que Corbin a été d'ailleurs l'un des premiers, si ce n'est le premier, à introduire en France, n'hésite pas à placer la pensée plus haut que la philosophie. Corbin lui-même est tout à fait conscient du problème, et se propose de « couper court à toute équivoque sur le mot "philosophie" » (492). Il l'évite par plusieurs stratégies, la principale étant peut-être de distinguer philosophie et métaphysique (391, 418).

Mais l'argument fondamental de Corbin se situe, me semble-t-il, dans la mouvance de toute une sensibilité critique à l'égard de l'« eurocentrisme ». Il faut sans doute mettre son œuvre, ou du moins certains aspects de celle-ci, en série avec l'atmosphère tiers-mondiste des années 1960. Toujours est-il que Corbin récuse le droit d'appliquer notre définition de la philosophie à ce qui s'écrit en Islam, et de découper ainsi un domaine en fonction de critères externes [1]. De la sorte, la *falsafa* ne serait que l'ombre portée sur la pensée islamique de la philosophie occidentale, rationaliste. Il propose en miroir de relire la pensée occidentale en y privilégiant ce qui y présente des harmoniques avec les tendances qu'il dégage dans la pensée islamique : tout ce qui est « traditionnel », comme par exemple Jacob Boehme et Swedenborg (24).

Pour esquisser une réponse, il faudra faire entrer en ligne de compte la dimension de la valeur.

B. Valeur

1. La restructuration religieuse du champ de l'*epistèmè* médiévale

Quant à ce que j'ai appelé la « valeur » de la philosophie, elle ne devient compréhensible, ai-je posé, que sur le fond de l'ensemble d'une *epistèmè*. Or, le champ entier de l'*epistèmè* médiévale comporte un phénomène qui était absent de l'*epistèmè* antique, et c'est l'émergence des religions révélées. La présence à l'intérieur des trois champs

1. Henry Corbin, *La Philosophie iranienne islamique aux XVII*[e] *et XVIII*[e] *siècles*, Paris, Buchet-Chastel, 1981, p. 18.

culturels médiévaux de religions reposant sur des textes pourvus d'autorité leur a imposé une restructuration d'ensemble. Certains médiévaux ont tenté de distinguer chez un même penseur ses acquis philosophiques, et sa religion, qui peut être fausse ; c'est ce que fait Duns Scot à propos d'Avicenne, à qui il a tant emprunté [1]. Certains autres ont suggéré une comparaison avec la situation de la philosophie dans le monde antique. C'est le cas de Maïmonide, dans le passage célèbre où il ajoute aux trois sources d'erreur mentionnées par Alexandre d'Aphrodise une quatrième, qui est l'opinion faisant autorité des livres révélés [2]. Bien avant lui, son maître Farabi avait vu le phénomène, même s'il s'exprime là-dessus avec discrétion : les « opinions généralement admises » (*mashhûrât*, *endoxa*) dans une communauté donnée constituent pour toute philosophie le fond sur lesquelles il lui faut s'enlever. Or, ces opinions sont historiquement conditionnées, et viennent en dernière analyse du Législateur de celle-ci [3].

Cette présence est pour les philosophes du Moyen Âge une pression. Dans un texte célèbre et souvent commenté, Thomas d'Aquin parle de l'*angustia* des génies philosophiques grecs devant la question de la béatitude

---

1. Duns Scot, *Ordinatio*, Prologue, I, § 3.
2. Maïmonide, *G*, I, 31, p. 44-45 ; trad. Munk, p. 107-108.
3. Farabi, *Kitâb al-Burhân*, chap. 5, dans M. Fakhry (éd.), *Al-Mantiq 'inda al-Farabi*, t. 4, Beyrouth, Dâr al-Machreq, 1987, p. 85, 11-17, ou dans Daneshpajuh (éd.), *Al-Mantiqiyyat li-'l-Farabi*, t. 2, Qomm 1408 h., p. 336, cité et traduit dans mon « *Eorum praeclara ingenia*. Conscience de la nouveauté et prétention à la continuité chez Farabi et Maïmonide », dans D. Mallet (éd.), *Études de Philosophie Arabe*, Actes du Colloque (Bordeaux, 17-19 juin 1994), *Bulletin d'Études orientales*, 48 (1996), p. 87-102, cit. p. 95.

finale [1]. Mais à l'inverse, pour certains philosophes juifs, la même image sert à exprimer le poids de la Torah. Ainsi Gersonide écrit à propos de la doctrine de Maïmonide sur la connaissance par Dieu : « Nous disons qu'il semble que l'opinion que Maïmonide a au sujet de la connaissance de Dieu ne lui vient pas de la spéculation, car la spéculation rend <cette opinion> improbable, comme je le montrerai ; mais il semble que la Torah a exercé sur lui, sur ce sujet, une grande pression (*lahasato hat-Torah be-zeh ha-inyan lahas rav*) [2]. » L'expression est très forte : le verbe dont Gersonide se sert est celui par lequel la Bible désigne l'oppression que les Égyptiens faisaient peser sur les Fils d'Israël (Exode 3, 9).

Le phénomène est commun à tous les mondes philosophiques médiévaux, mais il convient de le moduler d'après la façon dont se présente dans les différentes religions la révélation et l'accueil de celle-ci par l'homme. Les révélations musulmane et juive, qui se présentent comme des lois, ne posent pas les mêmes problèmes que la révélation chrétienne. Celle-ci étant révélation d'une personne, donc de « mystères », se comprend avant tout comme demandant la foi [3]. Concilier religion et philosophie est en chrétienté un problème épistémologique,

---

1. Thomas d'Aquin, *CG*, III, 48, p. 279 *a*. On rapprochera de Crescas : « Le Philosophe, du fait que ses yeux n'avaient pas été rendus voyants par la lampe de la Torah, et que d'un autre côté Il était oppressé (*nilhas*) par de fortes présomptions (*hora'ot*) qui enseignent la survie de l'âme humaine, connut des arguments spécieux pour consolider ces présomptions, même si ceux-ci sont bien loin de l'intellect, et à plus forte raison de la Torah » (*LS*, II, 5, 5, p. 222).

2. Gersonide, *GS*, III, 3, p. 22 *d* ; p. 132 ; trad. Touati, p. 67 ; trad. Feldman, p. 107.

3. Voir L. Strauss, *Persecution and the Art of Writing*, Glencoe (Ill.), The Free Press, 1952, p. 9.

voire psychologique ; en islam et dans le judaïsme, c'est avant tout un problème politique. Par ailleurs, le philosophe qui vit selon une de ces religions a une responsabilité de nature politique. Pour citer une formule brève, mais brillante de Warren Z. Harvey : « Socrate a été jugé ; Averroès et Maïmonide étaient juges » [1].

2. Institutionnalisation de la philosophie

Le champ de chacune des trois *epistèmai* médiévales n'est pas non plus, en son intérieur, structuré de la même façon. À la différence des champs islamique et juif, le champ chrétien est marqué par la présence d'une instance chargée du discernement des esprits et donc dotée d'autorité dans le domaine intellectuel, le magistère de l'Église.

Il est un phénomène massif que les spécialistes de la pensée médiévale occidentale me semblent avoir une certaine tendance à considérer comme allant de soi, et c'est l'institutionnalisation de la philosophie. Celle-ci s'est effectuée, justement, sous la tutelle de l'Église. Certes, le fait de l'université médiévale est largement étudié, mais ce qui est important est qu'il est exclusivement européen. Il existe bien quelque chose comme un enseignement supérieur dans les trois mondes médiévaux. Mais l'enseignement universitaire de la philosophie n'existe ni dans le monde musulman, ni dans les communautés juives. La philosophie juive et la philosophie musulmane sont des activités privées, qui concernent des individus. La plupart du temps, on compare les « grands » philosophes de

1. W. Z. Harvey, « Sur Averroès, Maïmonide et la cité excellente » [hébreu], *Réflexions sur des thèmes philosophiques. Discours prononcés pendant la soirée en l'honneur de S. Pinè à l'occasion de son 80e anniversaire*, Jérusalem, Académie des Sciences d'Israël, 1992, p. 21.

chaque tradition, par exemple Averroès, Maïmonide ou Thomas d'Aquin. Attitude fort justifiée. Mais elle masque le fait que les philosophes qui passent pour importants, en chrétienté, se détachent sur une masse de personnages de seconde, voire de troisième importance, tous engagés dans une activité intellectuelle. Ceux-ci sont les obscurs et les sans-grade. Pour garder la même image, et on voudra bien me passer mon irrévérence : la philosophie musulmane et la philosophie juive sont comparables à cette armée sud-américaine de bande dessinée qui comporte 3487 colonels et seulement 49 caporaux [1]. Les conséquences sont multiples, par exemple l'absence d'un corpus de textes canoniques susceptibles d'être étudiés dans un cadre scolaire, celle de la pratique régulière de la *disputatio*, etc.

Il y a un auteur qui a réfléchi sur les conséquences de la présence ou de l'absence d'une telle institutionnalisation, et c'est Leo Strauss. Selon lui, il y a là une différence fondamentale entre le statut de la philosophie en chrétienté d'une part, et en Islam et dans le judaïsme d'autre part. Pour lui, l'institutionnalisation de la philosophie est une arme à double tranchant :

> Le statut de la philosophie était, en principe, beaucoup plus précaire dans le judaïsme et dans l'islam que dans le christianisme : dans le christianisme, la philosophie devint partie intégrante de la formation officiellement reconnue, et même exigée de quiconque étudie la doctrine sacrée. Cette différence explique en partie l'écroulement final de la recherche philosophique dans les mondes islamique et juif, écroulement qui n'a pas de parallèle dans le monde chrétien occidental (...).

1. Hergé, *L'Oreille cassée*, Tournai, Casterman, 1945, p. 24.

> Le statut précaire de la philosophie dans le judaïsme comme dans l'Islam n'a pas été sous tous rapports une malchance pour la philosophie. La reconnaissance officielle de la philosophie dans le monde chrétien a fait que celle-ci fut soumise à la surveillance de l'Église. La position précaire de la philosophie dans le monde judéo-islamique en a garanti le caractère privé et du coup la liberté intérieure qu'elle conservait par rapport à toute surveillance [1].

Ainsi, selon Leo Strauss, les relations tendues entre *falsafa* et Kalâm ont au moins évité à la philosophie, en terre d'islam et dans les communautés juives, de subir le même sort que dans l'Occident chrétien, à savoir de recevoir un rôle ancillaire par rapport à la théologie. À supposer qu'il faille prendre cette déclaration comme exprimant la pensée réelle de Strauss, nous aurons à débattre avec elle.

3. Modes d'appropriation

Je n'ai parlé jusqu'à présent que de la définition du champ de l'*epistèmè* médiévale par sa restructuration religieuse, puis de la place accordée à la philosophie à l'intérieur de celui-ci. Tout cela concernait la géographie intérieure de ce champ. Je vais maintenant faire une remarque sur le rapport de ce champ avec ce qui est en dehors de lui.

---

1. L. Strauss, *Persecution and the Art of Writing*, p. 19 et 21. Voir aussi « How to Begin to Study Medieval Philosophy » (1944), dans *The Rebirth of Classical Political Rationalism. An Introduction to the Thought of Leo Strauss, Essays and Lectures...*, Selected and Introducted by Thomas L. Pangle, Chicago University Press, 1989, p. 223.

Les philosophies médiévales, le fait est bien connu, se nourrissent de sources antiques : pour l'essentiel Aristote, à un moindre degré le néoplatonisme, avec quelques traces d'influences venues des autres écoles grecques. Cela dit, qui est évident, on peut observer des nuances intéressantes dans le rapport qu'entretiennent les mondes philosophiques médiévaux avec leurs sources grecques. Je ne parlerai pas des différentes façons dont l'héritage grec est interprété. En effet, cette interprétation se fait en fonction de tendances philosophiques déjà constituées et, dans une certaine mesure, elle est l'histoire même de la philosophie médiévale. Or, je voudrais me situer avant l'œuvre philosophique elle-même, au plan qui décide des possibilités qui lui seront imparties et oriente d'avance les choix devant lesquels elle sera placée.

Nous avons tendance à confondre la réception d'une œuvre philosophique avec le fait de la lire et de la commenter. Qui plus est, nous identifions spontanément le commentaire avec l'une de ses espèces. Pour faire simple, j'en distinguerai deux. Un commentaire peut reproduire les lemmes du texte à expliquer ; il peut aussi l'intégrer en le paraphrasant. Dans le premier cas, la source est maintenue dans sa lettre, et entourée d'éléments qui la mettent en valeur ; dans le second cas, elle perd son indépendance, la différence entre texte commenté et texte commentant est effacée. Or, je vois dans ces deux styles de commentaire des cas particuliers de deux modèles plus généraux d'appropriation de l'héritage culturel [1]. Je propose de les appeler l'inclusion et la digestion. J'appelle

1. Je poursuis ici la réflexion commencée dans mon *EVR*. Je développe le présent paragraphe en un chapitre entier, voir plus loin p. 261 et suiv.

« inclusion » l'appropriation dans laquelle le corps étranger est maintenu dans son altérité et entouré par le processus d'appropriation dont la présence même fait ressortir son altérité ; j'appelle en revanche « digestion » l'appropriation dans laquelle le corps étranger est à ce point assimilé qu'il perd son indépendance.

Si l'on regarde les différentes façons dont on commente les textes philosophiques antérieurs – dans la plupart des cas, il s'agit d'Aristote –, en les localisant par cultures et en les replaçant dans le temps, on constate les faits suivants : les anciens commentateurs grecs pratiquent aussi bien le commentaire que la paraphrase. Du côté de cette dernière, on a Thémistius. En revanche, les grands commentateurs néoplatoniciens, comme Simplicius, ont une prédilection pour le commentaire.

En Islam, nous possédons de Farabi aussi bien des commentaires, par exemple au *Traité de l'interprétation*, que des textes plus brefs qui reprennent en l'adaptant le contenu de certains traités de l'*Organon*, dont ils adoptent jusqu'au titre. Avicenne représente une étape importante : à la différence des aristotélisants chrétiens de Bagdad, ce musulman est le premier à préférer récrire entièrement le corpus aristotélicien. Il le fait dans sa grande encyclopédie que, en bon médecin, il intitule *Livre de la Guérison* (*Kitâb al-Shifâ'*), alors qu'il se contente d'annoter certains textes d'Aristote ou prétendus tels (*De l'âme*, *Métaphysique*, Λ, et la « Théologie d'Aristote »). Il absorbe l'aristotélisme à tel point que, après lui, « *falsafa* » voudra dire beaucoup moins « aristotélisme » qu'« avicennisme ». Averroès, dans une sorte de retour à la méthode de Farabi, procède des deux façons, selon le genre de commentaire qu'il écrit. Il procède par digestion dans ses épitomés (*jawami'*) et ses commentaires

« moyens » (*sharh*), par inclusion dans ses « grands » commentaires (*tafsîr*).

En chrétienté, Albert le Grand procède comme Avicenne. Thomas d'Aquin n'a pas écrit d'épitomé, mais des grands commentaires qui reprennent tous la méthode de ceux d'Averroès.

À propos des œuvres exégétiques d'Averroès, on observe une très intéressante inversion entre philosophes juifs et chrétiens : les Juifs utilisent les épitomés, non les grands commentaires ; en revanche, les chrétiens utilisent d'emblée les grands commentaires et ne connaissent à peu près pas les épitomés avant la Renaissance. Et c'est dans le sillage de la scolastique chrétienne que les Juifs en vinrent à s'intéresser aux grands commentaires d'Averroès, et, partant, au texte même d'Aristote.

La place d'Averroès est ici décisive. Avec lui, une époque est bien censée s'achever, même si cette fin n'est pas la fin de tout. Averroès est en tout cas le dernier auteur musulman à avoir écrit des commentaires sur Aristote. Corbin signale chez les auteurs qu'il a redécouverts toutes sortes de choses, mais pas un seul commentaire aux œuvres d'Aristote. L'unique exception est celle de Qadi Sa'id de Qumm, un iranien du XVIIe siècle, qui a d'ailleurs commenté – ou, si l'on peut dire, « contre-commenté » en réponse à Avicenne – une œuvre qui n'est d'Aristote que par pseudépigraphie, la fameuse « Théologie d'Aristote ».

Il se pourrait qu'il y ait là une ligne de partage des eaux. La présence d'Aristote, là où il n'est pas connu simplement comme un nom, aisément transformable en figure tutélaire, mais là où le texte même de son œuvre est conservé et commenté, empêche la digestion totale de la philosophie grecque.

C. Contre les baptêmes involontaires

Je tirerai de ce qui précède deux remarques, l'une porte sur le nom de la philosophie, l'autre sur son statut médiéval :

1) Quant à la question de savoir ce qui est philosophique dans la culture islamique, je vais devoir répondre à Corbin. Il faisait valoir que nous ne sommes pas en droit d'appliquer notre concept occidental de la philosophie à la pensée islamique pour en exclure ce qui n'y entre pas. Or, on peut retourner l'argument : s'il faut refuser de prendre le concept occidental de philosophie comme critère d'exclusion, pourquoi le garder comme critère d'admission ? De quel droit appeler « philosophie » ce qui a préféré se désigner soi-même par d'autres noms ? Et ces noms abondent : « sagesse » (*hikma*), « gnose » (*'irfân*), « science divine » ou – selon une suggestion de Corbin – « théosophie » (*hikma ilahiyya*), etc. J'emprunterai mon argument le plus fort à une remarque faite par Corbin lui-même, et qui me semble capitale : « Il est difficile de tracer les limites exactes entre l'emploi du terme *falsafa* (philosophie) et celui du terme *hikmat ilahiya* (*theosophia*). *Mais* il semble que depuis Sohravardi on préfère de plus en plus ce dernier terme pour désigner la doctrine du sage complet, à la fois philosophe et mystique »[1].

Ce qui s'est pensé depuis Sohravardi s'appelle donc de moins en moins *falsafa*, mais de plus en plus d'un autre nom, pour lequel Corbin n'a pas de mot français, ce qui l'oblige à forger un terme latin. Il me semble qu'il y a là plus qu'une question de simple terminologie. En effet,

1. Corbin, *HPI*, p. 219.

le refus de partager la même dénomination indique une volonté de prendre ses distances. Par ailleurs, *falsafa* est un mot grec transcrit et, on l'a vu plus haut, perçu comme étranger ; à l'inverse, *hikma* est un mot bien arabe, issu d'une racine du vieux fond sémitique. Ce glissement d'un mot à l'autre est le signe de l'intégration d'une discipline d'abord perçue comme d'origine étrangère à l'édifice de l'*epistèmè* islamique. Ce qui m'amène à mon second point.

2) Quant au statut de la philosophie, et aux conséquences contradictoires de son institutionnalisation dans la chrétienté latine, il me faut entrer en débat avec Leo Strauss, ou à tout le moins avec ce que j'ai compris de sa pensée [1]. Pour le dire en un mot, et dans mes concepts à moi, il me semble que Strauss n'a pas assez distingué inclusion et digestion. Je risquerais donc la thèse : en chrétienté, la philosophie a été incluse plus que digérée.

L'institutionnalisation de la philosophie est un fait social. Mais elle est parallèle à un fait épistémologique, à savoir ce que j'appellerai son installation à l'intérieur du champ du savoir à une place définie par rapport à d'autres disciplines. La philosophie s'y définit avant tout par rapport à la théologie. Les conflits sont des conflits de frontières. En Islam, en revanche, la *falsafa,* le Kalâm, le soufisme, voire la « philosophie prophétique » shi'ite luttent moins pour une place au soleil que pour une réorganisation totale du champ du savoir, à leur profit. La tentative de Farabi, qui a d'ailleurs échoué, consistait sans

1. Je prolonge ici des réflexions ébauchées dans « Athènes, Jérusalem, La Mecque. L'interprétation "musulmane" de la philosophie grecque chez Leo Strauss », *Revue de Métaphysique et de Morale*, 1989/3 (juillet-septembre), p. 309-336.

doute à reformuler tout le savoir islamique autour de la *falsafa* ; l'opération de « reviviscence des sciences religieuses » lancée par Ghazali, opération qui a assez bien réussi, était d'opérer une telle réorganisation autour du soufisme. Dans le judaïsme, on pourrait peut-être dire que Maïmonide avait un projet parallèle à celui de Farabi, alors que les auteurs de la Kabbale avaient le même objectif que Ghazali. En un mot : en chrétienté, il s'agit de se situer par rapport à une autorité déjà existante, celle de l'Église ; en Islam et dans le judaïsme, il s'agit de *devenir* l'autorité. C'est ce qui explique un fait que Leo Strauss a eu le mérite de mettre en lumière : la philosophie, je veux dire la *falsafa*, dans le domaine islamique, et dans le domaine juif tant que celui-ci a été dans l'orbite de l'Islam, a dû devenir, de façon essentielle, philosophie politique.

En fait, l'institutionnalisation de la philosophie en chrétienté est le contraire d'une digestion : s'il est arrivé que la philosophie soit absorbée dans l'édifice entier d'une culture, digérée, c'est plutôt en terre d'islam que le phénomène s'est produit. Il serait faux de dire que la greffe de la philosophie sur la culture musulmane a échoué. On pourrait même dire ironiquement qu'elle a plutôt trop bien réussi. La philosophie a été moins expulsée que phagocytée. On a remarqué un fait analogue dans un autre domaine, celui des sciences de la nature : celles-ci auraient été trop facilement instrumentalisées par la culture musulmane [1]. En Europe latine, que la place de la philosophie ait été ou non subordonnée –

1. Voir A. I. Sabra, « The Appropriation and Subsequent Naturalization of Greek Science in Medieval Islam : a Preliminary Statement », *History of Science*, 25 (1987), p. 223-243, spécialement p. 240.

« ancillaire » si l'on y tient vraiment –, elle a pu garder une relative autonomie. Un des signes et des garants de cette autonomie est la présence continuée, dans le monde intellectuel chrétien, du texte, de la lettre, des philosophes païens. Une fois de plus, on ne peut pas comprendre la philosophie médiévale latine et, peut-être, la philosophie européenne moderne qui lui succède, uniquement à partir de son contenu. Il faut aussi tenir compte de ce que j'ai appelé sa « valeur », en l'occurrence, du fait qu'elle court en parallèle avec un autre domaine du savoir, le rapport d'affrontement à la lettre des textes philosophiques – qu'on appelle celui-ci philologie, histoire, ou comme on voudra.

D. CONCLUSION

En conclusion, je me permettrai quelques remarques qui relèvent du diachronique. Les champs culturels que j'ai appelés *epistèmai* ne sont pas des réalités immuables. Ils comportent des nœuds, des moments de rupture et de redistribution. La fin du XIIe siècle est un moment de ce genre. C'est là une évidence qui a déjà été remarquée, le plus souvent en ce qui concerne la philosophie latine. Quant au monde islamisé, Henry Corbin lui aussi voyait dans la quasi-simultanéité des morts d'Averroès (1198) et de Sohravardi (1191), et du départ d'Ibn Arabi pour l'Orient (1201) un signe capital [1]. Je voudrais seulement ajouter quelques faits plus prosaïques, qui apparaissent dans une optique comparative.

1. Corbin, *HPI*, p. 285 ; voir aussi p. 346.

Quant à l'évolution des sens du mot « philosophie », nous constatons un curieux chassé-croisé. Si le mot *philosophus* a pris en latin le sens qu'il a aujourd'hui, c'est sous l'influence du modèle du philosophe venu du monde islamique. Par suite, et pour le dire en passant, la définition de la philosophie que l'on reproche aux orientalistes de plaquer sur la pensée islamique n'est en fait nullement occidentale ; bien au contraire, elle est elle-même venue de l'Islam. J'attache la plus grande importance à un fait qui a été mis en lumière par Jean Jolivet : le « philosophe » (*philosophus*) qui, dans le dialogue d'Abélard, discute avec un Juif et un chrétien, est un musulman. Ce personnage, circoncis, et qui se prétend de la descendance d'Ismaël, tente de mettre sur pied une éthique indépendante de la Révélation. Il se peut que son portrait s'inspire d'un personnage réel, même si c'est seulement de ragots colportés sur quelqu'un comme Ibn Bâjja [1]. L'important est que ce type humain, tentant pour les uns, à exorciser pour les autres, ne cessera de hanter la chrétienté latine. Or, ce modèle était lui-même propre à l'Andalousie, qui faisait exception par rapport à l'Orient islamique ; voire, même dans son pays d'origine, il était déjà à bout de souffle.

De la sorte, c'est précisément à l'époque où le latin *philosophus*, quand il ne désigne pas Aristote, en vient à signifier *faylasuf* que, dans le monde islamique, l'usage du mot arabe *faylasuf* recule devant d'autres. On peut donner à ce qui s'est poursuivi en Orient le nom que l'on voudra. Reste que, en Orient, le mot de « philosophie » s'est effacé au profit d'autres. Parallèlement, c'est à la même époque que le rapport au Philosophe par excellence,

1. Voir Jolivet, *APM*, p. 53-61.

Aristote, a cessé d'y avoir une dimension textuelle. Le XIIe siècle est l'époque où la pensée islamique a pleinement digéré la philosophie grecque, cette philosophie grecque que l'Europe devait, peut-être jusqu'à nos jours, garder sur l'estomac.

En quoi la philosophie islamique est-elle islamique ?

Cela fait quinze ans que j'enseigne une discipline dont je ne connais pas le nom. On en a déjà proposé plusieurs, entre lesquels je louvoie comme je peux. Il me semble qu'il y a dans cette perplexité et cette hésitation plus qu'une querelle de mots, et qu'elle exprime une difficulté de fond, avec laquelle il importe de s'expliquer.

A. Des noms

On entend souvent parler de « philosophie arabe ». Cela suppose que l'on renonce à l'aspect ethnique pour se concentrer sur la langue. Car quant à l'origine ethnique, le seul Arabe à avoir fait de la philosophie, c'est Kindi, « le philosophe des Arabes ».

On trouve aussi « philosophie islamique » ; l'expression suppose à son tour que l'on distingue entre l'islam comme religion et l'Islam comme espace culturel. Car les Juifs, les chrétiens, et même les libres-penseurs, appartiennent eux aussi au monde culturel islamique. Certains savants ont forgé des néologismes destinés à montrer que, par « islamique » ou des expressions de ce genre, on ne doit prêter attention qu'à la seule civilisation. C'est ainsi que le regretté Lawrence Berman avait risqué l'anglais *islamicate*[1].

Le plus drôle est peut-être la formule sous laquelle mon poste actuel avait été officiellement mis au concours : *philosophie de langue arabe*. Bien sûr, c'est vrai : les auteurs dont je m'occupe ont écrit leurs œuvres en langue arabe. Reste que certains auteurs qui écrivaient en arabe ont aussi publié en persan, comme Avicenne, Ghazali et Sohravardi. En outre, l'idée ne viendrait à personne de parler de « philosophie de langue grecque » ou de « philosophie de langue allemande ». On préfère parler plus simplement de « philosophie grecque » ou de « philosophie allemande », même si la langue ne coïncide pas avec l'origine ethnique, et encore moins avec la notion moderne de nationalité. Le grec fut aussi employé par des Macédoniens comme Aristote, voire des Phéniciens comme Zénon le Stoïcien ou Porphyre. Et il y a eu une philosophie allemande bien avant 1871 ; elle a même connu son apogée à un moment où presque personne ne rêvait d'une unité allemande.

1. Peut-on nommer une philosophie d'après une religion ?

Je voudrais traiter ici de l'expression « philosophie islamique ». Désigner une philosophie sur la base d'une confession religieuse est une entreprise peut-être encore plus risquée que de la désigner à partir d'une langue. Le

1. L. V. Berman, « The Ethical Views of Maimonides within the Context of the Islamicate Civilization », dans J. Kraemer (éd.), *Perspectives on Maimonides. Philosophical and Historical Studies*, Oxford University Press, 1991, p. 13-32.

plus étonnant est que nous ne nous en étonnions plus : une branche déterminée de l'arbre généalogique de la philosophie passe pour être la « philosophie islamique », comme si c'était là la chose la plus naturelle du monde.

Comme expérience de pensée, on pourrait essayer d'associer à des religions d'autres périodes de l'histoire de la philosophie. Platon, Aristote et Plotin passent pour être les figures principales de la philosophie grecque. En matière de religion, ils étaient, pour employer un concept juif et chrétien, des « païens ». Or, ce n'est que de façon très exceptionnelle qu'on les nomme des « philosophes païens ». À vrai dire, je ne connais qu'un seul exemple de ce procédé, qui est l'œuvre imposante d'Alexandre Kojève († 1968), auteur dans les années 1960 de trois volumes d'une « Histoire raisonnée de la philosophie païenne », laquelle fut tirée ensuite de la masse considérable de ses œuvres posthumes [1]. D'après l'interprétation quelque peu originale du haut fonctionnaire et penseur franco-russe, il y a trois sortes de philosophie : la philosophie païenne, la philosophie chrétienne, qui trouva son sommet avec Kant, et la philosophie athée, qui commença avec Hegel pour connaître une renaissance avec Kojève lui-même.

La philosophie de l'idéalisme allemand garde des traces nettes de son origine réformée : ce n'est pas pour rien que Fichte, Hegel et Schelling ont d'abord été des étudiants en théologie. Nietzsche, lui-même fils de pasteur, l'a brocardée pour cette raison [2]. Et pourtant, personne

1. A. Kojève, *Essai d'une histoire raisonnée de la philosophie païenne*, Paris, Gallimard, vol. 1 : Les Présocratiques, 1968 ; vol. 2 : Platon, Aristote, 1972 ; vol. 3 : La philosophie hellénistique, les néoplatoniciens, 1973. Voir également, du même, *Kant*, Paris, Gallimard, 1973.

2. Fr. Nietzsche, *Der Antichrist*, § 10 ; *KSA*, t. 6, p. 176.

ne parlerait d'une « philosophie protestante ». Étrangement, la dénomination « philosophie catholique » est à l'inverse acceptée. En témoigne par exemple l'existence d'une volumineuse histoire de la philosophie catholique [1].

Malgré tout cela, on utilise sans hésitation l'expression « philosophie islamique ». Dans des ouvrages collectifs qui lui sont consacrés, on trouve des chapitres sur Razi, libre-penseur, et critique impitoyable de l'idée de prophétie, ainsi que sur des penseurs juifs ou chrétiens. On y trouve même, de façon encore plus suspecte, des mystiques ou des juristes qui n'ont jamais prétendu être philosophes, voire qui accusaient les philosophes d'être des hérétiques. En ce qui me concerne, je pencherais vers une définition plus étroite de la philosophie. J'ai déjà argumenté ailleurs en ce sens [2]. Je voudrais ici examiner dans l'expression « philosophie islamique » non plus le substantif, mais bien l'adjectif.

Pour le dire en passant, une clarification de ce genre serait la bienvenue dans le cas de l'expression « philosophie juive », sans parler de « pensée juive ». Shlomo Pinès, remarquable connaisseur de cette discipline qu'il enseignait à l'Université hébraïque de Jérusalem, niait l'existence d'une philosophie spécifiquement juive : les Juifs, faisait-il valoir, se sont bien occupés de philosophie, ils ont même fait avancer celle-ci, mais ils n'ont pas nécessairement pratiqué une philosophie *juive* [3].

1. Voir E. Coreth *et al.* (éd.), *Christliche Philosophie im katholischen Denken des 19. und 20. Jahrhundert*, Graz/Vienne, Styria, 1987.
2. Voir mon « Sens et valeur de la philosophie dans les trois cultures médiévales », ici, p. 80 et suiv.
3. Voir W. Z. Harvey, « Shlomo Pinès et son approche de la pensée juive », dans Pinès, *LP*, p. 25-44.

2. Débat

Dans la France des années 1930 du siècle dernier, une longue polémique s'est déchaînée autour de l'expression « philosophie chrétienne ». Les esprits les plus éminents de l'establishment universitaire d'alors y participèrent comme, parmi les historiens, Étienne Gilson et Émile Bréhier. Ce qui était au centre n'était pas la valeur ou le manque de valeur de telle ou telle position philosophique, mais le caractère chrétien de ce que l'on appelait la « philosophie chrétienne », ainsi que la possibilité de s'associer en tant que philosophe à une position religieuse ou, à l'inverse, de philosopher en tant que chrétien croyant. Aucun débat de ce genre ne s'est livré autour de la justesse de l'expression « philosophie islamique ». Peut-être serait-il temps de rattraper le temps perdu...

Commençons par une question réflexive : pourquoi la question n'a-t-elle pas été posée de façon aussi brisante pour l'islam que pour le christianisme ? Je proposerais ici quelques raisons, qui sont toutes de pures hypothèses :

a) Quand on discutait du caractère « chrétien » d'une certaine philosophie, on n'abordait jamais la question de l'appartenance de la philosophie chrétienne au domaine culturel chrétien, ce qu'on appelle la « chrétienté ». Cette appartenance était une évidence. Or, dans le cas de l'islam, il n'est pas si aisé de faire le départ entre civilisation et religion. Aucune différence dans le vocabulaire ne nous permet d'ailleurs de distinguer entre l'Islam comme civilisation et l'islam comme attitude religieuse – si ce n'est l'artifice commode de la majuscule ou de la minuscule.

b) En outre, l'islam met l'accent sur le concept de foi moins que ne le fait le christianisme. Dans celui-ci, la foi est l'attitude fondamentale en matière de religion. L'objet de la foi est l'existence de Dieu et son action dans l'histoire du salut. Dans l'islam, l'existence de Dieu est presque une évidence ; ce qu'il s'agit de croire est plutôt l'unicité de Dieu. L'ennemi n'est pas tant l'athéisme que ce qu'on appelle *shirk*, qui associe au Dieu unique d'autres entités. Par suite, la différence entre l'adhésion à une foi et l'appartenance à une culture est moins nette dans l'islam que dans le christianisme.

c) Enfin, il ne s'est formé en islam aucune théologie dont le programme aurait été la connaissance rationnelle des choses divines, comme à partir de saint Anselme, mais seulement le Kalâm, pure apologétique. Dans le monde chrétien, on peut tracer une frontière entre philosophie et théologie. La première a pour unique instrument la raison naturelle, alors que la seconde requiert la Révélation. Ainsi, dans la *Summa contra Gentiles* de Thomas d'Aquin, les trois premières parties portent sur des problèmes philosophiques, alors qu'avec la quatrième cesse la possibilité d'un dialogue avec les philosophes païens, les problèmes qu'elle traite étant fondés sur le donné révélé. Il arrive toutefois que des philosophes de la chrétienté examinent aussi des questions théologiques. Ainsi, Descartes a tenté une explication physique de l'eucharistie dans sa correspondance avec le P. Mesland, s.j. [1] Reste qu'en gros, le christianisme distingue plus nettement entre une science spécifiquement chrétienne, la théologie, et une philosophie qui est, en principe, neutre par

1. Descartes, Lettres au P. Mesland du 9 février 1645 et de 1646 ; *Œuvres*, éd. Ch. Adam et P. Tannery, Paris, Cerf, 1901, t. 4, p. 163-170, puis 346-348.

rapport à la foi. L'islam doit en revanche introduire une détermination religieuse jusque dans la philosophie.

B. La pertinence de la religion

Il convient de poser d'abord la question générale de la pertinence de l'appartenance religieuse pour les philosophes du Moyen Âge. Je considère cette question comme un programme pour des recherches postérieures. Je ne suis bien entendu pas en état de lui apporter moi-même une réponse, et j'attends l'aide de mes collègues. Ce qui suit n'est donc guère plus qu'un questionnaire que je demande à de plus compétents de bien vouloir remplir.

Commençons par les questions : les philosophes d'une religion considéraient-ils l'affiliation religieuse de leurs collègues d'une autre religion comme un critère important ? Très concrètement : arrive-t-il qu'un philosophe médiéval mentionne la religion d'un collègue, lorsque celle-ci n'est pas la sienne propre ? Si cela ne se produit que rarement, on pourrait penser que s'il se tait, c'est que l'appartenance religieuse représente quelque chose d'évident, qu'indique le nom même d'un penseur. Si cela se produit malgré tout, on peut se demander si les penseurs du Moyen Âge mettaient en rapport les thèses philosophiques avec la croyance religieuse de ceux qui les soutiennent.

Essaient-ils par exemple de montrer que l'orientation philosophique de l'adversaire provient de son appartenance religieuse ? Lit-on des phrases comme : « X soutient la thèse philosophique T ; rien d'étonnant, puisqu'il appartient à la religion R » ? Ce genre de déclarations pourrait d'ailleurs s'interpréter de deux façons :

(1) d'après une version faible, cela signifierait qu'une certaine vision du monde (le mot étant pris ici en un sens très large) pourrait s'exprimer dans le registre religieux aussi bien que dans le registre philosophique ; (2) une version forte annoncerait la « critique des idéologies » contemporaine : un philosophe s'écarterait de ses véritables convictions philosophiques pour assurer un avantage à sa religion, auquel cas sa confession de foi ne serait que celle des lèvres.

Ce qui suit ne constitue guère plus que quelques exemples.

Ad extra : 1. Vu de l'Islam

L'appropriation de l'héritage intellectuel des Grecs par l'élite islamique a eu pour conséquence une représentation selon laquelle l'Islam serait l'unique héritier légitime de la culture grecque, alors que les chrétiens, et avant tout les ennemis politiques des califes, les gens de l'Empire byzantin, ne seraient que d'indignes décadents [1]. Dans un tel cadre, on peut s'attendre à une attaque des philosophes de l'Islam contre les chrétiens.

Farabi raconte ses années de formation philosophique. Il cherche par là à se présenter comme le dernier descendant d'une certaine tradition d'aristotélisme strict. Il mentionne ses maîtres et ses camarades d'étude dans l'enseignement philosophique. De ses condisciples chrétiens, Farabi dit qu'ils se sont éloignés du métier de philosophe parce qu'ils se sont occupés des choses de leur religion – en clair : ils sont devenus évêques [2]. On ne

1. Voir des exemples dans Gutas, *GTAC*, p. 83-90.

2. Farabi, dans Ibn Abî Usaybi'a, *Uyûn al-Anba' fi Tabaqât al-Atibbâ'*, p. 60 ; voir S. Stroumsa, « Al-Farabi and Maimonides on the

peut pas ne pas percevoir la nuance péjorative. On est cependant en droit de demander dans quelle mesure ce qui est visé est une certaine religion, en l'occurrence le christianisme, ou une manifestation de la religion en général. Il me semble que ce qui est ici sur la sellette est plutôt le Kalâm en général, l'ennemi juré de Farabi, discipline dont il existe des versions aussi bien chrétiennes et juives qu'islamiques.

Dans son « Livre du jugement équitable », dont nous ne possédons plus que des fragments, Avicenne attaquait les aristotéliciens de Bagdad et faisait valoir contre eux sa propre « philosophie orientale ». Ces gens étaient chrétiens. Dans sa lettre à son disciple Kiyâ, le philosophe de Boukhara parle de « ces nigauds de chrétiens de Bagdad (*al-bulhu al-nasârâ min ahl Madinati s-Salâm*) »[1]. Mais tient-il compte du fait qu'ils étaient chrétiens ? Ses adversaires étaient-ils, pour lui, bêtes en tant que chrétiens ou en tant que philosophes incompétents ?

Les philosophes issus de la civilisation islamique étaient conscients de la possibilité selon laquelle certains philosophes chrétiens auraient soutenu certaines thèses justement parce qu'ils étaient chrétiens. Jean Philopon aurait ainsi défendu la création du monde pour échapper à la persécution ; il n'aurait pas oublié le destin de Socrate. C'est en tout cas un soupçon de ce genre que soulèvent Farabi et Avicenne[2]. Maïmonide formule un soupçon

---

Christian Philosophical Tradition : a Re-evaluation », *Der Islam*, 68 (1991), p. 263-287.

1. Avicenne, « Lettre à Kiyâ », dans *Mubâhathât*, éd. M. Bidârfar, Qum, 1993, § 1159, p. 372 ; j'emprunte la traduction à S. Pinès, « La "Philosophie orientale" d'Avicenne et sa polémique contre les Bagdadiens », dans *CW*, t. 3, p. 302.

2. Farabi, *Contre Jean le Grammairien*, IV, 8, dans M. Mahdi, « Alfarabi against Philoponus », *Journal of Near Eastern Studies*, 26 (1967),

analogue : le véritable ancêtre des gens du Kalâm serait Philopon, qui aurait tenté de soutenir par des preuves philosophiques une conviction issue d'ailleurs que de la philosophie [1].

Ad extra : 2. Vu du judaïsme

Maïmonide termine une réponse à une lettre disparue de son traducteur Samuel Ibn Tibbon par des déclarations sur la valeur ou le peu de valeur de certains philosophes, probablement en commentant une liste d'œuvres philosophiques à lui soumise par Ibn Tibbon [2]. Dans ce texte, il ne mentionne guère que des Anciens et des musulmans. La place d'honneur après Aristote, le saint patron de la corporation philosophique, revient au musulman Farabi. Avicenne, musulman lui aussi, ne vient qu'au second rang. Maïmonide mentionne brièvement les commentaires à Aristote de trois chrétiens de Bagdad, al-Tayyib, Yahyâ Ibn 'Adî et al-Bitriq ; il prononce à leur sujet un jugement très sévère : les lire serait perdre son temps. Sur ses propres coreligionnaires Maïmonide n'est guère bavard ; il ne leur consacre que quelques mots, qui témoignent d'un mépris visible : les écrits d'Isaac Israeli n'ont aucune valeur, celui-ci n'ayant été qu'un médecin,

---

p. 233-260, surtout p. 257 ; Avicenne, Correspondance avec Biruni, Réponse à la 2e question, § 16, dans *Rasâ'il*, éd. Bidâr, Qum, s.d., p. 416.

1. Maïmonide, *G*, I, 71, p. 122 ; trad. Munk, p. 341-342.

2. *Id.*, Lettre à Samuel Ibn Tibbon, dans A. Marx, « Texts by and about Maimonides », *Jewish Quarterly Review*, 25 (1935), p. 374-381, surtout p. 378-380. Voir Pinès, *LP*, p. 93-94 ; sur la réception du texte, voir S. Harvey, « Did Maimonides' Letter to Samuel Ibn Tibbon Determine which Philosophers Would Be Studied by Later Jewish Thinkers ? », *Jewish Quarterly Review*, 83 (1992), p. 51-70.

sans plus – formule que Maïmonide utilise aussi à propos de Razi ; Joseph ha-Saddiq était certes un savant, mais il était de la tendance des « Frères sincères de Basra », ce qui suffit à le discréditer [1].

Mais jamais Maïmonide ne mentionne explicitement la religion des penseurs. Nous savons que les trois commentateurs dont il rejette brutalement les travaux étaient chrétiens. Mais Ibn Tibbon le savait-il ? Si oui, le renseignement ne venait pas de Maïmonide.

Ad extra : 3. Vu du christianisme

Les scolastiques chrétiens savaient très bien qu'Avicenne, et d'autres, étaient musulmans. Quand ils les désignent, ils le font en utilisant les termes qui étaient alors en usage, comme *Arabi*, *Mauri*, *Saraceni*, lesquels renvoient d'ailleurs plutôt à la langue ou à l'origine ethnique [2]. Mais la différence de religion était claire. Il était également clair pour eux que Maïmonide était juif : il s'agissait même d'un rabbin, *Rabbi Moses*. De temps à autre, Thomas d'Aquin l'appelle explicitement *Moses judaeus* [3]. Comme on le sait, les scolastiques n'étaient en revanche pas au clair sur l'affiliation religieuse d'Avicebron, comme le furent les savants postérieurs jusqu'à ce que Salomon Munk reconnaisse en lui, aussi tard qu'en 1846, le poète Ibn Gabirol, célèbre par ailleurs chez les Juifs.

---

1. Voir S. Stroumsa, « Note on Maimonides' Attitude towards Joseph Ibn Saddiq » [hébreu], dans *Shlomo Pines Jubilee Volume on the Occasion of his Eightieth Birthday*, dans *Jerusalem Studies in Jewish Thought*, 9, t. 2, Jérusalem, 1988, p. 33-38.
2. Plusieurs exemples chez Albert le Grand, *De unitate intellectus*, 1.
3. Thomas d'Aquin, *ST*, Ia, q. 50, a. 3, c.

Les scolastiques alternèrent envers ces penseurs la louange et la critique. Ils étaient par ailleurs, comme tous les chrétiens, très critiques envers l'islam comme religion [1]. Mais accordaient-ils une importance à l'appartenance religieuse des philosophes en tant que celle-ci pouvait affecter leur philosophie ? Leur éventuelle attitude critique envers la position philosophique d'un de ceux-ci formait-elle un tout avec leur refus de l'islam ? Ma question ne porte pas sur la présence des deux éléments, mais uniquement sur le rapport de causalité qui pourrait les lier.

Voici donc quelques exemples, dans l'ordre chronologique :

Le philosophe qu'Abélard fait parler est sans aucun doute un musulman : il est circoncis, et descendant d'Ismaël. Mais jamais Abélard ne prétend que la position philosophique de son interlocuteur aurait quoi que ce soit à voir avec l'islam. Ce philosophe n'est d'ailleurs pas un musulman très orthodoxe, puisqu'il défend la possibilité d'une éthique purement philosophique. Il est d'ailleurs possible qu'il représente une attitude analogue à celle d'Ibn Bâjja [2].

Albert le Grand dit qu'en matière de doctrine de l'intellect, il préfère les philosophes arabes aux chrétiens, dont il méprise les vues [3].

Quand Thomas d'Aquin attaque les *loquentes in lege Maurorum*, comme par exemple dans la *Summa contra*

1. Voir par exemple Thomas d'Aquin, *CG*, I, 6 ; Duns Scot, *Ordinatio*, Prologue, II, § 109 ; trad. Sondag, p. 150.
2. Voir Jolivet, *APM*, p. 53-61.
3. Albert le Grand, *De Anima*, III, 2, c. 1, l. 59-60, dans *Opera omnia*, t. VII-1, C, éd. Stroick, Münster, Aschendorff, 1968, p. 177 *b*.

Gentiles, il le fait dans le sillage de son unique garant Maïmonide [1]. Il est probable que les *Mutakallimûn* tentaient avec leur atomisme de donner une transposition doctrinale de la vision du monde du Coran. Mais de tout cela, Thomas ne savait rien. Quoi qu'il en soit, il ne souligne pas l'appartenance religieuse de ceux qu'il attaque ainsi.

Maître Eckhart utilise souvent l'expression « un maître païen » quand il cite Aristote [2], Sénèque [3], Macrobe [4], ou d'autres. Thémistius est pour lui « un maître grec » [5]. De la même façon, l'auteur du *Liber de causis* est pour lui un païen [6]. Mais c'est aussi le musulman Avicenne qu'Eckhart considère comme « un maître païen » [7], et encore le juif Maïmonide [8] ou, erreur encore plus flagrante, un chrétien comme Boèce [9]. Mais la valeur de leurs déclarations ne dépend pas de leur religion.

Dans le Prologue de son *Ordinatio*, Duns Scot distingue chez Avicenne ce que celui-ci enseigne comme philosophe et ce qu'il était obligé de dire comme musulman : « Il mélangea en effet sa religion (*secta*), qui était celle de Mahomet avec des éléments philosophiques

1. Thomas d'Aquin, *CG*, III, 65 *et al.*
2. Eckhart, *Sermon 44*, *DW*, t. 2, p. 349, 6 ; *Sermon 61*, *DW*, t. 3, p. 44, 1 ; *Sermon 75*, *DW*, t. 3, p. 296, 9 (*lêraere*).
3. *Id.*, *Sermon 45*, *DW*, t. 2, p. 362, 1 ; *Das buoch der götlichen troestunge*, *DW*, t. 5, p. 20, 16.
4. *Id.*, *Von dem edeln Menschen*, *DW*, t. 5, p. 115, 13.
5. *Id.*, *Sermon 47*, *DW*, t. 2, p. 396, 2.
6. *Id.*, *Sermon 80*, *DW*, t. 3, p. 380, 2 et p. 384, 2 ; *Sermon 83*, *DW*, t. 3, p. 441, 2.
7. *Id.*, *Sermons 26* et *37*, *DW*, t. 2, p. 30, 1 ; p. 218, 3 et p. 220, 2.
8. *Id.*, *Sermon 31*, *DW*, t. 2, p. 121, 4.
9. *Id.*, *Sermon 61*, *DW*, t. 3, p. 44, 1.

(*philosophica*), et il a dit certaines choses comme philosophiques et prouvées par la raison, d'autres comme en accord avec sa religion »[1]. À ma connaissance, ce passage est plutôt une exception qu'une règle. De façon piquante, Duns Scot reprend d'ailleurs ici un soupçon qui avait déjà été évoqué à l'intérieur même de l'islam, par Averroès : à en croire ce dernier, Avicenne aurait mis dans le vin de la philosophie l'eau du Kalâm, pour se faire bien voir des gens influents du pays et de l'époque où il vivait[2].

Ad intra : L'image de soi de l'Islam

L'appartenance à l'islam était-elle un point important pour l'image de soi qu'avaient les philosophes de l'Islam ? En d'autres termes : était-il intéressant de faire remarquer qu'un collègue déterminé était musulman ou ne l'était pas ?

Farabi reconstruit la naissance de la philosophie chez les peuples qui l'ont héritée d'un peuple antérieur. On n'a pas de mal à tirer de ses déclarations qu'il pense avant tout à la façon dont la philosophie grecque a été reçue par les peuples de culture arabe[3]. Farabi parle souvent des Arabes, de leur langue, etc. Il rappelle aussi que les transmetteurs aussi bien que les récepteurs possédaient une religion, mais il évite de désigner nommément celle-ci.

Averroès mentionne parfois des penseurs qu'il caractérise comme des « philosophes de l'islam ». Il entend par

1. Duns Scot, *Ordinatio*, Prologue, I, § 3 ; trad. Sondag, p. 58.
2. Voir Averroès, *TT*, IV, § 27, p. 276.
3. Farabi, *Kitâb al-Hurûf*, II ; éd. M. Mahdi, Beyrouth, Dâr el-Machreq, 1969, § 108-158, p. 131-161, puis § 106, p. 157.

là Farabi et Avicenne [1]. Il les appelle « les modernes parmi les philosophes (*falâsifa*) » – ou « parmi les sages (*hukamâ'*) » – de l'Islam [2]. Ou plus simplement « les modernes » [3]. Il remarque en outre qu'une certaine théorie, en l'occurrence celle selon laquelle les formes proviendraient d'un *dator formarum* (*wâhib as-suwar*), ne se rencontre pas chez les Anciens, mais seulement chez certains philosophes de l'Islam – auquel cas il renvoie explicitement à Avicenne [4]. Averroès se représente l'histoire de la philosophie comme constituée de deux parties : après les Anciens sont venus les musulmans. Parmi les Anciens, il y a avant tout Aristote et son maître Platon ; il connaît aussi l'existence de penseurs antérieurs, ceux que nous avons pris l'habitude de nommer « Présocratiques ». Mais il préfère les appeler « ceux qui sont venus avant Platon » ou « avant Aristote » ou encore « les premiers des Anciens (*man salafa min al-qudamâ'*) » [5]. À ma connaissance, il n'emploie jamais l'expression par laquelle l'islam désigne souvent la période qui l'a précédé : l'« ignorance » (*jâhiliyya*). Il n'était guère pensable d'accuser d'ignorance quelqu'un comme Aristote, « le sage » (*al-Hakîm*) par excellence ! Il semble donc que, pour Averroès, « Islam » ait avant tout une signification chronologique. Le mot désigne la seconde apogée de la philosophie, après les Grecs. Quant à la possibilité qu'il ait rêvé que la philoso-

1. Averroès, *TT*, III, § 68, p. 179.
2. *Ibid.*, § 56, p. 173 ; VIII, § 4, p. 393 ; *EM*, IV, § 60, p. 153, n. 8.
3. Averroès, *EM*, II, § 19, p. 47, n. 5.
4. *Id.*, *TT*, Questions physiques, III, § 7, p. 407 et 579.
5. *Id.*, *EM*, II, respectivement § 23, p. 51 et § 46, p. 73, n. 15 ; III, § 43, p. 106 ; Introduction, § 13, p. 6 et II, § 1, p. 33.

phie prenne aussi chez des chrétiens ou des Juifs, elle n'est guère vraisemblable.

Dans sa réfutation de Ghazali, Averroès parle d'« Avicenne et des autres parmi ceux qui se rattachent à l'islam », encore une fois pour les distinguer des doctrines véritables des Anciens. Son adversaire Ghazali s'est, selon lui, acquis une grande réputation « dans la nation de l'islam » [1].

Dans un passage très instructif de son *Épitomé de la Physique*, Averroès signale l'affiliation religieuse de certains penseurs. Il y parle en effet des « *Mutakallimûn* parmi les gens de notre communauté religieuse (*milla*) et parmi la communauté religieuse des chrétiens » ; plus loin, il mentionne « ceux qui philosophent (*mutafalsifûn*) parmi les gens de notre communauté religieuse » [2], expression dans laquelle le participe *mutafalsif* possède, comme c'est souvent le cas, une nuance péjorative, comme « amateur de philosophie », voire « philosophe amateur ». Le mot *milla*, à la différence du mot « Islam », nom d'une période historique, désigne une communauté religieuse par là où elle est religieuse. On a l'impression que ce sont uniquement, soit les ennemis jurés de la philosophie, soit des philosophes incompétents et bricoleurs qui se laissent désigner par leur appartenance religieuse.

Jusqu'à présent, je n'ai trouvé qu'un seul texte dans lequel la confession de foi islamique d'un philosophe se trouve explicitement mise en relief, et dans une œuvre relativement tardive. Dans son traité d'éthique, Nasîr-u Dîn Tûsî († 1274) cite plusieurs philosophes. Parmi les

1. *Id.*, *TT*, VI, § 29, p. 325 ; puis § 84, p. 353.
2. Averroès, *Épitomé de la Physique*, VIII, éd. J. Puig, Madrid, CSIC, 1983, p. 134-135.

Anciens, on trouve bien entendu Aristote, mais aussi Platon, bien que les déclarations qui leur sont attribuées n'ont souvent pas grand-chose à voir avec les œuvres que nous avons conservées de ces penseurs. Pour sa partie sur l'économie (gouvernement du ménage), Tûsî utilise de larges fragments de l'œuvre de celui que nous connaissons sous le nom de « Bryson ». Parmi les modernes, il s'approprie les idées de Farabi et de Miskawayh. Ce qui frappe ici est qu'il cite également Kindi, qui, comme on sait, n'est pas mentionné une seule fois par la corporation des *falâsifa* de stricte observance aristotélicienne – Farabi, Avicenne, Ibn Bâjja, Ibn Tufayl, Averroès. Tûsî utilise son œuvrette sur les moyens de chasser la tristesse.

Il le désigne ainsi : « Yûsuf Al-Kindi, qui était un des philosophes de l'islam (*az hukamâ-yi islâm*) ». Cette formule a attiré l'attention du traducteur. Dans son annotation, celui-ci écrit : « L'appellation que lui donne Tûsî soulève toutes sortes de problèmes qui tournent autour de (a) l'ambiguïté du mot arabe pour "homme sage", "philosophe" et (b) la question de savoir si "de l'islam" signifie : "écrivant pendant l'ère islamique, qui s'oppose aux temps anciens" ou "en tant que musulman soucieux de concilier la philosophie avec la foi islamique" » [1]. Or, l'expression ne se rencontre pas lorsque Tûsî nomme d'autres philosophes du monde islamique, comme Farabi et Avicenne, qui ne sont d'ailleurs nommés qu'une seule fois [2]. Cela vaut aussi de sa source principale, l'auteur du plus célèbre des traités sur le raffinement des mœurs,

1. *The Nasirean Ethics* by Nasir ad-Dîn Tûsî, Translated from the Persian by G. M. Wickens, Londres, Allen & Unwin, 1964, I, 9, p. 121 et n. 1210, p. 292.
2. *Ibid.*, III, 1, p. 187 et II, 1, p. 155.

dont le nom apparaît même plus tôt que celui de Kindi, soit comme Miskawayh, ou comme sa *kunya* de Abû Alî [1].

C. Les contenus

Les thèmes principaux des philosophes islamiques sont-ils étroitement liés avec la religion de l'islam ? On trouve une liste fort juste de ces thèmes principaux dans une récente introduction à la philosophie islamique, celle, de très bonne qualité, de Massimo Campanini. Le savant italien en énumère cinq : le *tawhîd*, la structure du cosmos, l'intellect humain, la nécessité ou la liberté dans les actions de Dieu (ce qui revient en fait à la question de l'éternité ou de l'adventicité du monde), l'éthique et la politique [2]. Ces thèmes sont de toute évidence partout présents dans la pensée islamique. Mais est-on en droit de négliger la question de savoir dans quelle mesure ils ont été pensés de façon islamique ?

Il serait opportun de pratiquer ici une distinction. Il y a des idées que l'on trouve certes dans l'islam, mais qui appartiennent au trésor commun des religions révélées, comme par exemple l'unicité de Dieu (monothéisme), la création du monde, la survie des âmes après la mort, associée à la récompense ou à la punition éternelles au paradis ou en enfer. Elles correspondent en gros à la première moitié de la confession de foi musulmane (« Il n'est d'autre Dieu qu'Allah »). D'autres ne se trouvent que dans l'islam, dont elles constituent les critères distinctifs.

1. *Ibid.*, p. 25-26, 59, 66, 105, 116.
2. Campanini, *IFI*.

Elles correspondent à la seconde moitié de la confession de foi, c'est-à-dire à la mission de Mahomet et ce qui en dépend. Avec la reconnaissance de cette mission, et donc du caractère authentique du Coran, certains détails viennent s'ajouter au monothéisme commun, comme par exemple la négation des dogmes chrétiens de la Trinité et de l'Incarnation, une présentation plus détaillée du processus de la création du monde, une description plus colorée des voluptés du paradis et des tourments de l'enfer, sans parler des dispositions de la Loi islamique.

Concrètement, je proposerais de caractériser la première série d'articles de foi, au-delà des frontières entre les confessions, comme « monothéistes » plutôt que comme « islamiques ». S'il en est ainsi, dans quelle mesure est-il légitime de parler d'un contenu spécifiquement islamique de la philosophie ? Pour répondre à cette question, il me faut brièvement passer en revue les cinq domaines que distingue Campanini.

1. Le *Tawhîd*

L'usage du terme *tawhîd* fait que le concept d'unicité rend un son islamique et lui confère une sorte de couleur locale. Mais ce que l'on entend par là, c'est la réception de l'héritage intellectuel du néoplatonisme [1]. Cette réception est un fait massif. Mais a-t-elle quelque chose à voir avec le *tawhîd* coranique ? Tout aussi évidente que le fait de la réception est la simplification qu'elle a fait subir au néoplatonisme. Plotin avait en effet défendu une stricte distinction entre l'Un et l'Intellect. Dans le néoplatonisme arabe, on y renonça, peut-être dans le sillage du

1. *Ibid.*, p. 73-74.

néoplatonisme grec tardif, qui était moins rigoureux là-dessus que Plotin. En confondant l'Un et l'Intellect, on obtenait en effet une entité qui était unique, qui connaissait tout et avait tout créé. Cela donnait un équivalent philosophiquement acceptable du Dieu des monothéismes, et entre autres de l'Allah du Coran.

Mais qu'est-ce que l'Un du néoplatonisme a à voir avec Allah ? Dans le Coran, le polythéisme est constamment brocardé : il n'y a qu'un seul Dieu. Cela se passe en particulier dans la Surate dite du « Culte pur » (*al-Ikhlâs*), souvent citée, laquelle utilise d'ailleurs une formule qui sonne néoplatonicien : « Dieu n'engendre pas et n'est pas engendré » [1]. Mettre en rapport de telles déclarations avec l'héritage néoplatonicien repose toutefois sur une réinterprétation du concept d'« un ». Le Coran défend en effet *l'unicité* de Dieu. La question à laquelle il répond est celle du *nombre* des êtres divins. C'est ce que l'on peut par exemple tirer de la façon dont il réfute une certaine conception de la Trinité : Dieu n'est pas « le troisième de trois » (V, 73). Le néoplatonisme met au contraire l'accent sur *l'unité* du principe suprême. Il le fait d'ailleurs en situant le principe suprême au-delà de la distinction du sujet et de l'objet, distinction que chaque acte de connaissance entraîne avec soi. Cela vaut avant tout dans le cas de la connaissance de soi du Dieu aristotélicien

1. Coran CXII, 3 ; témoignages antérieurs : Macrobe, *Commentaire sur le Songe de Scipion*, I, 5, 1, éd. J. Willis, Leipzig, Teubner, 1963, p. 17 ; Candidus l'Arien, *Lettre à Marius Victorinus*, dans Marius Victorinus, *Traités théologiques sur la Trinité*, éd. P. Hadot, Paris, Cerf, 1960, t. 1, p. 10 ; postérieurs : 4e Concile du Latran (1215), Denzinger, § 432, p. 191. Voir aussi à l'époque présocratique Philolaos, DK 44 B 20 dans Diels-Kranz, *Die Fragmente der Vorsokratiker*, Zürich, Weidmann, 1964, t. 1, p. 416.

au livre Lambda de la *Métaphysique*, conception contre laquelle Plotin polémique ouvertement [1]. Cette insistance sur la stricte unité de l'Un exclut à plus forte raison toute possibilité de lui attribuer la connaissance de ce qui est situé en dessous de lui.

Les philosophes parlent du « Premier » (*al-Awwal*). Coïncide-t-il avec le Allah de l'islam ? Pas vraiment. Dans son œuvre sur les opinions des habitants de la cité vertueuse, Farabi, par exemple, commence par une description détaillée du Premier, dans laquelle le nom propre d'Allah ne se rencontre pas. Ce nom apparaît pour la première fois tard dans le texte, dans le cadre d'une doctrine de la prophétie comme mise en œuvre de l'imagination. Parmi les objets de cette faculté, il y a entre autres Allah et les anges [2].

2. La structure de l'univers

Quand les philosophes décrivent la structure du monde, ils laissent discrètement de côté les données du Coran. Dans l'emboîtement en oignon des sphères célestes, ils donnent comme nombre de celles-ci, avec l'astronomie scientifique de leur temps, *neuf*, au lieu des sept cieux du Coran (Coran II, 29 *et al.*).

Dans le *Discours décisif*, Averroès tente de justifier la philosophie en se fondant sur certains passages du Coran qui recommandent de réfléchir sur la création. La méditation sur la création, dans l'intention de prouver l'existence de Dieu, serait justement le sens de l'entreprise philosophique [3]. On peut laisser ici de côté la rigueur de

1. Plotin, *Ennéades*, VI, 7 [38], 37, 1-16.
2. Farabi, *CV*, IV, 14, § 9, p. 222-224.
3. Averroès, *DD*, § 2, p. 102.

ces arguments, et de même la valeur de la définition de la philosophie que fournit Averroès. Elle fut en effet forgée *ad hoc*, et ne coïncide avec aucune des cinq ou six définitions classiquement reconnues de cette discipline.

Quant à l'usage du Coran par Averroès, il repose sur un déplacement d'accent. Le Coran ne vise pas à prouver l'existence et l'identité du Créateur. Les deux étaient déjà admises par ceux à qui il s'adressait (voir XXIX, 6 ; XXXI, 2 ; XLIII, 87). Ce qu'il s'agit de démontrer, c'est la toute-puissance de Dieu, plus précisément la possibilité d'une intervention de sa part dans la « nature ». Dans les processus « naturels » de développement, comme dans la génération des animaux ou la croissance des plantes, le Coran s'intéresse à ce qui est brusque, comme la germination de l'herbe (VI, 95) ou la naissance de l'animal. Il s'agit en effet de rendre plus plausible l'événement soudain de la résurrection des morts et du jugement dernier qui doit la suivre.

Il en va tout autrement chez les philosophes. Ceux-ci prennent ce qu'il y a d'événementiel dans les processus naturels comme exemple pour le caractère régulier des faits naturels. L'événement devient un cas qui se répète toujours à nouveau. De ce fait, la dimension proprement historique des faits est laissée de côté.

3. L'intellect humain

Toute la discussion que mènent les philosophes sur l'âme et l'intellect, qu'il s'agisse de ceux de Dieu, des sphères célestes, ou de l'homme, s'enracine dans la noétique d'Aristote et des commentateurs grecs au *Traité de l'âme* de celui-ci, Alexandre d'Aphrodise, Thémistius, d'autres encore. Le seul point de contact est une interprétation du célèbre « verset de la lumière » (Coran XXIV,

35), que l'on a commenté dans tous les sens [1]. Il saute aux yeux, quant aux philosophes, que les formules coraniques ne sont citées qu'à titre d'illustrations, pour appuyer une doctrine qui a déjà été démontrée sur la base d'arguments purement philosophiques.

4. Éternité ou adventicité du monde

Il est intéressant de remarquer que Campanini intègre le débat sur l'éternité ou la création du monde sous la rubrique « *Necessità o libertà nell'agire divino* » [2]. Mais cette question est-elle au centre de la discussion, par exemple dans la polémique qui oppose Ghazali et Averroès ? Le mot « liberté » manque dans l'index de la traduction du *Tahâfut* par Van den Bergh [3]. En utilisant ce terme, on renvoie au problème de la prédestination, qui a effectivement préoccupé les gens du Kalâm. Mais ce qui était au centre pour les Mutakallimûn, c'était le problème de l'action et de la liberté *humaines*, et non celui de l'action du Dieu créateur.

En fait, le débat sur l'éternité ou la création du monde est au moins aussi ancien que celui qui opposa Jean Philopon et Simplicius [4]. De la façon la plus consciente,

1. Voir par exemple Avicenne, dans H. 'Asî, *Exégèse coranique et langage soufi dans la philosophie d'Avicenne* [arabe], Beyrouth, MJ, 1983, p. 86-88 ; Ghazali, *The Niche of Lights*, A Parallel English-Arabic Text Translated, Introduced and Annotated by D. Buchman, Provo, BrighamYoung University Press, 1998.

2. Campanini, *IFI*, p. 121-134.

3. Voir Averroes' *Tahafut al-Tahafut*..., Londres, Luzac, 1954, t. 2, p. 212 *b*. En revanche, *liberum arbitrium* (en latin) s'y trouve p. 213 *a* !

4. Voir W. Wieland, « Die Ewigkeit der Welt (Der Streit zwischen Johannes Philoponos und Simplicius) », dans *Die Gegenwart der Griechen im neueren Denken*, Festschrift für H.-G. Gadamer zum 60. Geburtstag, Tübingen, Mohr, 1960, p. 291-316.

les penseurs de l'Islam le reprirent au point exact où l'avaient laissé les Grecs. C'est déjà le cas de Farabi, qui a rouvert le débat dans le monde islamique [1].

5. Éthique et politique

La distinction entre éthique et politique nous est devenue banale. On n'a peut-être pas le droit d'y voir une évidence. On a essayé de montrer, et avec de bons arguments, qu'Aristote ne connaissait pas une telle distinction ; d'après Aristote lui-même, son traité d'éthique était une partie de ses recherches politiques [2]. On a par ailleurs mis en cause l'existence d'une éthique indépendante dans l'univers de la pensée islamique [3]. D'un autre côté, une certaine conception de la guidance politique (Imamat) est essentielle à l'islam médiéval.

Farabi et Avicenne se gardent bien d'identifier trop vite leur cité exemplaire, la « cité vertueuse » du premier et la « cité juste » du second, avec la cité islamique. Dans son commentaire à la *République* de Platon, Averroès est encore plus hardi, quand il laisse ouverte la question de savoir s'il faut vraiment que le fondateur de la cité idéale soit un prophète [4]. Certes, les philosophes ne cessent de flirter avec des termes techniques de la doctrine politique de l'islam, comme par exemple « Imam ». Mais ils évitent de leur donner une interprétation trop nettement islamique. De plus,

1. Voir M. Mahdi, *loc. cit.*

2. Voir R. Bodéüs, *Le Philosophe et la cité. Recherches sur les rapports entre morale et politique dans la pensée d'Aristote*, Paris, Les Belles Lettres, 1982.

3. Voir J.-C. Vadet, *Les Idées morales dans l'islam*, Paris, PUF, 1995.

4. Averroès, *CR*, II, i, 7, p. 61 ; et voir S. Pinès, *Studies in the History of Jewish Philosophy. The Transmission of Texts and Ideas* [hébreu], Jérusalem, Mosad Rav Kook, 1977, p. 86.

ils mélangent des éléments tirés de la Loi islamique (*sharia*) avec d'autres éléments qui trahissent une origine grecque, par exemple platonicienne. C'est ainsi qu'Avicenne fait comme s'il déduisait certaines règles de comportement typiquement islamiques – et jusqu'au voile des femmes ! – d'une manière purement philosophique, et à côté de cela divise la Cité en trois classes qui correspondent aux trois castes, tout à fait platoniciennes celles-ci, des gardiens, des soldats et des travailleurs [1].

D. CONCLUSION

Comme résultat de la recherche qui précède, laquelle, j'y insiste encore, n'est rien de plus qu'un programme, je voudrais soumettre une thèse provisoire au jugement de mes collègues : il n'y a pas de « philosophie islamique », pas plus qu'il n'y a ou a eu une « philosophie juive » ou une « philosophie chrétienne ». Ce que, sans conteste, il y a eu, c'est un usage de pensées philosophiques de la part de musulmans, de chrétiens et de Juifs. La philosophie a été pratiquée de façon très compétente et novatrice par des gens qui adhéraient aux trois religions, et par des penseurs dont nous n'avons nul besoin de mettre en doute la sincérité de leur sentiment d'appartenance. Ce qui, de plus, a existé, est un passage de la philosophie par des domaines culturels qui étaient marqués par ces trois religions. Il est donc acceptable de parler d'une « philosophie islamique » à condition d'entendre par « islam » non pas une religion, mais uniquement une civilisation.

1. Avicenne, *SM*, X, 4-5.

Deuxième partie

Thèmes communs

La physique est-elle intéressante ?

Quelques réponses de l'Antiquité tardive et du Moyen Âge

A. Introduction

Je me permettrai de commencer par expliquer les deux éléments de la question qui me sert de titre, à savoir le sujet et l'attribut de la phrase interrogative qu'il constitue :

1) Je prendrai le mot de « physique » dans son sens le plus large, qui englobe l'étude des réalités naturelles dans toute son ampleur. Ce n'est pas exactement la physique telle que la concevait le monde antique et médiéval. Selon Aristote et les philosophes médiévaux qui se rattachent à sa tradition, c'est-à-dire la plupart, la physique, ou la « philosophie naturelle » (*physikè philosophia*), est l'une des sciences qui ne *font* rien dans la cité, à la différence des savoirs « pratiques », qui ne *fabriquent* aucun objet non plus, ce qui les distingue des arts « poïétiques » comme l'art du forgeron ou du potier ; elle fait partie des sciences dites « théoriques », qui se contentent de regarder les choses et de noter comment elles sont [1]. Parmi ces

1. Voir par exemple Aristote, *Métaphysique*, E, 1 ; Maïmonide, *Traité de Logique*, chap. 14 ; ma traduction (Paris, Desclée de Brouwer, 1996), p. 97.

sciences théoriques, la physique occupe souvent la seconde place, après les mathématiques et avant la philosophie première, qui est également appelée « science divine » ou « métaphysique ». La physique s'occupe uniquement du monde inférieur de la génération et de la corruption. L'astronomie, pour les penseurs du Moyen Âge, ne fait pas partie de la physique, mais des mathématiques, en même temps que d'autres disciplines que nous placerions, elles aussi, parmi les branches de la physique, comme l'optique ou la statique [1]. Le cas de l'astronomie est d'ailleurs particulièrement intéressant, parce que sa place parmi les sciences mathématiques est une conséquence de son caractère purement hypothétique. Elle exprime cette sorte de schizophrénie qui dura pendant toute la période de l'Antiquité tardive et du Moyen Âge, je veux dire l'impossibilité de réconcilier les modèles mathématiques des mouvements célestes, qui permettent de « sauver les phénomènes », d'une part, et les principes de la science de la nature qui permettaient de rendre compte de leurs mouvements, d'autre part. J'inclurai donc dans la « physique » l'ensemble de l'étude de la nature, comme dans l'allemand *Naturwissenschaft*.

2) J'aimerais maintenant distinguer trois sens de l'adjectif « intéressant ».

a) Il y a d'abord l'intérêt égoïste, voire mercenaire. C'est l'intérêt par lequel nous sommes « intéressés », au sens où ce participe est le contraire de « désintéressé », comme on dit que l'on est intéressé aux bénéfices d'une société commerciale. Pour désigner ce à quoi nous avons un intérêt de ce genre, ce qui « paye », je me servirai de l'adjectif *gratifiant*. Le bénéfice impliqué ne se limite pas

1. Voir par exemple Farabi, *Catalogue des sciences*, chap. 3.

à l'argent ou à l'ascension sociale. Notre survie même, notre santé, peuvent être impliquées elles aussi.

b) Je me concentrerai ici sur l'intérêt intellectuel, sur l'intérêt de la connaissance en tant que telle. Or, n'importe quelle sorte de connaissance peut être qualifiée d'« intéressante » dans la mesure où elle nous dévoile quelque chose de beau, et nous savons que la nature est riche de ce genre de réalités. Cela peut aller de la délicate structure d'une fleur à la majesté du ciel constellé d'étoiles. Une connaissance de ce genre peut nous procurer un plaisir qui ressemble beaucoup à celui que nous apporte une œuvre d'art – la comparaison est banale. Le plaisir esthétique est tel qu'il nous absorbe. Nous nous oublions nous-mêmes quand nous nous perdons dans la contemplation de ce qui est beau. Il y a quelque chose de charmant, quelque chose qui nous captive dans cette expérience. C'est pourquoi le langage a emprunté un mot au vocabulaire de la magie et appelle l'objet d'une telle expérience *fascinant*.

c) Enfin, j'appellerai *intéressant* au sens propre, une fois de plus pour rester fidèle à l'étymologie latine, ce qui fait une différence pour nous, ce qui compte. Plus précisément, ce qui est intéressant est ce qui se trouve entre nous et nous-mêmes, ce qui *inter-est*, de telle sorte qu'il nous faut passer à travers pour parvenir à nous-mêmes. L'intéressant est en ce sens une étape nécessaire dans le processus par lequel nous en venons à nous connaître nous-mêmes. Il nous contraint en effet à réfléchir sur l'expérience que nous faisons de lui, parce que la référence en retour à nous-mêmes est déjà contenue dans l'objet auquel nous nous intéressons. En français, la forme réfléchie du verbe « *s'* intéresser à quelque chose » peut déjà indiquer la structure réflexive de l'intérêt.

En conséquence, je vais affiner ma question initiale et me demander dans quelle mesure la science de la nature était pour le monde antique et médiéval quelque chose d'intéressant. Je m'abstiendrai de m'interroger sur les facteurs sociaux ou intellectuels qui ont pu inhiber ou au contraire encourager le développement de la physique, question sur laquelle nous possédons déjà de bons travaux [1]. Je me concentrerai plutôt sur l'aspect intellectuel des choses.

B. La négation de tout intérêt

Dans quelle mesure l'étude de la nature est-elle intéressante ? Avec les Temps modernes, une telle question a perdu son aiguillon. Lisons une phrase d'Ibn Khaldûn, qui nie posément tout intérêt à la physique. Le contexte est une réfutation d'ensemble de la philosophie, dont la physique était alors une partie : « Les problèmes de physique n'ont d'importance pour nous ni au point de vue de notre religion (*dîn*) ni à celui de notre subsistance (*ma'âsh*). Nous devons donc nous en détourner » [2]. La réponse est brutale : la physique ne doit pas nous soucier (*tahummu* ou *tuhimmu*) ; elle ne peut être appliquée aux deux domaines qui ont pour nous une véritable importance, à savoir cette vie et la vie qui la suivra.

1. Voir par exemple L. Edelstein, « Motives and Incentives for Science in Antiquity », A. C. Crombie (éd.), *Scientific Change : Historical Studies in the Intellectual, Social and Technical Conditions for Scientific Discovery and Technical Invention, from Antiquity to the Present*, Londres, Heinemann, 1963, p. 15-41.

2. Ibn Khaldûn, *M*, VI, 30, t. 3, p. 214, 15-17 ; *LE*, p. 1038.

Maintenant, il est clair qu'une telle fin de non-recevoir opposée à la physique, fondée sur la négation de son intérêt pour la vie quotidienne, a reçu avec les Temps modernes un démenti cinglant. Si ce qui est intéressant est ce qui a des incidences sur notre vie quotidienne, voire sur notre survie, la physique est au plus haut point une réalité de ce genre. On ne demande pas à un médecin de légitimer sa profession en tant que telle, alors qu'on peut lui demander des comptes sur un traitement déterminé, s'il échoue à guérir le patient, voire fait empirer son état. Or, à cause du triomphe de la technologie moderne, la position du physicien est devenue analogue à celle du médecin : nous savons que la physique moderne est la condition nécessaire de ce que le slogan moderne bien connu appelle la « conquête de la nature ». Du coup, l'utilité de la physique moderne passe pour une évidence. Pour reprendre la fameuse image par laquelle Descartes ouvre ses *Principes de la Philosophie*, dans l'arbre de la connaissance, la physique est le tronc à partir duquel poussent les trois branches maîtresses de la médecine, de la mécanique et – en tout cas à titre de projet – la morale [1].

Les Anciens auraient été d'accord jusqu'à un certain point. Ils n'ont jamais demandé pourquoi nous tissons des vêtements, semons du blé, ou fabriquons des meubles, car la réponse est évidente : nous avons *besoin* de ce genre de choses. Mais, afin de faire tout cela, l'homme des mondes antique et médiéval, avant la technique moderne, n'avait guère à s'encombrer de physique.

1. Descartes, *Principes de la Philosophie*, Lettre de l'auteur à celui qui a traduit le livre, éd. Ch. Adam et P. Tannery, t. IX-2, p. 14, 23-31.

Le paradoxe était donc le suivant : comment se fait-il que nous étudions des choses dont nous n'avons pas un besoin réel et urgent de les connaître ? Pour le dire de façon plus pointue : comment se fait-il que nous étudions des choses – les étoiles, les vents, etc. – dont nous ne pouvons pas nous servir ? On pouvait donner plusieurs réponses, et l'on en donna effectivement plusieurs.

C. L'IMPERTINENCE DE LA PHYSIQUE

Tout d'abord, certains donnèrent une réponse négative : s'intéresser à ce genre de choses est superflu. Socrate, si l'on peut commencer avec lui, aurait, si l'on doit en croire Xénophon, condamné l'idée même d'étudier les phénomènes naturels, que nous ne pouvons pas modifier [1]. Plusieurs des écoles de philosophie qui prétendaient représenter une part de l'héritage socratique donnèrent la même réponse [2].

L'exemple le plus intéressant, cependant, se situe en dehors du courant socratique. Il s'agit d'Épicure. Sa réponse est un « non » nuancé. Pour reprendre la distinction que j'ai proposée il y a quelques pages, la thèse qu'il défend consiste à dire que l'étude de la nature n'est fondamentalement pas intéressante, même si elle peut être et est effectivement fascinante et si s'y livrer est plaisant. Épicure souligne le plaisir apporté par la physique : « dans la philosophie, l'agrément (*to terpnon*) marche au même

1. Xénophon, *Mémorables*, I, i, 11.

2. Voir par exemple Diogène d'Oenanda, fragment 3, éd. M. F. Smith, *The Epicurean Inscription*, Naples, Bibliopolis, 1993, p. 4 ; commentaire, p. 38-39.

pas que la connaissance. Ce n'est pas un apprentissage suivi par de la jouissance (*apolausis*), mais c'est un apprentissage et une jouissance en même temps »[1].

Fondamentalement, toutefois, nous ne faisons de la physique que pour nous débarrasser de la crainte et acquérir la paix de l'âme[2]. Si ce but peut être atteint par plusieurs explications des mêmes phénomènes, cela ne fait rien. D'où l'attitude très détachée d'Épicure vis-à-vis de la physique, sa « nonchalance » sans bornes, pour reprendre l'expression de Marx dans sa dissertation de doctorat[3]. La physique montre à quel point la nature n'est rien pour nous. Nous étudions la nature, non pour l'imiter, mais au contraire pour prendre nos distances par rapport à elle. Normalement, nous devrions pouvoir nous passer de la physique. Si nous nous en mêlons, c'est parce que nous sommes contraints de compenser les mauvais effets de la contemplation : « si nous n'étions troublés (*enokhlein*) par les soupçons (*hupopsia*) selon lesquels les phénomènes célestes (*meteôra*) et la mort pourraient être quelque chose pour nous (*einai pros ti* + acc.), et aussi parce que nous ne réussissons pas à apprécier les limites de la douleur et des désirs, nous n'aurions pas besoin en plus (*prosdeisthai*) de l'étude de la nature (*physiologia*) »[4]. Ce passage d'Épicure est fondé sur une structure de

1. Épicure, *Sentences vaticanes*, 27. Le refus de distinguer entre fascination et intérêt explique le commentaire donné dans l'édition Sedley-Long, p. 156.

2. Épicure, *Lettre à Pythoclès*, § 85.

3. K. Marx, « Differenz der demokritischen und epikureischen Naturphilosophie », dans Marx-Engels *Werke*, Ergänzungsband, Schriften bis 1844, 1. Teil, Dietz, Berlin, 1968, p. 276.

4. Épicure, *Doctrines capitales*, 11. Il n'est pas certain que les phénomènes célestes et la mort soient mis ici sur le même plan.

pensée que l'on trouve ailleurs dans la même école philosophique, de telle sorte qu'il pourrait s'agir d'un schéma de base de la méthode épicurienne, ou en tout cas de ce que l'on pourrait appeler la tournure d'esprit épicurienne. Porphyre nous a transmis un long fragment d'un philosophe épicurien peu connu du nom d'Hermarque. Nous y lisons : « Mais si tout le monde était également capable d'observer ce qui est utile et de s'y tenir, on n'aurait pas besoin en plus (*prosdeisthai*) de lois » [1].

Lucrèce va plus loin encore : il reconnaît que la nature peut être fascinante. Mais il voit le résultat de la contemplation de celle-ci dans une tonalité négative. Loin de nous apporter la paix de l'âme, contempler le ciel doit éveiller en nous l'angoisse (*cura*) [2]. En tout cas, aussi longtemps que la contemplation n'est pas accompagnée par son remède, c'est-à-dire la philosophie. La physique est intéressante parce que, et seulement parce qu'elle nous montre que la nature ne doit pas être fascinante.

D. SIMPLICIUS SUR L'INTÉRÊT DE LA PHYSIQUE

D'un autre côté, la même question suscita chez la majorité des penseurs une réponse très positive, ou plutôt un large éventail de réponses positives. Celles-ci furent mille fois répétées, d'un bout à l'autre de la période de temps qui englobe l'Antiquité et le Moyen Âge. Les principaux types de réponse positive sont fournis dans un texte de Simplicius, qu'on peut lire à la préface de son

1. Porphyre, *De abstinentia*, I, 8, 4, éd. J. Bouffartigue, Paris, Les Belles Lettres, 1977, p. 47.
2. Lucrèce, *De natura rerum*, V, v. 1204 s.

commentaire de la *Physique* d'Aristote. Conformément aux règles de ce genre littéraire, il lui fallait d'abord répondre à un certain nombre de questions sur l'œuvre étudiée. Parmi celles-ci, un commentateur devait dire quel est l'intérêt de la science qui se trouve consignée dans l'œuvre qu'il se propose d'expliquer, c'est-à-dire toujours aussi d'enseigner. Simplicius pose donc la question de savoir si la physique (*physiologia*) est utile (*khrèsimos*) de la façon la plus explicite. Voici comment il y répond :

La physique (*physiologia*) est utile

1) non seulement dans les affaires de la vie, en fournissant à la médecine et à l'art de l'ingénieur militaire leurs principes et en aidant les autres arts (car chacun de ceux-ci requiert une étude préliminaire de la nature et des différences naturelles de la matière avec laquelle il a à faire),

2) ni non plus parce qu'elle mène à sa perfection cet aspect de l'âme en nous qui correspond à la connaissance des êtres naturels, de la même façon que la théologie le fait pour sa partie intellectuelle et suprême,

3) mais parce qu'elle contribue au plus haut point aux autres perfections de l'âme. En effet elle coopère avec les vertus pratiques :

(a) avec la justice, dans la mesure où elle montre que les éléments et parties du Tout le cèdent les uns aux autres, se contentent de leur rang, observent l'égalité géométrique et, de ce fait, évitent la cupidité ;

(b) avec la tempérance, en montrant la nature du plaisir : il n'est pas un bien qui précède, mais une sorte d'accompagnement, qui ne semble intense et digne d'être choisi qu'aussi longtemps qu'il est mélangé avec une grande portion de ce qui n'est pas naturel. Or, le loisir qui provient de ce qu'on contemple la nature transfère aisément l'âme des plaisirs corporels et de l'excitation qui porte sur les choses extérieures ; toutes choses dont découlent la tempérance, la justice et la propension à accepter de se mettre d'accord dans les contrats.

(c) En outre, qui pourrait être aussi courageux que celui qui connaît, à partir de l'étude de la nature, que l'animal que nous sommes n'est même pas une partie perceptible de l'univers, ni la mesure de notre durée de vie <une partie perceptible> du temps dans sa totalité, qu'il est nécessaire que tout ce qui vient à l'être soit suivi par une disparition, qui est une dissolution en des <éléments> simples, une restitution des parties aux touts correspondants, un rajeunissement de ce qui avait vieilli et un retour à la santé de ce qui était malade ? Être corrompu maintenant ou quelques années plus tard est négligeable pour qui a pensé le temps dans son infinité. De plus, si l'on se rend compte de la supériorité de l'âme en son état séparé, comparé avec les dérangements qui lui viennent du corps, on sera épris de la mort. Or, parmi les autres choses prétendument terribles, laquelle pourrait effrayer une personne qui serait ainsi disposée envers la mort ?

(d) Elle [la physique] produit spontanément la sagesse, qui a une affinité très proche avec la <partie> connaissante de l'âme.

(e) Elle rend magnanime et généreux, en nous persuadant de ne considérer rien de ce qui est humain comme grand.

(f) Elle rend content de peu, et du coup prêt à laisser les autres avoir part à ce que l'on possède, sans leur demander quoi que ce soit – libéral, donc.

4) Le bien plus grand qu'elle procure est qu'elle est le meilleur chemin qui mène à la connaissance de la substance semblable à l'âme et à la contemplation des idées séparées et divines. Ceci est démontré par Platon, qui partit des mouvements naturels pour découvrir la substance qui se meut elle-même ainsi que l'existence intellectuelle et divine, et par Aristote qui, dans le présent

traité, enquête sur la cause immobile de tout mouvement en partant de l'éternité du mouvement circulaire.

5) De plus, elle échauffe au plus haut point notre respect pour la transcendance divine, en éveillant celui-ci comme il convient en partant de la considération précise de ses effets pour arriver à l'émerveillement et à la louange du Créateur. Cet émerveillement est suivi par une stable communion de sentiment avec Dieu, par la confiance et l'espoir.

Telles sont les principales raisons d'étudier la nature [1].

Les mêmes idées se retrouvent sous la plume d'Averroès lui aussi [2]. La raison en est peut-être très simple : les deux textes ont probablement un ancêtre commun, en l'occurrence le commentaire perdu d'Alexandre d'Aphrodise sur la même œuvre, texte auquel Averroès renvoie explicitement quand il explique l'utilité de la physique, alors que Simplicius mentionne le nom du commentateur grec ailleurs, mais pas dans sa préface.

Simplicius donne cinq arguments : 1) la physique est utile pour la vie quotidienne, par l'entremise de la médecine et de l'art de la mécanique (4 lignes) ; 2) elle conduit à sa perfection une partie de l'âme (2 lignes) ; 3) elle coopère avec les vertus morales (25 lignes) ; 4) elle mène vers le haut, vers les Idées (6 lignes) ; 5) elle éveille nos sentiments d'émerveillement et de gratitude à l'égard de Dieu (4 lignes). Ces raisons sont fournies dans un ordre déterminé, mais nous ne sommes pas sûrs que cet ordre reflète leur importance respective. En apparence, nous

1. Simplicius, *Commentaire de la Physique*, éd. H. Diels, *CAG*, IX, p. 4, 17-5, 21. Ma traduction.

2. Voir S. Harvey, « The Hebrew Translation of Averroes' Prooemium to his Long Commentary on Aristotle's *Physics* », *Proceedings of the American Academy of Jewish Research*, 52 (1985), p. 55-84.

montons du plus bas au plus haut. Mais Simplicius souligne explicitement que la quatrième raison est le plus grand bien que la physique fournisse. D'un autre côté, il consacre au troisième argument une fois et demie autant de place qu'aux quatre autres pris ensemble (25 lignes au lieu de 16).

Le premier argument est l'utilité pour la préservation de la vie humaine, celle de l'individu comme celle de la cité, grâce à la médecine et à l'art de l'ingénieur militaire. L'argument se retrouve sous la plume d'auteurs médiévaux également. Ni eux ni leurs ancêtres de l'Antiquité ne désapprouvaient l'idée d'une physique appliquée, bien que les conséquences pratiques restaient marginales [1]. On peut trouver une allusion à cette idée dans les œuvres d'Albert le Grand, qui était lui-même un des philosophes médiévaux qui s'intéressaient le plus aux sciences de la nature : « Savoir (*scire*), cela est non seulement agréable (*delectabile*) pour quiconque s'efforce de se familiariser (*cognoscere*) avec la nature des choses, mais utile (*utile*) pour la vie et pour la continuation de l'existence des cité (*civitatum permanentia*) » [2].

Cependant, cet argument ne porte pas exactement, parce que, pour reprendre la distinction que j'ai pratiquée au début, il montre plutôt que la physique est *gratifiante* et non pas qu'elle est *intéressante*.

Le second argument est la valeur de la science comme ce qui mène une capacité déterminée de l'âme à son achèvement. D'une part, il est bien évident que l'exercice

1. Voir L. Edelstein, *op. cit.*, p. 22 s.

2. Albert le Grand, *De vegetabilibus*, VII, 1, 1, éd. E. Meyer et C. Jessen, Berlin, 1867, p. 590 n. 1 ; cité d'après Albertus Magnus, *Ausgewählte Texte*, lateinisch-deutsch, éd. A. Fries, Darmstadt, Wissenschaftliche Buchgesellschaft, 1981, p. 8.

renforce nos capacités. Mais nous pouvons nous exercer à toutes sortes d'activités, y compris ce qui est parfaitement dépourvu d'intérêt, simplement plaisant, ou même carrément criminel. Dans ce cas aussi, donc, l'intérêt intrinsèque de l'objet est présupposé. Ou alors, nous devons supposer qu'exercer son esprit a une valeur générale. Pour citer encore une fois Albert le Grand :

> L'entraînement (*exercitium*) à toute connaissance, quelle qu'elle soit, nous aide à choisir ce qui vaut la peine d'être choisi (*eligibile*). L'entraînement éveille une capacité, non seulement à propos de son objet, mais d'un autre objet aussi. Une personne qui est capable de voir la vérité dans une chose est disposée à la voir dans une autre. De la sorte, l'astronomie, la géométrie, et d'autres sortes de connaissance profitent à (*proficere ad*) la prudence, non bien entendu à cause de l'objet lui-même, mais à cause de l'entraînement acquis à propos de cet objet [1].

Cet argument suppose que la partie de l'âme qui fait de la physique est la même que celle qui prend les décisions en matière de morale, ce qui est très loin d'être évident. Le prix à payer pour les confondre consiste à négliger la distinction fondamentale qu'Aristote pratiquait entre *sophia* et *phronèsis* [2].

E. LA PHYSIQUE COMME UN CHEMIN VERS LA THÉOLOGIE

Les deux derniers arguments, le quatrième et le cinquième, rencontrèrent un succès tout particulier, pour ne

1. Albert le Grand, *De bono*, IV, q. 1, a. 2, sol. (4), dans *Opera omnia*, Münster, Aschendorff, t. XXVIII (1951), p. 224, 91-225, 4.
2. Aristote, *Éthique à Nicomaque*, VI, 7.

pas dire qu'ils furent rebattus, pendant la période dont je traite ici. La physique peut être l'instrument d'un genre plus élevé de connaissance. Connaître la nature qui nous entoure peut nous mener vers le haut, peut nous faire grimper à un échelon supérieur de l'échelle des êtres. Le visible nous permet de jeter un coup d'œil sur l'invisible, dans l'esprit de la formule d'Anaxagore : « les choses manifestes sont une vision des choses cachées (*opsis adèlôn ta phainomena*) »[1]. Cette dimension cachée peut être les idées de Platon, la structure intelligible de la réalité. Mais elle peut également être le Créateur. Du coup, la physique a quelque chose à voir avec la connaissance de Dieu, laquelle est de toute évidence intéressante en soi. Sa sagesse et sa puissance sont manifestées dans la structure bien ordonnée du monde. L'idée est très ancienne, puisqu'elle est au moins aussi vieille que la seconde partie du livre du prophète Isaïe ou que les Psaumes. Elle est reprise dans les écrits du Nouveau Testament[2]. Mais on la trouve tout aussi bien chez des auteurs païens comme Galien[3].

L'attitude sous-jacente a même reçu un nom technique : *theôria physikè* en grec, ou *i'itibâr* en arabe[4]. Elle est décrite par exemple dans les *Devoirs des cœurs* de Bahya ibn Paquda, qui consacre un chapitre entier à la considération des créatures :

> Quant à la quiddité de la considération des créatures, elle consiste à comprendre les traces de la sagesse de Dieu

1. Anaxagore, DK 59 B 21 ; t. 2, p. 43
2. Isaïe 40, 26 ; Psaume 19, 2 ; Romains 1, 19.
3. Galien, *De usu partium*, III, 10.
4. Voir W. Z. Harvey, « Averroes and Maimonides on the Philosophical Duty to Contemplate (*i'tibâr*) » [hébreu], *Tarbiz*, 58-1 (1988), p. 75-83.

> (...) dans les créatures et de Le glorifier selon la capacité de discerner de l'observateur. Car même si les traces de la sagesse sont diversifiées dans les créatures, elle est au fond unique, de la même façon que les rayons du soleil, qui est unique en son essence, ont différentes couleurs dans les images [?] qui naissent du verre blanc, vert, noir ou rouge, de telle façon que leur lumière se diversifie selon la couleur du verre (...). <Elle> consiste à regarder les principes du monde et les branches attenantes qui en sortent, les positions des parties de tout ce qui est composé et les façons dont elles sont utiles, les traces de la sagesse dans sa création, sa disposition, sa forme, son bon état et la cause perfective, pour laquelle il a été créé [1].

De la même façon, près de deux siècles après l'auteur spirituel juif, un scolastique, saint Bonaventure († 1274), explique :

> le monde entier est une ombre, un chemin, une trace (*umbra, via, vestigium*). Il est le livre écrit au dehors (*Ézéchiel* 2, 9 Vulg.), car dans chaque créature, il y a une réflexion (*refulgentia*) du modèle divin, mais mélangée d'obscurité. Le monde est donc un chemin semblable à de l'opacité mêlée de lumière, c'est dans cette mesure qu'il est un chemin. De même que tu vois qu'un rayon de lumière qui pénètre à travers une fenêtre est coloré de diverses façons selon les différentes couleurs des différentes parties de la vitre, le rayon divin (*radius divinus*) est reflété de façon différente en chaque créature, et acquiert différentes propriétés. C'est pourquoi il est écrit : « Il s'est manifesté dans ses chemins » (*Sagesse* 6, 17 Vulg.). (...) Quand l'âme voit ces choses, il lui apparaît qu'il lui faut

---

1. Bahya ibn Paquda, *Kitâb al-hidâya ilâ farâ'id al-qulûb* [*Les Devoirs des cœurs*], II, § 1, éd. A. S. Yahuda, Leyde, Brill, 1912, p. 97, 10-15 et § 3, p. 100, 5-8. Ma traduction.

> passer des ombres à la lumière, du chemin au but, de la trace à la vérité, du livre à la science véritable, qui est en Dieu. Lire ce livre revient aux <esprits> contemplatifs les plus hauts, non aux philosophes naturels, car ils ne connaissent que la nature des choses, non pas en tant que cette nature est une trace [1].

J'ai choisi ce passage parce qu'il contient deux parallèles intéressants avec des textes déjà cités. D'une part, on y rencontre la même image que celle qu'utilise Bahya, à savoir le vitrail qui laisse passer la lumière, mais non sans lui donner sa couleur définie. Ensuite, il renferme l'idée selon laquelle la nature est l'ensemble des chemins de Dieu, empruntée à la Bible grecque, au *Livre de la Sagesse :* « dans les chemins il se manifeste à eux » (6, 16). C'est une idée que Maïmonide développe longuement mais, bien entendu, qu'il fait dépendre d'une autre citation, à savoir la demande de Moïse à Dieu : « fais-moi connaître tes voies » [2].

L'idée fut intégrée à une stratégie destinée à rendre l'étude de la nature acceptable pour la Loi religieuse. Afin d'atteindre ce but, les philosophes qui vivaient en milieu islamique avaient plusieurs cordes à leur arc. Ils pouvaient s'efforcer d'identifier sans autre forme de procès le contenu de la vérité philosophique avec le message prophétique. C'était la solution de Kindi [3]. Ou ils pouvaient

1. Bonaventure, *Collationes in Hexaemeron*, XII, dans *Opera omnia*, éd. Peltier, Paris (Vivès), t. IX, 1867, p. 87 *b*-88 *a*. Sur la parenté intellectuelle entre Bahya et Bonaventure, voir E. Bertola, « Platonismo escolastico-cristiano y arabe-judio : s. Buenaventura y R. Bahya ben Pacuda », *Sefarad*, 10 (1950), p. 385-400.

2. Exode 33, 13 ; Maïmonide, *G*, I, 5 ; p. 84, 13 s., 20 ; 85, 3 s. ; trad. Munk, p. 217-219.

3. Voir Kindi, *Philosophie première*, chap. 1 ; *MC*, p. 15, 11-14.

prétendre que l'étude de la science de la nature est rendue obligatoire pour les croyants par le Coran lui-même. Comme on sait, le livre sacré de l'islam encourage l'homme à réfléchir sur les merveilles de la création [1]. On rencontre cette stratégie chez al-Amiri († 992). Citons-le :

> L'astronomie, comme chacun sait, est une noble science. Elle examine la forme du monde supérieur quant à sa quantité et sa qualité aussi bien que quant au mouvement de chaque corps céleste. Elle cherche à découvrir les causes des éclipses et étudie divers phénomènes, tels les mouvements rétrograde et rectilinéaire, le mouvement et le repos qu'on trouve chez « ceux qui reculent et courent » (Coran LXXXI, 15-16.) parmi les astres [les planètes] aussi bien que la visibilité et l'invisibilité, le lever et le coucher des étoiles fixes. Un homme intelligent dont la connaissance s'étend aux phénomènes célestes, possède sans nul doute une grande part de béatitude. C'est pourquoi Dieu a blâmé tous ceux qui s'abstiennent de s'occuper de cette noble science et a dit (inspiré de Coran XXX, 8/7) : « N'ont-ils pas réfléchi sur la création du ciel et de la terre ? Dieu les a créés uniquement pour la vérité ». En revanche, il a fait l'éloge de ceux qui ont la grâce d'un intérêt pour la noble astronomie et il a dit (Coran III, 191/188) : « Ceux qui mentionnent Dieu debout et assis, et couchés, et qui réfléchissent à la création des cieux et de la terre » [2].

Ces penseurs pouvaient également, à côté des deux voies qu'on a vues, en faire la synthèse en un troisième argument : étudier la nature est obligatoire parce que sa

1. Coran II, 164/159, etc.

2. Al-Amiri, *al-I'lâm bi-manâqib 'il-islâm*. Faute d'avoir trouvé l'édition Ghorab (Le Caire, 1967), je cite la traduction de Fr. Rosenthal, *The Classical Heritage in Islam*, p. 65 et 67.

connaissance est un chemin qui mène vers la connaissance de Dieu. L'argument est développé avec force dans le *Discours décisif* d'Averroès († 1196), qui commence par une définition *ad hoc* de la philosophie qui nous rappelle tout à fait la définition de l'*i'tibâr* que l'on vient de voir : « Se livrer à la philosophie n'est rien d'autre que spéculer sur les êtres et les considérer en tant qu'ils renvoient à leur Créateur, je veux dire en tant qu'ils sont créés. Car les êtres renvoient au Créateur uniquement à travers la connaissance de la façon dont ils sont faits, et plus parfaite est la connaissance de la façon dont ils sont faits, plus parfaite est la connaissance de leur Créateur » [1].

Les penseurs juifs qui suivirent Averroès ont repris des définitions analogues, comme par exemple Falaquera : « On sait que la philosophie est l'étude des êtres créés et l'investigation qui porte sur eux en tant qu'ils renvoient au Créateur. (...) Ainsi donc, plus parfaite est la connaissance de leur création des choses, plus parfaite sera leur connaissance du Créateur » [2].

La stratégie de Maïmonide est encore plus puissante, dans la mesure où il implique que la connaissance de la nature n'est pas seulement une façon parmi d'autres de connaître Dieu, mais bien la seule qui puisse nous mener vers quelque connaissance des attributs de Dieu :

> Il n'y a aucun moyen de percevoir Dieu autrement que par ses œuvres ; ce sont elles qui indiquent son existence et ce qu'il faut croire à son égard, je veux dire ce qu'il faut affirmer ou nier de lui. Il faut donc nécessairement

1. Averroès, *DD*, § 2, p. 102. Ma traduction.
2. Falaquera's *Epistle of the Debate. An Introduction to Jewish Philosophy*, éd. S. Harvey, Cambridge (Mass.), Harvard University Press, 1987, p. 73 hébreu ; voir aussi Élie del Medigo, *BD*, p. 77, 3-4.

> examiner tous les êtres dans leur *réalité* (*'alâ mâ hiya 'alayhi*) afin que de chaque branche <de science> nous puissions tirer des principes vrais et certains pour nous servir dans nos recherches métaphysiques. (...) Quant aux choses de l'astronomie et de la physique, il n'y aura, je pense, aucun doute pour toi que ce ne soient des choses nécessaires pour comprendre la relation de l'univers au gouvernement de Dieu, telle qu'elle est en réalité et non conformément aux imaginations. Il y a aussi beaucoup de choses spéculatives, lesquelles, sans fournir des principes pour cette science [la métaphysique], exercent pourtant l'esprit, et lui font acquérir l'art de la démonstration et connaître la vérité dans ce qu'elle a d'essentiel, faisant cesser le trouble que la confusion des choses accidentelles avec les choses essentielles fait naître généralement dans les esprits des penseurs, ainsi que les fausses opinions qui en résultent. Ajoutons à cela <l'avantage> de bien concevoir ces autres sujets <dont nous venons de parler>, considérés en eux-mêmes, quand même ils ne serviraient pas de base à la science métaphysique. Enfin, elles ne manquent pas d'avoir d'autres avantages pour certaines choses qui font parvenir à cette science [1].

La physique compense l'impossibilité d'une théologie affirmative. Ou, à l'inverse, la théologie négative ouvre la voie à la physique. Peut-être même faut-il aller jusqu'à dire que la physique est la seule théologie affirmative que nous puissions avoir.

---

1. Maïmonide, *G*, I, 3 ; p. 50, 8-12, 14-23 ; trad. Munk, p. 120-122. Voir aussi I, 55, p. 88, 4 ; trad. Munk, p. 226.

F. L'INTÉRÊT DIRECT DE LA PHYSIQUE

Pourtant, ce modèle d'argumentation ne répond à la question de savoir si la physique est intéressante que d'une façon indirecte. On ne nous fournit aucune légitimation directe de l'étude de la nature. Cette étude est intéressante, non en elle-même, mais parce qu'elle nous achemine à ce qui est intéressant en soi, à savoir Dieu. On pourrait appeler ce modèle le modèle *instrumental* : l'étude de la nature est un moyen en vue d'une fin. La fin réelle est de connaître Dieu, le Créateur, à travers Sa création. Dans une certaine mesure, les extrêmes se touchent : les façons les plus viles et les façons les plus nobles de légitimer la recherche de la connaissance physique ont en commun que toutes deux subordonnent l'étude de la nature à quelque chose d'autre qu'elle-même, l'avantage pratique dans le premier cas, la connaissance d'un objet plus élevé dans le second.

Or donc, pouvons-nous trouver des arguments dans lesquels on montre que l'étude de la nature est intéressante de façon directe ? J'ai pu trouver trois exemples de ce genre d'argumentation. Le premier coïncide avec la troisième réponse fournie par Simplicius, c'est-à-dire la pertinence morale de la physique. Mais les deux autres, à ma connaissance, sont nouveaux.

1. Le *Timée* et sa postérité : les vertus de la nature

La première réponse trouve son origine dans le *Timée*. Dans ce dialogue, Platon n'exclut pas de façon explicite que nous soyons capables de remonter par le raisonnement de l'univers visible à Celui qui l'a fabriqué. Plus simplement, il se contente de passer cette possibilité sous silence. Il souligne même, dans un passage souvent cité, combien il est difficile de connaître le Père et le Fabricant et, si nous le connaissions, combien il serait difficile de le révéler à toute l'humanité [1]. Malgré cela, l'étude de la nature est utile pour une autre raison. Celle-ci est la raison principale, ou, plus précisément, la raison la plus féconde, celle qui a dominé des siècles d'histoire de la pensée. Nous lisons donc dans le *Timée*, à la fin de la première partie, un éloge des yeux et du sens de la vue :

> le dieu nous a découvert et donné la vue, afin que, ayant observé dans le ciel les révolutions de l'intellect, nous les utilisions, en les rapportant aux révolutions en nous de l'intellect ; ces révolutions sont apparentées, même si les nôtres sont troublées alors que les autres sont exemptes de trouble. Ce n'est qu'après avoir étudié à fond les mouvements célestes, après avoir acquis le pouvoir de les calculer correctement en conformité avec ce qui se passe dans la nature et après avoir imité les mouvements du dieu, mouvements qui n'errent absolument pas, que nous pourrons stabiliser les mouvements qui en nous ne cessent de vagabonder [2].

En un mot : nous devons imiter la nature, plus précisément ce qui est au plus haut point digne de notre imitation, c'est-à-dire l'ordre majestueux de l'armée des cieux, afin de mettre de l'ordre dans nos vies. Les corps célestes sont comme nos frères aînés. Leur matière est plus pure que celle dont nous avons été faits. De plus, ils ont été faits par le divin Démiurge en personne, alors que nos

1. Platon, *Timée*, 28 *c*. Pour des citations, voir par exemple Ibn Khaldûn, *M*, VI, 30, t. 3, p. 215 ; *LE*, p. 1038 ; autres références dans la note 1029 de la traduction Rosenthal, t. 3, p. 252-253.

2. Platon, *Timée*, 47 *b* ; trad. franç. L. Brisson, Paris, GF-Flammarion, 1999, p. 144 ; voir aussi 90 *d*.

corps ont été façonnés par des divinités de second rang, ses subalternes. Rien d'étonnant, donc, à ce que les corps célestes se déplacent avec un ordre parfait et obéissent à des lois qui n'admettent aucune exception. Notre âme, dont la structure circulaire est analogue à celle de l'Âme du Monde, doit s'efforcer de se mouvoir avec le même ordre. Notre perfection doit refléter celle du monde.

Cette idée eut une immense réception d'un bout à l'autre du Moyen Âge, dans les trois mondes culturels [1]. En imitant l'ordre et la beauté de la nature, nous ennoblissons nos âmes et devenons plus dignes de notre propre humanité. La physique est une médiation pour l'anthropologie. Cela implique que les vertus morales, par lesquelles l'homme devient ce qu'il a à être, sont présentes dans l'univers physique. La justice n'est pas l'apanage de l'homme ; elle est présente dans la structure interne de la réalité objective. Bernard de Chartres († 1126), par exemple, dit que le sujet du *Timée* de Platon n'est autre que la justice naturelle (*naturalis justitia*) :

> Puisque Platon voulait traiter à fond de la justice naturelle, il commença par la naissance du monde sensible ; dans sa création, dans le juste ordonnancement de ses parties, dans la distinction entre choses célestes et non célestes, il enseigna le pouvoir de la justice naturelle dont le Créateur a fait preuve envers le créé, en ce que, par pur amour, Il a attribué à chaque être sans exception ce qui lui appartient naturellement (*tribuendo cuique quod suum erat*) [2].

---

1. Voir mon *La Sagesse du monde. Histoire de l'expérience humaine de l'Univers*, Paris, Fayard, 1999, nouv. éd. révisée, LGF, 2002.

2. P. E. Dutton, *The "Glosae super Platonem" of Bernard of Chartres*, Edited with an Introduction, Toronto, Pontifical Institute of Mediaevel Studies, 1991, p. 140, 32 s.

On lit une déclaration analogue chez Averroès, dans sa préface à son commentaire de la *Physique*. Les sages étudient la physique « parce qu'ils savent que la nature de la justice réside dans l'essence des choses (*sciverint* [...] *naturam justitiae existentem in substantia rerum* ; *teva' ha-yôsher han-nimtsa be-'etsem ha-nimtsa'oth*), ce pour quoi ils souhaitent imiter cette nature et acquérir cette forme » [1].

En conséquence, la physique est intéressante pour nous, d'une façon tout à fait immédiate. En faisant de la physique, nous prenons conscience de ce que nous sommes, et même, nous devenons ce que nous sommes vraiment. Je n'ai pas pu trouver de meilleure expression de la façon littérale en laquelle l'homme antique et médiéval était *intéressé* par la physique qu'un texte de Sénèque dans lequel le philosophe stoïcien fait l'éloge de la connaissance des phénomènes célestes : « Arrivée là-haut, elle [l'âme] s'y alimente et grandit. Il semble que, libérée de ses entraves, elle revienne à sa source. Dans le charme qu'ont pour elle les choses divines, elle trouve une preuve de sa propre divinité. Elle y prend donc l'intérêt qu'on a, non pas pour ce qui est étranger, mais pour ce qui est sien (*nec ut alienis sed ut suis interest*). (...) Elle sait bien que tout cela la concerne directement (*scit illa ad se pertinere*) » [2].

Cette première réponse est impressionnante, mais elle a au moins un défaut : elle ne parvient à légitimer l'étude de la nature que d'une façon générale, sans plus. En effet, être convaincu de ce que le monde est bien ordonné

1. Averroès, *Commentaire Moyen à la Physique*, Préface [latin], éd. Juntes, Venise, 1552, t. 4, p. 2 *c*. Voir S. Harvey, « The Hebrew Translation of Averroes' Prooemium to his Long Commentary on Aristotle's *Physics* », p. 66, 22-23.

2. Sénèque, *Questions naturelles*, Préface, § 12.

devrait suffire pour nous inciter à nous conduire de façon ordonnée nous aussi. Mais se renseigner à fond sur les détails de cet ordre est superflu et ne peut pas ne pas apparaître comme de la pusillanimité. En outre, l'argument ne vaut que pour les choses célestes ; il est moins convaincant quant à l'étude des réalités inférieures qui nous entourent. Pourquoi devrions-nous étudier les vers et les insectes ? Et l'homme lui-même est-il si digne que cela de notre intérêt [1] ?

2. Thomas d'Aquin : sauvegarder la dignité humaine

Le second exemple se trouve dans l'œuvre de Thomas d'Aquin. Il consacre deux chapitres de sa *Summa contra Gentiles* à la question de la pertinence de l'étude de la nature pour la théologie. Il le fait au commencement du second livre, écrit entre 1261 et 1264, et qui traite du monde créé. L'article 2 montre, positivement, *quod consideratio creaturarum utilis est ad fidei instructionem*, « que la considération des créatures est utile pour donner à la foi ce dont elle a besoin ». L'article 3 montre, négativement, *quod cognoscere naturam creaturarum valet ad destruendum errores qui sunt circa Deum*, « que connaître la nature des créatures est efficace pour détruire des erreurs au sujet de Dieu ». La plus grande partie des arguments de Thomas d'Aquin sont traditionnels et ressemblent fort aux arguments que nous avons trouvés chez Simplicius ou ailleurs. Et malgré tout, le dernier argument, livré dans le dernier chapitre est peut-être original :

1. Voir par exemple Platon, *Lois*, VII, 804 *b*.

L'homme, que la foi mène vers Dieu comme sa fin ultime, parce qu'il ignore la nature des choses, et donc le rang qu'il occupe dans l'univers, pense qu'il est soumis à certaines créatures auxquelles il est en fait supérieur. On le voit bien dans le cas de ceux qui soumettent aux astres les actes humains de la volonté, contre lesquels il est dit dans Jérémie : « ne craignez pas les signes célestes, comme le font les païens » (10, 2), et de ceux qui croient que les anges sont les créateurs des âmes, que les âmes humaines sont mortelles, et les opinions de ce genre qui nuisent à la dignité humaine [1].

On peut lire le même ensemble d'idées dans une autre œuvre, un commentaire du Credo compilé à partir d'homélies prêchées en langue vernaculaire pendant le Carême de 1273, un an avant la mort de Thomas [2]. Thomas y commente le premier article de foi, à savoir l'existence d'un seul Dieu, créateur du ciel et de la terre. Une fois que nous croyons que tout ce qui existe dans le monde est l'œuvre de Dieu, nous sommes guéris de trois erreurs : le manichéisme, la doctrine d'un monde éternel (dans ce contexte, Thomas cite la parabole racontée par Maïmonide : un enfant qui ne peut admettre qu'il ait jamais été dans le sein de sa mère) [3], et la doctrine selon laquelle Dieu a créé le monde à partir d'une matière

---

1. Thomas d'Aquin, *CG*, II, 3, p. 95 *a*. Ma traduction.

2. *Id.*, *In Symbolum Apostolorum Expositio*, chap. 1er, § 879-886, dans *Opuscula Theologica*, p. 196 *b*-198 *a*.

3. Maïmonide, *G*, II, 1 ; voir Thomas d'Aquin, *Commentaire des Sentences*, II, d. 1, q. 1, a. 5 c, éd. R. Busa, Stuttgart, Fromann-Holzboog, 1980, p. 126 *a* et *De articulis fidei et de Ecclesiae sacramentis*, 3. Voir J. Guttmann, « Der Einfluß der maimonidischen Philosophie auf das christliche Abendland », dans W. Bacher *et al.* (éd.), *Moses ben Maimon, Sein Leben, seine Werke und sein Einfluß*..., Leipzig, Fock, 1908, t. 1, p. 193-194.

préexistante. De plus, la foi en la création nous confère cinq bienfaits : (i) reconnaître la majesté de Dieu ; (ii) éprouver de la reconnaissance à Son égard ; (iii) supporter le mal avec patience, dans la conscience de ce que des êtres créés ne peuvent pas être nuisibles en eux-mêmes ; (iv) user des êtres créés correctement, c'est-à-dire à la louange de Dieu et pour notre propre usage ; (v) connaître notre dignité comme êtres humains. L'homme seul a été créé à l'image de Dieu, c'est-à-dire libre et immortel. La conscience de notre propre dignité nous encourage à nous conduire conformément à notre vocation.

Thomas finit son chapitre en dénonçant l'erreur des gens qui pensent que les opinions sur les créatures n'ont rien à voir (*nihil interesse*) avec la vérité de la foi. Ces gens, ajoute-t-il, sont mentionnés (*narrare*) par personne de moindre que saint Augustin. Bien que l'ironie ne soit pas si fréquente chez Thomas d'Aquin, je ne puis m'empêcher de trouver le passage ironique, puisqu'Augustin était très exactement le genre d'homme qui pensait cela, à savoir que seuls Dieu et l'âme, et rien d'autre, sont dignes d'intérêt, comme le montre le célèbre début des *Soliloques* [1].

Le contexte d'ensemble est la réfutation traditionnelle de l'astrologie, idée sur laquelle bien des penseurs médiévaux ne cessent de revenir. Mais il est intéressant que Thomas, parmi bien des passages de la Bible contre le culte des idoles, ait choisi une citation qui met l'accent sur le phénomène de la peur, un passage tiré du prophète Jérémie dans lequel on nous demande de ne pas nous effrayer devant les signes célestes (*me otôt ha-shamayim*

1. Augustin, *Soliloques*, I, ii, 7 ; BA, t. 5, p. 36.

al-tehattû). L'intention de Thomas n'est pas si éloignée de celle d'Épicure. Ce dernier voulait calmer l'angoisse humaine, et parmi les angoisses les plus dangereuses se trouve l'angoisse devant les phénomènes célestes. Thomas cherche à produire quelque chose comme une version chrétienne de l'« absence de trouble » (*ataraxia*). Le théologien et le philosophe soignent la même maladie, mais pas de la même façon.

Thomas cherche à défendre la dignité humaine, idée qui n'est guère épicurienne. Il ne le fait pas à l'aide d'une anthropologie, mais, indirectement, de la physique. La tâche de la physique n'est pas l'imitation en style platonicien ou stoïcien, encore moins le projet moderne, cartésien, de la domination. Se conduire avec dignité et contrôler la nature ne sont pas la même chose. Il ne s'agit pas non plus ici de la distanciation épicurienne : la physique ne joue son rôle bienfaisant que si elle nous livre la vérité. Non pas seulement la vérité sur l'objet de la physique mais tout aussi bien, de façon réflexive, sur le sujet même de celle-ci.

L'argument ne manque pas d'avantages. Il explique pourquoi nous ne saurions nous contenter d'une connaissance générale (Platon) ou de n'importe quelle explication (Épicure), mais devons chercher une connaissance précise et exhaustive. De plus, bien que Thomas d'Aquin se concentre explicitement sur les réalités supérieures, comme les phénomènes célestes ou les anges, son argument se laisserait aisément adapter à l'étude de la nature terrestre. L'étude de la nature, au lieu de montrer que nous ne sommes pas les marionnettes des conjonctions astrales, recevrait aujourd'hui pour tâche de montrer, par exemple, que nous sommes plus nobles que les primates supérieurs. En revanche, le principal inconvénient de cet argument est qu'il ne peut guère justifier l'étude de tout ce qui, dans la nature, ne mène pas, directement ou non, à l'anthropologie, par exemple la chimie ou la minéralogie.

3. Gersonide : former le sujet de la béatitude

J'irai chercher mon troisième et dernier exemple chez le philosophe juif français Gersonide († 1344). Cela s'accorde bien avec l'ordre chronologique des penseurs, mais sa place correspond aussi au développement interne des idées. En effet, aucun penseur antique et médiéval, à ma connaissance du moins, n'a jamais accordé à l'étude de la nature une importance aussi décisive. Gersonide est allé en effet aussi loin que de fonder toute sa doctrine de la fin dernière de l'homme sur une base épistémologique, doctrine qui entraînera d'ailleurs une réfutation cinglante de son successeur Hasdaï Crescas [1]. Gersonide exclut avec soin la possibilité que l'intellect puisse avoir quoi que ce soit à voir avec la recherche d'intérêts pratiques. Il en défend la nature purement théorique contre un passage d'Averroès, qu'il a d'ailleurs probablement interprété de travers [2]. La spéculation, écrit-il, est la plus profonde aspiration de l'humanité : « la nature nous a dotés, nous communauté des humains, du désir de la connaissance théorique plutôt que pour l'obtention de compétences pratiques » [3]. En conséquence, l'intellect est en un certain sens désintéressé, c'est-à-dire aussi longtemps que nous identifions l'intéressant et le gratifiant.

1. Crescas, *LS*, II, 6, 1, p. 233 s.

2. Averroès, *Epitome De anima*, § 99, éd. S. Gómez Nogales, Madrid, Instituto Hispano-Árabe de Cultura, 1985, p. 95-96.

3. Gersonide, *GS*, I, 4, p. 6 *a-b* ; p. 26.

Mais, d'un autre côté, la connaissance sert notre intérêt le plus élevé. En elle, c'est notre béatitude ultime qui est en jeu. En effet, notre perfection est la connaissance : « La béatitude humaine s'obtient lorsqu'un homme connaît autant qu'il le peut une chose parmi celles qui existent, et elle devient plus noble quand il connaît les choses supérieures que quand il ne connaît que des choses de rang et de valeur inférieurs »[1].

À tout le moins, si le bonheur ne se trouve pas dans la possession de la connaissance, on peut déjà le trouver dans le procès même de la recherche[2]. C'est là une idée dont on n'a pas de mal à constater qu'elle sonne moderne. On songe au mot de Pascal : « on aime mieux la chasse que la prise » et à la célèbre parabole de Lessing : si Dieu lui donnait à choisir entre la vérité et la recherche de la vérité, il choisirait la seconde[3].

La connaissance atteint son sommet dans la connaissance de Dieu : « La béatitude pour l'homme consiste à saisir et à connaître Dieu dans la mesure du possible. Nous atteignons ce but par l'observation des choses, de leur ordre et de leur soumission aux lois, et de la façon dont la Sagesse divine les met en ordre »[4]. Cet argument nous est déjà familier. Un élément s'ajoute cependant : pour Gersonide, qui sur ce point suit Thémistius, cet

1. *Ibid.*, Introduction, p. 2 *c* ; p. 5.

2. *Ibid.*, V, 1, 1, p. 31 *c* ; p. 189.

3. Voir Pascal, *Pensées*, n° 139, éd. Brunschvicg, Paris, Hachette, 1925, p. 56 ; G. E. Lessing, *Eine Duplik*, 1, dans *Werke*, éd. H. Göbel *et al.*, Darmstadt, Wissenschaftliche Buchgesellschaft, 1996, t. VIII, p. 33.

4. Gersonide, *Commentaire du Cantique des cantiques*, cité dans G. Freudenthal, « Sauver son âme ou sauver les phénomènes », dans *Id.* (éd.), *Studies on Gersonides. A Fourteenth-Century Jewish Philosopher-Scientist*, Leyde *et al.*, Brill, 1992, p. 325.

ordre est étroitement associé à Dieu, voire, jusqu'à un certain point, il est identique à Dieu [1].

D'un autre côté, la connaissance de la réalité physique ne mène pas seulement à l'*objet* le plus haut de la connaissance, c'est-à-dire Dieu, mais elle constitue également le *sujet* de la connaissance. En effet, la qualité même de la béatitude éternelle pour une personne dépend de la quantité de connaissances acquises. En langage plus technique, elle dépend de la quantité d'intelligibles qu'elle aura fait passer de la puissance à l'acte et emmagasinés dans l'intellect acquis. Elle dépend aussi de leur qualité : plus l'objet de notre connaissance sera sublime, plus grande sera la béatitude que nous éprouverons. Gersonide observe qu'il nous est impossible d'actualiser tous les intelligibles jusqu'au dernier, ce pourquoi l'union avec l'Intellect Agent est impossible [2]. Notre portée est moindre, par exemple en ce qui concerne les corps célestes [3]. Malgré tout, nous devrions tenter d'acquérir le plus possible d'intelligibles [4]. La seule raison qui justifie le souci de prolonger la vie est que nous augmentons ainsi nos chances de multiplier les intelligibles accumulés en nous. Je pourrais résumer la doctrine de la béatitude selon Gersonide en citant une phrase de Rainer Maria Rilke, évidemment écrite dans un tout autre contexte : « Nous sommes les abeilles de l'invisible. Nous butinons

1. Gersonide, *GS*, V, 2, 4, p. 42 *d* ; p. 257. Pour Thémistius, voir ma traduction : Thémistius, *Paraphrase de la* Métaphysique *d'Aristote (livre Lambda)*, Paris, Vrin, 1999, p. 86 et 94.

2. Gersonide, *GS*, I, 12, p. 16 *a-b* ; p. 85-88.

3. *Ibid.*, II, 2, p. 17 *a* ; p. 95 ; V, 1, 1, p. 31 *a* ; p. 189.

4. Gersonide, *Commentaire de la Torah*, p. 210 *a*, 9e point, cité dans Ch. Touati, *La Pensée philosophique et théologique de Gersonide*, Paris, Minuit, 1973, p. 440, n. 24.

éperdument le miel du visible pour l'accumuler dans la grande ruche d'or de l'Invisible »[1]. La béatitude de Gersonide ressemble au bonheur du collectionneur qui regarde avec complaisance les achats qu'il a effectués.

Il y a plus : la synthèse des intelligibles que nous réalisons n'est rien d'autre que notre personnalité même[2]. Elle ne coïncide pas avec la totalité de ce que connaît l'Intellect Agent. Avec la mort, notre intellect acquis n'est pas absorbé dans un seul et même intellect universel, de telle sorte que notre personnalité s'évanouirait. Nous *sommes* notre connaissance, nous sommes le style particulier que nous avons donné à un système d'intelligibles, nous sommes le point de vue particulier à partir duquel nous considérons la structure intelligible du monde. Tant que nous vivons cette vie présente, tant que nous sommes *in via*, nous ne sommes pas encore véritablement nous-mêmes. Nous sommes encore en train de travailler au chantier sur lequel nous nous construisons nous-mêmes, nous tendons vers la plénitude définitive de notre propre être comme personnes jusqu'au moment où la mort nous donnera le dernier coup de pinceau. De la sorte, c'est de la façon la plus littérale que nous devenons nous-mêmes à travers notre connaissance de la nature. On dit que nous « faisons de la physique ». Plus en profondeur, c'est la physique qui nous fait.

Ce dernier argument satisfait parfaitement ce que nous attendions : il explique pourquoi la physique est intéressante au sens le plus plein de cet adjectif. Il explique

1. R. M. Rilke, Lettre du 13 novembre 1925, dans *Briefe aus Muzot*, Leipzig, Insel, 1935, p. 335.
2. Gersonide, *GS*, I, 1, p. 17 *a* ; p. 90.

pourquoi notre connaissance de la nature doit être aussi précise et exhaustive que possible.

G. Conclusion

En guise de conclusion, j'aimerais laisser mon lecteur sur une question et sur un paradoxe. La question s'adresse à la physique moderne : a-t-elle invalidé tous les arguments que les époques précédentes avaient mobilisés en sa faveur, en même temps qu'elle rejetait leur fondement dans la vision antique et médiévale du monde ? Si c'était le cas, nous serions en face d'un paradoxe : l'étude de la nature est de plus en plus *fascinante* à mesure que le champ qu'elle ouvre s'agrandit ; elle est de plus en plus *gratifiante* – en tout cas on peut l'espérer – à mesure que ses applications technologiques augmentent et se diversifient. Mais, si nous voulons prendre les mots au sérieux, l'étude de la nature n'est à proprement parler plus *intéressante*.

Un modèle médiéval de la subjectivité : la chair

On pourrait plaider en faveur des études médiévales à partir de ce que l'on appelle le mouvement « post-moderne ». Si l'on admet, à titre d'hypothèse, que nous sommes après la modernité, nous pouvons acquérir une liberté nouvelle dans notre pratique de l'histoire de la philosophie. Nous pourrions nous dégager de l'idée même d'une téléologie, d'une orientation nécessaire vers des idées de plus en plus « modernes ». Par suite, des idées pré-modernes, et en particulier des idées médiévales, ne seraient pas plus surannées, ou dépassées, que d'autres formes de pensée. Mais d'autre part, nous n'aurions pas non plus, comme le firent autrefois certains médiévistes, à plaider pour un retour au Moyen Âge. Pour la bonne raison que l'idée même d'un retour, d'un *zurück zu*..., suppose elle-même qu'il y a dans l'histoire une téléologie. On peut certes brosser l'histoire à contre-fil, pour reprendre une expression de Walter Benjamin [1]. Mais cela suppose que l'histoire a un fil. Or, c'est ce présupposé même que la post-modernité met en question.

Quant à mon problème, si cette hypothèse pouvait s'avérer, certains éléments de la pensée pré-moderne

1. W. Benjamin, *Thesen zur Philosophie der Geschichte*, § 7, fin.

pourraient retrouver une pertinence. Et pas seulement la pensée antique, mais tout aussi bien le Moyen Âge. L'idée de subjectivité est peut-être le centre même du projet moderne. Une période pré-moderne dans l'histoire de la philosophie, et tout spécialement cette période que la modernité voulait évacuer, à savoir le Moyen Âge, pourrait-elle avoir quelque chose à nous dire là-dessus ? Pouvons-nous repérer dans l'attitude d'esprit médiévale certains éléments dont nous pourrions nous servir pour une synthèse post-moderne ? En particulier, ces éléments pourraient-ils nous aider à élaborer un modèle plus adéquat de la subjectivité ? Une telle batterie de questions, on le comprendra, doit rester plus un programme de recherches qu'un prétexte pour des réponses toutes faites.

A. Un programme de recherches : Heidegger, la subjectivité et la modernité

Il me faut partir d'un peu plus de clarté quant au concept de subjectivité et quant à la relation qui le lie à la nature de la modernité. Supposer l'existence d'une liaison entre modernité et subjectivité n'est rien de bien exceptionnel. Ni même de nouveau. On trouve l'affirmation d'un tel lien dès chez Hegel. Il la pose non sans nuances, puisque, selon lui, la subjectivité est déjà présente dans le judaïsme et dans le monde romain, avec la montée du christianisme, bien que celle-ci ne devienne consciente d'elle-même, comme liberté, que dans les Temps modernes.

On peut trouver le plaidoyer le plus fort pour une quasi-identification de la modernité avec la domination de la subjectivité, ainsi que l'analyse la plus approfondie de celle-ci, dans un groupe de textes de Heidegger. Tous datent de la fin des années 1930, alors que Heidegger, récupérant lentement de son ivresse nazie en travaillant à ses *Contributions à la Philosophie*, esquissait une première analyse du monde moderne : les cours « La question de la chose » (semestre d'hiver 1935-1936) et « Le Nihilisme européen. Sur Nietzsche » (second trimestre 1940, publié maintenant dans *Nietzsche*, tome 2), ainsi que l'essai « L'époque de l'image du monde » de juin 1938.

Heidegger y met en question l'interprétation commune qui présuppose que l'homme est un sujet. C'est le fameux « (nous autres) hommes en tant que sujets » de Husserl [1]. La question à poser est : comment se fait-il que l'homme soit devenu un sujet ? Ou, à l'inverse : comment se fait-il que la place du sujet, qui est décisive dès très tôt, plus précisément dès le concept d'*hypokeimenon* chez Aristote, en soit venue à être occupée par l'homme ? Plus généralement, comment se fait-il que le rôle de la subjectité en soit venu à être joué par la subjectivité [2] ? La réponse de Heidegger rappelle les formules de Kant sur le Moi qui « doit pouvoir accompagner toute représentation » : l'homme est un sujet parce qu'il doit nécessairement appartenir à toute représentation en même temps que l'objet qui en est le contenu [3]. Pour le dire en d'autres termes, parce qu'il est le premier objet de la certitude : « Le moi qui représente est bien plus essentiellement et

1. E. Husserl, *Die Krisis der europäischen Wissenschaften und die transzendentale Phänomenologie*, § 2, éd. W. Biemel, La Haye, Nijhoff, Husserliana, t. 6, 1962, p. 4.

2. M. Heidegger, *Nietzsche*, Pfullingen, Neske, 1961, t. 2, p. 141, puis 167 et 182.

3. *Id.*, *Holzwege*, Francfort/Main, Klostermann, 1963 (4e éd.), p. 100. Voir I. Kant, *Kritik der reinen Vernunft*, B 131.

plus nécessairement co-représenté en tout “je représente”, c’est-à-dire comme celui vers lequel, en retour vers lequel et devant lequel tout ce qui est re-présenté (*das Vorgestellte*) est présenté (*hingestellt*) » [1]. Pour le dire encore autrement : le sujet lui-même est tout d’abord un objet, à savoir l’objet de la certitude (et non pas celui du « moi »). Le Moi doit s’assurer soi-même de son propre être avant de pouvoir devenir le « sujet ». Le sujet est le Moi, mais seulement une fois qu’il est déterminé par la certitude. Le sujet règne ; mais il ne le fait que dans la mesure où il est lui-même soumis à la certitude. Si je puis jouer sur les mots : le sujet-roi est lui-même sujet de la certitude, assujetti à celle-ci.

Dans l’essai plus élaboré « L’époque de l’image du monde », on trouve une déclaration capitale : l’homme devient sujet dans la mesure même où le monde devient une image. Ceci nous fournit un indice important : ce qui est déjà, ou n’est pas encore, un sujet, a quelque chose à voir avec le monde. Le monde, d’autre part, peut soit être déjà une image, soit ne pas l’être encore. Il doit y avoir quelque chose comme une modalité pré-subjective du Moi. Et ce mode d’être qui est celui du Moi avant qu’il ne devienne sujet correspond à un mode d’être du monde tel que celui-ci n’est pas encore une image. On peut donc se demander : qu’est-ce qu’était le monde lorsque l’homme n’était pas encore un sujet ? Et, symétriquement : qu’est-ce qu’était l’homme lorsque le monde n’était pas encore une image ?

La façon dont Heidegger rend compte de la subjectivité moderne est, du point de vue de l’histoire des idées, loin d’être exhaustive. On a par exemple pu faire

1. M. Heidegger, *Nietzsche*, t. 2, p. 154-155.

remarquer que Heidegger ne rendait guère justice au « Moi » de l'empirisme anglais ou à celui de Kant [1]. Il consacre une analyse longue et soigneuse à l'*ego* grec, dont il voit un exemple typique chez le sophiste Protagoras. Et par ailleurs, de longues parties de l'*Introduction à la Métaphysique* peuvent se lire comme l'étude de l'« *ego* » grec qu'il promet ailleurs [2]. En revanche, Heidegger ne dit pas grand-chose de la façon dont on faisait l'expérience de l'*ego* entre l'époque grecque et la révolution cartésienne. Il n'explique pas non plus comment on faisait alors l'expérience du monde. La pensée médiévale ne fait guère plus que lui fournir une toile de fond sur laquelle la pensée moderne devient visible, sans qu'elle reçoive un contenu défini, et sans même qu'elle en ait besoin. Ainsi, Heidegger fait souvent allusion à la certitude chrétienne du salut, mais seulement comme le lointain précurseur de la certitude moderne de la subjectivité [3]. L'accent mis sur la certitude du salut est d'ailleurs moins médiéval que protestant, et donc déjà pré-moderne. Quoi qu'il en soit, malgré son passé de médiéviste, le Heidegger des années 1930, à la différence de celui des années 1920, ne s'occupe pas de l'expérience chrétienne du Moi comme telle, et encore moins de la version médiévale de celle-ci.

1. Voir A. Renaut, *L'Ère de l'individu. Contribution à une histoire de la subjectivité*, Paris, Gallimard, 1989, p. 40 s.

2. Il se peut cependant que Heidegger ait eu l'impression que la promesse n'avait jamais été tenue quand il prit part au séminaire du Thor, en 1966. Voir *Questions IV*, Paris, Gallimard, 1976, p. 222.

3. M. Heidegger, *Holzwege*, p. 103 ; *Die Frage nach dem Ding*, Tübingen, Niemeyer, 1962, p. 77 ; *Nietzsche*, t. 2, p. 133, 146.

B. La chair comme critère anthropologique : l'homme et l'ange

De la sorte, ma tâche pourrait être de décrire l'expérience médiévale du Moi et du monde. Il va sans dire que le domaine qui s'ouvre devant nos yeux est sans bornes. Pour ne pas m'y perdre, je suivrai le fil conducteur d'un thème précis. Je pourrais en avoir choisi d'autres, qui seraient peut-être plus pertinents. Celui-ci, en tout cas, n'a pas été choisi de façon arbitraire. Mon fil d'Ariane à travers le labyrinthe médiéval sera la chair, la carnalité, la nature charnelle de l'homme.

Je commencerai par étudier trois aspects de l'expérience médiévale de la chair : d'abord sa pertinence pour une définition de l'homme, ensuite son lien avec la théorie médiévale de la connaissance et de la connaissance de soi, enfin son reflet dans le domaine éthique avec la vertu d'humilité. En seconde partie, j'esquisserai quelques points de contact possibles entre cette expérience et certains courants de la pensée contemporaine.

Je commencerai par une remarque historique : la dimension charnelle de l'homme a acquis une pertinence anthropologique grâce aux auteurs chrétiens de l'époque primitive et patristique, qui argumentèrent avec force contre le dualisme platonicien [1]. Cependant, puisque je me limite (si l'on peut dire) à la période médiévale, et afin de ne pas l'élargir encore, je ne traiterai pas cet aspect historique du problème et le supposerai connu.

1. Voir G. G. Stroumsa, « Caro salutis cardo : formation de la personne chrétienne », dans *Savoir et Salut,* Paris, Cerf, 1992, p. 199-223.

Pour la pensée médiévale, l'homme est défini de diverses façons. Selon la définition classique, et la plus influente, telle qu'elle fut léguée par la pensée grecque, l'homme est « *animal rationale mortale* ». La formule appartient au trésor de définitions toutes faites commun à tous les penseurs médiévaux, quelles qu'en soient les orientations par ailleurs. Sa source dernière se trouve dans la *Politique* d'Aristote [1]. On la rencontre cependant bien avant la renaissance aristotélicienne du XIIIe siècle, chez les auteurs les plus divers [2]. Certes, on trouve une autre formule, plus néoplatonicienne, chez Augustin et dans la tradition qui se réclame de lui : l'homme est une âme rationnelle se servant d'un corps mortel et fait de terre [3]. Cependant, à la différence du néoplatonisme, Augustin insiste sur le fait que la liaison entre l'âme et le corps n'est pas contre nature [4].

Maintenant, pour la pensée médiévale, il existe d'autres êtres vivants et intelligents, d'autres animaux rationnels, donc, à savoir les anges. Les médiévaux admettent leur existence à partir de deux sources, dont les courants qui en émanent sont mêlés de bien des façons. D'une part,

1. Aristote, *Politique*, I, 2, 1253 *a* 9-10 ; VII, 13, 1332 *b* 5. Pour le contexte, voir mon *Aristote et la question du monde. Essai sur le contexte cosmologique et anthropologique de l'ontologie*, Paris, PUF, 1988, p. 261-263.

2. Voir par exemple Augustin, *De Trinitate*, VII, 4, 7 ; BA, t. 15, p. 528 ; Jean Scot Érigène, *De divisione naturae*, IV, 7 ; *PL*, 122, 768 *b-c* ; Bernard de Clairvaux, *In dedicatione ecclesiae*, V, 7 ; *O*, t. 5, p. 393 ; *De consideratione*, IV, 7 ; *O*, t. 3, p. 415.

3. Voir par exemple Augustin, *De moribus ecclesiae catholicae*, I, 27, 52 ; BA, t. 1, p. 212 ; *Commentaire de l'Évangile de Jean*, XIX, 15 ; *CCSL*, t. 36, p. 199.

4. Voir É. Gilson, *Introduction à l'étude de saint Augustin*, Paris, Vrin, 1969 (4e éd.), p. 58.

les religions révélées admettent d'une seule voix l'existence d'êtres intermédiaires entre l'homme et Dieu, idée qu'elles ont peut-être empruntée à la religion de l'Iran ancien. D'autre part, la même idée est une des thèses de la philosophie néoplatonicienne. Celle-ci cherche par là à donner une respectabilité philosophique aux Olympiens de la mythologie, mais aussi à rester fidèle à la règle formulée par Platon, selon laquelle le divin et l'humain ne se mélangent pas [1].

Il résulte de l'existence des anges que l'homme est situé à la frontière de deux mondes, entre les anges et les animaux. L'idée de l'homme comme d'un *methorion*, un confin, ou comme d'un être amphibie, est plus ancienne que le Moyen Âge. Nous la trouvons dans de nombreux textes de l'Antiquité tardive [2]. Ce qui est nouveau est que les êtres qui surplombent l'homme sont désormais des anges et non, par exemple, des corps célestes.

Quant aux anges, leur existence est requise par la nécessité logique sous-jacente à la définition de l'homme. On le voit, par exemple, dans un passage d'Augustin : « L'homme est une sorte d'intermédiaire (*medium*) entre les bêtes et les anges, de sorte que, puisque la bête est un animal irrationnel et mortel, et l'ange <un animal> rationnel et immortel, l'homme soit au milieu (*medius*), qui a la mortalité avec les bêtes, la raison avec les anges, un animal rationnel mortel » [3]. Un demi-millénaire après Augustin, et bien loin de lui, un musulman, Farabi,

1. Platon, *Banquet*, 203 *a* 2.

2. Voir par exemple Plotin, *Ennéades*, IV, 8 [6], 4, 32 (*amphibios*) ; III, 2 [47], 8, 9-10 ; Hiéroclès, *Commentaire des Vers d'or*, XX, éd. Fr. W. A. Mullach, *Fragmenta Philosophorum Graecorum*, Paris, 1860, p. 462 *b*.

3. Augustin, *CD*, IX, 13, 3 ; t. 1, p. 588.

déduit une structure plus complète couvrant tous les êtres vivants créés, les djinns venant s'ajouter au schéma augustinien. Il épuise du coup toutes les possibilités du tableau à double entrée qui résulte de la combinaison des deux propriétés fondamentales de la rationalité et de la mortalité : les anges sont rationnels et non mortels, les hommes sont rationnels et mortels, les bêtes sont non rationnelles et mortelles, finalement les djinns sont non rationnels et non mortels [1].

Le statut ontologique des anges resta un point discuté à travers tout le Moyen Âge. On s'accordait pour les dire immortels. Mais on était en désaccord là où il s'agissait de savoir s'ils étaient de nature corporelle ou purement spirituelle. La seconde théorie représente le courant dominant chez les auteurs qui subissent l'influence de la philosophie, et spécialement des spéculations néoplatoniciennes sur les intelligences pures comme formes sans matière. C'est le cas du Pseudo-Denys l'Aréopagite, qui, comme on le sait, emprunte beaucoup à Proclus [2]. Sur ce point, les auteurs musulmans restent eux aussi dans le sillage du néoplatonisme [3]. Il en est de même des Juifs [4]. Rien d'étonnant, en conséquence, à ce que de nombreux chrétiens leur aient emboîté le pas [5].

---

1. Farabi, *Réponses à des questions à lui posées*, n° 4, dans *Deux traités philosophiques* [arabe], éd. J. al-Yâsîn, Beyrouth, Dâr al-Manâhil, 1987, p. 80-81.

2. Voir Denys l'Aréopagite, *Des noms divins*, IV, 1 ; *PG*, 3, 693 *c* ; VI, 2 (856 *c*) ; *Hiérarchie céleste*, I, 3 (121 *c*) ; II, 4 (144 *b*) ; *Hiérarchie de l'Église*, I, 2 (373 *a*).

3. Sur l'ensemble de l'angélologie musulmane, voir F. Jadaane, « La place des anges dans la théologie musulmane », *Studia Islamica*, 41 (1975), p. 23-61 ; sur les philosophes, p. 33-42. Voir Farabi, *CV*, II, 3, § 1-10, p. 100-104 ; Avicenne, *SM*, IX, 4, p. 404.

4. Voir Maïmonide, *G*, I, 49, p. 73 ; trad. Munk, p. 175.

5. Thomas d'Aquin, *De substantiis separatis* ; Dante, *Banquet*, II, 5.

Pour l'homme médiéval, les anges ne sont pas nécessairement des créatures dont il est facile de faire l'expérience. Sur ce point, nous sommes logés à la même enseigne, et en tout cas pas moins bien lotis que lui. Selon Augustin, la difficulté du contact avec le monde des anges, la perte de familiarité avec celui-ci, est même une des pesanteurs (*aerumnae*) de cette vie [1]. La remarque ironique de Kant sur les bons anges, qui ne font guère parler d'eux, est donc moins typiquement moderne qu'on ne pourrait penser, ainsi que l'étrange et sans doute ironique « les anges nous manquent » de Tocqueville [2]. Cela n'empêche pas que les anges, pour la vision du monde médiévale, ont une place tout à fait déterminée dans le schéma intellectuel de l'être. Il faut donc rendre compte de leur existence. Or donc, l'homme est situé entre les animaux, qui ont un corps, et les anges, qui, soit sont totalement incorporels, soit sont dotés d'un corps inaccessible à la corruption. Si les êtres supérieurs sont incorporels, ce qui les distingue des hommes tient à la possession ou non-possession d'un corps. Si, par contre, ils possèdent des corps plus purs que les nôtres, la différence tient à ce que notre corps est charnel, alors que le corps angélique ne l'est pas.

Du coup, la nature charnelle de l'homme acquiert une importance capitale. On ne peut pas définir l'homme, et partant le situer sur l'échelle des êtres, sans prendre en compte le fait qu'il est chair. Parmi les créatures, l'homme doit de la sorte se distinguer de ce qui n'est pas lui sur

1. Augustin, *CD*, XIX, 9 ; t. 2, p. 462.

2. I. Kant, *Die Religion innerhalb der Grenzen der bloßen Vernunft*, II, Anm. ; *WW*, t. 4, p. 743 ; voir aussi A. de Tocqueville, Lettre à Eugène Stoffels du 3 janvier 1843, dans *Œuvres et correspondance inédites*, éd. G. de Beaumont, Paris, 1861, t. 1, p. 449.

deux fronts. Il ne suffit pas de souligner qu'il se distingue de la bête brute parce qu'il participe au discours rationnel. Il faut aussi le distinguer des créatures angéliques, avec lesquelles il a en commun l'usage de la raison. Et on ne peut pratiquer cette distinction qu'à partir de sa dimension charnelle, caractéristique que l'homme est seul à posséder parmi les créatures rationnelles. Ainsi, c'est de par sa chair que l'homme est unique.

C. CHAIR ET CORPS

« Chair » ne signifie pas « corps », même si le corps humain est charnel. Le mot « chair » (*caro*) souligne la faiblesse et la fragilité du corps humain, tant que celui-ci accomplit son pèlerinage terrestre, et reste donc « en chemin » (*in via*). Augustin l'exprime clairement : « le corps sans corruption ne s'appelle pas au sens propre "chair et sang", mais bien "corps". En effet, s'il est chair, il est corruptible et mortel ; mais s'il ne meurt plus, il n'est désormais plus corruptible ; et c'est pourquoi, du fait que l'espèce (*species*) demeure sans corruption, il n'est plus appelé "chair", mais "corps" » [1]. La chair est le corps en tant que sensible et mortel.

D'un autre côté, alors que notre corps fait de chacun de nous un individu singulier, notre chair est un principe de continuité qui se situe au-delà de l'individuation. Elle nous lie à ce que nous ne sommes pas, mais qui devient ce que nous sommes ou nous aide à le devenir. La chair est faite de la nourriture que nous empruntons à la nature environnante. Elle nous est transmise par d'autres

1. Augustin, *Sermon 362*, xv, 17 ; *PL*, 39, p. 1622.

membres de la même espèce, et elle est transmise par nous à ceux-ci : la chair est ce qui nous lie à nos parents, à nos frères et sœurs, à nos enfants. Même après notre résurrection, elle nous relie au corps que nous possédions auparavant, tel qu'il est l'héritage de tout le tissu de l'humanité. C'est en tout cas l'arrière-plan de la doctrine de la « chair radicale » (*caro radicalis*) que nous conservons comme corps ressuscités [1].

Cette idée d'une fragilité de la chair ne signifie pas que la chair doive être tenue pour mauvaise. Bien au contraire, les Pères de l'Église ont dû insister sur la bonté intrinsèque du corps face au mépris néoplatonicien, voire à la haine gnostique envers le corps. Saint Augustin le rappelle avec force : ce n'est pas la chair qui cause le péché, même le prétendu « péché de la chair ». C'est toujours l'âme qui entraîne la chair dans le péché. Et l'être mauvais par excellence, Satan, n'est pas charnel, mais au contraire un pur esprit [2]. Non seulement les médiévaux soutiennent que la chair n'est pas mauvaise, mais il en existe dans la pensée médiévale une vision tout à fait positive, qui la déclare emphatiquement bonne. Je laisserai de côté les précurseurs de cette idée dans le christianisme primitif pour me concentrer sur la façon dont la vision positive de la chair fut ramenée au-devant de la scène pendant le haut Moyen Âge, à savoir au XIIe siècle.

On peut le voir sur l'exemple de saint Bernard de Clairvaux. Le contexte du passage que je vais résumer est important : Bernard est en train de donner un

1. Voir C. W. Bynum, « Material Continuity, Personal Survival and the Resurrection of the Body : a Scholastic Discussion in its Medieval and Modern Contexts », *History of Religions*, 30 (1990), p. 51-85, surtout p. 70.

2. Augustin, *CD*, XIV, 3 ; t. 1, p. 916.

commentaire suivi du *Cantique des cantiques* dans une série de sermons aux moines dont il est l'abbé. Il doit interrompre la continuité de sa prédication à cause de la mort de son frère Gérard, qui était moine comme lui. L'oraison funèbre qu'il prononce à cette occasion occupe le 26e sermon sur le *Cantique*. Il est d'ailleurs intéressant de noter que l'homélie de Bernard, pourtant œuvre de circonstance, fut retenue comme partie intégrante de ce que Bernard voulait dire sur le *Cantique*, et sur l'amour qui en est le sujet principal. Qui plus est, Bernard dut interrompre une seconde fois son sermon pour donner libre cours à son chagrin en un flot de larmes. Après avoir repris son homélie, il dit qu'il était attaché à son frère non seulement par une parenté charnelle (*carnis necessitudo*), mais par une unité plus profonde. Ce pourquoi sa mort a délié les attaches qui reliaient deux parties d'un même corps. Devant un tel deuil, la chair de Bernard n'est pas d'airain (*nec caro mea aenea est*). Si l'on devait appeler son affection (*affectus*) charnelle, il ne barguignerait pas là-dessus et avouerait qu'il est humain. Il fait même un pas de plus : « Si cela ne suffit pas, je ne nierai pas non plus être charnel. En effet, je suis moi aussi charnel, vendu au péché, voué (*addictus*) à la mort, en butte aux souffrances et aux misères. Je ne suis pas, je l'avoue, insensible aux chagrins, et j'ai horreur de ma mort et de celle des miens » [1].

Pour prolonger la réflexion sur ce texte, il faudrait attirer l'attention sur la façon subtile dont plusieurs

1. Bernard de Clairvaux, *Sermons sur le Cantique des cantiques*, 26, vi, 9 ; *O*, t. 1, p. 177 = *PL*, 183, p. 909 *c-d*. L'importance de ce passage pour la nouvelle conception de la carnalité a été bien vue par C. Morris, *The Discovery of the Individual (1050-1200)*, Londres, SPCK, 1972, p. 67.

dimensions de l'existence charnelle y sont entremêlées : en premier lieu, Bernard éprouve le sentiment d'une solution de continuité dans le tissu charnel de la parenté entre les hommes. Un frère m'est plus proche qu'un quelconque prochain, parce qu'il provient de la même chair. Deuxièmement, Bernard exprime la conscience de sa propre finitude et de sa mortalité. La chair est là pour être déchirée. Troisièmement, la solution de continuité révèle que cette sorte d'affection, à savoir l'affection de soi par soi, est essentielle à l'homme. Les anges ne peuvent pas souffrir de cette façon, non pas seulement parce qu'ils planent dans une sphère qui transcende notre mortalité, mais aussi parce que, chacun constituant un genre à soi seul, ils ne communient pas les uns avec les autres dans l'appartenance à une même espèce. Ils ne peuvent pas faire l'expérience, comme nous, de la déchirure du tissu qui nous lie à notre prochain.

Cette conception de la chair explique l'une des principales thèses de saint Bernard dans sa théorie de l'amour, à savoir l'idée bien connue selon laquelle tout amour doit commencer par être charnel. L'amour charnel est un premier pas tout à fait positif sur le chemin qui mène l'amour jusqu'à son épanouissement final, à savoir la charité envers soi-même pour l'amour de Dieu [1]. Il est donc remarquable de voir que la nature charnelle de l'homme peut apparaître, dans de nombreux passages, comme quelque chose de positif en tant que tel, et pas seulement dans la mesure où elle est contrebalancée par une dignité

1. Voir Bernard de Clairvaux, *De l'amour de Dieu*, VIII, 23-24 ; *O*, t. 3, p. 138-139. Même idée chez Guillaume de Saint-Thierry, *Commentaire sur le Cantique des cantiques*, éd. M. M. Davy, Paris, Vrin, 1958, § 20, p. 50.

humaine fondée sur du spirituel. La chair est présente dans le ciel lui-même : même dans le Paradis, nous avons été faits, à l'origine, de terre. Mais cette glaise est « l'argile du paradis » (*limus paradisi*) [1].

La question de savoir quelle créature, de l'ange ou de l'homme, est la meilleure, resta ouverte tout au long du Moyen Âge. De plus, la réponse communément admise variait selon les traditions religieuses, et à l'intérieur de celles-ci. Parmi les penseurs juifs, une majorité se décidait en faveur des anges [2]. Dans l'islam, le Coran se prononce très décidément en faveur de l'homme [3]. Dans le monde chrétien, on entend un son de cloche discret, mais original. L'accent est mis de façon plus décidée sur l'historicité de l'homme. Or, cette dernière est une conséquence de la nature charnelle de celui-ci. L'amour humain doit mûrir en charité, ce qui implique du temps. L'ange décide en dehors du temps de ce qu'il sera, et il reste éternellement ce qu'il a une fois choisi – bon ange ou démon. L'homme, lui, peut certes tomber, mais il peut aussi être racheté. De ce point de vue, l'homme vaut, dans une certaine mesure, mieux que l'ange. C'est pourquoi les anges peuvent avoir quelque chose à apprendre des hommes, puisque ce qui se passe dans l'histoire humaine

1. Bernard de Clairvaux, *Sermon sur la vigile de la Nativité*, IV, 7 ; *O*, t. 4, p. 225. A. Maiorino Tuozzi, *La Conoscenza di sè nella scuola cisterciense*, Naples, Istituto italiano per gli Studi storici, 1976, p. 29, a vu clairement les implications de cette image.

2. Voir les références sur la controverse de savoir si les hommes ou les anges (conçus le plus souvent comme les intellects des sphères célestes) sont le but dernier de la création chez Saadia Gaon, Ibn Ezra et d'autres dans la très riche note de H. Malter, *Saadia Gaon. His Life and Works*, Philadelphie, The Jewish Publication Society of America, 1921, p. 212-213, n. 485.

3. Coran II, 31-33.

n'est pas accessible aux esprits angéliques (Éphésiens 3, 10). C'est là une des raisons qui mènent des auteurs médiévaux à reconnaître un certain avantage de l'homme sur l'ange [1].

D. Chair et conscience : le sens du toucher

La nature charnelle de l'homme est impliquée par la théorie de la connaissance communément reçue au Moyen Âge. Selon celle-ci, toute connaissance doit partir de la connaissance sensible. Ceci vaut également lorsque la connaissance est censée saisir l'immatériel [2]. Cette théorie est bien entendu celle d'Aristote, et l'on n'est pas surpris de la rencontrer chez les grands scolastiques qui en ont subi l'influence. Mais une théorie de ce genre est attestée avant même l'entrée du savoir hellénique par le chemin arabe, aux XIIe et XIIIe siècles. C'est ainsi que nous la trouvons sous la plume de saint Bernard de Clairvaux, mort en 1153. Le passage afférent est, encore une fois, dans son commentaire du *Cantique des cantiques*, plus précisément dans le cinquième sermon, qui a été probablement prononcé en 1135. Le contexte est une comparaison entre quatre sortes d'esprits : Dieu, les anges, les hommes et les animaux. La doctrine est probablement venue de Denys l'Aréopagite, bien que nous ne puissions déterminer précisément à travers quels intermédiaires. L'homme est corporel. Il lui faut un corps pour qu'il puisse saisir le monde matériel. Mais il

1. Voir par exemple Guillaume de Saint-Thierry, *De la nature du corps et de l'âme*, 2 ; *PL*, 180, p. 721 *d* ; Thomas d'Aquin, *ST*, Ia, q. 93, a. 3 ; Dante, *Banquet*, IV, 19, 6.
2. Voir par exemple Thomas d'Aquin, *CG*, I, 12, p. 10 *b*.

lui faut aussi passer par le corps pour atteindre des réalités supérieures, spirituelles (*ad spiritualia et intelligibilia proficiendo pertingere*). L'homme est un esprit enveloppé dans la chair et habitant de la terre (*involutus carne ac terrae incola spiritus*). Il lui faut donc commencer par la considération des choses sensibles (*ex consideratione sensibilium proficiens*), pour parvenir, lentement et par étapes (*gradatim quodammodo paulatimque*) là où les anges arrivent sans effort [1].

Peut-on être plus précis quant à la perception sensible ? Souvent, on a caractérisé tel ou tel monde culturel par le rôle central qu'y aurait joué un certain organe des sens. Par exemple, les Grecs auraient été les hommes de l'œil [2]. Les anciens Hébreux, de leur côté, auraient été ceux de l'oreille. Je n'ai guère de tendresse pour ce genre de généralisations. Mais elles peuvent avoir quelque valeur heuristique. Si donc on s'efforce de trouver quelle sensation peut nous aider à caractériser le monde médiéval, je me demande si l'on ne devrait pas choisir celui du toucher.

Ce sens est en effet le sens que nous ne pouvons pas ne pas posséder : le perdre serait perdre la vie [3]. Et nous ne cesserons jamais de le posséder, même dans notre corps glorieux, quand nous serons ressuscités [4]. La connaissance est fondamentalement perception sensible, et la perception sensible est fondamentalement toucher [5].

---

1. Bernard de Clairvaux, *Commentaire du Cantique des cantiques*, 5, i, 1-4 ; *O*, t. 1, p. 21-23 = *PL*, 183, p. 799 *a*-800 *b*.
2. U. von Wilamowitz-Moellendorff, *Der Glaube der Hellenen*, Berlin, Weidmann, 1931, t. 1, p. 45.
3. Aristote, *De l'âme*, III, 12, 434 *b* 10-18.
4. Thomas d'Aquin, *CG*, IV, 84, p. 555 *b*.
5. Aristote, *De l'âme*, III, 13, 435 *a* 12-13.

On peut même aller plus loin, et dire que la connaissance est conçue sur le modèle de la connaissance tactile. Pour Aristote, la connaissance est la rencontre d'un connaissant (sujet) et d'un connu (objet). Les deux atteignent leur perfection, et même deviennent ce qu'ils sont, à travers cette rencontre. La connaissance est l'acte commun du connaissant et du connu. Du coup, le connaissant se connaît soi-même dans l'acte même de connaître quelque chose d'autre, et à même cet autre objet. Il en est ainsi parce que le connaissant n'est produit en tant que tel par rien d'autre que par l'acte de connaître. De ce fait, l'acte de connaissance fournit, à toute tentative pour connaître le sujet connaissant, son objet même.

Or, il y a là une structure qui se retrouve dans le cas de la perception tactile. Dans le toucher, nous percevons l'objet résistant que nous touchons, et en même temps nous percevons ce qui nous fait toucher, à savoir la chair compressée par la rencontre de l'objet qui lui résiste [1]. Nous ne voyons pas notre œil quand il voit, nous n'entendons pas nos tympans quand ils entendent, nous ne flairons pas nos narines quand elles sentent ; en revanche, nous touchons notre chair au moment même où nous palpons un objet. Nous percevons, non seulement le fait que nous percevons, mais en même temps ce qui rend ce fait possible. Le toucher est de la sorte quelque chose comme une « perception transcendantale » : la perception y porte sur la condition de possibilité de la perception. Dans le toucher, le Moi se connaît lui-même. Mais il ne se saisit pas de la même façon que le sujet moderne le fait, en tout cas si nous devons ajouter

1. Voir mon *Aristote et la question du monde*, p. 372.

foi à l'analyse de Heidegger. Le sujet ne s'assure pas de soi-même avant de connaître les choses.

Tout au contraire, pour le sujet médiéval, sa connaissance de soi est quelque chose de marginal par rapport à sa perception sensorielle ou sa saisie intellectuelle des autres choses [1]. Si la connaissance, et la connaissance de soi, sont fondées sur le sens du toucher, nous ne pouvons pas nous saisir nous-mêmes sans notre corps. À mon avis, ce qui est en jeu ici n'est pas tant une thèse implicite sur le « problème de l'union de l'âme et du corps » (*mind-body problem*) qu'un donné phénoménologique sur notre expérience du corps. Une telle expérience peut trouver son expression, aussi, dans l'idée antique et médiévale selon laquelle notre corps est fait de terre. Il y a là plus qu'une déclaration portant sur la composition chimique de l'organisme, déclaration qui a d'ailleurs été contredite par la biologie moderne et, déjà, rendue vide par la fin de la doctrine des quatre éléments. Cette idée porte sur la relation que nous avons avec notre corps. La terre est ce que nous sommes obligés de présupposer, ce que nous ne pouvons pas créer, le sol sur lequel nous construisons, la base sur laquelle nous marchons. Elle est analogue à l'immobilité absolue du Premier Moteur [2]. De la même façon, nous nous éveillons à la vie consciente et nous nous découvrons nous-mêmes déjà dans un corps que nous n'avons pas créé. Selon le texte célèbre de Husserl dans lequel le philosophe relativise l'astronomie de Copernic, notre relation à la terre est analogue à notre relation avec notre corps [3].

---

1. Voir Aristote, *Métaphysique*, L, 9, 1074 *b* 36 ; *De l'âme*, III, 4, 429 *b* 9.

2. Voir Aristote, *Mouvement des animaux*, 3, 699 *a* 25.

3. E. Husserl, *Grundlegende Untersuchungen zum phänomenologischen Ursprung der Räumlichkeit der Natur* (ou *Umsturz der Kopernika-*

Ce que je viens de dire peut recevoir une confirmation *a contrario*. La modernité commence, ou en tout cas s'est exprimée pour la première fois avec l'*Ego* cartésien. Mais on peut en trouver dès le Moyen Âge un intéressant terme de comparaison, et peut-être une préfiguration, laquelle a d'ailleurs été remarquée. Il s'agit du célèbre argument d'Avicenne connu traditionnellement sous le nom de « l'homme volant ». Il a attiré l'attention de bien des philosophes et historiens de la pensée. Et certains songent même à y voir la source indirecte du *cogito* de Descartes [1]. Je n'en examinerai ici qu'un aspect. Je commence par citer sa première formulation dans le *Livre de la Guérison* (*Shifâ'*) :

> Il faut s'imaginer l'un de nous comme s'il avait été créé tout d'un coup, et créé parfait. Sauf que sa vue est voilée, et ne peut percevoir les choses extérieures. Il a été créé flottant dans l'air ou dans le vide, de telle sorte que l'existence de l'air ne l'affecte en aucune façon qu'il puisse sentir. Il y a entre ses membres une séparation, de telle sorte qu'ils ne sont ni attachés ni en contact les uns avec les autres. On demande alors s'il affirmerait sa propre existence. Or, il n'y aucun doute qu'il affirmerait sa propre existence, sans affirmer pour autant l'existence d'aucune extrémité de ses membres ou d'aucune partie interne de ses viscères, cœur, cerveau, aucune chose

nischen Lehre : ... die Ur-Arche Erde bewegt sich nicht), dans M. Farber (éd.), *Philosophical Essays in Memory of E. Husserl*, Cambridge (Mass.), Harvard University Press, 1940, p. 307-325, surtout p. 323 et voir p. 311, 318.

1. Voir S. Pinès, « La conception de la conscience de soi chez Avicenne et chez Abu'l Barakât al-Baghdâdî », dans *CW*, t. 1, p. 181-258 ; sur Avicenne, p. 181-216. Le premier à avoir rapproché Avicenne et Descartes fut sans doute G. Furlani, « Avicenna e il cogito ergo sum di Cartesio », *Islamica*, 1927, p. 53-72.

externe. Il affirmerait pourtant sa propre essence sans affirmer aucune longueur, largeur ou profondeur [1].

Cette expérience de pensée n'est pas très honnête. En fait, nul ne peut savoir ce qu'il ressentirait dans une situation de ce genre. Mais, même si l'on laisse cette objection de côté, le texte nous aide à mieux comprendre ce qui est en jeu avec le sens du toucher. En effet, ce qui est exclu avec tant de soin est avant tout la possibilité d'une perception tactile. On suppose que la conscience de soi demeure lorsque la continuité physique avec soi-même est ôtée. Le son moderne, ou à tout le moins prémoderne que rend ce texte provient de l'exclusion du corps qui y est opérée. Le corps est exclu, non à cause de sa nature matérielle, mais parce qu'il symbolise ce que la conscience doit recevoir du dehors et qu'elle ne peut construire à partir de soi-même.

E. L'HUMILITÉ COMME CONSCIENCE DE LA CARNALITÉ

La vertu par laquelle nous prenons conscience de notre condition charnelle et en tirons toutes les conséquences est l'humilité [2]. De quel droit peut-on la lier à la carnalité ?

1. Avicenna's *De Anima. Being the psychological part of Kitâb al-shifâ'*, éd. F. Rahman, Oxford University Press, 1959, I, 1, p. 16 ; trad. latine : *Liber de anima seu Sextus de Naturalibus*, éd. S. Van Riet, Louvain/Leyde, Peeters/Brill, 1972, p. 36. Parabole analogue en V, 7, p. 255 ; latin, p. 262, qui renvoie au passage cité. Voir aussi *Livre des théorèmes et des avertissements*, éd. J. Forget, Leyde, 1892, p. 119 ou *Livre des directives et des remarques*, trad. franç. A.-M. Goichon, Paris, Vrin, 1951, p. 303-304.

2. Voir mon « L'anthropologie de l'humilité », dans R. Brague (éd.), *Saint Bernard et la Philosophie*, Paris, PUF, 1993, p. 129-152.

Dans le monde de langue latine, celui des clercs de l'Europe occidentale, le mot lui-même, *humilitas*, était ressenti comme dérivant de *humus*, la terre. *Humilis* est étymologisé comme *humo clinis*, « penché vers la terre » [1]. De la même façon, le mot pour « homme », *homo*, est ressenti, comme le pensent d'ailleurs aussi les philologues d'aujourd'hui, comme dérivant de *humus* [2]. On trouve d'ailleurs le même jeu étymologique dans d'autres langues, en hébreu par exemple : *adam* est lié à *adamah*, la terre. De son côté, la liaison de l'humilité à la terre affleure même là où la langue ne rapproche pas les mots, par exemple chez le poète persan Saadi [3].

La terre n'est pas seulement, en tant que ce que nous appelons une planète (ce qu'elle n'est pas au Moyen Âge), le séjour de l'homme. Elle est en même temps, en tant qu'élément, l'étoffe dont sont faits nos corps. Bernard de Clairvaux écrit : « il y a une autre terre qui t'est plus proche » et cette terre est *caro*, la chair [4]. Ailleurs, nous lisons : « par cette terre j'entends notre corps » [5]. Un auteur de la même époque parle de « la chair, qui est comme la terre dans l'homme » [6]. On peut montrer ce

1. Isidore de Séville, *Étymologies*, X, 116 ; *PL*, 82, p. 379 *b* ; Papias vocabulista, p. 148 *a*.

2. Étymologie citée par Quintilien, qui d'ailleurs ne l'approuve pas, I, vi, 34. Voir aussi Isidore de Séville, *Étymologies*, VII, vi, 4, s.v. Adam ; *PL*, 82, p. 379 *b* : « humus hominis faciendi materia fuit » ; Papias, *op. cit.*, p. 147 *a*.

3. Cité dans Ch.-H. de Fouchécour, *Moralia. Les notions morales dans la littérature persane du III*e*/IX*e* au VII*e*/XIII*e* siècle*, Paris, Recherches sur les Civilisations, 1986, p. 341.

4. Bernard de Clairvaux, *Sermon pour le dimanche du 1*er* novembre*, II, 2 ; *PL*, 183, p. 347 *a*.

5. *Id.*, *Sermon pour la Toussaint*, I, 9 ; *PL*, 183, p. 457 *c*.

6. Arnaud de Bonneval, *De operibus sex dierum* ; *PL*, 189, p. 1529 *b*.

lien entre chair et humilité avec plus de détail à trois niveaux. Je les appellerai, pour faire simple : anthropologie, théorie de la connaissance, éthique.

Du point de vue de l'anthropologie, l'humilité signifie notre prise de conscience du fait que nous ne sommes pas des anges, mais des êtres terrestres faits de chair et de sang. Nous sommes avant tout des terriens, des habitants du point le plus bas de l'univers entier, réceptacle de toutes sortes d'influences venant d'en haut, sorte de déversoir cosmique [1]. De plus, notre corps est fait de terre, matériau grossier et impur qui offusque la vivacité de la pensée [2]. Notre carnalité est exprimée de façon vivante par l'image sans cesse récurrente du « vase d'argile » (*ostrakinon skeuos*), d'origine paulinienne et reprise par de nombreux textes [3]. Par exemple, on dit que les vierges transportent un trésor sans prix dans un vase d'argile, en sachant qu'il est extrêmement difficile de vivre parmi les hommes la vie d'un ange, d'habiter sur terre de la même façon que les êtres célestes, de mener dans la chair une vie de chasteté [4].

L'humilité est moins un affect qu'une sorte de connaissance [5]. Elle est avant tout connaissance de soi. C'est

---

1. Voir mon « Le géocentrisme comme humiliation de l'homme », ici, p. 362 et suiv.

2. Voir les références données dans mon « L'anthropologie de l'humilité », *loc. cit.*, p. 133, n. 123.

3. 2 Corinthiens 4, 7 ; pour Bernard de Clairvaux, voir : *Sur le Psaume Qui habitat*, VII, 14 ; *O*, t. 4, p. 423 = *PL*, 183, p. 208 *b* ; XVII, 3 ; *O*, t. 4, p. 488 = *PL*, 183, p. 251 *d* ; *Sur la nativité de la Bienheureuse Vierge Marie*, 17 ; *O*, t. 5, p. 287 = *PL*, 183, p. 447 *a* ; *De diversis*, 18, 5 ; *O*, t. 6-1, p. 160 = *PL*, 183, p. 589 *b*.

4. Bernard de Clairvaux, *Sermon sur Missus est*..., III, 9 ; *O*, t. 4, p. 42 = *PL*, 183, p. 75 *d*.

5. Voir, par exemple, Isaac de Ninive, *Mystic Treatises*, trad. angl. (...) A. J. Wensinck, [Verhandelingen der Koninklijke Akademie van

même ce qui la définit : « L'humilité est la vertu par laquelle l'homme s'avilit à ses propres yeux par une connaissance de soi qui atteint le sommet de la vérité (*humilitas est virtus, qua homo verissima sui cognitione sibi ipse vilescit*) » [1].

Or, la structure de la connaissance qui est impliquée dans la connaissance de soi, telle que l'humilité la met en œuvre, est la même que celle que l'on a constatée dans le cas du toucher. Pour la théorie de la connaissance, le primat du toucher signifie que nous nous connaissons nous-mêmes parce que nous connaissons d'autres choses. Nous ne deviendrions pas conscients de nous-mêmes si nous n'étions nous-mêmes affectés, touchés par d'autres choses. De la même façon, l'humilité est une connaissance de soi médiatisée, une connaissance de soi qui reconnaît que le Moi ne reçoit pas sa propre ipséité de soi-même. Cette sorte de connaissance est thématisée, et reçoit le nom de « considération ». Dans la considération, le sujet assure sa propre continuité et se purifie afin de mieux connaître. Mais, à la différence du sujet moderne tel que Heidegger le décrit, cela n'implique pas un effort pour prendre le contrôle de soi [2].

Wetenschappen. Afd. Letterkunde. Nieuwe reeks. Dl. 23. n° 1.] Amsterdam, 1923, LXV, p. 298 [444].

1. Bernard de Clairvaux, *De gradibus humilitatis et superbiae*, I, 2 ; *O*, t. 3, p. 17 = *PL*, 182, p. 942 *b*.

2. Voir B. Michel, « La considération et l'*unitas spiritus* », dans R. Brague (éd.), *Saint Bernard et la Philosophie*, p. 109-127.

F. DEUX PROBLÉMATIQUES CONTEMPORAINES ET LE MODÈLE MÉDIÉVAL DE LA SUBJECTIVITÉ

Jusqu'à présent, j'ai essayé de décrire certaines dimensions de la subjectivité médiévale à travers le concept de chair et quelques autres qui, me semble-t-il, lui sont liés. Maintenant, je voudrais rapidement réfléchir sur la pertinence possible de ces idées pour notre propre scène philosophique. Je me bornerai à deux exemples.

1. Anthropologie

On pourrait peut-être, non sans une certaine dose d'exagération pédagogique, caractériser la modernité comme l'époque sans anges. Cela serait une tâche fascinante que de raconter avec quelque détail comment les anges ont disparu au-delà de l'horizon de la conscience humaine, d'écrire l'histoire de l'évanouissement des anges. Certes, on l'a vu, saint Augustin déjà remarquait que faire l'expérience des anges n'était pas commode [1]. Mais les Temps modernes font un pas de plus : les anges ne sont pas seulement difficiles de contact, mais ils n'existent tout simplement pas, ils n'ont pas de place dans notre vision du monde. Schopenhauer se moque de Kant qui, selon lui, aurait élargi la loi morale à tout être rationnel quel qu'il soit, justement pour pouvoir y englober les anges [2]. Son sarcasme pourrait être la dernière page de l'histoire des anges chez les philosophes.

---

1. Voir *supra*, p. 176.
2. A. Schopenhauer, *Preisschrift über die Grundlage der Moral*, dans *Sämtliche Werke*, § 6, éd. W. von Lohneysen, Darmstadt, Wissenschaftliche Buchgesellschaft, 1980, t. 3, p. 658.

Si l'on reprend les définitions traditionnelles des êtres vivants et rationnels ou non les uns par rapport aux autres, la conséquence de la disparition des anges est que nous sommes placés devant une alternative : ou bien l'homme est seul, ou bien l'homme et Dieu se font face, dans la possession exclusive de la rationalité. La modernité peut être définie comme la période pendant laquelle nous autres hommes sommes ou – à supposer que nous ne soyons plus modernes – mais bien post-modernes, *étions* les seules créatures censées avoir part à la rationalité. Or, il n'est pas indifférent de savoir si la seule différence spécifique, ou à tout le moins la différence la plus lourdement accentuée qui définit l'homme est la rationalité, ou si elle est aussi un certain style d'affectivité. Faire porter l'accent sur la première peut mener à exclure les êtres humains irrationnels de l'humanité proprement dite. On peut trouver des traces d'une attitude de ce genre dès la pensée antique et médiévale [1]. Mais la pensée moderne lui donne tout ce qu'il lui faut pour se justifier.

La redécouverte de la chair est peut-être une tâche philosophique décisive pour notre époque. Dans ses œuvres tardives, Maurice Merleau-Ponty a fait quelques pas vers une phénoménologie de la carnalité. Pour lui, « chair » est de prime abord une traduction du mot allemand *Leib*, dont l'équivalent français le plus courant est « corps propre ». Mais, puisque le français, comme l'anglais, mais à la différence de l'allemand, de l'italien ou de l'espagnol, distingue la chair vivante de la viande que l'on mange, les réflexions du philosophe français sur la « chair » prennent une tournure originale qui le mène souvent à des formules qui rappellent étrangement le *Traité de l'âme*

1. Voir plus bas « Le déni d'humanité », p. 198 et suiv.

d'Aristote [1]. On peut poursuivre cette réflexion, et on l'a fait [2]. Le thème de la chair est même devenu quelque peu à la mode.

Il est intéressant de constater que cette entreprise de penser la chair, dans ses réalisations comme dans les tâches qui lui restent encore à remplir, est une entreprise médiévale. Pour les penseurs du Moyen Âge, l'importance de la carnalité était une conséquence de l'existence d'une rationalité non-charnelle dans la nature angélique. L'homme ne pouvait recevoir une définition complète que si l'on considérait en lui non seulement sa rationalité, mais tout aussi décidément sa nature charnelle. Pouvons-nous retrouver le sentiment de cette importance ? Certes, dans notre vision du monde, nous n'avons plus d'anges. Mais nous avons des ordinateurs. Et les philosophes s'interrogent sur le statut exact à donner à ce qu'ils appellent l'« intelligence artificielle ». L'ordinateur pourrait nous donner une occasion de recouvrer quelque peu ce que signifie le fait que la rationalité n'est pas la seule différence spécifique de l'humain. Les ordinateurs possèdent, ou ne possèdent pas, au choix, quelque chose comme la « raison ». Mais, si l'on remonte du mot « raison » à son étymologie, la capacité de compter (*reor*), il ne fait aucun doute que ces machines possèdent assez de *ratio* pour pouvoir compter. Ils sont matériels, mais même ce qui en eux est « *soft* » n'est pas une chair.

Le plus amusant est peut-être que le statut de la machine à penser a été évoqué au Moyen Âge par le

1. M. Merleau-Ponty, *Le Visible et l'invisible*, Paris, Gallimard, 1964. Sur l'équation « chair » = « *Leib* », voir p. 309. Sur la prétendue nouveauté radicale du concept, voir p. 183, 193.

2. Voir par exemple D. Franck, *Chair et Corps. Sur la phénoménologie de Husserl*, Paris, Minuit, 1981.

franciscain Pierre de Jean Olieu (Olivi), auteur de la seconde moitié du XIIIe siècle. Celui-ci écrit que nier le libre-arbitre, ce serait nous retirer ce que nous sommes proprement, à savoir la personnalité, pour ne nous donner rien de plus que d'être des sortes de bêtes intellectuelles, c'est-à-dire dotées d'un intellect (*quaedam bestiae intellectuales seu intellectum habentes*) [1]. S'il avait vécu à notre époque, il aurait certainement eu mille choses à dire sur les questions liées aux ordinateurs et à l'« intelligence artificielle ».

2. Herméneutique

Souvent, les historiens de l'herméneutique recherchent des précurseurs de cette branche très contemporaine de la philosophie, qui n'existe guère comme discipline indépendante que depuis Schleiermacher. La plupart du temps, ils négligent le Moyen Âge, parfois non sans un certain mépris, pour sauter directement du *De doctrina christiana* de saint Augustin à Luther [2]. Il vaudrait la peine de montrer que le problème herméneutique existait déjà dans la période médiévale. Dès l'Antiquité, la possibilité de communiquer n'allait pas naïvement de soi. Ainsi, Gorgias se demandait déjà, à supposer qu'il y ait quelque chose, et à supposer que ce « quelque chose » puisse être connu, si l'on pouvait le communiquer à autrui, question à laquelle il répondait par la négative : il serait « incommunicable au voisin (*anermèneuton tô*

1. Pierre de Jean Olieu, *Quaestiones in II. Sententiarum*, q. LVII, éd. B. Jansen, Florence, Quaracchi, t. 2, 1924, p. 338.
2. Voir par exemple J. Grondin, *Einführung in die philosophische Hermeneutik*, Darmstadt, Wissenschaftliche Buchgesellschaft, 1991, p. 51-52.

pelas) »[1]. Loin de toute naïveté, les penseurs antiques et médiévaux essayaient au contraire de garantir la possibilité d'une communication, parce qu'ils sentaient qu'elle avait besoin d'être établie. C'est déjà le cas dans l'Antiquité, chez les deux fondateurs de la tradition classique de la philosophie, puis chez les commentateurs d'Aristote[2].

Mais le problème ne fut pas oublié non plus pendant le Moyen Âge. Thomas d'Aquin le traite explicitement dans le *De l'unité de l'intellect*. Le phénomène fondamental qu'il doit faire entrer en ligne de compte est que « cet homme singulier intellige (*hic homo singularis intelligit*) »[3]. Sa réponse audacieuse est que, de même que les autres fonctions de l'âme, l'intellect est la forme du corps, et d'un corps physique, individuel[4]. Comprendre est le fait de l'individu. Du coup, Thomas est le précurseur lointain de l'idée romantique de l'herméneutique. Celle-ci prend comme point de départ une formule qui sonne comme du latin scolastique, mais qui fut probablement frappée par Goethe dans une lettre à Lavater : « l'individu est indicible (*individuum est ineffabile*) »[5]. Si l'acte par lequel je comprends n'est pas le même que celui par lequel mon prochain comprend, et encore moins l'acte de quelque principe impersonnel commun à l'ensemble de l'humanité, il nous faut, pour comprendre,

1. Gorgias, *Sur le non-être*, fragment DK 82 B, 3 dans Sextus Empiricus, *Adversus Mathematicos*, VII, § 65 et 83-86 ; voir aussi Platon, *Gorgias*, 481 *c* 5-*d* 1.

2. Voir Platon, *Parménide*, 135 *c* 2 ; Aristote, *Métaphysique*, G, 4, 1006 *b* 8 ; Thémistius, *Commentaire du Traité de l'âme*, chap. 6, éd. R. Heinze, *CAG*, V-3 (1899), p. 104, 2-3.

3. Thomas d'Aquin, *De unitate intellectus*, chap. 3, § 216, p. 76 *b* ; voir Plotin, *Ennéades*, IV, 3 [27], 3, 25-26.

4. Thomas d'Aqui, *De unitate intellectus*, chap. 1er, § 180, p. 65 *b*.

5. J. W. von Goethe à Lavater, 20 septembre 1780.

faire un effort spécial pour saisir ce que nous voulons connaître et pour l'assimiler, un effort que chacun doit prendre sur soi et accomplir à sa façon absolument individuelle.

De plus, le problème herméneutique tel que les penseurs médiévaux le voient est lié au problème du statut charnel de l'homme. L'homme parle parce qu'il est charnel. Les anges, eux, ne parlent pas, parce qu'ils n'en ont pas besoin [1]. Ceci peut n'être qu'une constatation purement négative : la grossièreté de notre chair nous empêche d'avoir un accès direct à la pensée d'autrui. Mais elle renvoie en même temps à quelque chose de plus positif. Nous nous exprimons nous-mêmes à travers ce que nous disons à notre prochain. La connaissance est médiatisée à travers une chair sociale. La connaissance de soi n'est possible que par la médiation de l'ami [2]. On a de la sorte une analogie entre l'individu et la société. La cité joue le même rôle que la chair. Les réalités sociales sont de nature charnelle.

Maintenant, Thomas d'Aquin fait écho à Aristote quand il réfléchit sur ce qui est menacé par ses adversaires, pour lesquels, tels en tout cas qu'il les comprend, l'acte d'intelliger est collectif. Cette idée menace ce qu'il appelle *conversatio civilis*, ce que nous traduirions sans doute par « la vie sociale » [3]. L'expression est intéressante,

1. Voir Thomas d'Aquin, qui admet une *locutio*, mais directe, non sonore, *ST*, Ia, q. 107, a. 1, ad. 1 m ; Dante, *De vulgari eloquentia*, I, iii, 1, éd. A. Marigo, Florence, Le Monnier, 1948, p. 18. Sur Dante, voir K.-O. Apel, *Die Sprache in der Tradition des Humanismus von Dante bis Vico*, Bonn, Bouvier, 1975 (2e éd.).

2. Voir Aristote, *Éthique à Nicomaque*, IX, 9, 1169 *b* 33-34 et le commentaire de Thomas d'Aquin à l'endroit, IX, x, § 1896, p. 496 *a*.

3. Thomas d'Aquin, *De unitate intellectus*, chap. 4, § 239, p. 83 *a*.

et encore plus du point de vue de l'herméneutique moderne, à partir de la *Dialectique* de Schleiermacher, pour lequel la conversation est le modèle de la communication linguistique. Il faut que la conversation continue. Et cette conversation est *civilis*, de nature politique, voire, elle constitue la cité comme telle.

Nous pouvons ainsi signaler la dimension politique de l'herméneutique médiévale. Elle se situe au-delà des théories politiques explicites, telles qu'elles sont exprimées dans les divers commentaires à la *Politique* d'Aristote, alors fraîchement redécouverte. En dernière instance, la cité est possible et nécessaire parce que nous ne pouvons pas communiquer d'une autre façon que par le langage, dans la mesure où nous sommes des individus incapables de communier dans la saisie intuitive d'une seule et unique vérité, mais qui ont à la partager en échangeant leurs pensées.

G. Conclusion

Ainsi, j'ai esquissé une approche possible de la subjectivité dans la pensée médiévale en me servant du concept de chair. J'ai mis en relief quelques points de contact avec certains problèmes contemporains qui pourraient rendre ce concept pertinent pour nos soucis d'aujourd'hui. Ce faisant, je ne prétends nullement enrôler l'histoire de la philosophie au service de telle ou telle de nos modes intellectuelles. Je pense cependant que les réflexions les plus contemporaines ne doivent pas se limiter à dialoguer avec les penseurs antiques ou modernes, et que les auteurs médiévaux doivent être considérés comme des partenaires tout à fait dignes d'être écoutés.

Le déni d'humanité

Sur le jugement : « ces gens ne sont pas des hommes » dans quelques textes antiques et médiévaux

Il n'est guère de réalité plus insupportable que le racisme. Si ce n'est, peut-être, la bonne conscience de ceux qui se croient à l'abri de ce genre d'égarement. Parmi les représentants de cette autosatisfaction, les philosophes occupent un bon rang. Mon but est ici d'inviter ceux-ci, mes collègues et moi-même, à un examen de conscience historique et corporatif.

A. Quelques précautions

Il ne peut être question de répertorier ici les déclarations des philosophes que l'on peut taxer de « racistes ». On peut trouver en effet, sous la plume des plus grands, des déclarations posément, tranquillement, racistes. On connaît par exemple les passages d'Aristote sur la supériorité des Grecs par rapport aux barbares [1]. Nietzsche, à l'autre bout de l'histoire de la philosophie, est certes d'un

1. Aristote, *Politique*, VII, 7, 1327 *b* 29-33.

anti-antisémitisme rabique, voire d'un philo-sémitisme un peu gênant, et qui donne presque une version positive des *Protocoles des sages de Sion* – qui ne seront d'ailleurs écrits qu'au début du XXe siècle, quelques années après la mort de Nietzsche. Il n'échappe pas pour autant au préjugé de son temps envers la race noire [1].

Ne parlons pas non plus des épigones, qui peuvent faire rejaillir toutes sortes de soupçons sur le maître dont ils se réclament. Il est aussi léger de mettre au débit des maîtres les errements des disciples que de mettre les vertus de ceux-ci au crédit de ceux-là. On se gardera donc, par exemple, de donner comme signe des bienfaits du spinozisme l'antifascisme d'un traducteur précédent. On pourrait en effet donner comme type de spinoziste le comte de Boulainvilliers, premier traducteur français (clandestin) de l'*Éthique*... mais aussi premier représentant de l'idée d'une suprématie de la noblesse sur le tiers-état fondée sur le droit de conquête [2].

Quant aux maîtres eux-mêmes, il sera toujours facile, trop facile peut-être, de mettre leurs dérapages sur le compte de l'homme et non du penseur, afin de garder ainsi à la discipline que celui-ci incarne toute sa pureté. Pour prendre un exemple que je ne prétends évidemment pas traiter comme il le mériterait, à savoir celui de Heidegger, on peut distinguer d'une part le texte (unique) dans lequel le philosophe parle du « juif Fränkel », d'autre part sa pensée de l'essence de l'homme comme *Dasein*

1. Voir respectivement Fr. Nietzsche, *Morgenröte*, III, § 205 et IV, § 241 ; *KSA*, t. 3, p. 180-183 et 202.

2. Voir B. Pautrat, Préface à sa traduction de l'*Éthique*, Paris, Seuil, 1988, p. 11 sur Ch. Appuhn ; sur Boulainvilliers, voir entre autres H. Arendt, *L'Impérialisme*, trad. franç. M. Leiris, Paris, Fayard, 1982, p. 75-76.

qui est ébauchée dans *Être et Temps* et qui rend impossible toute détermination biologique de l'humanité de celui-ci. Reste à savoir, d'une part, dans quelle mesure les autres témoignages qui prêtent à Heidegger une attitude antisémite sont dignes de foi, d'autre part si le racisme se réduit à un biologisme [1].

Je voudrais présenter ici une série de textes dans lesquels il est dit de certains êtres que, bien qu'ils aient figure humaine, « ce ne sont pas des hommes ». J'en ai trouvé un certain nombre, mais mon énumération est très loin d'être exhaustive [2]. Je les cite ici tels qu'ils me sont apparus au hasard de lectures faites pour d'autres motifs. Je les reproduis dans l'ordre chronologique, le plus neutre. Enfin, je me limite à des passages tirés d'auteurs antiques et médiévaux, sur une période qui va du IIIe siècle avant notre ère à la sortie du Moyen Âge, au XIVe siècle.

Cette période a l'intérêt d'être antérieure au souci ibérique de la « pureté du sang » (*limpieza de sangre*) ; elle l'est aussi à la découverte du Nouveau Monde et des peuples indigènes, avec les problèmes théoriques et pratiques qui y sont liés ; elle l'est enfin, à plus forte raison, à l'émergence de la biologie évolutionniste et de la forme de racisme qui prétend se fonder sur elle. De la sorte, l'idée de la non-humanité de certains hommes se présente pour ainsi dire dans un état de pureté chimique.

---

1. Voir H. Ott, *Martin Heidegger. Unterwegs zu einer Biographie*, Francfort/New York, Campus, 1988, p. 183 et 315 ; lettre de Husserl à Mahnke, *ibid.*, p. 178.

2. On en trouvera par exemple des dizaines d'autres, réunis pour éclairer le contexte du thème de Protée à la Renaissance italienne, dans l'étude d'une érudition confondante de H. de Lubac, *Pic de la Mirandole. Études et discussions*, Paris, Aubier, 1974, p. 184-217.

B. QUELQUES TEXTES « PAÏENS »

1 a) Le premier philosophe cité ici sera le Philosophe par excellence, Aristote. On lit dans un texte célèbre de la *Politique* : « celui qui n'est pas capable de vivre en communauté, ou qui n'en a pas besoin parce qu'il se suffit à soi-même, n'est pas une partie de la cité ; il est donc ou une bête (*thèrion*) ou un dieu » [1].

Sur ce texte, nous n'avons pas de commentaire grec, ni non plus arabe, l'ouvrage d'Aristote n'ayant, semble-t-il, jamais été traduit en arabe [2]. Nous possédons en revanche un commentaire de saint Thomas d'Aquin. Celui-ci atténue le tranchant de l'assimilation de l'homme à l'animal : « S'il arrive que quelqu'un ne puisse avoir part à la société que forme la cité (*communicare societate civitatis*) à cause de sa vilenie (*pravitas*), il est pire qu'un homme, et comme (*quasi*) une bête » [3].

1 b) On lit plus loin dans la même œuvre : « S'il est possible pour tout peuple et toute assemblée populaire que l'on ait cette différence entre la majorité et le petit nombre des gens de bien, ce n'est pas clair, ou peut-être, par Zeus ! il est clair que pour certains, c'est impossible. En effet, le même raisonnement s'appliquerait aux bêtes (*thèria*), et pourtant, pour dire le mot, en quoi certains "hommes" diffèrent-ils des bêtes [4] ? » Comme on le sait, le commentaire à l'endroit que l'on trouve imprimé dans

1. Aristote, *Politique*, I, 2, 1253 *a* 29.
2. Voir ma « Note sur la traduction arabe de la *Politique* d'Aristote : derechef, qu'elle n'existe pas », dans P. Aubenque (éd.), *Aristote politique*, Paris, PUF, 1993, p. 423-433.
3. Thomas d'Aquin, *In octo libros politicorum Aristotelis expositio*, I, § 39, p. 12 *a*.
4. Aristote, *Politique*, III, 11, 1281 *b* 19-20.

les œuvres de Thomas d'Aquin n'est plus de lui à partir du livre III, VII inclusivement, mais de Pierre d'Auvergne. Celui-ci parle d'une foule bestiale dont les membres ont une propension aux actions de ce genre, mais ne met pas en doute l'humanité de ceux qui la composent [1].

Citons ensuite quelques textes qui peuvent représenter une certaine vulgate morale de l'époque hellénistique et romaine, à dominante stoïcienne :

2) Cicéron : « Il convient d'avoir toujours présente à l'esprit la supériorité de la nature humaine sur les animaux domestiques et les autres. Les bêtes n'ont d'autre sentiment que le plaisir ; elles se portent vers lui de tout leur élan ; l'âme humaine se nourrit de savoir et de réflexion ; toujours elle cherche, elle agit, elle est conduite par l'agrément qu'elle trouve à voir et à entendre. Bien plus, si l'on est un peu trop enclin au plaisir, pourvu qu'on ne soit pas un être bestial, car il y a des êtres qui n'ont d'hommes que le nom (*sunt enim quidam homines non re sed nomine*), on cache et on dissimule par pudeur cette inclination au plaisir » [2].

3) Sénèque : « Mets en même lieu des hommes que leur stupidité et leur ignorance d'eux-mêmes ont réduits à la condition de bétail et d'êtres inanimés. Aucune différence n'existe entre les uns et les autres, puisque chez les uns la raison est absente, tandis que chez les autres elle est faussée, ingénieuse dans le mal et pervertie » [3].

1. [Thomas d'Aquin], *In octo libros politicorum Aristotelis expositio*, VIII, § 426, p. 149 *a*.

2. Cicéron, *De officiis*, I, xxx, 105, éd. C. Atzert, Leipzig, Teubner, 1963, p. 36 ; trad. franç. dans *Les Stoïciens*, Paris, Gallimard, 1962, p. 531 (ici = *St*).

3. Sénèque, *De vita beata*, § 5 ; *St*, p. 727-728.

4 a) Épictète : « S'ils placent <leur intérêt> au dehors <d'eux-mêmes, et non dans leur propre volonté>, ne dis pas qu'ils sont amis, pas plus qu'ils ne sont loyaux, constants, sûrs, ni libres ; et si tu comprends bien, ne dis même pas qu'ils sont hommes ; car elle n'est pas d'un homme, l'opinion qui fait que nous nous attaquons, que nous nous insultons, etc. » [1]

4 b) Du même : « Pourquoi alors disais-tu qu'il est homme ? Est-ce seulement d'après l'apparence qu'on juge un être ? (...) Pour faire un homme non plus, le nez et les yeux ne suffisent pas s'il n'a pas de pensées (*dogmata*) humaines. Celui-ci n'entend pas raison (*ouk akouei logou*), il ne suit pas quand on le critique : c'est un âne. En celui-là toute *conscience* (*to aidèmon*) est morte ; c'est un vaurien (*akhrèstos*), tout plutôt qu'un homme » [2].

Viennent ensuite des passages qui illustrent l'idée selon laquelle l'humanité de l'homme réside avant tout dans sa religiosité, thème qui aura une grande fortune au Moyen Âge [3].

5) Dans le Corpus hermétique, attribué à « Hermès Trismégiste » : « L'intellect ne peut supporter une âme torpide, mais il abandonne une telle âme attachée au corps et étouffée par lui ici-bas. Une telle âme (...) ne

1. Épictète, *Entretiens*, II, 22, 27-28 ; *St*, p. 947.
2. *Ibid.*, IV, 5, 19 ; *St*, p. 1071.
3. Voir les textes cités par Ch. Touati dans Levi ben Gershom (Gersonide), *Les Guerres du Seigneur, Livres III et IV*, Introduction, traduction et notes par Ch. T., Paris et La Haye, Mouton, 1968, p. 133-134, n. 4 ; Bahya ibn Paquda, *Devoirs des cœurs*, III, 6, p. 156 Yahuda ; trad. franç. A. Chouraqui, Paris, Desclée de Brouwer, 1972 (2e éd.), p. 213 ; Joseph ibn Saddiq, *'Olam qatan*, éd. S. Horovitz, Breslau, Schatzky, 1903, p. 43 ; Abraham Ibn Daoud, *Emunah Ramah*, éd. et trad. N. M. Samuelson, Rutherford *et al.*, Fairleigh Dickinson University Press *et al.*, 1986, p. 24 ; Maïmonide, *G*, I, 7 ; trad. Munk, p. 51.

possède pas l'intellect : aussi ne doit-on même pas appeler "homme" un tel être. Car l'homme est un vivant divin, qui doit être comparé, non pas au reste des vivants terrestres, mais à ceux d'en haut, dans le ciel, qu'on nomme dieux »[1].

C. Débuts des monothéismes

6) Dans le Talmud de Babylone, à propos d'Ézéchiel 34, 31, interprété comme signifiant : « Et vous mon troupeau, le troupeau de mon pâturage, vous êtes des hommes », R. Siméon b. Yokhaï dit : « Vous seuls (Israélites) êtes appelés hommes » et « Les idolâtres ne sont pas appelés hommes »[2]. L'auteur de cette assertion étant Siméon bar Yokhaï, il n'est pas surprenant qu'elle se retrouve dans le *Zohar*, qui est censé être son œuvre[3].

Le traducteur anglais du second passage donne en note une explication qui semble satisfaisante : « Seul un Israélite dont on peut dire, en tant qu'il est un adorateur du vrai Dieu, qu'il a été, comme Adam, créé à l'image de Dieu. Les idolâtres, qui ont défiguré l'image divine, perdent toute prétention à cette appellation »[4]. En sens contraire, Moritz Lazarus explique que : *a)* « l'expression "n'est pas appelé homme" n'est qu'une tournure qui

1. Hermès Trismégiste, *La Clef* (traité X), § 24, éd. A. D. Nock et A.-J. Festugière, Paris, Les Belles Lettres, 1960, p. 125.

2. Talmud de Babylone, *Baba Metsia*, p. 114 *b* ; trad. angl. I. Epstein, Brooklyn (N. Y.), Soncino Press, s. d., p. 651 et *Yebamot*, p. 61 *a*, p. 404-405.

3. *Le Zohar*, trad. franç. : C. Mopsik, Lagrasse, Verdier, 1981, t. 1, p. 117.

4. *Ibid.*, p. 405, n. 2.

signifie : un tel homme ne mène pas une vie digne d'un homme » et *b)* à supposer que l'expression soit à prendre au sens général, elle signifie « inhumain » au sens de « cruel » [1]. L'argument, qui n'est pas sans rappeler celui dit « du chaudron », s'explique par la protestation de l'auteur contre les polémiques de l'époque, qui reposaient sur une vieille tradition d'interprétation anti-juive de ces passages [2]. La réponse la plus sobre à ce genre d'attaques me semble être la mise en série opérée dans le présent chapitre.

7) Boèce : « Il arrive que les méchants cessent d'être ce qu'ils étaient ; mais la forme même du corps humain, qui subsiste, montre encore qu'ils ont été des hommes. C'est pourquoi, tombés dans la méchanceté comme ils le sont, ils ont aussi perdu la nature humaine. (...) Il arrive donc que l'on ne puisse considérer comme un homme celui dont on voit qu'il a été transformé par ses vices. (...) Il arrive donc que celui qui, pour avoir abandonné la vertu (*probitas*), a cessé d'être un homme, comme il ne pouvait pas passer à la condition divine, a été changé en bête sauvage (*bellua*) ». Suit une énumération de huit animaux auxquels les hommes vicieux ressemblent : l'homme cupide est un loup, le médisant un chien, le rusé un renard, etc. [3]

Il semble que Boèce se soit inspiré ici de l'idée, mentionnée (et critiquée) dans un traité pseudo-aristotélicien,

---

1. M. Lazarus, *Die Ethik des Judentums*, Francfort/Main, 1898, appendice n° 10, p. 378-379 – avec renvoi à *Yebamot*, 63 *a*.

2. Voir J. A. Eisenmenger, *Entdecktes Judentum*, 1700, t. 2, p. 2-3, qui renvoie d'ailleurs, non au Talmud, mais à des textes postérieurs contenant la même idée.

3. Boèce, *Consolatio philosophiae*, IV, prosa 3 ; éd. Tester, Loeb, p. 334.

selon laquelle les ressemblances de la physionomie de certains hommes avec des animaux déterminés révèlent la présence chez eux des tendances dont ces animaux sont les représentants [1]. Il a dû également songer aux mythes platoniciens de réincarnation. Cependant, il y a par rapport à ces derniers une nuance capitale : Platon se situe du point de vue d'une temporalité antérieure à toute expérience possible, de telle sorte que ce qui a figure d'homme soit nécessairement homme, que ce qui a figure d'animal soit bel et bien un animal, même si son âme a été humaine dans une existence antérieure. Boèce, quant à lui, suppose chez l'homme une dégénérescence qui se situe à l'intérieur même de la vie empirique.

8) Le Coran : « Ô vous qui croyez !, obéissez à Allah et à Son Apôtre ! Ne vous détournez point de Lui alors que vous entendez ! Ne soyez pas comme ceux qui ont dit : "Nous avons entendu" alors qu'ils n'entendent point. Les pires des êtres aux yeux d'Allah sont les sourds et les muets et ceux qui ne raisonnent point » [2]. Le mot traduit ici par « êtres » (*dâbba*) signifie ce qui rampe et se dit à l'accoutumée d'animaux. D'autres traductions rendent en conséquence : « les incroyants sont les pires des animaux ». D'où l'idée que l'on trouve parfois dans l'islam selon laquelle les incroyants sont à classer avec les animaux, en dessous de l'humanité commune [3].

1. Ps.-Aristote, *Physiognomonique*, 1, 805 *a* 22-23.

2. Coran VIII, 22, trad. franç. R. Blachère, *Le Coran*, traduction selon un essai de reclassement des sourates, Paris, Maisonneuve, 1947, n° 97, p. 831 et voir R. Paret, *Der Koran. Kommentar und Konkordanz*, Stuttgart, Kohlhammer, 1989, p. 127.

3. Voir les textes cités dans mon *La Loi de Dieu*, Paris, Gallimard, 2005, « Folio », 2008, p. 328, n. 106.

D. L'APOGÉE DE L'ARISTOTÉLISME MÉDIÉVAL

9) En Espagne musulmane, le philosophe Ibn Bâjja (Avempace) : « Et pour cette raison aussi, celui dont l'âme animale domine l'âme rationnelle jusqu'à ce point qu'elle se laisse toujours emporter par ses passions contraires à ce que lui dicte sa raison est bien un homme, mais la pire des bêtes est meilleure que lui. Et il est même juste de dire que c'est une bête, bien qu'il soit doué de la raison humaine avec laquelle il a produit cet acte. En effet, dans ce cas, sa raison est un mal qui s'ajoute à son vice propre »[1].

10) Son contemporain un peu plus jeune Jehuda Halévi met en tête des personnages interrogés par le roi des Khazars en quête de la vraie religion un philosophe dont la doctrine est celle des aristotéliciens arabes, et surtout d'Ibn Bâjja (au livre I) et d'Avicenne (au livre V). Ce philosophe fictif explique que les hommes peuvent actualiser les potentialités de leur nature à des degrés divers. Tout en bas se trouve « le nègre (*habashî* – l'éthiopien) qui n'est pas capable (*yuhayya'u*) de recevoir quoi que ce soit de plus que la forme humaine et le discours dans sa forme la moins développée ». L'autre extrême est représenté par le philosophe lui-même, ce par quoi il faut sans doute entendre le Philosophe par excellence, Aristote qui, pour plusieurs de ses disciples médiévaux, représente

1. Ibn Bâjja, *Le Régime du solitaire*, chap. 2, dans *Opera metaphysica* [arabe], éd. M. Fakhry, Beyrouth, Dâr al-Nahar, 1968, p. 48 ; trad. castillane M. Asín Palacios, Madrid et Grenade, CSIC, 1946, p. 48 ; trad. franç. S. Munk dans « Des principaux philosophes arabes et de leurs doctrines », dans *Mélanges de philosophie juive et arabe*, Paris, Vrin, 1955, p. 392.

le sommet indépassable de l'esprit humain [1]. Son disciple, que fait parler Halévi, reconnaît quand même au nègre la forme (*surah*) de l'humanité. Or, si le mot peut désigner l'apparence extérieure, il désigne aussi, chez les philosophes, ce qui confère l'être à ce dont elle est la forme (*forma dat esse rei*), c'est-à-dire ce qui substantifie. Auquel cas, un nègre est bien un homme, pas seulement en apparence. Ce qu'invite à penser le fait qu'il possède également le discours (*nutq*), le langage articulé, la raison [2].

L'idée est loin d'être exceptionnelle dans le contexte culturel de l'époque, et l'on trouve des textes analogues chez des musulmans médiévaux. Ainsi, Ibn Khaldûn écrit tranquillement : « Les nations noires, qui sont les seules en général à accepter l'esclavage, ont une humanité incomplète et sont proches de la plupart des animaux » [3]. Par ailleurs, les commentateurs classiques du *Kuzari* ne semblent pas s'être particulièrement choqués du passage ni avoir voulu l'atténuer. Ainsi l'érudit italien Jehuda Moscato (1530-1590), dans son *Qol Jehudah*, se contente de renvoyer à un passage de Maïmonide que je vais citer sous peu (11 c). Un autre commentaire, plus tardif, en plein dans le siècle des Lumières, est beaucoup plus disert. Il s'agit de *Otsar Nehmad*, dû à Israël b. Moses Halévi (Zamosc) (*c.* 1700-1772) [4]. Le voici : « QUI N'EST

1. On rencontre l'idée chez Maïmonide, Lettre à Ibn Tibbon, p. 380 *a* Marx. On connaît les hyperboles d'Averroès, brocardées par Malebranche, *Recherche de la Vérité*, Livre II, IIe partie, chap. 6, dans *Œuvres*, éd. G. Rodis-Lewis, Paris, Gallimard, t. 1, 1979, p. 224-225.

2. Halévi, *K*, I, § 1, p. 4, 8-9 ; trad. Touati, p. 2.

3. Ibn Khaldûn, *M*, II, 24, t. 1, p. 269 ; *LE*, p. 410. Voir aussi I, 3, t. 1, p. 150 ; *LE*, p. 314. Voir B. Lewis, *Race et couleur en pays d'islam*, trad. franç. A. Iteanu et Fr. Briand, Paris, Payot, 1982, p. 59-62.

4. Je remercie Mme J. Hansel de l'avoir identifié pour moi.

PAS CAPABLE DE (...) PLUS : à cause de la grande chaleur, leur tempérament (*mezeg*) ne parvient pas à un équilibre de perfection, mais d'après l'opinion de notre Loi, la plupart d'entre eux sont de la postérité (*zera'*) de Cham (Genèse 10, 6), et la perfection humaine n'est donnée qu'à la postérité de Sem, alors que la postérité de Cham est imparfaite (*hasèr*) du fait qu'ils sont maudits (par Noé, voir 9, 25). DE RECEVOIR LA FORME HUMAINE : car, en fait, « ils sont pareils aux animaux » (Psaume 49, 21), ils n'ont pas figure (*to'ar*) d'homme, ils vont nus au dehors. Quand il dit LA FORME HUMAINE, il veut dire la découpe que possède l'homme dans l'ensemble de ses membres, c'est uniquement par là qu'ils ressemblent à l'homme. Ou alors, il veut dire qu'il [le noir] n'est pas capable de recevoir la forme de l'homme, c'est-à-dire l'âme, si ce n'est à l'extrême de l'imperfection, car ils n'ont pas de religion (*dath*), intellectuelle ou traditionnelle [suit une référence au même passage du *Guide des égarés*]. ET LE DISCOURS À L'EXTRÊME DE L'IMPERFECTION : par l'articulation des voyelles et la bonne prononciation des mots » [1].

Il vaut cependant la peine de remarquer que les paroles que j'ai citées ne sont que rapportées par Halévi, qui les place dans la bouche de son philosophe. Il ne semble pas que des doctrines équivalentes se trouvent chez les deux protagonistes du dialogue, qui sont plus proches de la pensée propre de l'auteur. C'est en tout cas ce que l'on constate si l'on comprend bien un passage d'une réplique du roi des Khazars. Le roi répond qu'il se fonde sur les

1. Commentaire en marge du *Kuzari*, éd. I. Goldman, Varsovie, 1885, réimpression s.l., Hadaran, 1959, p. 31 *b*-32 *a*. Sur la malédiction de Cham et son interprétation « raciste », voir B. Lewis, *op. cit.*, p. 67, n. 90.

philosophes, et non sur une autorité qu'il est, justement, malaisé d'identifier, désignée par *'âmma dahmâ*. Hirschfeld rend : « *a negro people* ». Ibn Tibbon a : « une nation à l'abandon qui ne s'accorde sur aucune opinion (*mufqereth*, mot-à-mot : *res nullius*) ». Charles Touati traduit par « une populace abêtie »[1]. Il me semble plus simple de comprendre l'expression sans référence à la race ou à la religion, mais conformément au sens de l'expression : le vulgaire, la masse par opposition aux philosophes qui, d'une part, constituent l'élite de l'humanité et d'autre part sont d'accord les uns avec les autres.

11 a) Maïmonide écrit dans l'Introduction à sa première œuvre, le *Commentaire de la Mishnah* : « Avant qu'il ne possède le savoir, l'homme n'est que comme les animaux, car l'homme ne se distingue des autres espèces vivantes que par la raison (*nutq*), car il est un animal rationnel ; par raison j'entends la représentation des intelligibles ; et le plus sublime quant à l'intelligible, c'est la représentation de l'unicité de Dieu (...) et de celles des choses métaphysiques qui y sont attenantes »[2].

11 b) Dans le corps de la même œuvre, Maïmonide commente un cas d'encornage de bœufs dans lequel la *Mishnah*, toutes choses étant égales par ailleurs, avantage l'israélite par rapport au païen. D'où un malaise que Maïmonide cherche à prévenir : « Si un procès s'engage entre un israélite et un païen, que la manière de la sentence entre eux soit comme je vais t'expliquer : s'il y a pour

1. Halévi, *K*, I, § 62, p. 17, 4 ; trad. anglaise H. Hirschfeld, New York, Schocken, 1964, p. 52 ; trad. Ibn Tibbon, éd. I. Goldmann, Varsovie, 1872, t. 1, p. 76 ; trad. Touati, p. 16.

2. Maïmonide, *Commentaire à la Mishnah*, Introduction, 6, dans *Haqdamot ha-RaMBaM la-Mishnah*, éd. I. Shaylat, Jérusalem, Birkat Moshe, 1992, p. 353 [arabe].

nous un avantage dans leurs lois, nous les jugeons d'après leurs lois et nous leur disons : "telles sont vos lois". Mais s'il est meilleur pour nous que nous jugions d'après nos lois, nous les jugeons d'après nos lois et nous leur disons : "telles sont nos lois". Que cette chose ne semble pas difficile à tes yeux, et ne t'en étonne pas, de même que tu ne t'étonnes pas de l'abattage des animaux, même s'ils n'ont rien fait de mal. En effet, celui chez lequel les dispositions humaines n'ont pas été menées à leur perfection n'est pas véritablement un homme, et il n'a pas d'autre but que l'homme <véritable>. Parler de cette question requiert un livre spécial » [1].

11 c) Le chef-d'œuvre philosophique de Maïmonide s'achève avec la célèbre parabole sur les différentes classes ou niveaux d'hommes, dont la connaissance plus ou moins grande de Dieu en sa réalité est comparée à la proximité plus ou moins grande des habitants d'une ville par rapport au roi dans la salle du trône de son palais. « Quant à "ceux qui étaient hors de la ville", ce sont tous les hommes qui n'ont aucune croyance religieuse, ni spéculative ni traditionnelle, comme les derniers des Turcs à l'extrême Nord, les Noirs (*sûdân*) à l'extrême Sud et ceux qui leur ressemblent dans nos climats. Ceux-là sont à considérer comme des animaux irraisonnables ; je ne les place point au rang des hommes, car ils occupent parmi les êtres un rang inférieur à celui de l'homme et supérieur à celui du singe, puisqu'ils ont la figure et les linéaments

1. *Ibid.*, Traité *Baba Qamma*, IV, 3 (37 *b*), dans l'édition de Vilna du Talmud, p. 284/142 *b*, col. 2 [hébreu]. Texte complet, mais seulement en traduction hébraïque, dans *Mishnah 'im perush R. Moshe b. Maïmon*, Seder Neziqin, éd. J. Qâfih, Jérusalem, Mosad Rav Kook, 1964, p. 15 *b*-16 *a*.

de l'homme et un discernement au-dessus de celui du singe »[1].

On peut noter que l'opposition polaire entre le Turc qui vit à l'extrême Nord et le Noir qui vit à l'extrême Sud, tous deux « naturellement esclaves », est parfaitement banale à l'époque et dans le monde culturel du sud de la Méditerranée[2].

Remarquable est là aussi l'attitude des commentateurs médiévaux classiques : Éphodi, Shem Tob, Bunan Crescas, Falaquera, Joseph Ibn Caspi et Moïse de Narbonne (Abravanel n'a pas commenté la troisième partie). Ils s'expriment sur le point controversé de la parabole, à savoir la supériorité que Maïmonide semble reconnaître au philosophe sur le talmudiste. Mais ils ne disent mot des phrases que je cite : elles semblent ne pas avoir fait problème.

12) Maître Eckhart : « Se livrer à son objet selon l'animalité, comme le font certaines gens qui vivent selon leur volupté charnelle comme le font les animaux sans raison, et de telles gens se nomment plus véritablement des animaux que des hommes (*und solhe liute heizent eigentlîcher vihe dan liute*) »[3].

E. QUELQUES RÉFLEXIONS

1) Ces textes, je le répète, ne constituent nullement une énumération exhaustive. Ils viennent d'un peu

1. Maïmonide, *G*, III, 51, p. 455, 6-12 ; trad. Munk, p. 431.
2. Voir par exemple Avicenne, *SM*, X, 5, p. 453. Voir aussi B. Lewis, *op. cit.*, p. 53, 60.
3. Eckhart, *Du détachement*, dans *DW*, t. 1, p. 420 et n., p. 451-452.

partout, de polythéistes (« païens ») comme de monothéistes et, chez ces derniers, de Juifs, de chrétiens et de musulmans. L'attitude que j'ai notée ne recouvre pas une « vision du monde » déterminée. Elle n'est pas le fait des seuls philosophes, puisqu'on y trouve des textes dont le genre littéraire est celui du droit religieux (Talmud) ou de la révélation gnosticisante (Pseudo-Hermès). Mais elle est aussi le fait de philosophes, antérieurs aux grandes religions monothéistes ou contemporains de celles-ci. Elle ne se confond donc pas avec l'« intolérance » qui passe souvent pour le triste privilège de ces religions.

2) L'attitude que j'ai isolée ne coïncide pas avec le racisme. Mais elle peut inclure la prise en vue de discriminations entre peuples, comme dans les textes de Halévi et de Maïmonide. Elle constitue plutôt comme le genre dont le racisme est l'espèce, à moins qu'elle ne soit au racisme comme une condition de possibilité. Si l'on en reste à ce qui est explicite dans les passages cités, on peut remarquer que, s'il leur arrive bien de nommer des peuples déterminés, noirs ou turcs, ils ne s'attardent pas sur des caractéristiques que nous appelions raciales en tant que telles : les Noirs, par exemple, ne sont pas typés par leurs caractéristiques physiques. Celles-ci servent à les reconnaître, mais aucune théorie ne vient rattacher à celles-ci, comme à leur cause, leur infériorité prétendue.

3) Un premier paradoxe : les êtres dont les philosophes nient l'humanité, ils doivent bien les considérer malgré tout comme humains, sans quoi le refus serait superflu et devrait le céder à la simple constatation. Lorsque la non-humanité est manifeste, il n'est pas nécessaire de l'exprimer. Cette façon de « considérer comme » est l'affirmation d'une apparence et de ce qui n'est qu'une

apparence : la figure humaine n'est pas un visage d'homme.

Ces textes ne doivent donc pas être mis en série, malgré la généalogie thématique qui les lie, avec ceux qui, comme certains mythes de Platon, supposent une naissance des animaux à partir de la chute d'un esprit ou de la dégénérescence d'un homme primitif. Platon précise en effet que, pour devenir un homme, il faut avoir vu la vérité supra-céleste, auquel cas c'est justement la vision qui conditionne la possession de la figure (*skhèma*) humaine [1].

4) Ce à quoi s'oppose « homme » peut être soit son contradictoire (non-homme), soit un contraire. Dans ce dernier cas, celui-ci est précisé, le singe, par exemple, ou tout le bestiaire que mobilise Boèce. La référence à la théorie moderne de l'évolution n'est pas nécessaire : il suffit de l'idée bien plus ancienne d'une gradation des vivants.

5) Ces textes ne sont pas dans l'œuvre des philosophes des dérapages dus à l'intrusion d'éléments biographiques à mettre sur le compte de l'homme, et non du penseur – à supposer bien sûr que cette distinction soit légitime. Ils se déduisent du geste même par lequel le philosophe se définit comme tel, à savoir comme l'homme de la raison, et donc l'homme le plus digne de sa propre humanité. Placer la raison sur le trône de l'univers, c'est du même coup, pour le philosophe, se placer sur le trône du monde des vivants [2]. Et de fait, c'est bien le philosophe qui, dans

1. Voir par exemple Platon, *Phèdre*, 249 *e* 5-6 et voir Farabi, *CV*, V, 16, § 7, p. 270-272.

2. Voir l'étonnant passage de Platon, *Philèbe*, 28 *c* 7 et un parallèle inattendu chez Fr. Nietzsche, Fragment de l'automne 1887, 10 [90] ; *KSA*, t. 12, p. 507 = *Volonté de Puissance*, § 677.

la polarisation de l'humanité qu'il propose, occupe le sommet d'une pyramide dont la base (si ce n'est le sous-sol) est représentée par ceux dont il dévalue l'humanité, comme on le voit clairement dans le texte de Halévi.

6) Ces textes sont en effet la conséquence directe de la définition classique de l'homme par genre prochain (animal) et différence spécifique (raisonnable). Si la différence spécifique est absente, on est ramené au seul genre prochain : un animal non-raisonnable n'est pas un homme, ou n'est tel que par abus de langage.

On peut d'ailleurs, plus généralement, et de façon plus inquiétante, se demander à quoi au juste une définition de l'homme peut bien servir...

7) La différence spécifique, à savoir le concept de « raison » qui est à l'œuvre dans ces textes, est double. Il s'agit aussi bien de la raison théorique que de la raison pratique, morale. On cesse d'être homme soit parce qu'on est incapable de saisir les intelligibles, soit parce qu'on se conduit d'une façon bestiale. Les textes hésitent entre les deux déterminations de la raison. Maïmonide se prononce nettement pour la raison théorique comme saisie des intelligibles. Les autres sont moins clairs. Corrélativement, les textes hésitent entre deux styles : celui d'une exhortation morale qui n'est pas sans noblesse (« soyez dignes de votre humanité ») [1] ; celui d'une classification froide, descriptive, des niveaux intellectuels.

8) Les déterminations « religieuses » oscillent elles-mêmes entre ces deux conceptions du *logos* qui fait

1. Voir par exemple l'exhortation d'Ulysse à ses compagnons dans Dante, *Divine Comédie*, Enfer, 26, v. 119 ; voir H. Friedrich, « Odysseus in der Hölle », dans *Romanische Literaturen*, Aufsätze II : *Italien und Spanien*, Francfort/Main, Klostermann, 1972, p. 71-118, surtout p. 91-115.

l'homme : certains textes disent que ceux qui sont étrangers à la religion déchoient de l'humanité. La question se pose de savoir si la religiosité est conçue, pour le dire en gros, comme la présence du sens moral ou comme celle de l'illumination intellectuelle, en d'autres termes, si l'on est en présence d'une religion éthique ou philosophique.

9) Les textes cités montrent les limites d'un type d'argument antiraciste par ailleurs tout à fait bien intentionné et selon lequel « l'âme n'a pas de couleur », argument qui reparaît sous diverses formes dans le débat actuel (« Être français, c'est un état d'esprit, pas une couleur de peau »). La négation de la pertinence des déterminations corporelles au profit de l'esprit, invisible et donc incolore, devrait rendre impossible le racisme. Or, on voit que le privilège accordé unilatéralement à l'esprit peut déboucher lui aussi sur le refus de l'humanité de l'autre homme. Il se pourrait, en revanche, que le corps, dans ce qui le rend humain, et qui ne se laisse pas réduire à de l'intellectuel, puisse prendre le rôle d'un garant ultime devant des attitudes comme celles dont j'ai cité des exemples chez des philosophes.

Troisième partie

Comparaisons

Trois regards musulmans sur la cité chrétienne

C'est devenu un lieu commun que d'opposer islam et christianisme en faisant remarquer que, dans le premier, la distinction entre le spirituel et le temporel n'existe pas. Cette observation est le plus souvent faite par des chrétiens, qui en tirent un motif de satisfaction. Ce qui suffit à la rendre suspecte. Je me garderai donc bien de prétendre savoir si elle est vraie. Il serait intéressant de se demander si cette différence entre les deux religions a été perçue en terre d'islam. Je voudrais ici, sans nulle prétention à l'exhaustivité, verser trois pièces au dossier. Je les ai trouvées au hasard de mes lectures. Celles-ci me mènent avant tout chez les philosophes. Je suis conscient de ce qu'ils ne sont pas représentatifs, voire qu'ils sont carrément atypiques. Les philosophes succombent en effet trop souvent à une maladie qui ravit à la sphère des représentations communes, et que l'on appelle le génie...

A. BIRUNI : UNE FOI SANS LOI

Le premier texte est du tout début du XIe siècle, sans doute vers l'an Mil. Il est de Biruni (973-1050), génie universel, astronome, géographe, et auteur d'un livre exceptionnel à tous points de vue sur l'Inde. Mais ici, il s'agit d'un autre livre, sur les différentes manières de calculer les dates. Cette enquête très factuelle permet à Biruni, que son sujet oblige à parler des différentes fêtes religieuses à célébrer dans les diverses communautés, de nombreux excursus qui relèvent, selon nos découpages actuels, de l'histoire des religions.

Biruni a donc un chapitre sur les chrétiens melkites, ceux qui acceptent le dogme défini au Concile de Chalcédoine (451) et sur leur usage des mois du calendrier syriaque. Au troisième jour du premier mois de Kanoun, on fait mémoire d'un personnage nommé le Père Jean, qui a recueilli les directives du christianisme (*mu'allif rusûm al-nasrâniyya*). Biruni note que le titre de « Père » est la plus haute façon d'honorer quand on s'adresse à quelqu'un, parce que leurs racines (*usûl*) sont bâties là-dessus. Il ajoute :

> les directives (*rusûm*) de leur religion (*dîn*) ne relèvent pas d'une *sharia* (*mashrû'*) ; leurs imams honorés les déduisent (*istakhraja*) seulement selon les règles (*qawânin*) des paroles du Messie et des apôtres (*salîhûn*) [1].

Biruni parle ailleurs du christianisme. Il rapproche son idéal de l'idéal indien, et fait allusion à des paroles du Christ qui rappellent l'Évangile selon Matthieu : donner aussi la chemise à qui demande le manteau, tendre l'autre joue, prier pour ses ennemis (5, 39-40. 44). Il fait remarquer que de tels préceptes sont bons pour des

1. *Chronologie orientalischer Völker* von Albêrûnî, éd. C. E. Sachau, Leipzig, 1878, chap. 15, p. 291, 19-20. Traduction anglaise : Albiruni, *The Chronology of the Ancient Nations*, trad. C. E. Sachau, Berlin, 1879, p. 287.

philosophes, mais pas pour les hommes de chair et de sang. Pour ceux-ci, il faut une contrainte, « le fouet et l'épée ». Il termine en signalant de façon sarcastique que, depuis que Constantin est arrivé au pouvoir, ceux-ci n'ont guère chômé [1]...

La réponse classique des auteurs chrétiens, devant ces paroles à la fois sublimes et dérangeantes, est que des préceptes comme ceux que Biruni cite ne sont applicables que là où l'attitude demandée n'entraîne pas de scandale [2]. C'est le cas en particulier lorsqu'elle ne met pas en danger le bon ordre de la cité. S'ils devaient servir de lois à une société politique, ils seraient effectivement d'une inadéquation flagrante. Il est donc intéressant que Biruni ne pratique pas cette distinction et interprète spontanément les conseils évangéliques comme relevant du politique.

Dans notre bref passage, Biruni attire notre attention sur l'origine des règles qui gouvernent la communauté chrétienne : elles ne sont pas révélées et imposées par Dieu, de telle sorte qu'elles formeraient une *sharia*. Elle sont simplement déduites de paroles qui peuvent être celles du Christ, lequel, pour l'islam, était prophète, mais aussi de celles des apôtres, que personne n'a jamais pris pour tels.

---

1. Al-Bîrûnî, *Tahqîq mâ li-'l-Hind min maqûla maqbûla li 'l-'aql wa mardûla*, chap. 71, éd. A. Safa, Beyrouth, 'Âlam al-kutub, 1983, p. 433, 2-7 ; traduction anglaise : *Alberuni's India*, E. Sachau, Londres, 1888, t. 2, p. 161. Traduction allemande dans Al-Biruni, *In den Gärten der Wissenschaft*, Ausgewählte Texte aus den Werken des muslimischen Universalgelehrten übersetzt und erläutert von G. Strohmaier, Leipzig, Reclam, 1991 (2e éd.), n° 58, p. 163. On peut consulter avec prudence la traduction toujours lointaine de Birûnî, *Le Livre de l'Inde*, extraits choisis, traduits de l'arabe, présentés et annotés par V.-M. Monteil, Paris, Sindbad, 1996, p. 284.
2. Voir par exemple Thomas d'Aquin, *ST*, IIa, IIae, q. 43, a. 8.

B. Averroès : des lois fondées sur l'intérêt du moment

Le deuxième texte remonte à la seconde moitié du XIIe siècle. Il est d'Averroès (1126-1198). Lisant la *Rhétorique* d'Aristote, il rencontre le chapitre dans lequel le Philosophe explique que l'orateur doit connaître quel esprit public règne dans les cités [1]. Cela dépend du régime, et l'on ne s'adressera pas à une assemblée démocratique de la même façon qu'au sénat restreint d'une aristocratie. Aristote doit donc donner une rapide esquisse des différents régimes. Ce passage n'a peut-être pas une profondeur philosophique abyssale, mais, la *Politique* d'Aristote n'ayant pas été traduite en arabe [2], c'est l'unique résumé de politique dû au Premier Maître qu'Averroès ait pu se mettre sous la dent. Dans le commentaire qui y correspond, celui-ci fait remarquer :

> Il se peut que les lois (*sunan*) instituées (*mawdû'a*) dans ces cités soient déterminées (*mahdûda*), invariables, unes pour tous les temps, comme c'est le cas de notre loi (*sunna*) islamique. Et il se peut que ces cités n'aient pas de lois déterminées, mais qu'on s'en remette au sujet de celles-ci à ceux qui détiennent le pouvoir (*amr*) dans celles-là selon ce qui est le plus utile (*anfa'*) à chaque moment, comme c'est le cas, aujourd'hui, pour beaucoup de lois byzantines (*Rûm*) [3].

---

1. Aristote, *Rhétorique*, I, 8.
2. Voir *supra*, p. 201, note 2.
3. Averroès, *Commentaire moyen à la Rhétorique d'Aristote*, édition critique du texte arabe et traduction française par M. Aouad, vol. 2 : édition et traduction, Paris, Vrin, 2002, 1. 8. 8, p. 70. Pour le contexte du passage, voir mon « Islam », dans Ph. Raynaud et S. Rials (éd.), *Dictionnaire de philosophie politique*, Paris, PUF, 1996, p. 296-302 et surtout p. 300.

Le nom propre par lequel ce passage se termine n'est pas sans faire problème. Qui désigne-t-il au juste ? « Romains » signifie d'habitude ceux que nous appelons les Byzantins. Averroès mentionne Rûm ailleurs, quand il explique que les savants du pays de Rûm devinrent chrétiens quand la religion de Jésus leur fut apportée, de même que les savants d'Alexandrie se firent musulmans quand l'islam les atteignit [1]. En revanche, pour nommer les chrétiens de l'Europe latine, l'arabe emploie d'habitude le mot « les Francs » (*Ifranj*). Et de fait, Averroès signale à propos de Pythagore qu'il vivait en Italie, laquelle s'appelle maintenant le pays de l'Ifranj [2]. On peut donc se demander comment Averroès pouvait avoir connaissance du régime byzantin de son époque. Je me demande si Averroès ne s'inspirerait pas ici de Farabi, qu'il vient de citer à la page qui précède [3]. Pour celui-ci, les réalités byzantines étaient plus proches. Peut-être en avait-il même une expérience directe, pour avoir vécu en Grèce, s'il faut en croire un de ses biographes [4].

Quoi qu'il en soit, il est intéressant de souligner que l'idée d'un régime qui ne reposerait sur rien d'autre que l'utilité du moment est projetée sur Byzance, l'autre de l'islam, voire son ennemi principal. L'esquisse qu'en donne Averroès est évidemment des plus sommaires (une ligne !), mais elle fait ressortir un trait fondamental : le

1. Averroès, *TT*, XX, § 6, p. 583, 10.
2. Averroès, *Grand Commentaire de la Métaphysique*, Grand Alpha, C 5, éd. M. Bouyges, Beyrouth, Dâr el-Machreq, 1973, p. 63, 14.
3. Averroès, *Commentaire moyen à la Rhétorique d'Aristote*, 1. 8. 6., p. 69 Aouad.
4. Voir M. Mahdi, « Al-Farabi », dans C. C. Gillispie (éd.), *Dictionary of Scientific Biography*, t. 4, New York, Scribner, 1971, p. 523 *a*-526 *b*.

souci exclusif de l'utilité du moment. Pour nous, il y a là quelque chose d'évident. Ce qui se fait jour ici est quelque chose comme un libéralisme élémentaire, antérieur à la nature du régime. Essayons de le formuler : la cité n'a pas pour but la réalisation d'autre chose que le bien de ses citoyens, mais tel que ceux-ci décident de le viser. De telles idées, dans les mondes médiévaux musulman et juif, ne sont guère présentes qu'à l'état de traces [1]. Chez Averroès, semble-t-il, leur simple mention équivaut à une critique implicite.

C. Ibn Khaldûn : des lois sans « sharia »

Le troisième texte, sur lequel je m'étendrai plus longuement, remonte à la seconde moitié du XIVe siècle. Il est dû à Ibn Khaldûn (1332-1406) et figure dans le chef-d'œuvre de celui-ci, la *Muqaddima* [2]. Or, si Ibn Khaldûn ne semble pas avoir eu connaissance de l'œuvre de Biruni, il connaissait Averroès et cite même une phrase du *Commentaire à la Rhétorique*, dont je viens de citer un autre passage [3].

Ibn Khaldûn consacre un chapitre aux titres de « Pape » et « Patriarche » dans la chrétienté, et de « cohen » dans le judaïsme. Il parle du pape ailleurs, par

1. Pour une autre trace, dans le domaine juif, voir la critique implicite de la *République* de Platon dans Gersonide, *GS*, II, 2, p. 17 *b* ; p. 97.

2. Je me suis beaucoup aidé de M. Mahdi, *Ibn Khaldûn's Philosophy of History. A Study in the Philosophic Foundation of the Science of Culture*, Londres, Allen & Unwin, 1957, p. 245-246.

3. Ibn Khaldûn, *M*, II, 12, t. 1, p. 244, 18-20 ; *LE*, p. 390. Le passage cité est 1. 5. 6., p. 40.

exemple quand il mentionne Rome comme le siège de la papauté [1].

En l'absence d'un prophète (*nabî*), toute communauté religieuse (*milla*) doit avoir quelqu'un pour la diriger (*qâ'im bihâ*) et veiller à l'application des lois religieuses. Cette personne agit comme le représentant (*khalîfa*) du Prophète, chargé de faire respecter les obligations (*taklîf*) que celui-ci a apportées. D'autre part, pour la vie en société (*ijtimâ'*), l'espèce humaine a besoin nécessairement d'un gouvernement (*siyâsa*), comme on l'a établi précédemment. Il faut donc aux hommes une personne (*shakhs*) qui les fasse agir dans le sens de leurs intérêts et les détourne, par la contrainte (*bi 'l-qahr*), de ce qui leur est nuisible. C'est le souverain.

Dans la communauté (*milla*) musulmane, la guerre sainte est un devoir religieux (*mashrû'*), parce que l'islam a une mission universelle (*li-'umûm al-da'wa*), et que tous les hommes doivent s'y convertir de gré ou de force (*taw' an wa karhan*). Aussi le califat (*khilâfa*) et le pouvoir temporel (*mulk*) y sont-ils unis, de sorte que la puissance du souverain puisse les servir tous les deux en même temps.

Les autres communautés n'ont pas de mission universelle et ne tiennent pas la guerre sainte pour un devoir religieux, sauf en vue de leur propre défense. Les responsables religieux (*al-qâ'im bi-'amri d-dîn*) n'y sont en rien concernés par les affaires du gouvernement. Ceux qui détiennent le pouvoir le font pour des raisons accidentelles (*bi 'l-'arad*), sans rapport avec la religion (*li-amr ghayr dînî*), et comme simple résultat de l'esprit de corps (*'asabiyya*), dont la nature est de rechercher le pouvoir, comme on l'a vu. Ils n'ont pas l'obligation de dominer les autres nations (*mukallifûn bi-'l-taghallub 'alâ 'l-umam*),

1. *Ibid.*, I, Supplément, t. 1, p. 131 ; *LE*, p. 302.

comme dans l'islam. Tout ce qu'on leur demande, c'est d'établir leur religion (*dîn*) chez eux (*fî khâssatihim*) [1].

Ibn Khaldûn commence par faire deux remarques générales, qui s'appuient sur des doctrines qu'il a exprimées ailleurs. Une communauté religieuse a besoin de quelqu'un qui s'en charge. Ceci est mis en parallèle avec le besoin qu'a toute communauté humaine d'un gouvernement, fait qu'il a établi auparavant. Ibn Khaldûn n'explique pas le rapport entre ces deux besoins. L'un serait-il un cas particulier de l'autre ?

Une troisième partie traite des communautés non musulmanes. Ibn Khaldûn y présente un exposé historique de la façon dont la relation entre pouvoir et religion s'est déployée dans le judaïsme, puis dans le christianisme qu'il examine deux fois plus longuement [2]. Peu importe ici l'exactitude historique de la description qu'en donne Ibn Khaldûn. On pourrait nuancer, et comparer ce qu'il dit ailleurs sur les mêmes sujets. Par exemple, là où il parle du judaïsme et des Juifs. Il donne de leur séjour au désert une explication qui rappelle de façon très intéressante un passage de Maïmonide [3]. Il cherche les raisons de leur incapacité à former un royaume [4]. Enfin, il s'interroge sur celles du caractère qui leur est traditionnellement prêté [5].

1. *Ibid.*, III, 31, t. 1, p. 415, 3-18 ; *LE*, p. 532-533.
2. *Ibid.*, III, 31, t. 1, p. 415, 18-418, 4 ; *LE*, p. 533-534, puis p. 418, 5-422, 16 ; *LE*, p. 534-538.
3. *Ibid.*, I, Supplément, t. 1, p. 110 ; *LE*, p. 288, et surtout II, 18, p. 256, 2-257, 8 ; *LE*, p. 399-400. Voir S. Pinès, « Ibn Khaldûn et Maïmonide. Comparaison entre deux textes », dans *LP*, p. 289-299.
4. Ibn Khaldûn, *M*, III, 9, t. 1, p. 297 ; *LE*, p. 432.
5. *Ibid.*, II, 12, t. 1, p. 244, 6-16 ; *LE*, p. 389.

On pourrait également comparer ce que dit Ibn Khaldûn à ce que nous connaissons de la réalité historique des civilisations qu'il étudie. Par exemple, on pourrait se demander si l'on peut ignorer, comme il le fait, ce qui sépare l'opposition latine du Pape et de l'Empereur, d'une part, et d'autre part la « symphonie » des deux pouvoirs, Basileus et Patriarche, telle qu'elle est souhaitée à Byzance. Pour Ibn Khaldûn, en tout cas, comme d'ailleurs pour l'opinion commune des musulmans de l'époque, cette séparation existe et – c'est le point capital – elle est un mal. Une politique purement profane ne peut être que déficiente [1].

Quel que soit le jugement de valeur que l'on puisse porter sur les cités juive et chrétienne, le fait est qu'en elles, pouvoir politique et autorité religieuse sont séparés. Elles restent soumises à la nécessité pour la solidarité de chercher le pouvoir, dont Ibn Khaldûn dit qu'il l'a expliquée ailleurs. Et c'est bien le cas [2].

Une seconde partie explique ce qu'il en est de l'islam. Dans son cas, les deux besoins sont satisfaits par une seule autorité. Il y a là une particularité de l'islam, ce qu'Ibn Khaldûn reconnaît ailleurs [3]. Mais pourquoi ce qui est uni dans l'islam est-il donc séparé dans le judaïsme et le christianisme ? Telle est l'énigme qu'Ibn Khaldûn tente de résoudre. Il donne une réponse qui tient en une longue phrase, ou plutôt un long sujet, précédé par un prédicat d'un seul mot. Cet interminable sujet, il me semble devoir le retraduire, est : « la militance en vue de

1. *Ibid.*, III, 23, t. 1, p. 343, 11-12 ; *LE*, p. 470.
2. *Ibid.*, II, 16, t. 1, p. 252-253 ; *LE*, p. 396-397.
3. *Ibid.*, III, 29, t. 1, p. 394, 5-7 ; *LE*, p. 515.

la généralité de l'appel et de porter la totalité des gens au devoir religieux de l'islam de bon gré et de mauvais gré ».

D. La militance (« jihâd »)

Examinons-le de plus près. « Militance » traduit ici le célèbre concept de *jihâd*, sur lequel nous disposons maintenant d'une volumineuse et excellente monographie, due à Alfred Morabia [1]. J'ai eu du mal à trouver cet équivalent. Traduire par « guerre sainte », comme on le fait souvent, laisse de côté l'étymologie, qui implique l'idée d'« effort ». D'autre part, cela restreint le sens de ce qui est un effort global de la communauté. C'est sur ce sens qu'insistent aujourd'hui les musulmans de bonne volonté, dans une intention apologétique comme par exemple dans le recueil célèbre de Maulana Muhammad Ali (1875-1951) [2]. Chacun connaît, tellement il est souvent répété, le hadith mis dans la bouche du Prophète sur le grand et le petit *jihâd*. « Militance », donc, me semble avoir un double avantage : d'une part il rend les deux aspects du terme, d'autre part il fait quand même écho au sens « militaire » de celui-ci.

Car, en ce qui concerne Ibn Khaldûn, on s'en étonnera ou non, on s'en scandalisera ou non, il n'a nullement honte de la dimension militaire du *jihâd*, et même, il la met en avant. Pour lui, le *jihâd* désigne bien une guerre très concrète, qu'il fait entrer dans sa classification des

---

1. Morabia, *GIM*.
2. Maulana Muhammad Ali, *A Manual of Hadith*, Londres, Curzon Press, 1978, chap. 19, p. 252-265.

types de guerres [1]. On peut se demander si cette guerre, pour lui, est un principe ou une réalité présente. Il va jusqu'à affirmer que la militance est désormais vide de sens (*butlân*) [2]. Mais, ailleurs, nous lisons un passage d'ailleurs très intéressant sur la façon dont les souverains du Maghreb emploient des mercenaires venus d'Europe (des « Francs ») pour venir à bout d'Arabes ou de Berbères, mais évitent de les engager dans un *jihâd*, de crainte qu'ils ne prennent fait et cause pour leurs coreligionnaires [3].

Au niveau des principes, en tout cas, Ibn Khaldûn conçoit bien une guerre qui vise à soumettre les adhérents d'autres religions, « de gré et de force ». L'expression, devenue courante, vient du Coran, qui dit « de gré *ou* de force », mais dans un autre contexte, pour parler de la façon dont la nature se soumet à Dieu [4]. Ibn Khaldûn résume posément la situation des chrétiens et des Juifs par les mots : « ils n'ont de choix qu'entre la conversion, la capitation ou la mort » [5].

Ibn Khaldûn affirme que l'idée de guerre sainte n'existe pas ailleurs qu'en islam. Qu'en est-il des autres religions ? Ibn Khaldûn ne pense en fait qu'au seul christianisme, le judaïsme de l'époque n'ayant pas de force militaire. En elles, la militance est purement défensive. On pourrait nuancer cette affirmation, même s'il est vrai que les cas de conversions obtenues sous la pression des armes sont

1. Ibn Khaldûn, *M*, III, 35, t. 2, p. 65-66 ; *LE*, p. 589.
2. *Ibid.*, III, 29, t. 1, p. 408, 3 ; *LE*, p. 526.
3. *Ibid.*, III, 35, t. 2, p. 72, 6 ; *LE*, p. 594-595.
4. Coran III, 77/83 ; trad. Blachère, *Le Coran*, n° 99, p. 878 et voir R. Paret, *Der Koran*, p. 74 ; XIII, 15, n° 92, p. 709 ; XLI, 11, n° 72, p. 361.
5. Ibn Khaldûn, *M*, III, 31, t. 1, p. 422, 2 ; *LE*, p. 537.

rares dans l'espace chrétien, le baptême forcé des Saxons par Charlemagne étant une exception à peu près unique. Il est en tout cas remarquable qu'Ibn Khaldûn ne mentionne pas dans ce contexte les Croisades, qu'il connaît pourtant et dont il parle ailleurs, à deux reprises [1]. En ce qui concerne Byzance, en tout cas, Ibn Khaldûn a parfaitement raison. Pour cet Empire profondément pacifique, l'idée de guerre sainte est impensable, voire, fait horreur quand elle est le fait d'autres chrétiens [2].

Ibn Khaldûn rattache l'indistinction entre ce que nous appelons pouvoirs temporel et spirituel à ce qu'il appelle, ici comme ailleurs, « la généralité de l'appel (*'umûm al-da'wa*) » [3]. Ici aussi, traduire, c'est interpréter. Cette généralité n'est pas l'universalisme, le fait de s'adresser à tout homme. Car, si le judaïsme ne prétend pas qu'il est bon que tout homme soit juif, l'islam n'est pas la seule religion universaliste. C'est aussi le cas du bouddhisme, sur lequel Ibn Khaldûn devait connaître au moins autant de choses que le musulman moyen, et qu'il englobe peut-être dans les religions idolâtres lesquelles, selon lui et contrairement à une opinion alors commune, constituaient la majorité de l'humanité [4]. Mais l'universalité est surtout le cas du christianisme, dont il est ici expressément question, et qui est même missionnaire.

---

1. *Ibid.*, III, 32, t. 2, p. 36-37 et IV, 6, t. 2, p. 226-227 ; *LE*, p. 566 et 722-723.
2. Voir A. Ducellier, *Les Byzantins. Histoire et culture*, Paris, Seuil, 1988, p. 124, 130.
3. Ibn Khaldûn, *M*, III, 24, t. 1, p. 354, 8 où il est dit de la convocation de l'islam qu'elle est « générale » (*'âmma*) ; *LE*, p. 480 a « universel ».
4. *Ibid.*, I, 1, t. 1, p. 72, 17-19 ; *LE*, p. 264. En sens contraire, voir Jehuda Halévi, *K*, I, § 97, p. 32, 2 ; trad. Touati, p. 30 et Maïmonide, *G*, III, 29, p. 375, 20-21 ; trad. Munk, p. 221.

Faut-il traduire l'expression difficile d'Ibn Khaldûn par « *all-inclusive in its appeal* », comme l'a fait l'auteur d'une anthologie de la *Muqaddima* [1] ? On comprendra alors qu'il cherche à régler tous les aspects de la vie, alors que judaïsme et christianisme se cantonnent dans les affaires spirituelles. On peut le penser quand on lit la phrase sur le caractère privé du devoir religieux, et d'autant plus que l'expression utilisée par Ibn Khaldûn fait partie d'une opposition classique entre ce qui est général, voire vulgaire, et ce qui est particulier, voire fait pour les *happy few* (*'ammal khâssa*) [2].

Sans doute faut-il associer les deux explications : ce qui singularise l'islam n'est pas la prétention à l'universalité, mais bien les moyens d'atteindre celle-ci, qui incluent la guerre. C'est la nécessité de la guerre qui implique que la direction de la communauté doit avoir une dimension politique. La politique est fondée sur la guerre, non sur le maintien de la paix. Mais d'où vient l'obligation de la guerre ? Quant à ce que nous pouvons savoir de l'histoire, rappelons que les historiens discutent encore du motif exact de la conquête musulmane au premier siècle de l'hégire [3]...

1. Voir *An Arab Philosophy of History. Selections from the Prolegomena of Ibn Khaldûn of Tunis (1332-1406)*, Translated and Arranged by C. Issawi, Londres, John Murray, 1969 (= 1950), p. 136, n. 1.

2. Voir *Encyclopaedia of Islam*, s.v. « al-'amma wa-'l-khassah », t. 4, p. 1098 *a*-1100 *a* (M. A. J. Beg).

3. Voir Fr. M. Donner, *The Early Islamic Conquests*, Princeton University Press, 1981, p. 267-271.

E. La nature du contenu révélé

Pour Ibn Khaldûn, de son côté, la raison est dans le mot unique qui sert de prédicat antéposé à la longue phrase que je viens d'étudier : la guerre est elle-même l'objet d'un commandement religieux. Il le dit à deux reprises : elle est *mashrû'*, « imposée par la *sharia* ». Les musulmans sont *mutakallafûn*, « chargés (de ce commandement) ». La loi relève de la *sharia*, elle est tirée d'une parole divine. C'est ce qui singularise l'islam, ce par quoi Ibn Khaldûn rejoint le texte de Biruni dont j'étais parti.

Quelle est la nature de cette loi ? Ibn Khaldûn, à ma connaissance, ne parle pas ailleurs de la nature de la loi juive. Mais il fait une remarque très intéressante sur la « loi chrétienne », telle qu'elle se diversifie en quatre Évangiles :

> Ces quatre versions de l'Évangile diffèrent entre elles. En outre, elles ne contiennent pas que la Révélation (*wahî*) pure, mais celle-ci y est mêlée (*masûba*) aux paroles de Jésus et de ses apôtres. La plus grande partie [de ces versions de l'Évangile] est faite de sermons (*mawâ'iz*) et de récits (*qisas*). Les lois (*ahkâm*) y sont peu nombreuses [1].

Ibn Khaldûn, comme d'ailleurs l'islam en général, voit les écrits des « gens du livre » sur le modèle du Coran, et les juge à l'aune de celui-ci. Pour l'islam, la révélation doit être une dictée divine captée passivement, et sans déformation, par le récepteur prophétique. C'est pourquoi, là où le message est transmis de façon définitive, il faut que son récepteur soit vierge de tout savoir préalable.

1. Ibn Khaldûn, *M*, III, 31, t. 1, p. 419, 2-4 ; *LE*, p. 535.

L'islam tend donc à interpréter un adjectif, peu clair, désignant Mahomet, à savoir *ummî*, comme signifiant « illettré » : celui-ci doit être pour ainsi dire aussi vierge lorsque la parole divine s'est « inlibrée » en lui que Marie lorsque le Verbe s'est incarné en elle [1]. Pour le judaïsme et le christianisme, en revanche, le texte révélé est une parole inspirée, traversant le prisme d'une liberté humaine, laquelle l'imprègne de son style particulier, de ses connaissances particulières, etc.

C'est cette conception de la révélation qui explique chez Ibn Khaldûn la formule si frappante, et si étrange pour quiconque est marqué par la culture chrétienne : les Évangiles sont *mélangés* (l'arabe signifie souvent « rendu impur, adultéré, souillé ») à ce que dit Jésus. Une loi doit contenir des règles. C'est ainsi qu'Ibn Khaldûn suppose, par exemple, que la traduction des livres sacrés antérieurs avait pour but de faciliter l'extraction de « règles » (*ahkâm*) à partir de ceux-ci [2]. De ce point de vue, les Évangiles sont effectivement très décevants. C'est là un reproche assez ancien, dont certains auteurs chrétiens ont eu à se défendre, par exemple les auteurs de certains codes de droit nestoriens [3].

Mais tout se passe comme si Ibn Khaldûn avait aussi naïvement que génialement mis le doigt sur des caractères absolument centraux de la révélation chrétienne [4]. Et ce,

1. J'emprunte le parallèle et l'expression « inlibration » à A. Schimmel, *Und Muhammad ist sein Prophet. Die Verehrung des Propheten in der islamischen Frömmigkeit*, Munich, Diederichs, 1989, p. 55.

2. Ibn Khaldûn, *M*, VI, 33, t. 3, p. 245, 3 ; *LE*, p. 1062.

3. Voir les références à un code syriaque dans Crone et Cook, *H*, p. 180, n. 18.

4. Ibn Khaldûn avait-il une connaissance directe du texte des Évangiles ? Ou se fie-t-il à un intermédiaire ? La première possibilité n'est pas absolument exclue, mais elle semble très peu probable.

même s'il ne les voit pour ainsi dire qu'en négatif. Il mentionne en effet deux traits :

1. Les Évangiles contiennent des « sermons », des « exhortations ». Ibn Khaldûn saisit par là le style particulier de ce qu'on appelle la « morale » chrétienne, style que l'on pourrait appeler parénétique. Il ne s'agit pas de fournir de nouvelles lois réglementant la conduite ; il s'agit de susciter l'obéissance à des règles déjà connues, celles que dicte la conscience et qui pourraient, en principe, être parfaitement suivies. L'objet recherché par ces exhortations n'est pas la soumission, mais le retournement du cœur comme libération de la liberté captive.

2. Les Évangiles contiennent des « récits ». Il ne s'agit pas des paraboles, qui sont désignées par un autre mot, mais de récits en général. Le mot dont se sert Ibn Khaldûn est celui qu'utilise par exemple Avicenne pour désigner ses propres contes philosophiques ou, déjà, celui qu'avaient choisi les traducteurs de la *Poétique* d'Aristote pour rendre *mythos* au sens d'« intrigue » d'une tragédie [1]. Le contenu des Écritures chrétiennes est narratif et non prescriptif : une « histoire », non un « message ». Un message prescrirait ce que l'homme doit faire pour Dieu ; une histoire raconte ce que Dieu a fait pour l'homme. Dans son peuple et, selon les chrétiens, en Jésus-Christ. C'est ainsi que le premier de ce que l'on appelle communément les dix « commandements » (Exode 20, 2 ; Deutéronome 5, 6) est un rappel de ce que Dieu a fait pour son peuple : le libérer d'Égypte.

---

1. On trouvera commodément les références dans S. Stroumsa, « Avicenna's Philosophical Stories. Aristotle's Poetics reinterpreted », *Arabica*, 39 (1992), p. 183-206, surtout p. 198-199.

De la sorte, Ibn Khaldûn a saisi, sans peut-être en avoir pleinement conscience, la façon dont la nature de la révélation, d'une part, et d'autre part la conception du lien qui unit le politique au religieux, forment un système unifié.

Le Jihâd des philosophes

A. En guise d'introduction

Le thème du *jihâd* est devenu à la mode. Le mot éveille de sombres associations. En le mettant dans le titre d'un livre, on espère faire un scoop. De tels phénomènes relèvent du domaine de la psychopathologie. En conséquence, je ne vais pas dire un mot là-dessus. Au contraire, je vais me borner à la réalité qui peut être documentée historiquement. Je vais tout aussi peu entrer dans le déroulement réel de l'histoire de l'Islam, mais traiter uniquement son reflet dans l'œuvre des philosophes islamiques.

Or, les philosophes ne sont pas les seuls à avoir pris le *jihâd* pour objet de réflexion. Un traitement adéquat du thème conduirait à une comparaison entre les philosophes et les autres courants de pensée en Islam, ce qui doit demeurer ici en suspens. Je peux m'épargner cela d'autant plus aisément que nous possédons à présent, sur la multiplicité des questions qui sont liées au *jihâd*, une synthèse qui fait autorité. Elle est due au regretté Alfred Morabia [1]. Mais son livre, qui couvre un vaste champ,

1. Morabia, *GIM* ; sur les philosophes, voir p. 106, 321 (Farabi), 312 (« Frères sincères »).

traite de manière prépondérante du droit islamique et néglige les philosophes. Ce n'est pas le produit du hasard, étant donné que les philosophes n'ont jamais occupé plus qu'une place marginale dans le cadre de la civilisation islamique.

Le thème du rapport des philosophes au *jihâd* a déjà été traité aussi, à savoir par Joël Kraemer, un savant américain qui a enseigné longtemps en Israël [1]. Je dois à l'excellent article de Kraemer beaucoup de textes et d'idées. Il me semble cependant légitime de prendre en vue le thème encore une fois. En dépit du titre de Kraemer, le thème du *jihâd* passe à peine au centre. Il montre que les philosophes, au lieu de demeurer dans le sillage de la théologie islamique, suivent leur propre chemin ; une thèse qui me convainc. L'exemple de la guerre y est seulement effleuré en passant. S'ajoute à cela que seul Farabi est traité systématiquement. Cela justifie une nouvelle approche du thème.

B. UNE ANTINOMIE : CLÉMENCE OU DURETÉ DES PHILOSOPHES

1. Clémence du philosophe idéal-typique ?

Comme point de départ, j'ai choisi une antinomie. Au XIe siècle, le poète et apologiste juif Jehuda Halévi met en scène une discussion entre le roi des Khazars et les représentants de différentes écoles de pensée : des adeptes des trois religions monothéistes et aussi un philosophe

1. J. L. Kraemer, « The Jihâd of the Falâsifa », *Jerusalem Studies in Arabic and Islam*, 10 (1987), p. 288-324.

prennent la parole. Halévi place dans la bouche de ce caractère purement idéal-typique un résumé de la *falsafa* d'alors. La *falsafa* ne coïncide pas totalement avec notre « philosophie ». Nous comprenons par « philosophie » surtout un programme, un effort vers la vérité qui n'est rendu possible que par la libre recherche. Au contraire, la *falsafa* désigne plutôt un système de vérités disponibles. Celles-ci se trouvent de manière prépondérante dans l'œuvre d'Aristote, de ses commentateurs et continuateurs dans la culture grecque, comme Alexandre d'Aphrodise ou Thémistius, et aussi chez les Arabes, comme Farabi, Avicenne ou Ibn Bâjja, contemporain et compatriote de Halévi.

Au cours de la discussion avec le « philosophe », le roi mentionne le fait que les deux religions les plus importantes, c'est-à-dire le christianisme et l'islam, luttent l'une contre l'autre. Le philosophe remarque alors : « Dans la religion des philosophes, il n'y a pas de meurtre de tous ces <gens>. Ils [les philosophes] s'orientent en effet d'après l'intellect (*ya'ummûna 'l-'aqla*) » [1]. On est en droit de demander d'où Halévi tient cette doctrine particulière qu'il met dans la bouche de son philosophe imaginaire.

2. Dureté des philosophes réels

Mais c'était seulement le premier point. Le second est que les philosophes réels ne sont pas précisément tendres vis-à-vis de ceux qui pensent autrement. Lisons par exemple un passage de la réfutation de Ghazali par Averroès : seul les hérétiques (*zanâdiqa*) en Islam nient

---

1. Halévi, *K*, I, § 3, p. 6, 9-10 ; trad. Touati, p. 5 ; commentaires classiques *ad. loc.* (Moscato, Zamocz) en hébreu, *Sefer ha-Kuzari*, éd. O. Goldmann, Varsovie, vol. 1, p. 43.

les miracles d'Abraham. Les sages parmi les philosophes ne se permettent pas de discuter les principes des lois religieuses (*sharâ'i'*). Celui qui le fait mérite un dur châtiment. Averroès en donne la raison : on n'est pas en droit de contester les principes des sciences, mais on doit les accepter. C'est bien aristotélicien. D'autant moins, poursuit-il, ceux des sciences pratiques de la législation religieuse (*sinâ'a 'amaliyya shar'iyya*). Se conformer aux vertus prescrites par la Loi est nécessaire, non pour l'existence de l'homme en tant que tel, mais dans la mesure où l'homme est sage. À cause de cela, tout homme est tenu d'admettre les principes de la Loi et de s'y soumettre, et en outre d'estimer le législateur. Regimber ou se révolter contre les dispositions de la Loi signifie anéantir l'existence de l'homme. Par conséquent, on doit tuer les hérétiques [1].

Averroès approuve sans réserve le meurtre des dissidents. Il y a quelques siècles, Averroès était tenu pour une caricature de l'incroyant, pour l'auteur du *Livre des trois imposteurs* de sinistre réputation, mais qui était encore vraisemblablement plutôt imaginaire. Aujourd'hui, il est loué comme le précurseur de l'unique vertu qui nous reste, à nous qui sommes « éclairés », c'est-à-dire la « tolérance ». Les deux jugements sont faux. Dominique Urvoy exprime très précisément le paradoxe. Dans sa biographie d'Averroès, il écrit qu'Ibn Rushd aurait condamné, bien plus aurait dû condamner son quasi-homonyme Salman Rushdie [2]. Mais toute la question est de savoir s'il agirait en tant que juge ou en tant que que philosophe. En tant

---

1. Averroès, *TT,* XVII, 17, p. 527, 11 ; trad. Van den Bergh, p. 322.
2. Voir Urvoy, *AAIM*, p. 146.

que juge conscient de son devoir, il doit de toute façon appliquer la loi. Or, Averroès a écrit cette phrase sur le meurtre des hérétiques dans un ouvrage dans lequel il ne s'occupe absolument pas de questions juridiques, mais qui est entièrement de nature philosophique.

La question qui se pose à ce propos est celle que Karl Popper a déjà posée il y a quelques années dans le cas de Platon et de Hegel : pourquoi y a-t-il entre la philosophie – ou du moins certaines philosophies – et la tyrannie un rapport équivoque ? Pourquoi d'importants philosophes sont-ils hostiles à la « société ouverte » [1] ?

Je vais laisser ici cette question à l'arrière-plan. Je vais seulement interroger trois philosophes au sujet de leur rapport à la guerre. Les trois philosophes qui demandent ici la parole sont Farabi, Avicenne et Averroès. En dehors de leur profession de foi en l'islam et en la philosophie aristotélicienne, ils ont au moins un point commun. Pour les trois, le *jihâd* n'est pas seulement une construction de pensée, mais une réalité de tous les jours. Pour Farabi et Averroès, la guerre était dirigée contre les chrétiens. Farabi vivait au IXe siècle en Irak et plus tard en Syrie. Là-bas, l'ennemi était l'Empire byzantin. Le chef militaire le plus élevé de la région du front, Sayf ad-Dawla, fut aussi le protecteur de Farabi. Averroès vivait en Espagne, c'est-à-dire à l'extrême ouest de l'Empire islamique, à la fin du XIIe siècle. L'Espagne islamique, ce qu'on appelait al-Andalus, se trouvait sous la pression des royaumes chrétiens du Nord, qui grignotaient le territoire islamisé. C'est seulement quelques années après la mort d'Averroès, en l'année 1212, qu'eut lieu la bataille

1. K. Popper, *La Société ouverte et ses ennemis*, trad. franç. J. Bernard et Ph. Monod, Paris, Seuil, 1979.

décisive de Las Navas de Tolosa. La victoire des chrétiens fut une ligne de partage des eaux. Avicenne, plus ancien, vivait à une époque, le début du XIe siècle, et en une région, la Perse, dans lesquelles un *jihâd* dirigé contre les « païens » était redevenu une réalité. Mahmud de Ghazna avait attaqué et ravagé en 1020 le Pendjab indien au nom de l'Islam sunnite. Après avoir établi le cadre, je vais à présent interroger les trois témoins, dans l'ordre chronologique.

C. Farabi

1. L'homme d'État idéal en tant que guerrier

Farabi mentionne les choses militaires dans de nombreux contextes [1]. Il le fait surtout, et ce n'est pas étonnant, dans ses ouvrages politico-philosophiques, dans lesquels il tente d'élaborer un État parfait. La capacité de combattre relève des qualités nécessaires qui rendent capable de diriger cet État ; il est indifférent que ces qualités puissent être trouvées chez un seul, ou qu'elles soient dispersées parmi beaucoup – on pense par exemple à un conseil parmi les membres duquel se trouve aussi un ministre de la Défense. Il décrit le combattant courageux [2]. Il peut se faire que le Chef premier n'ait pas pu

1. Sur la conception de la guerre de Farabi, voir Ch. Butterworth, « Al-Farabi's Statescraft : War and the Well-Ordered Regime », dans J. T. Johnson et J. Kelsay (éd.), *Cross, Crescent, and Sword : The Justification and Limitation of War in Western and Islamic Tradition*, New York *et al.*, Greenwood Press, 1991, p. 79-100.

2. Farabi, *Fusûl muntaza'a*, éd. F. M. Najjar, Beyrouth, Dâr el-Machreq, 1971, § 59, p. 66 ; *ibid.*, § 79, p. 85.

achever sa législation, par manque de temps. Parmi les causes de cette précipitation, Farabi ne nomme qu'un exemple, les guerres [1]. La conduite de la guerre paraît donc d'un côté être un obstacle, mais en même temps aussi une activité nécessaire du Chef premier. Deux textes méritent un traitement plus détaillé.

2. La guerre juste

Dans un recueil d'aphorismes qu'il dit avoir extraits des ouvrages des Anciens, Farabi dresse une liste des raisons qui peuvent justifier une guerre [2]. Il avance sept raisons :

a) En premier lieu, la défense contre un ennemi qui attaque l'État de l'extérieur. Jusqu'ici, on n'a rien à redire.

b) Mais aussitôt après vient quelque chose de plus douteux : on est en droit de conduire une guerre pour acquérir un bien que l'État mérite de recevoir, mais qui se trouve en possession d'autrui. Cela signifie en bon français : guerre de rapine et pillage.

c) Le troisième cas est : pour contraindre les gens à accepter ce qui est meilleur et plus salutaire pour eux, s'ils ne le reconnaissent pas spontanément et s'ils ne se laissent pas conduire par quelqu'un qui connaît ce bien et le leur procure. Cela correspond plus ou moins au concept français de « mission civilisatrice ». Farabi insiste en effet expressément : le but est le bien du vaincu, non du vainqueur.

---

1. Farabi, *Kitâb al-Milla*, éd. M. Mahdi, Beyrouth, Dâr el-Machreq, 1971, § 7, p. 48, 10.
2. Farabi, *Fusûl muntaza'a*, § 67, p. 76-77.

d) Le quatrième cas est le combat contre des gens pour lesquels il est meilleur de servir, bien qu'ils refusent le joug de l'esclavage.

Les cas suivants sont des combinaisons des quatre premiers.

e) Le cinquième cas est le combat contre un groupe qui se refuse à restituer un bien que les citoyens de l'État devraient recevoir à juste titre. Il se distingue du deuxième par la dimension de la justice.

f) Dans le sixième cas, la guerre sert à châtier les malfaiteurs, de telle sorte qu'ils ne puissent répéter leurs méfaits, et qu'ainsi les autres qui auraient voulu attaquer l'État soient intimidés. Il combine les justifications des quatre premiers cas.

g) Le septième cas est l'extermination et l'anéantissement total des gens dont l'existence continuée pourrait nuire à l'État. Ceci tourne aussi l'État vertueux vers le bien et relève ainsi de la première catégorie.

Dans sa *Cité vertueuse*, Farabi rejette pourtant une manière de voir d'après laquelle la fin la plus élevée de l'État serait de vaincre et d'exploiter les autres États [1]. La source du passage, au cas où il y en aurait une, est difficile à trouver. On peut penser par exemple à la critique de l'idéal militaire de Sparte, qu'on peut lire au début des *Lois* de Platon, ouvrage dont Farabi a rédigé un résumé [2]. Il n'est pas étonnant qu'il rejette tout aussi résolument les conséquences pratiques d'une attitude aussi cruelle. Une guerre qui servirait seulement le désir de pouvoir ou

1. Farabi, *CV*, VI, 18, § 1-3, p. 286-290.

2. T.-A. Druart, « Le sommaire du livre des "Lois" de Platon (...) par Abu Nasr al-Farabi. Édition critique et introduction », *Bulletin d'Études orientales*, 50 (1998), p. 109-155, voir en particulier p. 126.

l'ambition d'un souverain tyrannique n'est permise en aucun cas.

3. La guerre en tant que pédagogie

Le texte le plus long sur la guerre se trouve dans un ouvrage que Farabi a intitulé *L'Obtention de la félicité*. Les vertus pratiques qui conduisent à la félicité sont acquises par l'exercice, en répétant les actions en rapport. Cela se produit par deux moyens. Le premier est la persuasion : on emploie entre autres des discours qui excitent les passions. Ils produisent une soumission volontaire (*taw'an*). Le second moyen est la contrainte (*ikrâh*) [1]. La contrainte est appropriée pour tous ceux qui ne se laissent inciter ni spontanément ni par l'instruction à admettre le juste (*sawâb*). Et de même pour celui qui se refuse à communiquer son savoir dans les sciences spéculatives [2].

Il doit y avoir deux groupes de gens : l'un emploie les spécialistes compétents pour l'instruction de ceux qui apprennent de bon gré ; le second, pour l'instruction de ceux qui ne sont éduqués que contre leur gré. Exactement comme procèdent les pères de famille et les maîtres d'école. Le roi est l'éducateur des peuples. Par le moyen de l'éducation, l'art militaire (*mihna harbiyya*) se surpasse [3]. Il sert à vaincre les nations et les États qui ne se soumettent pas, afin de faire ce par quoi l'on atteint la

1. Farabi, *TS*, § 47, p. 168, 3-5 ; trad. Mahdi, p. 36.
2. *Ibid.*, p. 168, 7-8 ; trad. Mahdi, p. 36. L'idée rappelle la *République* de Platon, mais annonce aussi le concept de « prêtre » de Condorcet dans son *Esquisse d'un tableau historique des progrès de l'esprit humain* (1794).
3. Farabi, *TS*, § 48, p. 170, 2 ; leçon de Mahdi, voir p. 155.

félicité, qui est la fin dernière pour laquelle l'homme est né [1].

Les dirigeants idéaux de l'État devraient disposer des deux facultés, afin de pouvoir éduquer leurs concitoyens par la persuasion aussi bien que par la contrainte. Dans le cas où cette voie se révèle impossible, il faut imaginer un système par lequel chaque groupe de citoyens serait instruit par un groupe correspondant de fonctionnaires [2]. On ne peut s'empêcher d'être frappé par la ressemblance qui existe entre l'esquisse de Farabi et nos expériences de l'État totalitaire, dans lequel chacun surveille chacun, et chacun inculque à chacun l'idéologie officielle.

Pour parler de « contrainte », Farabi emploie exactement le mot qu'on peut lire dans le Coran dans un passage à présent beaucoup cité, dans lequel il est dit : « Dans la religion, il n'y a pas de contrainte » [3]. Comme l'indique le contexte coranique, il ne s'agit pas d'*interdire* l'usage de la force, mais de *constater* qu'il n'est pas efficace. D'après Farabi, en tout cas, cette contrainte se manifeste par la guerre. Dans l'État idéal, il doit y aussi avoir des guerriers, exactement comme dans celui de Platon. Mais cela constitue une différence essentielle entre la Callipolis et l'État parfait d'après Farabi : les guerriers platoniciens constituent une caste de gouvernants qui défendent seulement l'État contre de possibles agressions extérieures. D'après Farabi, la pédagogie est dirigée tout autant vers l'extérieur que vers l'intérieur. Il n'est cepen-

1. *Ibid.*, p. 170, 4-5 ; trad. Mahdi, p. 37.

2. *Ibid.*, § 52, p. 176-177 ; trad. Mahdi, p. 40-41. J. L. Kraemer emploie l'adjectif « totalitaire », *loc. cit.*, p. 304.

3. Coran II, 256 ; pour l'interprétation, voir R. Paret, « Sure 2, 256 : lâ ikrâha fî d-dîni. Toleranz oder Resignation ? », *Der Islam*, 45 (1969), p. 299-300.

dant pas question d'une véritable guerre de religions. Ce qui doit aussi être atteint par la contrainte n'est pas la soumission (arabe : *islâm*) des hommes, mais la transmission du savoir.

D. Avicenne

1. « Bien mal acquis ne profite jamais »

Dans sa monumentale « Encyclopédie des sciences philosophiques », le *Livre de la Guérison*, en arabe *Shifa*, Avicenne consacre quelques pages à la théorie politique. Il le fait dans le cadre de sa métaphysique, à la fin. Nous lisons là un passage sur la guerre [1]. Le chef de la société idéale se tourne contre les ennemis et ceux qui se révoltent contre la *sunna*. La *sunna*, envers laquelle le chef se sent obligé, réclame le combat contre ses ennemis et même leur anéantissement (*ifnâ'*) ; mais celui-ci ne peut se produire qu'après que les ennemis ont été appelés à la vérité. Leur fortune et leurs femmes (littéralement : leurs vulves) sont déclarées à cette occasion libre butin. Avicenne donne la raison : ces biens ne sont pas régis comme l'État parfait le détermine ; par conséquent, ils ne tournent pas leurs possesseurs vers le bien, et même les conduisent vers la ruine et vers le mal. « Bien mal acquis ne profite jamais » signifie : celui qui n'appartient pas à l'État parfait (*madîna fâdila*) n'est pas le possesseur légitime de ses

1. Avicenne, *SM*, X, 5, p. 453, 2-454, 1 ; trad. angl. R. Lerner et M. Mahdi, *Medieval Political Philosophy. A Sourcebook*, Ithaca, Cornell University Press, 1972 (2ᵉ éd.), p. 108-109 ; la traduction française de G. C. Anawati (Paris, Vrin, 1985) est difficilement compréhensible.

propres biens [1]. Cela permet de légitimer les expéditions de pillage.

Les hommes ont besoin de serviteurs. Les serviteurs possibles doivent être contraints à servir les membres de l'État juste (*madîna 'âdila*). Cela s'applique aussi à ceux des hommes qui peuvent difficilement acquérir les vertus. Comme exemple, Avicenne mentionne les Turcs qui vivaient autrefois tout à fait au Nord comme nomades, ainsi que les nègres, et d'une manière générale, tous ceux qui habitent sous des climats qui ne sont pas propices. Seuls les climats équilibrés produisent des peuples dont le tempérament est noble et dont les âmes sont saines [2]. Cela permet de fonder en raison l'esclavage.

2. Prétention à l'absolu

Un long paragraphe prendra en vue des situations plus complexes. Si un autre État a des coutumes (*sunna*) dignes d'éloges, le chef de l'État parfait n'a pas le droit d'attaquer sur-le-champ cet autre État. Il en a le droit seulement s'il peut être annoncé à ce moment que seule s'applique la loi révélée (*sunna nâzila*). Mais si les peuples auxquels cette loi est prescrite s'entêtent dans leur erreur (c'est-à-dire la refusent), il est nécessaire de leur imposer cette loi de force. La mise en vigueur totale de cette loi peut par conséquent présupposer l'occupation du monde entier [3]. Pourquoi ?

Imaginons que les citoyens d'un État qui mènent une vie irréprochable (*ahlu madînatin hasanati 's-sîra*) reconnaissent cette nouvelle loi comme bonne et digne

1. *Ibid.*, p. 453, 2-5.
2. *Ibid.*, p. 453, 6-9.
3. *Ibid.*, p. 453, 10-14.

d'éloges, et même conviennent que l'acceptation de cette loi aide les États corrompus à améliorer leur situation. Admettons en outre qu'ils déclarent qu'ils ne sont pas obligés d'appliquer cette loi, sous le prétexte que l'auteur de celle-ci avait tort de la considérer comme universellement valable. Ce cas serait pour la loi un danger ; Avicenne dit : une faiblesse (*wahn*), un défaut. Les opposants à la loi qui vivent à l'intérieur de l'État pourraient faire valoir que d'autres se sont déjà refusés à se soumettre à cette loi.

Cela explique pourquoi la loi a un penchant à l'extension, qui ne peut être tendanciellement satisfait que par la conquête de la terre entière. La question n'est pas de savoir si l'autre État est bien gouverné. Avicenne part de la supposition que les habitants de celui-ci vivent moralement de manière irréprochable. Le simple fait qu'il y ait des gens qui croient en autre chose ou, pour mieux dire, des gens qui appartiennent à d'autres États, est intolérable.

Malgré tout, le combat contre cet autre État ne doit pas être conduit comme le combat contre ceux qui sont absolument dans l'erreur. Le combat est de nature pédagogique, il représente un châtiment (*'addaba*). L'autre État a aussi le droit de choisir de payer un tribut, comme compensation de son opiniâtreté. Car il est établi qu'il doit être compté parmi les négateurs : comment pourrait-il en être autrement, étant donné qu'il se refuse tout de même à obéir à la direction (*sharia*) donnée par Dieu[1] ?

1. *Ibid.*, p. 453, 17 et 19.

3. Ambiguïté

Il est assez difficile de se défendre contre l'impression qu'Avicenne décrit en fait la pratique islamique de la guerre sainte. Ce faisant, ne fait-il que déduire cette pratique de principes élevés, auquel cas la philosophie servirait seulement à accorder à l'Islam réel un vernis de respectabilité philosophique ? Cette même question ressort à la lecture de tout le chapitre sur la politique. On a de temps à autre l'impression qu'Avicenne se contente de décrire de manière voilée l'Islam réellement existant, en évitant le vocabulaire technique ou en le remplaçant par des périphrases ; mais les dispositions de la loi sont toutes présentes, comme par exemple le voile pour les femmes. D'un autre côté, il y a aussi des passages dans lesquels Avicenne présuppose des dispositions qui ont peu à voir avec l'Islam, beaucoup probablement au contraire avec l'État platonicien, comme par exemple là où il divise, dès le début, l'État en trois classes : dirigeants, artisans, gardiens [1]. Toute l'entreprise d'Avicenne est ambiguë : par exemple, on peut interpréter sa description de l'homme parfait comme un portrait du Prophète, mais tout autant comme l'autoportrait d'Avicenne. C'est du moins ce que son disciple immédiat Bahmanyar a compris [2].

Avons-nous ici affaire à une description sophistiquée du *jihâd*, avec une longue discussion du cas particulier

1. *Ibid.*, X, 4, p. 450, 16 puis 447, 5.

2. Voir Bahmanyâr al-Mirzabân, *al-Tahsîl*, III, II, 4, § 12, éd. M. Mutahhari, Téhéran, Dâneshgah, 1975, p. 817, cité dans J. W. Morris, « The Philosopher-Prophet in Avicenna's Political Philosophy », dans Ch. E. Butterworth (éd.), *The Political Aspects of Islamic Philosophy. Essays in Honor of Muhsin S. Mahdi*, Cambridge (Mass.), Harvard University Press, 1992, p. 185-186.

des membres de la communauté du Livre (*ahl al-kitâb*) ? Quoi qu'il en soit, les éléments de l'exposé d'Avicenne correspondent à des théories qui peuvent être lues aussi chez les théoriciens islamiques du *jihâd*. Un seul exemple : on peut trouver aussi chez d'autres théoriciens comme entre autres – *strange bed-fellows* – chez Ibn Taymiyya, qui cependant attaque Avicenne sans prendre de gants, l'idée d'après laquelle les biens des autres communautés représentent au fond une possession illégitime [1].

E. AVERROÈS

Averroès traite de la guerre sainte en tant que juriste explicitement dans son manuel juridique [2]. Il comprend celle-ci comme l'islam le comprend à son époque, et d'ailleurs comme l'islam tout entier l'a toujours comprise, à savoir comme une guerre très concrète. Seuls font exception quelques rares soufis, ceux-là mêmes qui ont inventé de toutes pièces et mis en circulation le trop fameux hadith sur le grand et le petit *jihâds*, dont je rappelle ici qu'il ne figure dans *aucun* des six recueils canoniques de déclarations du Prophète [3]. Dans ce chapitre de

1. Voir Morabia, *GIM*, p. 237-238, p. 246 (Ibn Taymiyya) ; pour une position semblable du problème, voir par exemple Thomas d'Aquin, *ST*, IIa IIae, q. 10.

2. Ibn Rushd, *The Distinguished Jurist's Primer*, vol. I (*Bidâyat al-Mujtahid wa Nihâyat al-Muqtasid*) trad. Prof. Imran Ahsan Khan Nyazee, Reviewed by Prof. Muhammad Abdul Rauf, The Center for Muslim Contribution to Civilization, Reading, Garnet, 1994, chap. X : The Book of Jihâd, p. 454-487. Voir également *Jihâd in Medieval and Modern Islam. The Chapter on Jihâd from Averroes' Bidâyat al-Mujtahid* (...), éd. R. Peter, Leyde, Brill, 1977, 9-25.

3. Voir Morabia, *GIM*, p. 297.

l'œuvre juridique d'Averroès, il est en tout cas question, comme dans tout traité de *fiqh*, de choses militaires : quel sort faut-il réserver aux captifs ? de quelle façon convient-il de répartir le butin ? etc.

Il l'approuve aussi en tant que musulman conscient de son devoir et chef de communauté considéré. Son biographe Al-Ansârî al-Marrâkushî, qui s'appuie sur le témoignage d'un disciple immédiat, Abû l-Qâsim b. at-Taylisân (1179-1244), rapporte à ce sujet qu'Averroès, dans un prêche à la Grande Mosquée de Cordoue, a appelé à la guerre sainte contre les royaumes chrétiens du Nord [1]. Il n'y a là rien de surprenant ni de choquant : c'était la guerre. Juge-t-on Bergson sur ses discours antiboches de 1917, pendant qu'il cherchait à décider les États-Unis à se ranger du côté des alliés dans la Grande Guerre [2] ? Ou ses collègues allemands de la même période sur les brochures par lesquelles ils contribuaient à l'effort de guerre de leur pays ?

1. *Jihâd* et équité

C'est aussi en tant que philosophe qu'Averroès traite de la guerre sainte. Il lui consacre un court passage de son commentaire du livre V de l'*Éthique à Nicomaque* d'Aristote [3]. Il s'agit d'une digression dans le chapitre X

---

1. Voir J. Puig, « Material on Averroes' Circle », *Journal of Near Eastern Studies*, 51 (1992), p. 257.

2. Voir H. Bergson, *Mélanges*, éd. A. Robinet, Paris, PUF, 1972, notamment p. 1246-1248, 1259-1261, 1288-1290.

3. Averroès, *Commentaire sur l'Éthique à Nicomaque*, V (10, 1137 *b*) [latin], éd. Juntes, Venise, 1552, vol. 3, fol. 39 *b* vº ; hébreu dans *Averroes' Middle Commentary On Aristoteles' Nicomachean Ethics in the Hebrew version of Samuel ben Judah*. Critical Edition with an Introduction, Notes and a Glossary by L. V. Berman, Jérusalem, 1999,

(14), sur l'équité (*epieikeia*). D'après Aristote, l'équité est une amélioration de la loi. La loi doit être améliorée si elle se révèle par trop générale ; mais l'amélioration de celle-ci doit se produire par le fait que l'on se demande où le législateur voulait en venir à proprement parler, par conséquent, ce qu'il aurait dit dans tel ou tel cas concret. La raison pour laquelle tout n'est pas réglé par une loi est simple : dans certains cas, il est impossible de promulguer une loi, et à cause de cela on doit prendre une décision particulière [1]. Averroès s'attache à cela. Les lois sur le *jihâd*, dit-il, en sont un exemple éclatant. Dans la loi se trouve le commandement général d'exterminer totalement les adversaires (*mî she-hôleq 'imman* ; *qui diversi sunt ab eis*). Il y a cependant des époques durant lesquelles la paix est préférable à la guerre. Or, la grande masse des musulmans s'imagine que ce principe est obligatoire d'une manière générale, même si l'extermination des adversaires est impossible. Cela conduit à un grand dommage. Elle fait cela parce qu'elle méconnaît l'intention du législateur.

En même temps, Averroès ne met en aucune manière en doute le caractère définitif du principe. Seule son application doit céder à un autre principe, à savoir le bien à long terme de la communauté islamique. Si celui-ci devait être mis en danger à cause de la stricte application de la loi, alors l'application de celle-ci doit être suspendue

livre V, l. 527-532, p. 199-200. L'original arabe des deux traductions a disparu.

1. Aristote, *Éthique à Nicomaque*, V, x (14), 1137 *b* 27-29 ; arabe dans Aristû, *al-Ahlâq*, éd. A. R. Badawi, Koweit, Wakâlat al-Matbû'ât, 1979, p. 203, 16-18. Le mot grec *psèphisma* est rendu tout à fait exactement par l'arabe *isdâr marsûmin khâssin*, « promulgation d'un règlement particulier ».

ou limitée. Le but dernier est le bien de l'Islam ; en elle-même la guerre d'anéantissement est un moyen parfaitement légitime pour cela.

La guerre d'une manière générale vient sur le tapis surtout dans la *Paraphrase de la République de Platon* d'Averroès [1]. Son intention principale est toujours de comprendre Platon et de l'adapter à ses propres fins. Je vais ici examiner plus en détail deux passages.

2. La guerre en tant que chemin vers Dieu

Un long passage discute en détail la vertu de courage [2]. Averroès s'attache à la doctrine de Farabi, à savoir la version qu'elle a dans un passage déjà examiné. Exactement comme son prédécesseur, Averroès distingue deux méthodes d'instruction. La seconde méthode est la contrainte. La guerre est une espèce de ce genre. Dans ce contexte, Averroès écrit : « Les nations de l'extérieur (...) doivent être contraintes. Dans le cas de nations difficiles, cela ne peut se produire que par la guerre. Il en est ainsi dans les lois qui procèdent conformément aux lois humaines, comme dans notre loi divine. Car les chemins qui dans cette loi conduisent à Dieu (...) sont deux : le premier est par le discours, le second par la guerre » [3].

Nous lisons non sans quelque étonnement : la guerre est un chemin vers Dieu. L'expression nécessite un commentaire. Elle rappelle tout d'abord le langage du Coran. Celui-ci connaît un « chemin de Dieu » qui peut même être interprété militairement : les adeptes de Mahomet

1. *Averroes' Commentary on Plato's Republic*, éd. R. Lerner, Ithaca/Londres, Cornell University Press, 1974.

2. Averroès, *CR*, I, vii-viii, p. 25-27/118.

3. *Ibid.*, I, vii, 11, p. 26, 14-18.

combattent, mettent leur vie et leur avoir en jeu, et sont même tués « sur le chemin de Dieu » (*fî sabîli 'Llah*) [1]. La tournure peut simplement signifier « selon la volonté de Dieu ».

Mais ce chemin conduit aussi à l'homme. Averroès parle des « lois qui procèdent conformément aux lois humaines ». Par « lois humaines », il veut vraisemblablement dire celles qui se conforment à la nature humaine, dans la mesure où cette nature est connue de la philosophie. « Humain » signifie dans ce contexte « bon », à savoir non au sens actuel d'un traitement « humain » des animaux par exemple, mais au sens de « conforme à son essence ». L'humain devient par là la mesure des lois [2]. La Loi islamique, qui est tenue pour divine, est à considérer comme humaine parce qu'elle suit pour ainsi dire les exigences de la philosophie. La loi qui exige la guerre est humaine par ce qu'elle aide à faire advenir ce qui est proprement humain dans l'homme. Comme chez Farabi, la fin dernière est la sagesse, non l'Islam [3].

3. Surenchère religieuse au sujet de la guerre

Un second passage du même ouvrage est à considérer. Dans une déclaration fameuse, Platon explique que les guerres entre Grecs sont à proprement parler des guerres civiles. Par conséquent, il propose certaines règles pour la conduite de la guerre : il ne devrait pas être permis de

---

1. Coran II, 154 ; III, 146, 167, 169, etc.

2. Voir Averroès, *CR*, I, vii, 9, p. 26, 9 ; en outre II, iii, 1, p. 63, 1 ; voir là-dessus S. Pinès, « Sur la théorie politique d'Averroès », dans *Studies in the History of Jewish Philosophy. The Transmission of Texts and Ideas* [hébreu], Jérusalem, 1977, p. 91-92.

3. Averroès, *CR*, I, vii, 10, p. 26, 14-15.

mettre le feu aux maisons des ennemis, d'abattre leurs arbres fruitiers, etc. Averroès compare de telles guerres aux discordes à l'intérieur d'une même famille [1]. Après avoir mentionné les règlements platoniciens, Averroès souligne que Platon se distingue de maints législateurs. En ce qui concerne le contenu des lois, on est en droit de supposer qu'il pensait à un épisode bien connu de la vie du Prophète. Mahomet avait en effet ordonné une fois de déraciner les palmiers de ses ennemis juifs, les Banû Nadîr, une action qu'Averroès mentionne ailleurs [2]. Avant lui, c'était tenu pour un crime grave [3]. Or, d'après l'Islam, les faits et gestes du Prophète sont le modèle du permis et de l'interdit. Sur le sens de cette différence entre le philosophe grec et le prophète des Arabes, Averroès ne dit pratiquement rien. Une réponse se trouve cependant entre les lignes, là où il remarque que les ennemis, d'après Platon, devraient être tenus pour des gens qui sont dans l'erreur, non pour des incroyants. Il emploie à cette occasion les mots « *tôeh* » et « *kôfer* ». En arabe se trouvaient vraisemblablement les mots « *dâllun* » et « *kâfir* », c'est-à-dire des expressions techniques du droit islamique. Ce qui est suggéré ainsi, c'est l'empoisonnement des querelles par une dimension religieuse surajoutée – une idée qui ne demeure pas sans parallèle chez les philosophes ou les esprits philosophiques [4].

---

1. *Ibid.*, I, xxviii, 3-xxix, 3, p. 60 / 173-175.
2. Voir Morabia, *GIM*, p. 18-19.
3. Voir M. Rodinson, *Mahomet*, Paris, Seuil, 1994, p. 226.
4. Voir Maïmonide, *G*, I, 31, p. 44, 29-45, 16 ; trad. Munk, p. 107-109. Voir là-dessus mon « *Eorum praeclara ingenia.* Conscience de la nouveauté et prétention à la continuité chez Farabi et Maïmonide », p. 97-98.

F. Conclusion

En conclusion, je vais résumer mes résultats et avancer quelques thèses.

1) La doctrine des *falâsifa* correspond plus ou moins à celle de leurs sources grecques. Cela vaut pour les versions mesurées de cette doctrine, mais aussi pour les cas les plus scandaleux pour nous. Aristote, déjà, avait distingué trois cas dans lesquels il est juste de conduire une guerre ; premièrement, pour conserver sa propre liberté, deuxièmement pour acquérir un commandement (*hègèmonia*) qui contribue aux besoins de ceux qui sont commandés, troisièmement pour dominer (*despozein*) des gens qui méritent d'être esclaves (*axios douleuein*) [1]. Cela correspond aux premier, troisième et quatrième cas dans la liste de Farabi. Aristote applique cette distinction au livre VII de la *Politique*, ouvrage qui selon toute vraisemblance n'a jamais été traduit en arabe [2]. Mais il n'est pas exclu que des fragments ou des notions en soient parvenus dans le monde islamique. Quoi qu'il en soit, on doit remarquer que les deux derniers cas nous paraissent hautement discutables. Que cela nous plaise ou non, ni les philosophes grecs ni les philosophes arabes n'étaient des pacifistes.

2) Dans l'Islam en tant que réalité historique, et même contemporaine, les philosophes se trouvaient devant le fait de la guerre de conquête avec une dimension religieuse. De même, ils se trouvaient devant une doctrine déjà en cours de développement, qui devait limiter cette

1. Aristote, *Politique*, VII, 14, 1333 *b* 38-1334 *a* 2 ; dans son commentaire à l'endroit, Thomas d'Aquin n'élève aucune objection, voir *In octo libros Politicorum Aristotelis expositio*, VII, 11, § 1214, p. 393 *a*.

2. Voir *supra*, p. 201, note 2.

guerre par des normes et en même temps la justifier. Ils s'accordent en de nombreux points avec cette théorie.

3) Cependant, on doit approuver Kraemer : les philosophes n'ont pas développé de théorie de la guerre islamique en tant que telle. Chez eux, le mot *jihâd* signifie, s'il se présente, « guerre » en général. Ils évitent le plus souvent le mot technique en faveur d'un mot neutre qui caractérise toute espèce de guerre, à savoir *harb* [1]. Ceci a d'autant plus de poids que, suivant la doctrine classique, après l'apparition du Prophète aucune guerre « profane » ne peut plus avoir lieu [2]. Avicenne flirte quelque peu avec les expressions techniques de la théologie. Il le fait par ailleurs dans toute son œuvre. Averroès lui a notoirement reproché de trahir l'intérêt purement philosophique, pour se mettre au service des théologiens du Kalâm [3].

4) Les philosophes ont choisi vis-à-vis du *jihâd* – au sens propre – une tactique particulière. On peut la décrire au moyen d'une comparaison avec d'autres solutions, comme par exemple celle des soufis. La mystique islamique transpose le combat en un *combattimento spirituale* de celui qui prie, contre lui-même, contre les inclinations, etc. Cela a conduit à des faux, comme par exemple la déclaration beaucoup citée du Prophète sur le petit et le grand *jihâd*. On ne peut lire cette invention pieuse dans aucun des six recueils classiques [4].

Les philosophes ont changé la fin ; mais les moyens demeurent résolument militaires. À l'égard de l'effusion

1. Ch. Butterworth, « Al-Farabi's Statescraft : War and the Well-Ordered Regime », p. 84, 92 s., 100, n. 47.

2. Morabia, *GIM*, p. 175.

3. Averroès, *Grand Commentaire de la Métaphysique*, III, C 3, e, p. 313 Bouyges.

4. Morabia, *GIM*, p. 297.

de sang, ils n'ont d'une manière générale aucun remords. Contre le meurtre des hommes « bestiaux », Farabi n'a rien à redire [1]. Avicenne suggère que l'on devrait torturer le sceptique jusqu'à ce qu'il avoue que la différence entre le vrai et le non-vrai est bien pertinente [2]. Averroès prône l'élimination des handicapés mentaux. Il se réfère à la proposition de Platon de fonder l'État idéal en chassant les adultes sans même sourciller [3]. Ces penseurs médiévaux ne sont d'ailleurs ni plus cruels ni plus cléments que leurs maîtres antiques, et même que bon nombre de leurs collègues parmi les modernes. Au sujet des œufs qu'il faut casser pour faire une omelette, ou des petites fleurs innocentes qu'écrase en passant le char de l'histoire universelle, la philosophie moderne verse aussi à peine une larme.

Dans son approbation de la guerre, la *falsafa* est encore plus radicale que la pratique islamique, non philosophique, ordinaire. Celle-ci a pour but la conquête et le contrôle de l'État, non des esprits. Il s'agit de s'emparer du pouvoir. D'après la doctrine islamique ordinaire, la conversion à long terme des peuples conquis est hautement souhaitable, mais n'est pas la fin première. Dans la pratique, elle n'a lieu de toute façon que dans une

1. Voir par exemple Farabi, *As-Siyâsa al-Madaniyya*, éd. F. M. Najjar, Beyrouth, Dâr el-Machreq, 1964, p. 87.

2. Avicenne, *SM*, I, 8, p. 53, 13-15. Voir *ad. loc.*, R. E. Houser, « Let Them Suffer into the Truth : Avicenna's Remedy for Those Denying the Axioms of Thought », *Journal of the American Catholic Philosophical Association*, 73 (1999), p. 107-133. Le passage est cité chez Duns Scot, *Lectura*, I, d. 39, q. 1-15, n. 40 ; *Opera*, t. XVII, p. 49 ; voir *Ordinatio*, Appendice A, 1 ; *Opera*, t. VI, p. 415 (je remercie le Professeur Rolf Schönberger pour la référence).

3. Voir Averroès, *CR*, I, xvii, 8, p. 38, 16-17 et II, xvii, 3, p. 78, 26.

seconde étape. La fin principale est la paix (*salâm*), c'est-à-dire la domination islamique sur un domaine « pacifié » (*dâr as-salâm*). Les philosophes développent une doctrine d'après laquelle la guerre sainte peut conduire à la philosophie, par quoi ils veulent conquérir aussi les âmes.

Ainsi pouvons-nous revenir à notre antinomie du début. Le philosophe que met en scène Jehuda Halévi interdit seulement le meurtre des chrétiens ou des musulmans en tant que tels, c'est-à-dire la guerre religieuse, non le meurtre des hommes en général [1]. Le philosophe rejette la guerre *sainte*, non la guerre en général. Ou, pour l'exprimer encore plus précisément : pour lui, ce n'est pas la religion, mais seulement la philosophie qui peut sanctifier la guerre.

1. Voir L. Strauss, « The Law of Reason in the *Kuzari* » (1943), dans *Persecution and the Art of Writing*, p. 117.

QUATRIÈME PARTIE

FILIATIONS

Inclusion et Digestion

Deux modèles d'appropriation culturelle

Pour répondre à une question de Hans-Georg Gadamer (Tübingen, 3 septembre 1996)

L'herméneutique littéraire, l'herméneutique au sens étroit, donc, à laquelle je veux me limiter ici, suppose à tout le moins l'existence du texte qu'il y a à comprendre. Plus exactement, puisqu'un texte n'est pas quelque chose qu'« il y a » tout simplement, elle suppose l'existence de son substrat matériel. L'interprétation ne peut avoir lieu que si un accès au texte lui est ménagé. Or, cette présence du texte ne va nullement de soi. Ce n'est pas n'importe quelle appropriation qui conserve le texte qu'elle absorbe. Ce n'est pas n'importe quelle civilisation qui favorise un style d'appropriation qui permet d'en transmettre l'objet aux générations futures, afin qu'elles puissent se l'approprier à nouveaux frais.

A. Deux façons de s'approprier

À l'intérieur du genre « appropriation », on peut distinguer deux manières de s'approprier. Je propose de les appeler « inclusion » et « digestion »[1].

Quand j'étais enfant, j'étais fasciné par ces babioles que l'on trouve dans les magasins de souvenirs à la plage ou à la montagne et dans lesquels, selon le cas, un edelweiss, une gentiane, ou un petit hippocampe, etc., sont noyés dans une masse de plastique transparent. Dans ce domaine aussi, l'art imite la nature. On connaît en effet ces morceaux d'ambre, fréquents sur les côtes de la Mer du Nord, dans lesquels sont enfermés des moucherons, des araignées, voire de petits escargots : la résine sur laquelle ils s'étaient risqués il y a des milliers d'années s'est refermée sur eux avant de se pétrifier. Cette sorte de diaphanéité était connue d'Aristote, qui privilégie pourtant les milieux sans résistance comme l'air et l'eau[2]. Elle fascine par le paradoxe qui s'attache à une transparence solide. D'habitude, en effet, ce qui est transparent soit n'offre pas de résistance, soit, quand il le fait, est en même temps fragile, comme le verre d'un récipient ou d'une vitre. Auquel cas son intérêt réside dans le contraste entre l'extrême de la manifestation et l'extrême du risque d'en voir disparaître l'objet : celui-ci n'est exposé sans retrait que pour mettre d'autant plus en relief la possibilité de sa perte[3]. Dans le cas de l'inclusion, en revanche, ce qui

1. Je reprends ici des idées esquissées dans Brague, *EVR*, p. 138-141.

2. Aristote, *De l'âme*, II, 7, 418 *b* 6-7.

3. Voir Bernard de Clairvaux, *Sermon sur l'avent*, 111 ; *O*, t. 4, p. 179 = *PL*, 183, p. 46 *b-c*. Voir mes remarques dans « L'anthropologie de l'humilité », dans R. Brague (éd.), *Saint Bernard et la Philosophie*, p. 147-148.

permet la vision se laisse également solidement empoigner, aussi dur qu'une pierre précieuse.

Il n'y a rien d'étonnant à ce que ce genre de phénomènes ait attiré l'attention des écrivains, qui lui ont attribué une forte charge symbolique. C'est ainsi que Günter Grass voit dans l'inclusion le symbole, entre autres, de la façon dont le « moi » est enfermé en soi-même : « Elle m'a offert un morceau d'ambre, rien de plus. Avec un insecte comme inclusion. C'est moi, cette inclusion. Un moi indécis, qui s'entête et se laisse prendre. À côté de moi, il y a moi. En dehors de moi, il y a encore moi. Ce moi que l'on fait marcher et qui suit en grognant [1]. »

On produit des inclusions artificielles en coulant le plastique transparent autour de l'objet. Pour l'activité qui produit ces objets, j'utiliserai le même mot d'inclusion.

Dans les deux cas, naturel ou artificiel, la masse transparente a un double effet. D'une part, elle protège l'objet : la masse qui l'entoure le met à l'abri de toute saisie immédiate. De plus, elle évite l'action de l'air dont le contact aurait inévitablement amené la décomposition de la matière organique. C'est d'ailleurs bien pourquoi les insectes enfermés dans l'ambre ont pu traverser les millénaires. D'autre part, dans le cas d'une inclusion artificielle, l'objet inclus est maintenu dans une position déterminée, que l'on a choisie parce qu'elle en facilite l'observation. Ainsi, dans le cas d'un coléoptère, les élytres et les ailes seront déployées, dans celui d'une fleur, les pétales seront parfaitement épanouis. Il se produit de la sorte un rapport paradoxal entre l'intérieur et l'extérieur,

1. Günter Grass, *Der Butt*, Darmstadt et Neuwied, Luchterhand, 1985, p. 510. Le passage abonde en jeux de mots que je ne rends que bien imparfaitement.

le propre et l'étranger. Ce qui devient intérieur n'en perd pas pour autant son altérité. Et même, c'est justement par son intériorisation que l'objet est conservé dans son altérité.

De la sorte, je prendrai le mot *inclusion* en un sens technique pour désigner une appropriation dans laquelle ce qui est approprié est maintenu dans son altérité et entouré par le processus d'appropriation lui-même, processus dont la présence même renforce l'altérité de ce qui est approprié.

En revanche, je nomme *digestion* le processus d'appropriation dans lequel l'objet est si profondément intériorisé qu'il perd son indépendance. Dans ce cas, l'appropriation supprime toute différence entre le sujet qui s'approprie et l'objet approprié : un loup consiste au fond en moutons digérés et devenus du loup. À la différence de l'inclusion, qui est un procédé hautement artificiel, la digestion est un processus naturel, et elle est même au nombre des mécanismes les plus élémentaires de la vie.

B. Deux métaphores de l'appropriation culturelle

Il y a beau temps qu'on a utilisé la digestion comme métaphore de l'appropriation culturelle. L'utilisation de l'image de la manducation pour l'apprentissage est attestée très tôt, en Égypte ancienne comme dans la Bible [1].

1. Voir *Sagesse d'Amenemope*, 1, dans J. B. Pritchard (éd.), *Ancient Near Eastern Texts Relating to the Old Testament*, Princeton University Press, 1955, p. 421 *b* ; sur la Bible, voir Maïmonide, *G*, I, 30, p. 43, 3-8 ; trad. Munk, p. 101.

Et l'invitation à s'assimiler ce qui est lu d'une façon tellement intime qu'elle devienne la substance même du lecteur est commune. Elle se trouve par exemple chez Montaigne : « il ne faut pas attacher le savoir à l'âme, il l'y faut incorporer ; il ne l'en faut pas arroser, il l'en faut teindre » [1].

Nietzsche a replacé la métaphore organique dans le cadre d'une théorie systématique de la culture et l'a utilisée en particulier dans ses réflexions sur le savoir historique et sur la « force plastique » que celui-ci demande [2]. Plus tard, il a assigné à l'idée d'« incorporation » une place centrale dans sa doctrine de l'éternel retour de l'identique, comme justification du passé [3]. En même temps, il développait une théorie de la culture dans laquelle l'esprit est comparé, de façon très consciente, à un estomac [4]. À y regarder de plus près, l'image est en soi surprenante : ce que l'on attend d'une bonne mémoire, ce n'est pas qu'elle attaque son contenu, voire qu'elle le dissolve, ce que fait un estomac en bonne santé. Et pourtant, l'image est elle aussi ancienne, puisqu'elle se trouve déjà sous la plume d'Augustin [5]. On a pu appliquer ces remarques à la théorie de la littérature. C'est ainsi que

1. Montaigne, *Essais*, I, 25 (« Du pédantisme »), éd. P. Villey, Paris, Alcan, 1930, t. 1, p. 266. L'image de la digestion est p. 261.

2. Fr. Nietzsche, *Vom Nutzen und Nachteil der Historie für das Leben* ; *KSA*, t. 1, p. 251.

3. Fr. Nietzsche, Fragment printemps-automne 1881, 11 [141] ; *KSA*, t. 9, p. 494. Il manque malheureusement un article « Einverleibung » dans le *Historisches Wörterbuch der Philosophie.* Sur Nietzsche, voir M. Heidegger, *Nietzsche*, t. 1, p. 331-332 et le livre de D. Franck, *Nietzsche et l'ombre de Dieu*, Paris, PUF, 1998.

4. Fr. Nietzsche, *Jenseits von Gut und Böse*, I, § 23 ; *KSA*, t. 5, p. 168.

5. Augustin, *De Trinitate*, XII, xiv, 23 ; BA, t. 16, p. 256.

Paul Valéry a fait remarquer : « Plagiaire est celui qui a mal digéré la substance des autres : il en rend les morceaux reconnaissables. L'originalité, affaire d'estomac » [1].

En revanche, l'idée d'inclusion, à ma connaissance du moins, n'est presque jamais devenue une catégorie de la théorie de la culture. Je n'ai trouvé qu'une seule exception : le médiéviste Kurt Flasch a utilisé l'idée voisine d'« insertion » (*Einsetzung*) pour désigner un phénomène culturel. Il emploie le terme tout d'abord dans le cadre de l'analyse d'un objet d'art, la Croix de Lothaire, conservée dans le trésor de la cathédrale d'Aix-la-Chapelle. Les bras et le montant de la croix sont montés de pierres précieuses. Au centre se trouve, de façon surprenante, non pas l'homme de douleurs, mais un camée antique représentant le profil d'un empereur romain. L'exemple, et avec lui la cathédrale entière, qui est une « citation » de San Vitale à Ravenne, permettraient selon Flasch de comprendre le projet culturel des Carolingiens : « "insertion" – voilà la clé de la civilisation carolingienne. (...) L'"insertion" n'était pas seulement une conservation ; elle ne fait pas que conserver quelques fragments d'objets d'art antiques en les insérant dans des objets de culte. Elle replaçait le passé dans le présent. (...) Même lorsque l'on insérait le fragment antique sans le changer, on en changeait la fonction effective. Il devenait une partie d'un monde historique nouveau : insertion » [2].

Je voudrais ici élargir l'intuition de Kurt Flasch. Ce faisant, je placerai toutefois les accents d'une façon essen-

1. Paul Valéry, *Tel Quel*, H : Autres rhumbs, Littérature, dans *Œuvres*, éd. J. Hytier, t. 2, Paris, Gallimard, 1960, p. 677.

2. Voir K. Flasch, *Einführung in die Philosophie des Mittelalters*, Darmstadt, Wissenschaftliche Buchgesellschaft, 1989, p. 2-3.

tiellement différente. La thèse que je souhaite ici défendre est : la façon dont les sources de la culture européenne sont présentes à l'intérieur de celle-ci est l'inclusion. Le legs du monde antique, et avec lui notre héritage biblique, sont insérés en tant que tels, c'est-à-dire en tant qu'ils sont et restent autres, dans le milieu diaphane de la culture européenne.

C. Diverses façons de commenter

Je voudrais appuyer ma thèse par un exemple concret, qui est celui des œuvres écrites. Quand l'objet qu'il s'agit de recevoir est un texte, chacune des deux méthodes d'appropriation que j'ai distinguées plus haut trouve en effet son équivalent dans un genre littéraire. On a de la sorte, d'un côté, le *commentaire.* Le texte classique y est reproduit dans l'intégralité de sa lettre, décomposé en unités de sens, ce que l'on appelle des lemmes. Ensuite, chaque lemme est étudié et expliqué. De l'autre côté, on peut récrire le texte de telle sorte qu'il se trouve intégré dans une œuvre nouvelle, perdant ainsi son indépendance. C'est la méthode de la *paraphrase.*

Je ne distingue ici que deux méthodes. Je ne considère pas celle qui consiste à ajouter au texte une série de notes comme formant une troisième méthode qu'il faudrait mettre sur le même plan que les deux premières, mais simplement comme une espèce du genre « commentaire ». En effet, la seule différence consiste en ce que l'on n'explique pas le texte à commenter dans son intégralité, mais seulement certains passages, dont on considère qu'ils méritent un traitement particulier en raison de leur obscurité ou de leur intérêt intrinsèque. En toute hypothèse, le texte originel subsiste, alors qu'il disparaît dans le cas de la paraphrase.

Pour nous, la paraphrase n'est plus quelque chose de courant. Nous avons même du mal à nous imaginer que l'on puisse écrire sur un texte autrement que dans le style qui est devenu pour nous une évidence, à savoir celui du commentaire. Il vaut donc la peine de reprendre conscience de l'importance historique de la paraphrase. On rencontre en effet ce style dans différents domaines culturels, et sous différentes formes.

Ce style n'est pas non plus tout d'un bloc. Dans certains cas, on peut presque retrouver chaque phrase de l'original dans la paraphrase, si bien qu'on peut reconstruire celui-là à partir de celle-ci. Je pense par exemple à la paraphrase hébraïque au *Guide des égarés de* Maïmonide composée au XIVe siècle par Shem Tov b. Joseph, un des commentaires classiques qui sont souvent imprimés dans la marge inférieure des éditions du *Guide* dans la traduction hébraïque d'Ibn Tibbon [1]. On peut mentionner aussi la paraphrase grecque du byzantin Georgios Pachymeres († 1310) sur l'ensemble des œuvres du Pseudo-Denys l'Aréopagite [2]. Dans ce cas, la paraphrase consiste au fond en une série de minuscules inclusions qui flottent dans le cours du commentaire.

Dans d'autres cas, au contraire, presque aucun mot n'est simplement répété ; le texte est complètement réécrit, la démonstration procède de façon plus systéma-

---

1. Voir par exemple Sefer *Moreh Nevukhim* le-ha-rav ha-elohi rabbeynu Mosheh ben Maymôn ha-sefardî (...) be ha'ataqat ha-rav R. Shmuel Ibn Tibbôn 'im sheloshah peyrûshim ha-nôda'im u-mefûrsamim : Efôdî, Shem Tov, N. Crescas, éd. Varsovie, 1872 (réimpression Jérusalem, 1960).

2. *PG*, vol. 3.

tique, l'exposé est plus clair, les exemples vieillis et devenus difficiles à comprendre sont remplacés par d'autres plus actuels et plus saisissables. C'est dans ce cas que la paraphrase se présente sous sa forme la plus pure. Un terme technique arabe existe pour cette méthode, terme qui signifie littéralement « libération » (*tahrîr*) [1]. On en possède plusieurs exemples, dans les monumentales « rédactions » de diverses œuvres classiques, comme par exemple l'*Almageste* de Ptolémée, réécrite entre autres par Nasîr-ud Dîn Tûsî († 1274).

Dans certains cas, l'auteur à commenter se voit attribuer des opinions qu'il n'a certes jamais eues, mais qui correspondent au dernier état de la connaissance. C'est ainsi qu'Averroès prétend retrouver chez Aristote les nerfs, dont le rôle dans la perception n'a pourtant été découvert que par Galien, un demi-millénaire après lui [2].

On aura déjà deviné où je veux en venir : le commentaire est un modèle d'inclusion, la paraphrase, en revanche, représente une digestion.

1. Voir E. W. Lane, *An Arabic-English Lexicon*, p. 538 *b*. Le sens n'est pas répertorié dans R. Dozy, *Supplément aux dictionnaires arabes*, t. 1, p. 264 *a*, qui signale cependant des sens de la forme verbale correspondante dans un contexte « littéraire » (p. 262 *a*). M. Chouémi et C. Pellat, *Dictionnaire arabe-français-anglais*, t. 4, p. 2494 *b*, donnent « mise au point, révision définitive (d'un brouillon), établissement (d'un texte), rédaction (d'un livre, d'un journal, etc.), formulation (d'une ordonnance, etc.) », mais ne fournissent aucun exemple daté.

2. Voir H. Gätje, « Averroes als Aristoteleskommentator », *Zeitschrift der Deutschen Morgenländischen Gesellschaft*, 114 (1965), p. 59-65, surtout p. 62.

D. Aristote comme exemple

Jetons maintenant un coup d'œil sur un exemple encore plus particulier, à savoir les différentes façons dont on a commenté « Le Philosophe », Aristote, et essayons d'esquisser une typologie de ces méthodes d'après le lieu et l'époque où elles ont été pratiquées. Nous obtenons en gros ce qui suit : les commentateurs antiques, « païens », pratiquent aussi bien le commentaire que la paraphrase. À la fin du IIIe siècle de notre ère, Alexandre d'Aphrodise a composé des commentaires. Au IVe siècle, Thémistius ne semble avoir écrit que des paraphrases [1]. Les grands commentateurs d'esprit néoplatonicien du début du VIe siècle, comme Simplicius, ont préféré le commentaire. Les Syriaques ont écrit des résumés, mais ils ont aussi dicté des commentaires aux œuvres sur lesquelles ils enseignaient [2].

Au début de la réception arabe, la situation reste inchangée : nous possédons de Farabi († 950) aussi bien des commentaires, comme par exemple celui qu'il composa sur le *Traité de l'interprétation*, que des textes plus brefs qui reprennent le contenu de certains traités de l'*Organon*, parfois sous le même titre. C'est ainsi que nous possédons de lui une *Isagoge*, un traité des *Catégories*, un *Livre de la démonstration apodictique* (*burhân*) correspondant aux *Seconds Analytiques*, dont c'est en arabe le titre traditionnel, etc. [3]

1. Voir mon édition de Thémistius, *Paraphrase de la* Métaphysique *d'Aristote (livre Lambda)*, p. 9-10 et n. 1.

2. Voir la synthèse de G. Troupeau, « Le rôle des Syriaques dans la transmission et l'exploitation du patrimoine philosophique et scientifique grec », *Arabica*, 38 (1991), p. 1-10.

3. Ces textes sont accessibles dans l'édition commode, mais peu satisfaisante de M. Fakhrî et R. al-'Ajam, al-*Mantîq 'inda al-Farabi*, 4

L'œuvre d'Avicenne († 1037) représente une ligne de partage des eaux. Il a pratiqué de façon systématique la méthode de la paraphrase. Dans sa monumentale encyclopédie des sciences philosophiques, le *Livre de la Guérison* (*Kitâb al-Shifâ'*), il récrit tout l'édifice du savoir aristotélicien. Il rompt ainsi avec la tradition des commentaires sur Aristote. Les seuls commentaires que nous possédions de lui sont des notes au livre Lambda de la *Métaphysique*, sur le *Traité de l'âme*, et sur la prétendue « Théologie d'Aristote », tous textes qu'Avicenne ne semble pas avoir songé à publier lui-même [1]. Son intention, en écrivant son encyclopédie, était plutôt de s'approprier l'ensemble du savoir aristotélicien, pour l'exprimer de façon nouvelle. Je n'ai pas besoin ici de rappeler l'évidence, à savoir qu'Avicenne, d'une part, a ajouté à un fond authentiquement aristotélicien bon nombre d'éléments venus d'ailleurs. C'est surtout vrai des pseudépigraphes néoplatoniciens, qui à l'époque accompagnaient le *corpus aristotelicum* comme une ombre [2]. Et d'autre part, il est bien clair que la synthèse d'Avicenne est l'œuvre d'un incontestable génie philosophique, ce qui lui confère une profonde originalité. Mais ce qui me semble important est que la méthode avicennienne de

vol., Beyrouth, Dâr el-Machreq, 1985-1987. Le grand commentaire au *Peri Hermeneias* a été édité par S. Kutsch et S. Marrow, Beyrouth, Dâr el-Machreq, 1960, et traduit en anglais par F.-W. Zimmermann, Londres, British Academy, 1981.

1. Avicenne, « Notes sur la "Théologie d'Aristote" », dans A. Badawi, *Aristoteles apud Arabes* [arabe], Koweït, Wakâlat al-Matbû'ât, 1977 (3e éd.), p. 37-74 ; trad. franç. G. Vajda : « Les notes d'Avicenne sur la Théologie d'Aristote », *Revue Thomiste*, 51 (1951), p. 346-406.

2. La *Théologie d'Aristote* et le *Livre du Bien pur* (*Liber de causis*) sont les plus longues et les plus connues de ces œuvres.

réécriture porte le style de la paraphrase à son achèvement parfait, et aussi qu'elle constitue un exemple très pertinent de la manière islamique de s'approprier un bien culturel en se l'incorporant, ce sur quoi je reviendrai.

Or donc, l'entreprise d'Avicenne remporta un succès éclatant. Avec lui, c'est le mot même de « philosophie » qui reçut une nouvelle référence. Avant Avicenne, un *faylasûf* était un disciple d'Aristote ; après lui, un *faylasûf* est un disciple d'... Avicenne lui-même. L'aristotélisme devint tout simplement l'avicennisme [1]. Avicenne accéda lui-même au statut d'un classique qu'il fallait à son tour commenter. Avant lui, les philosophes écrivaient des commentaires sur les œuvres d'Aristote ; après lui se développa une activité d'exégèse qui prit pour objet les œuvres d'Avicenne. Qu'on pense par exemple aux notes sur le *Livre des Théorèmes et des Remarques* dues à Fakhr ud-Dîn al-Râzî († 1209), Nasîr ud-Dîn Tûsî († 1274), et à beaucoup d'autres [2].

Avec Avicenne, le récepteur a si profondément absorbé ce qu'il lui fallait assimiler qu'il en a tout simplement pris la place. La conséquence fut que la source originelle, le *corpus aristotelicum*, devint inaccessible. Ce qui rendit impossible une nouvelle réception directe. Avicenne mit le point final à la pratique herméneutique qui dominait jusqu'alors. Après lui, on ne trouve en Orient islamique à peu près aucune trace d'un rapport direct à la lettre d'Aristote. L'unique exception confirme la règle ; le seul

1. J'emprunte la formule à D. Gutas, *Avicenna and the Aristotelian Tradition. Introduction to Reading Avicennas Philosophical Works*, Leyde *et al.*, Brill, 1988, p. 261.

2. Voir la liste dans Ibn Sînâ (Avicenne), *Livre des directives et des remarques* (...), traduction avec introduction et notes par A.-M. Goichon, Paris, Vrin, 1951, p. 73 s.

commentaire que nous possédions ne porte pas sur une œuvre authentique du Philosophe, mais sur un pseudépigraphe que j'ai mentionné plus haut. Il s'agit des notes de Qadi Sa'id de Qumm († 1691) sur la « Théologie d'Aristote » [1].

Au XIe siècle, à l'autre extrémité du monde islamique, Averroès († 1196) se donna pour tâche d'interpréter de façon nouvelle l'ensemble de l'œuvre d'Aristote. Il voulait remettre en valeur l'aristotélisme authentique, en le nettoyant des sédimentations dues notamment à Avicenne. Averroès a dans une certaine mesure renoué avec la méthode de Farabi. Mais il l'a appliquée de façon systématique. Selon le genre littéraire des commentaires qu'il écrit, il procède de deux façons : par paraphrase, c'est-à-dire par digestion, lorsqu'il résume l'œuvre dans les épitomés (*jawâmi'*) et les commentaires dits « moyens », et par inclusion dans ses « Grands Commentaires » (*tafsîr*).

Dans la chrétienté latine, le processus d'appropriation d'Aristote, arrêté avec la mort de Boèce (524) reprit au XIIe siècle. Albert le Grand († 1280) appliqua la méthode d'Avicenne. Ses œuvres, de vastes dimensions, reprennent parfois les titres de celles d'Aristote. Ainsi, dans sa *Métaphysique*, il suit le plan de l'œuvre de même titre du Stagirite. Il donne du texte une paraphrase suivie, non sans se permettre de longues digressions. En revanche, son disciple immédiat Thomas d'Aquin († 1274) renonce totalement à la paraphrase ; il n'écrit que des grands commentaires, qui se rattachent tous à la méthode d'Averroès. Cependant, de façon très surprenante et malheureuse pour nous, il ne dit « à aucun endroit quoi que

1. Voir H. Corbin, *La Philosophie iranienne islamique aux XVIIe et XVIIIe siècles*, p. 247-250.

ce soit sur les intentions qu'il poursuit dans ses commentaires d'Aristote »[1], et encore moins sur la méthode qu'il applique.

Après Thomas d'Aquin, les grands exégètes d'Aristote préfèrent eux aussi le style du commentaire. Le jésuite Pedro Fonseca a choisi pour son commentaire de la *Métaphysique* une forme complexe : après le texte et sa traduction viennent des notes, et des objections auxquelles il est ensuite répondu, et enfin des dissertations (*quaestiones*) sur certains points saillants[2]. Sylvester Maurus, jésuite lui aussi, a bien intitulé son commentaire aux œuvres d'Aristote « Paraphrase » ; mais il s'agit en fait d'un exposé exhaustif du contenu qui suit le texte traduit. Il est intéressant de remarquer que son œuvre a été rééditée il y a à peine plus d'un siècle[3].

Le pas décisif ne fut pourtant franchi qu'avec la montée de la philologie. Elle a porté le coup de grâce au style de la paraphrase. On pourrait caractériser son entreprise entière comme une explication de tout l'héritage écrit des Anciens dans le style du commentaire. Elle le fait, comme on sait, en élaborant les textes classiques, et plus tard quelque texte que ce soit, avec les outils qui avaient été forgés pour les textes sacrés. Or donc, ce n'est pas n'importe quelle sorte de texte sacré qui peut rendre nécessaire, et d'abord, possible, un traitement philolo-

1. Schönberger, *WS*, p. 87.

2. Petrî Fonsecae *Commentariorum in Metaphysicorum Aristotelis libros*, 2 vol., Hildesheim, Olms, 1964 (= Cologne, 1615). La première édition a été publiée à Rome en 1577-1589.

3. *Aristotelis opera omnia quae extant brevi paraphrase et litterae perpetuo inhaerente expositione illustrata*, a Silvestro Mauro, s.j., éd. F. Ehrle, s.j. *et al.*, Paris, Lethielleux, 1885-1886, 4 vol. (première édition : Rome, 1668).

gique. Pour que quelque chose comme une philologie puisse naître, le texte sacré dont elle s'occupe doit présenter des traits bien déterminés.

E. Les contextes chrétien et islamique

On peut repérer une sorte d'affinité élective entre les styles d'appropriation et l'arrière-plan religieux qui lui correspond à chaque fois. Il y a là, d'abord, un groupe de faits que l'on peut platement constater. Avicenne développe son nouveau style de lecture d'Aristote en l'opposant à ce qui se pratiquait à son époque, à savoir la pratique des aristotéliciens de Bagdad, qui étaient des Arabes chrétiens d'appartenance nestorienne [1].

D'un autre côté, il se distingue de son lointain successeur Averroès, qui renoue avec les grands commentaires de Farabi. Or, Averroès, malgré son origine musulmane et un attachement à l'Islam que l'on ne met plus en doute aujourd'hui, est resté à peu près inconnu dans l'Orient islamique. En revanche, il fut lu et commenté avec passion par les Juifs et les chrétiens d'Europe. La réception de sa pensée n'a pas eu lieu dans le monde musulman, mais à peu près exclusivement chez les Juifs et les chrétiens. Nous en avons un bel exemple : nous ne possédons de son grand Commentaire à la *Métaphysique* qu'un unique manuscrit en arabe, alors que nous en avons une quinzaine dans la traduction hébraïque et que la traduction latine existe dans de nombreux manuscrits et livres imprimés, y compris des incunables.

---

1. Voir S. Pinès, « La "Philosophie orientale" d'Avicenne et sa polémique contre les bagdadiens » (1952), dans *CW*, t. 3, p. 301-333.

Quant à l'œuvre exégétique d'Averroès, on peut observer à propos de sa réception un très intéressant renversement des rapports entre philosophes juifs et chrétiens. Au XIIe siècle, on le sait, se produisit un déplacement lourd de conséquences des centres intellectuels du monde juif. Les communautés juives qui vivaient jusqu'alors en Espagne, sous domination islamique, furent placées par les Almohades devant le choix entre la conversion à l'islam ou l'exil. C'est dans de telles circonstances que, par exemple, la famille de Maïmonide dut quitter Cordoue pour aboutir finalement en Égypte. Mais de nombreuses familles choisirent d'émigrer vers le Nord et s'établirent en terre chrétienne, en Catalogne ou en Provence. De la sorte, les penseurs juifs entrèrent peu à peu dans la zone d'influence des penseurs chrétiens.

Or donc, ce changement géographique fut suivi par une évolution dans le style de l'appropriation. Au début, les Juifs négligèrent les grands commentaires et utilisèrent les épitomés, qui remplacèrent pour eux le texte original. Ainsi, chaque fois qu'un penseur juif comme Gersonide se réclame de l'autorité d'Aristote, voire renvoie à l'une de ses œuvres, il utilise en fait le résumé de celle-ci par Averroès. L'appropriation chrétienne d'Aristote se déroula de façon exactement symétrique : dès le début, les chrétiens utilisèrent les grands commentaires, alors que les épitomés ne furent à peu près pas utilisés jusqu'à la Renaissance.

De leur côté, ce n'est que dans le sillage de la scolastique chrétienne que les Juifs s'intéressèrent aux grands commentaires d'Averroès et, partant, à la lettre même des écrits d'Aristote [1]. Avec le passage du domaine d'influence

1. Voir Zonta, *FAME*, p. 151 *et passim.*

culturelle islamique au domaine d'influence chrétienne s'accomplit un passage du modèle islamique au modèle chrétien d'appropriation, à savoir, de la digestion à l'inclusion.

F. L'Islam comme culture de la digestion

Le même exemple de la réception d'Aristote au Moyen Âge peut nous aider à caractériser le style de réception islamique. On peut en effet identifier les mêmes traits quant au procès d'ensemble de l'appropriation de l'héritage antique. On peut de la sorte, c'est-à-dire de façon indirecte, mieux percevoir à quel point l'appropriation opérée dans le domaine européen s'est produite de façon, au fond, très étrange.

Friedrich Schlegel a tenté une fois de caractériser le style islamique de l'appropriation. Il écrit : « Les Arabes sont une nature extrêmement polémique ; ils sont les annihilants parmi les nations. Leur manie (*Liebhaberei*) d'effacer les originaux ou de les jeter une fois la traduction terminée, caractérise l'esprit de leur philosophie. C'est bien pourquoi ils étaient peut-être infiniment cultivés mais, malgré toute leur culture, plus purement barbares que les Européens du Moyen Âge. Barbare est en effet ce qui est en même temps adversaire du classicisme et du progrès » [1]. Le jugement d'ensemble que Schlegel formule sur la culture arabe n'a pas à nous intéresser ici. Même si l'on prend au sérieux la distinction qu'il pratique entre

1. Fr. Schlegel, Fragments de l'*Athenäum*, § 229, dans *Kritische Ausgabe*, vol. 2 : *Charakteristiken und Kritiken I (1796-1801)*, éd. H. Eichner, Munich / Zürich, Schöningh / Thomas Verlag, 1967, p. 202.

« cultivé » et « barbare », ce jugement reste extrêmement injuste. Ce qu'il y aurait de plus intéressant, ce serait d'établir d'où Schlegel, qui n'était guère compétent dans ce domaine, tirait un tel jugement, ce que je ne suis pas encore parvenu à faire.

Mais en ce qui concerne les faits, Schlegel a raison jusqu'à un certain point. Les Arabes n'ont pas conservé les supports manuscrits de leurs traductions. On ne peut guère parler, en revanche, d'une décision positive en faveur de leur destruction. On pensera plutôt à un fait moins spectaculaire : après la traduction, les manuscrits furent tout simplement négligés, parce qu'ils étaient devenus inutiles.

Au XVe siècle, un musulman, le grand historien tunisien Ibn Khaldûn, fait une remarque analogue à propos de la disparition des originaux des traductions arabes. Dans le célèbre premier volume de son œuvre historique, il écrit à ce propos quelques phrases que je traduis de la façon la plus littérale possible : « <Les musulmans> désireux d'apprendre les sciences des autres nations, ils se les approprièrent par la traduction, les adaptèrent à leurs propres vues et les firent passer dans leur propre langue à partir des langues étrangères [litt. : ils les épluchèrent (*jarrada*) de ces langues étrangères]. Ils y surpassèrent [les auteurs étrangers], dont les manuscrits, écrits dans leurs langues, furent oubliés et complètement abandonnés. [litt. : traces <d'un campement> d'où l'on a émigré, POUSSIÈRES DISPERSÉES (Coran XXV, 23)]. Désormais, toutes les sciences étaient en arabe, et tous les travaux scientifiques étaient consignés avec l'écriture arabe. Ceux qui étudiaient les sciences n'avaient besoin que de connaître l'écriture et la langue arabe. Car les autres langues avaient disparu et n'intéressaient plus personne »[1].

Ce qu'Ibn Khaldûn exprime de façon imagée et dans une tout autre tonalité que Schlegel, est pourtant la même chose. Chaque image porte : les manuscrits sont restés comme les vestiges d'un campement après le départ de ses habitants ; le thème fait partie des figures imposées de la poésie arabe. Ils sont restés tels, parce qu'ils n'étaient plus utiles. Leur contenu a été transvasé, coulé dans un moule nouveau, ce qui implique la perte de sa forme originelle. Mais ce qui est le plus révélateur, c'est la métaphore de l'épluchage, que Rosenthal rend de façon insatisfaisante par « *to take over* ». La langue est considérée comme l'écorce que l'on enlève et jette après avoir consommé ce qu'il y avait de mangeable ou de buvable dans le fruit.

On pourrait dresser le même constat et retrouver le même procédé dans d'autres domaines du savoir islamique. Quant au droit, par exemple, le droit romain a été absorbé, avec les variantes que les Arabes avaient trouvées devant eux dans les pays qu'ils avaient conquis. Mais les juristes ont mis ce qu'ils s'appropriaient ainsi au crédit de l'islam : le Hadith place dans la bouche du Prophète la pratique juridique qui était en vigueur à l'époque[2]. De la sorte, elle se trouvait revêtue d'une autorité nouvelle qui lui conférait une légitimité religieuse. Par ailleurs, ces usages étaient ainsi arrachés à leurs racines, par exemple la métaphysique et la cosmologie du droit ébauchée par

1. Ibn Khaldûn, *M*, VI, 4, t. 3, p. 27 ; *LE*, p. 1088 ; trad. angl. Fr. Rosenthal, t. 3, p. 317.

2. Voir le travail fondamental de J. Schacht, *The Origins of Muhammadan Jurisprudence*, Oxford, Clarendon Press, 1950 ; quelques remarques très pénétrantes dans Crone et Cook, *H*, p. 97-101.

les Stoïciens, pour être accrochés à une origine historique. La méthode islamique d'appropriation ne peut se déployer qu'au prix de la dénégation de l'origine : la culture islamique se veut un commencement absolu, et refoule la conscience de devoir quelque chose à la situation antérieure, qu'elle caractérise comme l'époque de l'ignorance (*jâhiliyya*) [1].

Or, on peut remarquer que cette attitude par rapport à ce qui est hérité ne vient pas par hasard. Elle plonge des racines profondes jusque dans l'essence même de la religion qui a marqué la culture arabe, à savoir l'islam. Nous la trouvons en effet au cœur du message islamique : les livres qui témoignent des révélations précédentes auraient été, selon lui, falsifiés par les communautés qui en avaient reçu la garde, Juifs ou chrétiens. Mais leur contenu authentique en aurait été conservé dans le Coran. De la sorte, les écrits antérieurs perdent leur intérêt, et la disparition de leur contenu authentique, sa gravité. Le livre saint de l'islam remplace les livres qui l'ont précédé. Et il le fait dans la mesure où il se les incorpore. Le Coran est ainsi comme une paraphrase de l'Ancien et du Nouveau Testaments.

On pourrait même aller jusqu'à parler d'un *paratexte* : dans le Coran, les récits bibliques sont présupposés. Les récits sur les grandes figures de l'Ancienne Alliance sont à peu près incompréhensibles sans la connaissance de la Bible et surtout du Midrash juif. Mais, selon la dogmatique islamique, il est exclu qu'il puisse s'agir d'une influence littéraire. Il faut que le Prophète ait tout reçu directement d'Allah.

1. Sur l'exemple de l'Andalousie, voir Urvoy, *AAIM*, p. 80-82.

G. L'EUROPE COMME CULTURE DE L'INCLUSION

J'ai déjà exposé ailleurs comment l'Europe s'est engagée sur une autre route, diamétralement opposée [1]. On pourrait ajouter aux exemples que j'ai déjà étudiés ailleurs celui même que je viens d'évoquer à propos de l'islam, à savoir le Droit : le droit européen est issu d'une systématisation d'un corpus juridique venu d'une civilisation antérieure, à savoir le Droit romain redécouvert dans le sillage de la Révolution papale de la fin du XIe siècle [2].

Cette attitude par rapport à l'Autre se laisse déjà observer dans le cas du texte exemplaire de la religion européenne, la Bible. Elle se compose de deux parties, ce dont nous avons depuis longtemps désappris à voir l'étrangeté. Et pourtant ! C'est un fait unique dans l'histoire des religions que le livre sacré d'une religion contienne à côté de soi celui d'une religion précédente. Et le second livre, le Nouveau Testament, constitue comme un commentaire du premier. Plus exactement, et pour utiliser un terme technique de l'exégèse juive : le Nouveau Testament est comme un *pesher* de l'Ancien, c'est-à-dire une interprétation qui applique le texte à la situation présente et qui l'interprète en fonction d'un événement clé, celui-ci étant, en l'occurrence, la Passion et la Résurrection de Jésus.

On pourrait appliquer ce concept à de nombreux phénomènes de la culture européenne. On pourrait peut-être même caractériser celle-ci, de façon globale, comme un *pesher* des cultures qui l'ont précédée. Elle ne cesse en effet de tenter de montrer que l'élément grec et l'Ancien

1. Voir *supra*, p. 264, note 1.
2. Voir H. J. Berman, *Law and Revolution*, notamment p. 122.

Testament éclairent sa propre actualité, qui en retour leur ouvre de nouveaux espaces d'interprétation. Cela se manifeste de temps en temps avec une clarté toute spéciale, voire spectaculaire, comme par exemple dans les périodes de renouveau religieux et / ou de bouleversements politiques. Que l'on pense à l'obsession des puritains anglais pour l'Ancien Testament, ou à la façon dont l'Empire de Napoléon singea tout ce qui était romain. Mais, outre ces crises, c'est la chaîne ininterrompue de renaissances qui a déterminé l'histoire culturelle européenne qui témoigne dans sa totalité d'un rapport de ce genre.

La civilisation européenne, d'après ma thèse, repose sur le modèle de l'inclusion. Mais alors, comment cette attitude, qui est quant au fond conservatrice, peut-elle être compatible avec ce que nous constatons si manifestement, à savoir la dynamique de l'histoire européenne ? Celle-ci n'est-elle pas marquée par une instabilité structurelle, qui la pousse inlassablement à la conquête, à l'innovation technique, aux révolutions politiques et sociales ?

On rencontre le même paradoxe dans le domaine de la culture écrite. Et avec lui, sa solution. L'exégèse littérale donne, à première vue, l'impression de s'opposer au progrès. Mais en réalité, elle a produit l'effet exactement contraire, peut-être contre le gré de ses promoteurs. Mesurer le traditionnel par rapport à ce qui est nouveau suppose que la doctrine transmise s'est cristallisée en une forme stable. Ce n'est qu'une fois qu'elle l'a fait qu'elle peut devenir l'objet d'un regard critique, et, partant, qu'elle peut être dépassée [1]. Progrès et conservation

1. Voir J. Assmann, *Das kulturelle Gedächtnis. Schrift, Erinnerung und politische Identität in frühen Hochkulturen*, München, Beck, 1997, p. 289-290.

courent en parallèle, voire se renforcent mutuellement. En revanche, une assimilation par intussusception (digestion) ne laisse pas apparaître la limite entre l'ancien et le nouveau, rendant ainsi plus malaisée la prise de distance envers soi.

Comme exemple, on peut prendre la vie culturelle de l'Andalousie au XIIe siècle. Des penseurs comme Ibn Bâjja (mort vers 1138) ou Averroès, déjà nommé, y ont eu l'intention d'imposer un aristotélisme authentique, pur des scories déposées par Avicenne. En astronomie, cela a mené al-Bitrugî (Alpetragius) à une tentative pour corriger le système de Ptolémée. Celui-ci consistait essentiellement en hypothèses devant permettre de « sauver les phénomènes » en construisant un modèle mathématique capable de rendre compte des apparences, mais ne prétendant pas représenter la réalité. Al-Bitrugî s'est proposé de le rendre compatible avec la physique aristotélicienne, c'est-à-dire avec ce que l'on considérait alors comme une description adéquate du monde réel [1]. C'est seulement après l'échec de la réforme andalouse de l'astronomie que l'on a senti que l'on s'engageait ainsi dans une impasse, aveu qui, à long terme, a mené à une nouvelle astronomie.

---

1. Voir A. I. Sabra, « The Andalusian Revolt against Ptolemaic Astronomy. Averroes and al-Bitrujî », dans E. Mendelsohn (éd.), *Transformations and Tradition in the Sciences. Essays in Honor of I. Bernard Cohen*, Cambridge University Press, 1984, p. 133-153.

H. La littérature sur l'estomac

J'aborde par là le problème de la conscience historique. Qu'est-ce qu'une culture qui, comme le fait la culture européenne, accueille en soi des éléments d'autres cultures, sans les consommer, et qui même prend toutes les précautions possibles pour empêcher ces éléments de se dissoudre en elle ? C'est ainsi que notre technique muséologique a inventé un moyen commode de multiplier les inclusions : dans la collection la plus modeste, chaque vitrine suffit à transformer les objets qui y sont déposés en inclusions. Mais qu'est-ce qu'une culture qui se donne pour but de conserver, en plein milieu de son présent, des bulles ou des réserves de passé ? Il nous faut ici prendre au sérieux les objections de Nietzsche : il se pourrait bien que la science historique (*Historie*) soit nuisible pour la Vie [1]. Et déjà à la vie avec une minuscule, à la vie au sens littéral le plus élémentaire, comme prolongation du processus biologique de la nutrition. Le modèle le plus adéquat d'une vie saine, même au niveau de la culture, pourrait bien être non l'inclusion, mais justement la digestion. La tradition vivante est une digestion du passé au profit de l'avenir. La culture européenne serait-elle donc intrinsèquement malade ?

La tentative d'éliminer purement et simplement la tradition peut, et même doit, mettre la vie en danger, dans la mesure où elle détruit les œuvres qui en témoignent et qui l'expriment. Michel Henry en a donné un exemple fascinant. Dans son livre très impressionnant, *La Barbarie*, il évoque la prétendue « restauration » de la mosaïque

1. Voir *supra*, p. 276, note 4.

byzantine du couvent grec de Daphni [1]. On y a très maladroitement tenté d'ôter les tesselles qui, au cours des siècles, avaient été placées pour remplacer les parties endommagées. On entendait par là rendre l'œuvre à son état primitif. Mais celle-ci est du coup à ce point défigurée qu'elle en devient illisible, que le spectateur ne peut plus l'éprouver comme elle se donnait. Michel Henry analyse brillamment cet échec comme le symptôme d'une perte du sens à mettre sur le compte de la conscience historique. Je ne puis ici examiner les racines de cette perte jusqu'à la profondeur à laquelle Michel Henry les dégage.

Quoi qu'il en soit, il reste pourtant possible de s'engager sur une autre voie. Et on peut le montrer encore une fois sur l'exemple de la restauration d'une œuvre d'art figuratif. Dans le cas d'une fresque endommagée, par exemple par l'humidité des parois, on applique la technique du *tratteggio* [2]. Les taches colorées qui étaient tombées en même temps que le revêtement détrempé y sont remplacées par des couleurs qui complètent les formes peintes et permettent à nouveau de saisir la totalité de leurs contours. Mais ces couleurs ne sont appliquées qu'en très fines hachures. Quand on voit l'œuvre de loin, comme le fait le spectateur habituel qui lève les yeux vers un plafond situé à plusieurs mètres de lui, on a l'impression que les peintures sont restées intactes. L'image en devient lisible, la scène mythologique devient identifiable, sans gâcher le plaisir naïf de goûter l'œuvre d'art. Mais

1. Voir M. Henry, *La Barbarie*, Paris, Grasset, 1987, p. 58-70.

2. Je dois la connaissance de cette méthode à Mme Cristina Flitner (Graz) qui, en juin 1997, m'a présenté son travail au château Eggenberg.

quand un connaisseur examine de près les détails, par exemple pour évaluer la technique propre à l'artiste, analyser la composition chimique des pigments utilisés, etc., il n'a aucun mal à distinguer les parties d'origine de celles qui ont été restaurées.

C'est ainsi que l'on pourrait comprendre toute l'activité de recherche historique à travers l'image du *tratteggio*. L'historien essaie de redonner vie au passé. Mais il ne le fait qu'*in vitro*. Il rend le passé à nouveau présent, mais il ne l'introduit pas dans le présent. Il lui faut éveiller l'impression que son récit porte sur des événements contemporains du lecteur. Et il y parvient d'autant mieux qu'il a plus de talent. Mais l'illusion est compensée par le sentiment de distance. Ce n'est que quand on lit de façon superficielle qu'on s'imagine vivre un passé révolu. Le connaisseur peut en revanche mesurer quel abîme nous sépare de celui-ci.

Selon Nietzsche, la culture européenne souffre de dyspepsie [1]. En d'autres termes : pour l'Occident, les sources de sa culture lui restent sur l'estomac. On pourrait répondre, si je puis me permettre une plaisanterie, en opposant à l'image un peu raide de Nietzsche une autre plus raide encore : il y a beau temps que cet estomac est devenu, et justement à cause de toutes les inclusions qui y demeurent sans qu'il puisse les dissoudre, un gésier. Autrement dit : grâce au modèle d'appropriation que l'Europe a développé en se confrontant à ses sources, elle peut s'approprier d'autres cultures, sans être pour autant obligée de les digérer.

---

1. Voir entre autres Fr. Nietzsche, *Zur Genealogie der Moral*, II, § 1 ; *KSA*, t. 5, p. 291-292.

Le truchement

Quelques réflexions sur les traductions arabes

L'histoire de la philosophie médiévale, et même moderne, n'aurait pas été ce qu'elle fut sans un vaste mouvement de transfert du savoir à travers les langues et les cultures. Il s'est accompli à travers des vagues successives de traduction qui ont commencé bien avant ce que nous appelons le Moyen Âge.

A. UN MOUVEMENT MILLÉNAIRE DE TRANSFERT

Le premier épisode est un passage de très longue durée du grec au latin. Il commença avec l'apprentissage du grec par l'élite romaine, au lendemain de la conquête du sud de l'Italie, puis de la Grèce continentale par les armées de Rome, au IIe siècle avant J.-C. Cette acculturation n'était d'ailleurs que l'aspect linguistique d'un mouvement de plus grande ampleur qui mena Rome à se repenser elle-même dans toutes ses dimensions [1].

1. Voir C. Moatti, *La Raison de Rome. Naissance de l'esprit critique à la fin de la République*, Paris, Seuil, 1997, p. 57-95.

Cet épisode a duré au bas mot six bons siècles, de Cicéron († 44 avant J.-C.) à Boèce († 524), en passant par les chrétiens de langue latine du IVe siècle. Ceux-ci ont traduit des auteurs chrétiens. Ainsi Rufin, grâce auquel nous possédons plus que des lambeaux d'Origène. Mais ils ont aussi traduit des auteurs païens, comme Marius Victorinus, qui a – peut-être – traduit du Plotin. De ce mouvement d'ensemble, on pourrait dire aussi qu'il a duré presque un millénaire, si l'on va jusqu'aux traductions de Némésios d'Émèse (que l'on prenait pour Grégoire de Nysse), du Pseudo-Denys l'Aréopagite et de Maxime le Confesseur faites du grec au latin par Jean Scot Érigène († 877), qui les intégra à son *De la division de la nature*. Jean, comme son double surnom l'indique, venait d'Irlande. Le bout du monde, donc, que les bouleversements liés aux migrations (les prétendues « invasions barbares ») n'avaient pas troublé et où un peu de culture grecque avait survécu dans les couvents.

Parallèlement, on n'a pas traduit uniquement vers le latin, on a également traduit du grec vers les langues des chrétiens d'Orient. C'est surtout le cas pour le syriaque, l'araméen parlé par les chrétiens du Moyen-Orient, du VIe au VIIIe siècle. On a aussi traduit vers les langues nationales d'autres peuples chrétiens, comme l'arménien et le géorgien. Ainsi, il existe un texte d'un grec, l'évêque de Lyon saint Irénée, la *Démonstration de la prédication apostolique*, que nous ne possédons qu'en arménien et dans des traductions faites à partir de cette langue.

Le second épisode de notre histoire, le premier à se situer incontestablement au Moyen Âge, est le mouvement des traductions faites vers l'arabe aux IXe et Xe siècles. Je ne parlerai ici que des traductions du grec, parce qu'elles concernent des œuvres qui relèvent de la philosophie. Les toutes premières traductions furent pourtant faites à partir du pehlevi, à commencer par le chef-d'œuvre de la prose arabe, le *Kalila wa-Dimna* d'Ibn al-Muqaffaʿ (exécuté en 756).

Le fait massif est un vaste ensemble de traductions faites à partir du grec. Sur celles-ci, nous possédons de nombreux travaux monographiques, et déjà quelques bonnes synthèses [1]. Ces traductions s'étalent sur une période qui dura entre un siècle et deux. En gros, on peut dire : de 800 à 950. La première serait de 782, la *Topique* d'Aristote. Le mouvement s'arrête au moment où les Arabes en viennent à croire qu'ils ont assimilé en sa totalité le savoir grec, voire qu'ils l'ont prolongé et dépassé [2].

Enfin, dans le prochain chapitre, je traiterai du troisième épisode, qui verra l'Europe s'approprier ou se réapproprier, notamment par des traductions, l'héritage grec, mais aussi islamique.

B. LE CADRE

Si l'on essaye de reconstituer le contexte d'ensemble du mouvement des traductions vers l'arabe, on peut se placer à au moins trois échelles. Commençons par la plus grande.

Le cadre général, à long terme, est la conquête arabe. Elle constitue un phénomène historique exceptionnel. Il n'est pas rare que des peuples d'une civilisation moins avancée conquièrent des civilisations plus avancées. Les Romains avaient de même conquis la Grèce, les Francs la

1. Gutas, *GTAC* et d'Ancona Costa, *CS*.
2. Voir Gutas, *GTAC*, p. 151 s.

Gaule, etc. Mais, habituellement, les conquérants s'assimilent aux conquis : les Francs ont oublié leur langue et leur religion d'origine ; ils ont appris le latin vulgaire que parlaient les Gaulois, et ont adopté le christianisme que ceux-ci pratiquaient. Mais, si les conquérants arabes ont emprunté la culture des peuples vaincus, ils ont imposé leur langue et leur religion.

S'étalant sur plusieurs siècles, il faut noter ensuite, comme condition favorable, un essor économique du monde conquis [1]. La conquête arabe s'est emparée de régions de haute et vieille culture : le Moyen-Orient était dès l'Antiquité un centre de gravité économique et culturel ; dans l'Empire romain, la moitié orientale était déjà la plus prospère. La conquête mit fin à la rivalité entre l'Empire byzantin et la Perse au profit d'un troisième larron, qui engloba la seconde et la partie la plus riche du premier. Les routes commerciales se redéfinirent en fonction du nouvel Empire. Le pillage remit en circulation l'or qui dormait dans les tombeaux égyptiens et sur les icônes, provoquant un appel d'air économique. Une classe de marchands, mais aussi de fonctionnaires se développa. Elle disposait de loisirs, condition indispensable de la haute culture. Par ailleurs, elle maîtrisait l'arabe, langue dans laquelle elle commerçait et administrait. Elle put donc prolonger la tradition culturelle de la région, qui était déjà plusieurs fois centenaire.

Le cadre le plus proche est la dynastie abbasside, au pouvoir depuis la révolution de 750. Celle-ci est sous influence persane plus qu'arabe. Or, d'après une hypo-

---

1. Entre beaucoup de titres, voir la synthèse de M. Lombard, *L'Islam dans sa première grandeur (VIIIe-XIe siècle)*, Paris, Flammarion, 1971.

thèse fascinante de Dimitri Gutas, la politique de traduction pourrait se replacer dans le contexte d'une revendication de l'héritage zoroastrien de la Perse ancienne. La religion de Zoroastre avait été la religion nationale iranienne avant la conquête arabe. Elle supposait que la vérité religieuse était éparse dans différents livres et devait être recueillie dans un tout unique. C'est ce que les califes abbassides, héritiers des souverains persans, auraient voulu faire eux aussi, en étendant le projet au savoir philosophique grec [1].

Il faut mentionner un autre élément, lui aussi lié à la nature de la nouvelle dynastie. L'islam omeyyade était resté la religion de la seule classe dirigeante issue de la conquête. En revanche, l'islam abbasside est prosélyte. Il cherche donc à répondre aux objections des zoroastriens, en particulier de ceux qui n'avaient adopté l'islam qu'en façade, ainsi que des théologiens chrétiens, formés à la logique aristotélicienne. En conséquence, les gens du Kalâm ont besoin de manuels de controverse. Or, les œuvres logiques d'Aristote peuvent remplir cette fonction. Un souci de ce genre explique pourquoi le premier texte qui sera traduit du Philosophe a été un texte dont nous ne songerions guère qu'il puisse constituer une toute première urgence, mais qui pouvait rendre le service attendu de lui, à savoir les *Réfutations sophistiques* [2].

---

1. Voir Gutas, *GTAC*, p. 36-45.
2. Voir *Ibid.*, p. 61 s. ; pour un coup d'œil sur la controverse, voir I. Zilio-Grandi, dans d'Ancona, *SFIM*, p. 101-136.

C. Que traduit-on quand on traduit ?

Nous possédons une traduction littéraire, *Kalila wa-Dimna*. Mais, comme je l'ai signalé, elle fut faite non à partir du grec, mais du pehlevi, et sort donc des limites de l'épure.

Un fait capital est de nature négative : aucun texte sacré antérieur n'a été traduit. La dogmatique musulmane a en effet résolu le problème posé par l'incompatibilité du Coran et de la Bible en déclarant que les deux parties de celle-ci avaient été falsifiées par leurs possesseurs : Juifs pour la Torah, chrétiens pour l'Évangile. Ce dogme est connu sous le terme technique de *tahrîf*[1]. Il a pour conséquence que les textes bibliques ne sont à peu près pas étudiés par les musulmans, que leur lecture leur est interdite sur la foi de certains hadiths, et qu'en tout cas il n'en existe pas de traduction à l'usage des musulmans. Il n'y a pas d'équivalent musulman de la Septante ou de la Vulgate. La Bible a été traduite en arabe par et pour des Juifs, comme Saadia Gaon, ou par et pour des chrétiens. Il n'est d'ailleurs pas totalement exclu qu'une traduction ait existé avant Mahomet, à l'usage des tribus chrétiennes d'Arabie[2]. Mais nous n'en possédons aucun fragment.

Ce qu'on traduit du grec est en gros du savoir utilisable. On ne rencontre pas de souci esthétique. Par suite, on n'a pas traduit de littérature, ni non plus d'histoire. Le nom d'Homère est connu, mais son œuvre est réduite à quelques sentences morales. Les tragiques, les lyriques,

1. Voir H. Lazarus-Yafeh, *Intertwined Worlds*.
2. Voir A. Baumstark, « Das Problem eines vorislamischen christlich-kirchlichen Schrifttums in arabischer Sprache », *Islamica*, 4 (1931), p. 562-575.

les historiens, etc. sont ignorés. Ce que l'on traduit en revanche, et d'abondance, ce sont des sciences et de la philosophie – dans la mesure où l'on peut distinguer les deux de façon tranchée à l'époque.

Quant à ce que nous appelons « sciences », les traductions vers l'arabe ont permis l'appropriation du savoir grec par le Moyen-Orient et l'Andalousie islamisés. Ce savoir a été enrichi par l'apport personnel des savants arabes, qui a permis des progrès notables en mathématiques, optique, astronomie, etc. Faute de compétence, je n'en parlerai pas. Nous possédons là-dessus plusieurs bonnes synthèses récentes, auxquelles je me contente de renvoyer [1].

D. Part de la traduction dans la constitution d'une culture

En islam, la ligne de démarcation ne passe pas entre le savoir et un autre domaine (foi, religion, etc.), mais entre deux types de savoir : sciences islamiques et sciences extérieures.

Le mot arabe pour le « savoir » (*'ilm*) possède d'emblée une connotation religieuse. Et réciproquement, la religion représente un « savoir ». La période ayant précédé l'islam est désignée classiquement comme « l'ignorance » (*jâhiliyya*). On répète à satiété un hadith faisant l'éloge du

1. Survol commode dans A. Djebbar, *Une histoire de la science arabe. Entretiens avec J. Rosmorduc*, Paris, Seuil, 2001. Présentation d'ensemble approfondie dans R. Rashed (éd.), *Histoire des sciences arabes*, Paris, Seuil, 1997, 3 vol.

« savoir » : « cherchez le savoir, même en Chine » [1]. Rien de tel pour propager l'image d'un islam ami des sciences, compatible avec la modernité, voire facteur de progrès, etc. En fait, lorsque le hadith fut mis en circulation, il ne s'agissait nullement d'une légitimation de la physique ou de la géographie. Le mot *'ilm* ne signifie science que s'il est employé en un rapport d'annexion : « science *de* la nature », « science *de* la langue », etc. Employé absolument, il désigne le savoir religieux, plus précisément la connaissance révélée par Dieu des devoirs de l'homme. Le hadith en question fait partie d'une série de déclarations mises dans la bouche de Mahomet et disant les mérites de ceux qui n'hésitent pas à entreprendre de longs voyages pour aller recueillir de la bouche même des transmetteurs des traditions sur le Prophète [2]. Il s'agit donc d'un hadith apportant une légitimation du hadith lui-même, non du savoir en général. Une description de l'Extrême-Orient à l'usage des négociants le remarque avec surprise : les Chinois n'ont pas de *'ilm*. Le traducteur français ajoute avec raison : « Les Chinois n'ont pas de science <de la Loi> » [3].

Le savoir religieux, comme le *fiqh*, le hadith, l'exégèse coranique avec ses sciences auxiliaires comme la gram-

---

1. Hadith cité par Fr. Rosenthal, *Knowledge Triumphant. The Concept of Knowledge in Medieval Islam*, Leyde, Brill, 1970, p. 89 n. 4 ; L. Massignon, *Essai sur le lexique technique de la mystique musulmane*, Paris, Vrin, 1958 (2e éd.), p. 127. Bayhaqî dit à son sujet : « son contenu (*matn*) est répandu (*mashhûr*), mais ses chaînes de transmission (*asânid*) sont faibles (*da'if*) » (cité dans Ghazâli, *Ihyâ'*, I, p. 15 bas).

2. Voir I. Goldziher, *Études sur la tradition islamique*, trad. L. Bercher, Paris, Maisonneuve, 1952, p. 218.

3. *Ahbâr as-Sîn wa l-Hind. Relation de la Chine et de l'Inde*, éd. J. Sauvaget, Paris, Les Belles Lettres, 1948, §72, p. 26, 4.

maire, la poésie, etc., *doit* être d'origine interne. Dans la réalité, le droit vient soit des pratiques arabes antérieures, soit des peuples conquis, et il est attribué fictivement au Prophète. Le travail d'inscription de l'héritage culturel affecte en premier lieu, et de façon paradoxale, la langue arabe elle-même, et ce dans son document censé normatif, le Coran. On pourrait parler, en exagérant un peu, d'une arabisation de l'arabe lui-même. La langue du Coran était la langue qu'on parlait dans la Péninsule arabique du VIIe siècle : un mélange de dialectes, avec une forte injection de mots et de tournures empruntés à la langue de la haute culture, le syro-araméen (syriaque). C'est le travail des commentateurs coraniques et des grammairiens qui expliqua tout passage en se fondant sur les seules ressources d'un arabe en grande partie postulé *ad hoc* [1].

En revanche, le savoir profane *a le droit* d'être d'origine étrangère. Il vient de Perse ou de Grèce. La Perse fonctionnait elle-même d'ailleurs souvent comme relais de l'Inde. C'est le cas par exemple pour les chiffres que nous appelons encore « arabes ». Ce savoir vient par des traductions.

E. PLACE DE L'AUTRE DANS LA CONSTITUTION D'UN ESPACE PUBLIC

Toute société se caractérise par une façon déterminée de négocier ses rapports avec les autres. La société

1. Voir Ch. Luxenberg, *Die syro-aramäische Lesart des Koran. Ein Beitrag zur Entschlüsselung der Koransprache*, Berlin, Das Arabische Buch, 2000, IX-311 p.

islamique médiévale est issue de la conquête par une minorité guerrière arabe de vastes populations qui avaient déjà d'autres religions. Elle a donc cette particularité que, en elle, l'autre est déjà là. Mais, si l'on peut dire, tous les autres ne sont pas aussi autres que d'autres. Dans l'espace islamique, en principe, le païen n'a pas de place. En revanche, le Juif et le chrétien ont une place, régie par les règles de la *dhimma* ou « protection ».

De même, dans le mouvement des traductions, les traducteurs ne sont jamais des musulmans. Ce sont pour la plupart des chrétiens, des trois dénominations dominantes, avec quelques Sabiens. La langue de culture des chrétiens est le syriaque, leur langue liturgique le grec.

Les traducteurs connaissent déjà les langues à partir desquelles ils traduisent. Nous avons certes des exemples de traducteurs allant faire des voyages d'études en Grèce pour se perfectionner. Mais il s'agit de chrétiens pour lesquels le grec était déjà au moins langue liturgique.

On retrouve ici, transposée au niveau de la culture, une structure fondamentale de la civilisation islamique. Celle-ci a pour particularité que l'étranger y est aussi à l'intérieur. Cela correspond à une pratique courante des États musulmans : ce ne sont pas les musulmans, mais les « protégés » qui sont chargés des contacts avec leurs équivalents extérieurs, lorsque ceux-ci ne sont pas politiques ou militaires. Ce sont eux qui se chargent du commerce, etc. Ainsi, on connaît des familles chrétiennes entières qui furent de père en fils interprètes (*drogman*) auprès de la Sublime Porte.

De même, parmi les traducteurs du IXe siècle, il n'y a pas de musulmans. Presque tous sont des chrétiens d'Orient de diverses dénominations : jacobites, melkites, mais surtout nestoriens, je ne sais trop pourquoi. Les quelques autres appartiennent à cette communauté religieuse un peu bizarre et dont l'histoire peut fasciner, les Sabiens, dont les élites étaient peut-être les derniers héritiers des philosophes païens de l'école d'Athènes [1]. Aucun musulman n'a appris le grec, encore moins le syriaque. Les chrétiens cultivés étaient assez souvent bilingues, voire trilingues : ils utilisaient l'arabe pour la vie quotidienne, le syriaque pour la liturgie, le grec pour la culture.

Les traducteurs qui ont fait passer l'héritage grec vers l'arabe sont des artisans qui travaillent pour des personnes privées, sans soutien institutionnel [2]. On entend souvent parler de la « Maison de la sagesse » (*bayt al-hikmah*) comme d'une sorte de centre de recherches subventionné par les califes et ayant pour activité de traduire en arabe les œuvres grecques. C'est une pure légende. Plus on remonte en arrière dans le temps, moins les chroniqueurs mettent en rapport l'activité de traduction avec cette maison [3]. L'institution en question était avant tout une officine de propagande en faveur de la doctrine mu'tazilite que soutenaient les califes.

F. VOCABULAIRE DE L'ACTE DE TRADUCTION : TRANSPORTER, IMITER, CONCURRENCER, ETC.

La façon dont on parlait des traductions, les mots employés pour la dire, nous apprennent-ils quelque chose

1. Voir M. Tardieu, « Sabiens coraniques et sabiens de Harran », *Journal Asiatique*, 274 (1986), p. 1-44.
2. Gutas, *GTAC*, p. 139.
3. Voir M.-G. Balty-Guesdon, « Le Bayt al-hikmah de Baghdad », *Arabica*, 29 (1992), p. 131-150 ; Gutas, *GTAC*, p. 53-60 ; pour une présentation de la controverse, voir C. Martini Bonadeo, dans d'Ancona, *SFIM*, p. 263-270.

sur la façon dont l'entreprise était vécue ? Un dictionnaire qui est peut-être le meilleur pour le thème, celui, allemand-arabe, de Götz Schregle, rend *übersetzen* par *tarjama* et *naqala* [1]. *Tarjama*, « interpréter », est un vieux verbe araméen, puis hébraïque, sans doute formé sur le substantif akkadien pour « interprète ». Le mot arabe apparenté, *turjuman*, a donné notre « truchement ». Mais on a aussi *naqala*, « transporter », effectuer une translation. Chez les traducteurs d'Aristote, c'est la racine qui fut choisie pour rendre le dernier des trois genres du mouvement proprement dit, le mouvement selon le lieu ou déplacement (*phora*). On rencontre également *akhraja*, « faire sortir », qui ne veut pas toujours dire « publier » [2].

Les représentations véhiculées sont significatives : « transporter » implique que l'on déplace un contenu qui reste identique ; « faire sortir » implique que seule la traduction fait sortir le texte de son trou, le fait accéder à un espace public.

Tout est censé s'être passé comme si le savoir était composé d'objets meubles, qu'il se serait agi d'importer d'une région à l'autre comme des denrées dans le négoce international. Le transport des manuscrits est relaté comme une mission d'exploration rapportant des curiosités exotiques. Des textes reprennent ces représentations et les articulent.

L'idée de *translatio studiorum* d'Alexandrie à Bagdad se lit chez Farabi, avec l'affirmation d'une continuité

1. G. Schregle, *Deutsch-Arabisches Wörterbuch*, Wiesbaden, Harrassowitz, 1977, p. 1245 *a*.

2. Maïmonide, *Traité de logique*, p. 102 et note ; *Guide*, III, 29, p. 380, 16 ; trad. Munk, p. 242.

parfaite de l'enseignement de maître à étudiant. Il s'agit pour le philosophe de se présenter comme l'héritier d'un savoir qu'il aurait reçu sans déperdition depuis ses origines grecques. Les récits qui sont faits de ce transfert du savoir accréditent ce qui est peut-être une légende plus qu'une réalité [1]. L'entreprise de la traduction n'est pas mentionnée comme une étape intermédiaire signifiante.

Ibn Khaldûn suppose implicitement que la traduction est un simple processus d'épluchage de la coquille linguistique, celle-ci étant supposée indifférente au contenu. Il explique ainsi pourquoi les manuscrits traduits n'ont pas été conservés [2]. La traduction ne s'accompagne d'aucun sentiment de déperdition par rapport à l'original. L'adage « *traduttore traditore* » n'a pas cours. Au contraire, un texte de Biruni explique que la traduction en arabe ennoblit les textes traduits [3].

G. Le rapport aux Grecs dans chaque culture

Le savoir est d'origine grecque. Il est censé, très concrètement, être venu du pays des Grecs, ce qui veut dire l'Empire byzantin. Mais les auteurs arabes distinguent avec soin les Grecs à traduire des Grecs actuels. Ceux-ci, les Grecs concrets, sont dévalorisés par rapport aux Grecs anciens. Cette attitude vérifie une sorte de loi historique selon laquelle les conquérants s'approprient éventuellement le passé des indigènes, mais méprisent les indigènes présents. Les Romains traduisaient les Grecs,

1. Voir la synthèse de d'Ancona, *CS*, p. 13-31.
2. Brague, *EVR*, p. 136.
3. *Ibid.*, p. 127.

mais méprisaient les *graeculi*. Les colonisateurs ont tendance à plaquer le pays colonisé sur son histoire passée. L'administrateur colonial et orientaliste Octave Houdas imposa l'arabe littéral dans les medersas algériennes où les professeurs auraient souhaité enseigner en dialecte [1].

On constate donc un double mouvement de valorisation des Grecs passés et de dévalorisation des Grecs présents, les gens de l'Empire romain d'Orient (Byzantins), qui sont les adversaires réels des califes.

Les Grecs anciens sont nivelés par le haut. Il faut dire que, lorsqu'il est question des « Grecs », cela signifie en gros « les philosophes », voire « Aristote ». Ainsi, le médecin et libre-penseur Razi écrit que les Grecs étaient un peuple chaste [2]. Il n'avait jamais entendu parler d'Aristophane, ou des romans d'amour grecs, encore moins vu des graffitis obscènes. Maïmonide distingue les « lois des Grecs » et les « folies des Sabiens ». Ces Grecs imaginaires sont censés n'avoir ajouté aucune foi à l'astrologie [3].

En revanche, les Grecs présents, les gens de Byzance, sont censés n'être que des dégénérés. Le ton est d'abord modéré, comme, au IXe siècle, dans un texte de Jâhiz : les « Romains » de Byzance sont de grands savants ; comment donc peuvent-ils croire à l'Incarnation, qui entraîne mille absurdités et inconvenances pour Dieu [4] ? Il est

1. Dans G. von Grunebaum, *L'Identité culturelle de l'islam*, trad. franç. R. Stuvéras, Paris, Gallimard, 1973, p. 162

2. Razi, *Médecine spirituelle*, chap. 5, éd. P. Kraus, *Opera philosophica*, Le Caire, 1939, p. 42, 15-16 ; ma traduction (Paris, Garnier-Flammarion, 2003), p. 99 et n. 99.

3. Maïmonide, *G*, II, 39, p. 270, 1 ; trad. Munk, p. 306 ; *Commentaire de la* Mishnah, Avoda Zara, IV, 7, éd. J. Wiener, Berlin, 1895, p. 28.

4. Gutas, *GTAC*, p. 85 s.

remarquable que l'hypothèse inverse, à savoir que le dogme chrétien, s'il enlève l'acquiescement de gens très doués, pourrait ne pas être aussi absurde qu'il ne paraît, ne semble pas avoir effleuré l'esprit du polémiste... Plus on avance dans le temps, plus le ton monte. Ainsi, à la fin du XVe siècle, Suyuti raconte une anecdote selon laquelle les œuvres des philosophes antiques auraient été enterrées par les Byzantins, qui s'en seraient ensuite débarrassés avec joie lorsque les califes vinrent les leur demander [1].

Le sens de ces calomnies est clair : les Grecs d'aujourd'hui ne méritent plus l'héritage de leurs propres ancêtres. Les seuls héritiers légitimes des Grecs antiques ne sont pas leurs descendants corporels, mais bien les Arabes.

H. Place de la traduction dans la culture étudiée

Le monde islamique n'a montré à peu près aucun intérêt pour l'autre en tant que tel. Cela dure jusqu'à l'époque ottomane. Ceux qui sont obligés de séjourner en pays chrétiens, comme les ambassadeurs de la Sublime Porte ou les militaires faits prisonniers avant d'être échangés, ne racontent guère leur expérience [2].

À l'inverse, les populations des pays islamisés ont du mal à comprendre que des voyageurs puissent venir de loin uniquement pour les observer. C'est ce que le

1. Bragues, *EVR*, p. 113.
2. B. Lewis, *Comment l'islam a découvert l'Europe*, trad. franç. A. Pélissier, Paris, Gallimard, 1990.

voyageur français Jean Chardin remarque encore à propos des Persans qu'il avait visités en 1686 :

> Pour ce qui est des voyages, ceux de simple curiosité sont encore plus inconcevables aux Persans que les promenades. Ils ne connaissent point la volupté que nous ressentons à voir des manières différentes des nôtres et à ouïr un langage qu'on n'entend point (...). Mais ils s'arrêtaient particulièrement sur ces mots de *Gentilshommes curieux de voyager*, ce qu'on n'avait pu traduire en leur langue, sans un air d'absurdité qu'ont toutes les choses non pratiquées ou même inconnues. Ils me demandaient s'il était possible qu'il y eût des gens parmi nous qui voulussent prendre la peine de faire deux ou trois mille lieues avec tant de risque et d'incommodité, pour voir seulement comment on était fait et comment on faisait en Perse, et sans autre dessein [1].

Il faut donc prendre conscience d'un fait qui constitue comme l'arrière-plan invisible de l'entreprise de traduire. Je veux parler de l'effort qui consiste à *se* traduire soi-même dans une autre culture, en essayant de la comprendre comme elle s'était comprise. Il semble que personne dans le monde islamique (les musulmans comme les Juifs et les chrétiens) ne soit allé au-delà de la traduction au sens le plus concret, le plus linguistique du terme. Personne n'a cherché à faire porter pour ainsi dire la traduction sur soi-même en se transportant dans un autre univers de pensée.

C'est pourquoi on n'a pas traduit une vision du monde, on l'a bien plutôt transposée. Cela reposait sur

1. *Voyages du chevalier Chardin en Perse et autres lieux de l'Orient* (...), Amsterdam, Aux dépens de la Compagnie, 1735, nouvelle édition, t. 3 (...) Description générale de la Perse, chap. XI, p. 53.

l'idée plus ou moins consciente selon laquelle chaque culture peut trouver dans une autre culture des équivalents terme à terme. C'est ce qui permettait par exemple à Hérodote de faire correspondre sans autre forme de procès les noms des dieux égyptiens à ceux des dieux de l'Olympe grec [1]. Ainsi, lorsqu'il fallait traduire un texte grec qui parlait des dieux, comme par exemple les textes du Plotin arabe, les dieux devenaient des anges, les démons des djinns [2]. De même, les traducteurs de la *Poétique* d'Aristote, qui vivaient dans une civilisation qui ignore le théâtre, rendent le mot « tragédie » par « poésie laudative » et « comédie » par « poésie satirique ». Averroès ne fait que les suivre, et n'innove en rien, contrairement à ce que raconte Jorge Luis Borges, qui a fait de la perplexité du Commentateur le sujet d'une nouvelle célèbre [3].

N'attendons donc pas de la part de ces traducteurs quelque chose d'analogue au sens historique moderne.

1. Hérodote, II, 53 et Platon, *Critias*, 113 *a* ; voir J. Assmann, *Ma'at. Gerechtigkeit und Unsterblichkeit im Alten Ägypten*, Munich, Beck, 1990, p. 22-23.

2. Voir par exemple, « *Théologie d'Aristote* », VI, 53 dans A. Badawi, *Plotinus apud arabes*, p. 80.

3. Voir la traduction arabe d'Aristote, *Poétique*, 1, 1447 *a* 13 dans J. Tkatsch, *Die arabische Übersetzung der Poetik des Aristoteles und die Grundlage der Kritik des griechischen Textes*, Vienne et Leipzig, Holder-Pichler-Tempsky, 1928, t. 1, p. 220 ; Averroes' *Middle Commentary on Aristotles's Poetics*, Translated and Introduced by Ch. Butterworth, South Bend, Saint Augustine's Press, 2000 (2e éd.), p. 59 ; J. L. Borges, « La busca de Averroes », dans *Sur*, XVII, n° 152 (juin 1947), p. 36-45, puis repris dans *El Aleph*, Buenos Aires, Losada, 1949, p. 93-104.

I. Arabes et Latins

De la sorte, le monde islamique représente un cas symétrique à celui du monde latin. Les Romains ont adapté, mais très peu traduit. En revanche, ils ont appris le grec.

Le monde islamique, lui, a beaucoup traduit, au point que les Arabes sont peut-être les inventeurs de la traduction. Mais les musulmans n'ont pas appris le grec. Ceux qui le connaissaient avaient été élevés bilingues, parce qu'ils étaient fils d'un père arabe et d'une mère grecque [1]. Aucun musulman ne semble jamais avoir appris une langue étrangère pour des raisons théoriques et pas, par exemple, pour des raisons commerciales.

La seule exception serait peut-être Farabi. Un de ses biographes rapporte qu'il aurait passé sept ans en « Grèce » pour y étudier. Son témoignage est d'autant plus intéressant que le mot employé n'est pas « Rûm », qui désigne Constantinople, mais bien « Yunan », qui ne désigne que la Grèce. Or, on se demande où, vers quel centre d'enseignement de la Grèce de l'époque aurait bien pu aller un étudiant venu du monde musulman. Par ailleurs, le philosophe ne semble pas avoir fait preuve d'une connaissance du grec très profonde. Il lui arrive certes de citer quelques mots de cette langue. Mais les explications étymologiques des titres des dialogues de Platon qu'il donne sont parfois tout à fait fantaisistes [2].

---

1. Gutas, *GTAC*, p. 125.

2. Farabi, *Book of Letters* [arabe seul], I, 1 ; 36 ; 82 ; etc., éd. M. Mahdi, Beyrouth, Dâr al-Machreq, 1969, p. 61, 82, 111, etc. ; *Philosophie de Platon*, dans Alfarabi's *Philosophy of Plato and Aristotle*, trad. M. Mahdi, Ithaca/Londres, Cornell University Press, 1969, p. 53-67.

L'unique véritable exception est Biruni. Mais elle confirme la règle : la langue qu'il avait apprise n'était pas le grec, mais bien le sanskrit. Biruni l'avait appris au point de pouvoir traduire de cette langue à l'arabe et inversement. Il se servit de cette connaissance afin de donner de la religion des Hindous une présentation admirable d'impartialité.

L'entrée d'Aristote en Europe

L'intermédiaire arabe

Les textes que les Arabes avaient traduits ont été à leur tour traduits vers le latin, soit directement à partir du grec, soit à partir des traductions qui étaient l'œuvre des Arabes. Enfin, certains des textes philosophiques rédigés directement en arabe et qui prolongeaient l'acquis grec ont été eux aussi l'objet de traductions européennes.

A. Un itinéraire espagnol

Je commencerai par rappeler brièvement les faits. Ceux-ci sont connus dans leurs grandes lignes, grâce à de bons travaux sur lesquels je m'appuierai [1].

1. Parmi les synthèses récentes : B. G. Dod, « Aristoteles Latinus », dans N. Kretzmann *et al.*, *The Cambridge History of Later Medieval Philosophy*, Cambridge University Press, 1982, p. 45-79 (ici = Dod) et Jolivet, *AI*. Signalons aussi deux ouvrages collectifs : *Traductions et traducteurs au Moyen Âge. Actes du colloque international du CNRS*, Paris, IRHT, 1989 ; J. Hamesse et M. Fattori (éd.), *Rencontres de cultures dans la philosophie médiévale. Traductions et traducteurs de l'Antiquité tardive au XVIe siècle*, Louvain-la-Neuve et Cassino, 1990 ; d'Ancona, *SFIM*, p. 783-843.

Jusqu'au XIe siècle, l'Europe de culture latine ne connaît pas grand-chose d'Aristote : le début de l'œuvre logique, les *Catégories* et le *De l'interprétation*, dans la traduction de Boèce. Celui-ci, l'un des derniers Romains qui aient été parfaitement bilingues, avait le projet de traduire et de commenter en latin tout Aristote, et d'ailleurs aussi tout Platon. Son exécution en 524 l'empêcha d'aller très loin dans la réalisation de ce projet immense. Pendant six siècles, on en resta là.

Au XIIIe siècle, Robert Grosseteste, évêque de Lincoln, traduisit l'*Éthique à Nicomaque* vers 1246, et une partie du *Traité du Ciel*. Puis, le dominicain flamand Guillaume de Moerbeke s'attela systématiquement à la tâche de traduire ou de réviser l'ensemble des œuvres d'Aristote, ce qu'il fit entre 1260 et 1280. Ce sont les traductions que la scolastique à son apogée a utilisées. On ne doit pas pour autant s'imaginer que, comme on l'entend souvent, Thomas d'Aquin aurait commandé ce travail à son confrère ; il a utilisé un travail que Guillaume avait entrepris de son côté. Ces traductions continueront à faire autorité jusqu'à ce que les humanistes italiens en critiquent le style, qu'ils trouvaient mauvais d'après leurs critères. Ils s'efforceront de les concurrencer dans un latin plus cicéronien. Ainsi, Leonardo Bruni retraduisit l'*Éthique à Nicomaque* [1]. Ensuite, ce furent les langues modernes qui prirent le relais.

Je voudrais m'attacher ici à une époque antérieure d'un bon siècle à Guillaume de Moerbeke. C'est en effet au XIIe siècle que l'on commença à combler les lacunes

1. Voir la monographie de H.-B. Gerl, *Philosophie und Philologie. Leonardo Brunis Übertragung der Nikomachischen Ethik in ihren philosophischen Prämissen*, Munich, Fink, 1981.

béantes dans ce qu'on disposait d'Aristote. D'une part, les traductions par Boèce des *Premiers Analytiques*, des *Topiques* et des *Réfutations Sophistiques* furent retrouvées vers 1120 – après six siècles ! Nous ne savons pas comment, ni où, ni par qui... Le reste fut traduit pour la première fois. À partir du grec, comme le fit par exemple Jacques de Venise, qui traduisit la *Métaphysique* et les *Seconds Analytiques* [1]. Mais aussi à partir de l'arabe, issu lui-même des traductions à partir du grec et/ou du syriaque qui avaient été faites au IXe siècle à Bagdad. Cela s'est passé en Espagne, à Tolède, à partir de 1130 environ.

Nous ne savons pas exactement à partir de quand le mouvement de traduction à partir de l'arabe avait commencé. Il concerna d'abord des textes que nous ne classerions pas dans la « philosophie », mais plutôt dans la « science ». On mentionne souvent la mission de Jean de Vandières (900-974), abbé de Gorze, en Lorraine. L'empereur Othon III l'avait envoyé en ambassade à Cordoue en 953 auprès du calife Abderrahman. Il y a rencontré des savants qui connaissaient l'arabe ; il a pu en rapporter des livres en cette langue, mais nos sources n'en disent rien. La présence de connaissances mathématiques et astronomiques d'origine arabe est en tout cas attestée dans la Lorraine de cette époque [2].

1. Voir Dod, p. 46.

2. Pour l'hypothèse, voir J. W. Thompson, « Introduction of Arabic Science into Lorraine in the Tenth Century », *Isis*, 12 (1929), p. 184-191, surtout p. 188-190. Source : *Monumenta Germaniae Historiae*, Scriptores, t. 4, éd. G. H. Pertz (1841), n° XXXIII, p. 337-377. Légende : Flasch, *PDM*, p. 265. Pour les faits, voir M. C. Welborn, « Lotharingia as a Center of Arabic and Scientific Influence in the Eleventh Century », *Isis*, 16 (1931), p. 188-199.

Les premières traces de l'influence d'un savoir arabe, en astronomie, se trouvent chez Gerbert d'Aurillac (né vers 940), pape de 999 à 1003 sous le nom de Sylvestre II [1]. Là aussi, les légendes font boule de neige, au fur et à mesure que les plumitifs d'hebdomadaires et de dépliants touristiques se recopient les uns les autres. Gerbert avait passé trois ans au couvent de Vich, en Catalogne chrétienne, où il a appris les mathématiques et l'astronomie que l'on cultivait de l'autre côté de la frontière religieuse. Mais cela ne suffit pas : on nous explique donc qu'il a étudié en Espagne musulmane. Puis, on l'imagine étudiant dans une université du Maghreb. Mais Gerbert savait-il l'arabe ? Un moine chrétien pouvait-il étudier dans un établissement musulman ? Dans un établissement d'enseignement supérieur antérieur d'un siècle à la fondation des madrasas par Nizam al-Mulk († 1092) ? Et peut-on parler d'universités pour désigner ces écoles où l'on n'étudiait guère autre chose que le droit musulman ?

Pour revenir au sol des faits, les premières traductions ont un but avant tout pratique : on met en latin des manuels de médecine, d'arithmétique ou d'astronomie. C'est ainsi que l'école médicale de Salerne, au sud de Naples, bénéficie des traductions de Constantin l'Africain.

À Tolède, en tout cas, c'est surtout à traduire des textes philosophiques que l'on s'attache. On connaît l'activité de certains traducteurs : Gérard de Crémone (1114-1187), qui traduit les *Seconds Analytiques*, complétant ainsi le corpus des écrits logiques d'Aristote, la *Physique* et le *De la génération et de la corruption*. Michel Scot

1. Voir P. Riché, *Gerbert d'Aurillac. Sylvestre II, pape de l'an Mil*, Paris, Fayard, 1987, p. 23-27.

traduit les œuvres biologiques, rassemblées sous le titre *De animalibus*, avant 1220. Parallèlement, on traduit les philosophes arabes. Ainsi, l'archidiacre Gundissalinus (Gonzalez) traduit des œuvres d'Avicenne, avec l'aide de Johannes Avendehut, qui est peut-être juif [1].

B. Quelques réflexions

Le choix des textes traduits est significatif. J'ai signalé que la vague des traductions avait commencé par des ouvrages techniques. Or, on aurait très bien pu en rester là. C'est ce que montre l'exemple de Byzance. On n'y a traduit de l'arabe que des traités de médecine, mais rien en philosophie. D'où un paradoxe amusant : les noms des philosophes arabes n'apparaissent en grec byzantin que dans les traductions grecques des œuvres de Thomas d'Aquin effectuées au XIVe siècle. En revanche, la chrétienté latine, comme avant elle l'islam irakien du IXe siècle, a connu, outre des traductions « pratiques », ce que l'on pourrait appeler des traductions « théoriques ». L'existence de ces dernières ne va pas de soi et doit être expliquée.

Le contenu de telles traductions « théoriques » ne se limite pas au corpus aristotélicien, loin s'en faut. Il comporte, avec Aristote, les commentateurs et les philosophes qui se placent dans son sillage. L'œuvre d'Aristote n'a jamais été séparée de la « sauce » qui aide à la comprendre, voire des œuvres qui, dans toutes les sciences, témoignent des mêmes préoccupations intellectuelles. À

1. Voir M.-T. d'Alverny, « Avendauth ? » (1954), dans *Avicenne en Occident. Recueil d'articles* (...), Paris, Vrin, 1993, n° VIII, p. 19-43.

la limite, c'est l'ensemble du savoir grec qui entre en Europe, y compris à travers des auteurs postérieurs au Stagirite.

La méthode suivie pour traduire est intéressante [1]. Elle est présentée dans le prologue du *De l'âme* d'Avicenne. Elle suppose la collaboration de deux personnes : un premier traducteur lit le texte arabe et le traduit oralement en langue vernaculaire. Nous ne savons pas s'il s'agissait d'un dialecte espagnol ou peut-être de l'arabe dialectal. Puis, un second traduit ce qu'il entend vers le latin. Le premier traducteur est un Juif ou un chrétien mozarabe ; le second est un clerc chrétien.

Les traductions faites à Tolède sont utiles en première approche, mais elles ne sont pas encore pleinement satisfaisantes. En effet, traduire une traduction multiplie les risques de distorsion. Leurs défauts eurent pour conséquence que l'on n'y eut recours que faute de mieux, avant que des traductions directes fussent disponibles, ou là où celles-ci n'étaient pas encore diffusées. On ne devra donc pas exagérer l'importance des traductions arabo-latines d'Aristote [2].

Il est une conséquence importante, qui est moins dans le sillage des traductions tolédanes que parallèle à cellesci. En effet, à côté de ce mouvement de traduction qui s'adresse à des chrétiens, court un autre mouvement, d'aussi vaste ampleur, mais cette fois en milieu juif. Chassés d'Andalousie musulmane par les Almohades (1148), des familles juives étaient remontées vers le Nord pour

1. Voir M.-T. d'Alverny, « Les traductions à deux interprètes, d'arabe en langue vernaculaire et de langue vernaculaire en latin », dans *Traductions et traducteurs*, p. 193-201.

2. Voir Dod, p. 52 ; Jolivet, *AI*, p. 115, n. 9.

s'installer en terre chrétienne, en Catalogne ou en Provence. Parmi eux, la famille Ibn Tibbon produisit trois générations de traducteurs, dont chacune, le parallèle est significatif, correspond à une étape dans l'appropriation du savoir arabe par les communautés juives : 1) Jehuda traduisit des textes de spiritualité ou d'apologétique, rédigés en arabe, mais par des auteurs juifs ; 2) son fils Samuel traduisit avant tout le *Guide des égarés* de Maïmonide, œuvre juive, certes, mais qui légitime l'étude du savoir profane ; il entame aussi la traduction des œuvres d'Aristote, en commençant, chose surprenante pour nous, par les *Météorologiques* dont il avait besoin pour interpréter le récit de la création dans la Genèse selon la méthode de Maïmonide ; 3) Moïse, fils de Samuel et donc petit-fils de Jehuda, traduisit massivement les œuvres scientifiques et/ou philosophiques de païens, dont Aristote, et de musulmans, dont avant tout Averroès [1].

Or, ce mouvement de traduction vers l'hébreu, chez les Juifs du nord de la Méditerranée, a été déclenché, et est resté soutenu, au moins en partie, par un souci d'émulation : il s'agissait d'imiter les traductions latines faites par les chrétiens, voire de rivaliser avec celles-ci [2].

C. Le rôle du monde arabe

Comment apprécier le rôle des Arabes dans cette transmission de savoir ? Il faut tout d'abord s'entendre sur le

1. Voir G. Freudenthal, « Les sciences dans les communautés juives médiévales de Provence : leur appropriation, leur rôle », *Revue des Études juives*, 152 (1993), p. 29-136.
2. Voir Zonta, *FAME*, p. 83-84, 114.

sens de l'adjectif « arabe ». On peut entendre par là, comme nous invite à le faire un contresens qui a la vie dure, les musulmans. Mais on peut aussi comprendre : les arabophones, gens de langue et de culture arabes, abstraction faite de leur appartenance religieuse. Auquel cas on peut englober dans cet adjectif les chrétiens qui vivaient sous domination musulmane, comme les Mozarabes d'Espagne, ou les Juifs qui partageaient leur condition, ou encore quelques rares « Sabiens ».

On pourrait s'amuser à exprimer ce rôle dans le cadre de la théorie antique et médiévale des quatre causes [1].

1) Les Arabes – entendus comme arabophones – ont été cause *matérielle*, puisque les manuscrits traduits étaient écrits dans leur langue. Ceci ne concerne d'ailleurs qu'une partie, et une petite partie, de ce qui a été traduit d'Aristote vers le latin.

2) Les Arabes ont-ils été cause *efficiente* de la transmission de la culture grecque à l'Europe ? Si l'on entend par là les musulmans, leur rôle est nul. Ils n'ont pas transmis eux-mêmes de façon active, ni en traduisant, ni même en fournissant des textes. Dans l'Irak des IXe-Xe siècles, les traductions avaient d'ailleurs été quasi exclusivement l'œuvre de chrétiens. Si en revanche on entend par là des arabophones, à l'évidence ce sont bien eux qui, de par leur connaissance de la langue de départ, ont rendu possibles les traductions tolédanes.

3) De façon plus décisive, les Arabes ont été cause *formelle*. L'Aristote que l'on traduit de l'arabe, même s'il ne concerne qu'une petite partie du corpus, fait signe vers plus que lui-même. Au-delà d'Aristote, le philosophe de Stagire et de ses œuvres, il y a en effet « Aristote », dont

1. Voir Aristote, *Physique*, II, 3.

le nom sert de pavillon pour toute une tendance bien plus vaste. C'est d'abord, quant au contenu de ce qui entra en Europe, tout un ensemble d'œuvres dues à des philosophes arabes qui étaient en effet aristotéliciens : un peu de Kindi et de Farabi, beaucoup d'Avicenne, plus tard à peu près tout Averroès.

Mais il y a plus : la place centrale accordée à Aristote est elle aussi un fait arabe, plus précisément andalou. La renaissance aristotélicienne a bien commencé en Occident, mais pas en terre chrétienne. Elle commence dans l'Andalousie sous domination islamique. L'aristotélisme comme fidélité à Aristote, à un Aristote « pur » ou supposé tel, est une spécialité de la région. Le premier philosophe que nous connaissions suffisamment et que l'on puisse considérer comme « aristotélicien » est Ibn Bâjja (*c.* 1085-1138).

Ibn Bâjja a commenté les œuvres logiques de Farabi, mais il ignore Avicenne, qui est pourtant plus récent. Nous ne savons pas pourquoi. Il est possible qu'il ait délibérément choisi de ne pas en tenir compte, de l'« ignorer », si l'on veut. Mais il est également tout à fait possible que l'œuvre d'Avicenne ne soit pas encore parvenue en Andalousie à l'époque où il vivait. Ainsi, l'historien des sciences Sâ'id al-Andalusî († 1070), dans son livre *Générations des nations* (*Tabaqât al-umam*), qui date de 1068, ne mentionne pas une seule fois Avicenne [1]. On peut peut-être faire une conjecture sur la date de l'entrée d'Avicenne en Andalousie. Le poète et apologète juif Jehuda Halévi (1075-1141), dans son *Kuzari* (1140), donne à

1. Sâ'id al-Andalusî, *Tabaqât al-Umam*, éd. H. Boualouane, Beyrouth, Dâr al-Talî'a li-l-tabâ'at wa-l-nashr, 1985, trad. franç. R. Blachère, *Livre des Catégories des nations*, Paris, Larose, 1935.

deux reprises un exposé des thèses fondamentales de la philosophie. Au livre I, le modèle est Ibn Bâjja ; mais au livre V, c'est le système d'Avicenne qui est résumé. Il se peut donc que Halévi ait pris connaissance d'Avicenne alors qu'il était déjà engagé dans la rédaction de son chef-d'œuvre, ce qui indiquerait que l'œuvre d'Avicenne a commencé à se diffuser en Andalousie dans les années 30 du XIIe siècle [1].

Même après la réception de l'œuvre d'Avicenne dans l'Occident musulman, on peut en tout cas y sentir la persistance d'une sorte de réserve envers celle-ci. Certes, le premier aristotélicien juif, Abraham Ibn Daoud, l'auteur de la « Foi sublime » (*Emunah Ramah*) est avicennien. Mais Maïmonide, dans sa lettre à son traducteur Ibn Tibbon, ne place Avicenne qu'au second rang derrière Farabi [2]. Quant à Averroès, il attribue à l'influence d'Avicenne la corruption de la philosophie aristotélicienne qu'il entend restituer à sa pureté.

4) Les Arabes ont surtout, il me semble, rempli un autre rôle pour lequel il me faut remplacer la quatrième des causes aristotéliciennes, la cause finale, par une autre, venue de Sénèque : la cause *exemplaire*. La transmission du savoir ne se fait pas d'une façon purement hydraulique. Il faut un besoin, une demande. Or, ce besoin est formulé avant même que l'on ne songe à le combler en empruntant au monde arabe. Un tel besoin est plus vaste, et englobe tout un mode de vie. Abélard, dans son *Dialogue entre un philosophe, un Juif et un chrétien* (probablement rédigé entre 1136 et 1140), met en scène un

1. Voir S. Pinès, « Shî'ite Terms and Conceptions in Judah Halévi's *Kuzari* », dans *CW*, t. 5, p. 269-270.
2. Voir ma traduction dans Pinès, *LP*, p. 94.

philosophe. Ce personnage anonyme est présenté comme descendant d'Ismaël, et comme circoncis [1]. Il s'agit donc indubitablement d'un musulman. Il est remarquable que celui-ci cherche une éthique purement « laïque », un bonheur purement « philosophique ». Il n'est pas exclu qu'Abélard ait construit ce modèle à partir de ragots sur Ibn Bâjja qui lui seraient parvenus alors qu'il se trouvait à Cluny, abbaye qui entretenait des contacts suivis avec l'Espagne. C'est-à-dire, paradoxalement, à partir d'un modèle qui était déjà sur le point de s'effacer dans le monde musulman qui l'avait vu naître.

Toujours est-il que le portrait du philosophe, comme type humain, précède ainsi de plusieurs dizaines d'années ses réalisations. Peu importe que celles-ci soient réelles, oniriques, chez certains aristotéliciens radicaux de la Faculté des Arts de la Sorbonne du XIIIe siècle ou cauchemardesques, chez les censeurs ecclésiastiques [2]. Le modèle ne quittera pas l'Europe et ne cessera pas de la hanter. Quand l'Europe fera appel à l'arabisme, elle savait déjà ce qu'elle cherchait.

---

1. Abélard, *DPJC*, 730-732, p. 94.
2. Voir Libera, *PMA*, p. 193-194.

Les sources extra-européennes de l'Europe philosophique

On pourrait comprendre le sujet que l'on m'a donné à traiter comme signifiant que la philosophie européenne aurait d'une part des sources extérieures, d'autre part des sources qui lui seraient intérieures.

A. OÙ EST L'EUROPE ?

Tout dépend de l'endroit où l'on fait passer la frontière de l'Europe. Pour nous, la question est redevenue actuelle. Pour un médiéviste, la réponse est assez facile, si l'on écoute les intéressés eux-mêmes, c'est-à-dire les gens qui disent : « nous sommes des Européens » et leurs voisins, à savoir les gens qui disent : « vous êtes des Européens », voire parfois : « vous êtes des sales Européens ».

L'Europe, au Moyen Âge, c'est l'Occident latin, l'Occident de langue culturelle latine. Les gens de Constantinople en appellent parfois les habitants des « Européens », plus souvent encore des « Francs ». Les gens de Bagdad les appellent plutôt les « Francs » (*Ifranj*). Le mot « européen » n'est guère fréquent à cette époque, en arabe. En aucun cas ni les gens de Constantinople ni ceux de

Bagdad ne penseraient qu'ils ont quelque chose de commun avec ces gens mal dégrossis et sanguinaires et qui sont, pour les uns, des schismatiques, voire des hérétiques, pour les autres tout bonnement des mécréants.

Si donc on se représente l'Europe comme on le faisait au Moyen Âge, la Grèce, aussi bien la Grèce antique que l'Empire romain d'Orient, que nous appelons byzantin, est en dehors de celle-ci. Auquel cas il faudrait mettre parmi les sources extra-européennes de notre philosophie toute la philosophie grecque, qu'elle soit l'œuvre de Grecs continentaux comme Platon, de Macédoniens comme Aristote, de Phéniciens comme Zénon, le fondateur du stoïcisme, de Grecs d'Égypte comme Plotin, pour ne nommer que quelques personnalités particulièrement importantes.

Il ne resterait comme sources de la philosophie européenne que les philosophes romains. Par exemple, deux Italiens comme Lucrèce et Cicéron, ou un Espagnol de Cordoue, Sénèque, c'est-à-dire des gens qui ont soit adapté et versifié Épicure, un penseur grec, soit pillé sans vergogne les penseurs hellénistiques, et donné une version un peu déclamatoire de l'éthique stoïcienne.

Il n'y aurait donc *aucune* source européenne de l'Europe philosophique ? C'est bien mon avis, mais ce serait le sujet d'un autre exposé.

B. Les traductions de l'arabe

Celui qui m'est demandé se replace dans le cadre de réflexions sur le rapport de l'Europe à l'Islam. Dans le cas qui m'intéresse ici, cela signifiera le monde arabe, ce qui n'est qu'une approximation. Arabe, islam, cela fait deux choses. En effet, l'islam affecte aussi, depuis le VIIe siècle, donc depuis le début, des populations de langue non pas arabe, mais persane, turque, berbère. Au Moyen Âge, il est déjà introduit en Afrique et, depuis les campagnes de Mahmud de Ghazna, au début du XIe siècle, il a fait irruption avec violence dans le sous-continent indien. Et pourtant : d'une part, l'arabe est encore la langue dominante de la culture islamique, et d'autre part, c'est de toute façon le monde arabe qui est au contact de la chrétienté occidentale, en Espagne ou en Sicile. Vers l'Est, Byzance, l'Empire romain d'Orient, s'interpose encore entre l'Europe et les Turcs.

Le contact philosophique avec les sources arabes se concrétise en un mouvement de traductions qui a traversé l'Europe chrétienne et juive [1]. C'est ce mouvement que je vais tenter d'esquisser ici en répondant à une série de questions.

Quand a-t-on traduit ? Pas très longtemps, à l'échelle de l'histoire du monde : au XIIe et au XIIIe siècles. Puis, la fenêtre s'est refermée. Elle n'a laissé passer qu'un aérolithe, le roman philosophique *Hayy ibn Yaqzân* d'Ibn Tufayl († 1185), titre évidemment symbolique, qu'il faudrait traduire « Vital, fils de Grégoire » ou « Le Vivant, fils de l'Éveillé ». Il fut traduit en latin en 1671, puis deux fois en anglais, une fois en allemand, une fois en néerlandais – et pas en français. Il n'est pas impossible qu'il ait inspiré Daniel Defoe pour son *Robinson Crusoé*. Il s'agit en effet de l'histoire d'un solitaire élevé sur une île et qui redécouvre, par la seule force de son esprit, tout le système philosophico-théologique de l'époque.

1. Voir la synthèse de Zonta, *FAME*.

Après cette rapide exception, il a fallu attendre ce que l'on pourrait appeler l'ère philologique, à partir du XVIIIe siècle. C'est alors seulement que l'on se mit à rechercher les manuscrits, à les imprimer et à les traduire d'une manière scientifiquement satisfaisante. Par exemple, le fameux *Discours décisif* d'Averroès fut imprimé et traduit pour la première fois à Munich – j'en suis fier – par quelqu'un qui s'appelait évidemment Müller, au milieu du XIXe siècle. Bien des versions imprimées de ce texte sont des piratages faits dans les pays arabes au moment du réveil arabe de la fin du XIXe, ce que l'on appelle la *Nahda*. Depuis l'âge philologique, on n'a pas arrêté, on continue de traduire.

Où a-t-on traduit ? Pour la médecine, à Salerne, au sud de Naples. Pour la philosophie, dans la Tolède fraîchement reconquise (1085), en Sicile, à la cour de l'empereur Frédéric II. Mais ceci ne vaut que pour le mouvement de traduction de l'arabe vers le latin. Ce mouvement se double en effet d'un vaste mouvement de traduction de l'arabe vers l'hébreu. Il s'effectue là où les Juifs, avant tout les Juifs espagnols, se sont réfugiés pour échapper à la persécution des Almohades à partir de 1148. Ces gens sont remontés vers le Nord, mais ils sont restés sur les rives de la Méditerranée et se sont installés dans la Catalogne chrétienne ou en Provence, par exemple à Montpellier, à Narbonne, à Lunel. Et ils ont emporté sous leur bras des manuscrits arabes dont ils vont s'ingénier à faire passer le contenu en hébreu.

Qui a traduit ? Quels sont les traducteurs ? Parmi les chrétiens, il y a des gens venus d'un peu partout, même d'Écosse, qui n'est pas vraiment méditerranéenne. Chez les Juifs, je viens de répondre à la question. Signalons le cas de la célèbre famille des Ibn Tibbon, qui a fourni trois générations de traducteurs. On remarque que dans certains cas, par exemple à Tolède, la traduction de l'arabe au latin est une œuvre commune qui associe un Juif qui traduit de l'arabe au vernaculaire local (catalan, provençal, etc.) et un clerc chrétien qui traduit du vernaculaire au latin.

Vers quelle langue a-t-on traduit ? Comme on traduit des textes savants, on le fait vers la langue des gens instruits : le latin chez les chrétiens, l'hébreu chez les Juifs. On ne traduit pas vers les langues vernaculaires qui, soit n'ont rien à voir avec le latin, soit, dans le cas des langues romanes, s'en sont déjà fort éloignées.

D'où les textes traduits sont-ils venus ? Ils sont matériellement présents sur le territoire de la culture destinataire, dans le sud de l'Italie pour le grec, en Espagne pour l'arabe. L'origine est perçue de toute évidence comme arabe, et donc islamique. Mais cette origine islamique n'est pas une origine musulmane, en ce sens que l'affiliation religieuse des auteurs que l'on traduit entre peu en ligne de compte. Je me suis d'ailleurs rendu compte récemment, non sans quelque surprise, qu'il est très rare qu'un philosophe médiéval mentionne explicitement le fait que quelqu'un qu'il cite ou qu'il critique appartient à une religion déterminée [1].

Le savoir qui entre en Europe est donc un savoir soit religieusement neutre, soit très peu marqué ; il est considéré comme un savoir tout court. Son entrée déclenche un engouement qui tourne au mépris envers le savoir que le monde latin possédait jusqu'alors, et qui fait pâle figure par rapport au savoir grec et arabisé que l'Occident

1. Voir mon « En quoi la philosophie islamique est-elle islamique ? », ici, p. 108 et suiv.

redécouvre ou découvre enrichi. C'est ce dont témoignent des remarques cinglantes d'Adélard de Bath ou de Platon de Tivoli [1].

C. Le contenu transféré

Qu'a-t-on traduit ? On vient de le suggérer, pas les sources religieuses : le Coran a été traduit pour la première fois à Tolède, au milieu du XIIe siècle, sous l'impulsion de l'abbé de Cluny, Pierre le Vénérable. Mais la traduction n'a quasiment pas circulé avant d'être imprimée, au XVIe siècle, par l'humaniste Bibliander (Buchmann) [2]. Un hadith, celui sur le voyage nocturne de Mahomet a été adapté, à cause de son aspect merveilleux, sous la forme de *L'Échelle de Mahomet* [3]. Très peu de littérature a été traduit : tout au plus quelques contes, grâce au Juif converti Pierre Alphonsi (début du XIIe siècle). Le gros des traductions est constitué de textes scientifiques, médicaux comme l'œuvre de Razi, et – nous y voilà – philosophiques.

Qui a-t-on traduit ? Parmi les philosophes grecs, essentiellement Aristote. Un peu ses commentateurs. Pas de Platon. Le Moyen Âge dans son ensemble est passé carrément à côté de Platon. Au XIIIe siècle, Henri Aristippe, actif à la cour sicilienne de l'empereur Frédéric II, a certes traduit le *Ménon* et le *Phédon*, mais les manuscrits de ces versions n'ont à peu près pas circulé. Le Moyen Âge ne

1. Voir Flasch, *PDM*, p. 202 et 266.
2. Voir P. Kritzeck, *Peter the Venerable and Islam*, Princeton University Press, 1964.
3. Voir *supra*, p. 23 et note 2.

possède que le début du *Timée* et des morceaux du *Parménide*, à travers le commentaire de Proclus. Il faudra attendre l'enthousiasme des Florentins du XVe siècle pour le « divin Platon » qui poussera Marsile Ficin à traduire intégralement les dialogues en latin. Signalons quelques aérolithes, comme les *Hypotyposes* de Sextus Empiricus : on en possède une traduction latine du XIIIe siècle, mais personne ne semble l'avoir utilisée à l'époque.

Il convient aussi de signaler un phénomène surprenant, datant du XVe siècle, et qui est la traduction latine du *Corpus Hermeticum*, c'est-à-dire des écrits attribués au prétendu « Hermès Trismégiste ». Cette quinzaine de traités grecs, de longueur inégale, nous paraît un fatras indigeste de néoplatonisme populaire, mêlé de mysticisme avec quelques traces de sagesse égyptienne. Seul avait été traduit en latin, dans l'Antiquité, l'*Asclepius*, que citent certains Pères de l'Église latine comme saint Augustin [1]. Et le nom d'Hermès était resté connu de certains scolastiques comme Abélard, Albert ou Bradwardine [2]. Or, au moment où parvient à Florence un manuscrit complet du Corpus, Marsile Ficin, qui était en train de traduire personne de moindre que Platon, plante là son travail et se met en toute hâte à traduire le Pseudo-Hermès en latin. Ce qui pour nous semble monstrueux s'explique à partir des croyances de l'époque. On s'imaginait en effet que le *Corpus Hermeticum* était le plus ancien livre du monde, antérieur à Platon et peut-être même à Moïse, considéré comme auteur du Pentateuque. La démonstra-

1. Voir Augustin, *CD*, VIII, 23-26 ; t. 1, p. 540-558.
2. Voir Flasch, *PDM*, p. 219 (Abélard), 322 (Albert), 462 (Bradwardine).

tion de son caractère tardif ne sera faite qu'en 1614 par Isaac Casaubon, et elle ne sera acceptée que peu à peu.

Parmi les philosophes arabes, qui traduit-on ? Prenons-les dans l'ordre devenu traditionnel des histoires de la philosophie, qui commence par Kindi. Je rappelle que les philosophes arabes postérieurs, de Farabi à Averroès, l'ignorent purement et simplement, ne le citent jamais, ne le nomment même pas. Kindi, donc, a été très peu traduit : deux ou trois petits traités. Farabi a été assez malchanceux. Peut-être est-il le plus grand, le vrai fondateur de la philosophie arabe. Or, deux œuvres de lui, seulement, passent au latin, et elles sont plutôt en marge de sa production. En hébreu, il a eu un peu plus de chance : certaines de ses œuvres logiques ont été traduites. Avicenne est traduit un bon siècle après sa mort (1037). Notamment, sa métaphysique a été traduite, bien avant celle d'Aristote, ainsi que sa psychologie.

Le vrai chanceux est Averroès. Il a été à peu près oublié en terre arabe, donc dans la langue qui était la sienne, quasiment après sa mort. Il y représentait une étoile filante, voire peut-être un bouquet final. En revanche, on a commencé à le traduire aussi bien vers l'hébreu que vers le latin, une vingtaine d'années après sa mort. C'est à peu près le temps qu'il faut, de nos jours, pour qu'une œuvre passe d'Allemagne en France. Ce que l'on traduit d'Averroès, c'est avant tout, à cause de la prédominance des œuvres d'Aristote dans le monde intellectuel médiéval, ses commentaires sur Aristote, que l'on traduit aussi bien en hébreu qu'en latin. Plus tard, on traduisit sa réponse aux critiques de Ghazali contre la philosophie. Mais on ne traduisit pas ses traités juridiques, et encore moins le célèbre, le trop célèbre *Discours décisif*. Il sera traduit en hébreu et laissera quelques traces chez deux penseurs juifs italiens du XVe siècle, mais aucune trace en latin.

D. POURQUOI A-T-ON TRADUIT ?

Cette question est devenue pour nous un peu bête. Pour nous, on traduit un texte parce qu'il est intéressant, parce qu'il est beau. Pour le Moyen Âge, ce n'est pas si simple. Comment expliquer le besoin de traductions ? Il faut rompre avec le modèle naïvement hydraulique du supérieur qui s'écoulerait automatiquement vers l'inférieur. Même le mot « influence », de par son étymologie, fomente ce genre de représentation. Mais elle est très superficielle. En réalité, on ne traduit pas parce que les auteurs seraient intéressants, parce qu'on en ressentirait la supériorité culturelle. On les traduit parce qu'on en a *besoin*. Mais invoquer un besoin n'est pas donner une explication [1]. La demande précède la présence du produit sur le marché. C'est la demande même qu'il faut expliquer.

Je dis donc : la renaissance intellectuelle européenne est antérieure aux traductions de l'arabe. Celles-ci n'en sont pas la cause, mais l'effet. Cette renaissance, comme tout fait historique, a des aspects économiques (nouveaux défrichages, nouvelles techniques agricoles, etc.) et sociaux (naissance de villes libres, etc.) [2]. Au niveau de la vie intellectuelle, elle se comprend à partir d'un mouvement commencé au XIe siècle et dont le point de départ est sans doute la réforme grégorienne de l'Église, que

1. Voir *ibid.*, p. 262-263 et 527.
2. Voir *ibid.*, p. 180-187.

certains historiens un peu imaginatifs appellent la « Révolution papale ». Elle a entraîné un conflit avec l'Empire que l'on appelle classiquement la « Querelle des investitures ». Il témoigne d'une réorientation du christianisme vers la transformation du monde temporel, qu'il avait jusqu'alors plus ou moins laissé à lui-même, se réfugiant dans une attitude apocalyptique selon laquelle, le monde étant sur le point de finir, point n'était besoin de le transformer.

L'effort de l'Église pour se constituer en une entité autonome en se forgeant un droit qui lui serait propre, le Droit canon, provoqua un besoin intense d'outillage intellectuel. Il fallait des concepts plus fins, que l'on n'avait pas alors sur le marché. On fit donc appel aux œuvres logiques d'Aristote, que l'on traduisit du grec vers le latin en passant par l'arabe ou sans passer par lui, et l'on se réappropria l'héritage aristotélicien. C'est ce que montre un ouvrage que je trouve moi-même passionnant, celui du juriste américain Harold J. Berman, *Droit et Révolution*, paru en 1983 et récemment traduit [1].

Je remarquerai pour finir que ces faits illustrent à merveille ce qui constitue pour moi un trait structurel de la culture européenne, et que j'ai appelé ailleurs l'« identité excentrique » : c'est *intrinsèquement* que l'Europe repose sur ce qui lui est extérieur. Le rapport à l'extérieur lui est intérieur [2].

1. H. J. Berman, *Law and Revolution*, p. 14 ; voir aussi mon *La Loi de Dieu*, p. 167-168.
2. Voir Brague, *EVR*.

Cinquième partie

Baudruches

Quelques mythes méditerranéens

Nous constatons, pour reprendre le titre de cette journée, « le reflux des utopies de coexistence ». J'y vois pour ma part un fait positif et une raison, sinon d'espérer, du moins d'entreprendre. Une u-topie, un « nulle part », un « non-lieu » donc, est en effet une illusion. Et la première condition pour réaliser ses rêves est de se réveiller.

La Méditerranée est l'objet de toute une série de légendes. Elles sont pour la plupart roses. Cela va du meilleur au pire, de Paul Valéry ou Albert Camus à Gilbert Trigano, de l'« esprit méditerranéen » [1] au Club Med. « Dialogue », « métissage », « multiculturalisme », tous les slogans à la mode chez les belles âmes médiatiques, trouvent un point d'ancrage dans l'espace méditerranéen.

A. Une expérience concluante

Les exemples de cités ou de régions multiculturelles n'ont pas eu un sort historique très positif. Si l'on

1. A. Camus, *L'Homme révolté*, dans *Essais*, éd. R. Quilliot et L. Faucon, Paris, Gallimard, 1965, p. 702. Voir aussi « La culture indigène. La nouvelle culture méditerranéenne » (1937), *ibid.*, p. 1321-1327.

considère le passé comme une série d'expériences pouvant servir à montrer la possibilité de solutions données à certains problèmes sociaux, alors l'expérience n'est guère concluante. Toutes les régions qui furent multiculturelles ont tendance à cesser de l'être. Et le mouvement n'est pas d'hier.

Sur les rivages nord de la Méditerranée, la Sicile a été prise par les Normands à la fin du XIe siècle, et l'Andalousie reconquise par le Nord chrétien à la fin du XVe. Et les derniers musulmans d'Espagne (morisques) ont été expulsés, un peu plus d'un siècle plus tard, en 1610. Est-il vraiment nécessaire de parler encore de la Bosnie ?

Sur ses rivages sud, Alexandrie, peuplée dès sa fondation par une bigarrure de peuples où Grecs et Italiens s'ajoutaient aux Égyptiens, est depuis quelques décennies devenue à peu près exclusivement arabo-musulmane. En Algérie, la plus grande partie des Espagnols, des Italiens, des Maltais et des Français installés comme colons, ainsi que des Juifs qui étaient là depuis toujours et avaient en grande majorité accepté la nationalité française que leur offrait la loi Crémieux (1870), sont remontés vers la métropole avec l'indépendance.

B. Un passé pas si rose

Faut-il regretter ce passé ? Il ne faudrait pas le peindre de couleurs roses. La coexistence n'était jamais égalité. Elle n'était pas toujours respect mutuel, ni même toujours connaissance réciproque. La colonisation moderne de l'Algérie n'a pas produit une société dans laquelle ces valeurs régnaient exclusivement. On devinera que je suis amateur d'*understatement*...

Plus loin dans le passé, Alexandrie est aussi le lieu de l'invention de l'antisémitisme, depuis le pamphlet d'Apion auquel répondit Flavius Josèphe [1]. Cette ville est même – on me passera l'anachronisme dans l'expression – le lieu de naissance du pogrom, et ce, bien avant que le christianisme ait acquis une influence politique. Les premières émeutes anti-juives de l'histoire datent en effet de l'an 38 de notre ère [2].

Cordoue, elle aussi abondamment chantée, est quand même aussi la ville d'où ses deux plus grands penseurs, le juif Maïmonide et le musulman Averroès ont été exilés. Nous ne savons pas trop pourquoi le second le fut. Sans doute était-il simplement tombé en disgrâce [3]. Le premier a dû, encore enfant, fuir devant les Almohades qui avaient en 1148, chose exceptionnelle en Islam, placé les non musulmans devant le choix entre la conversion, l'exil ou la mort. Cordoue est une de ces villes qui récupèrent après leur mort ceux qui n'y ont guère été heureux de leur vivant : ainsi Salzbourg pour Mozart, ou Vienne pour Freud et Wittgenstein.

D'une manière générale, dans l'Andalousie médiévale, il y avait des dominateurs et des dominés. Juifs et chrétiens restaient des *ahl al-dhimma*, des sujets de seconde zone, donc, soumis par la *sharia* musulmane à toutes sortes de restrictions. L'application de ces conditions humiliantes n'était pas toujours ni partout aussi stricte. Mais elle était exercée par les dominateurs avec une

1. Flavius Joseph, *Contre Apion*, éd. T. Reinach et L. Blum, Paris, Les Belles Lettres, 1930.

2. Voir S. W. Baron, *Histoire d'Israël*, t. 1 : Des origines au début de l'ère chrétienne, trad. franç. V. Nikiprowetzky, Paris, PUF, 1956, p. 255-257.

3. Voir Urvoy, *AAIM*, p. 176-188.

parfaite bonne conscience : il s'agissait de faire comprendre aux dominés l'intérêt qu'ils auraient à rejoindre la vraie religion. Pour ceux qui s'y refusaient, une telle situation développait toute une psychologie d'humiliation. Ibn Khaldûn en a finement esquissé la description dès le XVe siècle [1].

Il y a bien sûr des exceptions. Elles sont parfois spectaculaires. On cite sans cesse Samuel Ibn Nagrila, dit « al-Nagid » († 1056), Juif devenu vizir du royaume de Grenade, un des petits royaumes (*taifas*) issus de la décomposition du califat omeyyade, et connu en particulier par les attaques d'Ibn Hazm. Mais en gros, la situation des tributaires n'est pas essentiellement différente de celles de leurs homologues d'Orient : leur travail fait vivre une classe dirigeante dont les loisirs peuvent lui permettre un développement culturel.

Signalons un fait historique intéressant, parce qu'exceptionnel : les communautés chrétiennes ont disparu du Maghreb vers le XIe siècle, alors qu'en Orient, elles se sont maintenues, minoritaires, jusqu'à nos jours. C'est le cas des Coptes d'Égypte – si j'ose ce pléonasme, puisque « copte » est le même mot qu'« égyptien ». C'est aussi le cas des divers groupes chrétiens de Syrie, du Liban, d'Irak, d'Iran.

C. La Méditerranée comme réalité passée

On peut se consoler de cette image dégrisée de l'espace méditerranéen en soutenant un paradoxe : les Européens ne sont qu'à peine méditerranéens. Il me faut en effet,

1. Ibn Khaldûn, *M*, VI, 39, t. 3, p. 26 ; *LE*, p. 1079.

pour commencer, en rabattre sur l'importance de la Méditerranée dans le dialogue des cultures, qui est censé être un thème méditerranéen.

La Méditerranée n'a joué un rôle central en tant que telle qu'alors qu'il n'y avait qu'une seule culture autour de ses rivages. Cela ne fut réalisé qu'avec l'Empire romain. On peut dater le début de celui-ci quelques dizaines d'années avant le changement du système politique, passant de la république au principat. La date décisive est sans doute celle à partir de laquelle Rome contrôle sans exception le commerce méditerranéen : 67 avant le Christ, lorsque Pompée réduit les derniers pirates d'Illyrie.

Avec la conquête arabe de ses rivages méridionaux, cette unité culturelle cesse. Cette conquête marque, selon une thèse célèbre formulée par l'historien belge Henri Pirenne dans les années 1920, la véritable fin du monde antique [1]. La rupture de l'unité méditerranéenne aurait eu pour conséquence un double recentrage des deux moitiés ainsi obtenues, un peu comme les deux cellules issues d'une mitose se refont chacune un noyau. La capitale de l'Empire arabe passa de Damas à Bagdad ; le centre de gravité de l'Empire romain d'Occident remonta vers Aix-la-Chapelle. Certes, la recherche historique n'en est pas restée à Pirenne, et l'on a souligné que la recomposition de l'espace mondial effectuée par la conquête arabe a eu des effets bénéfiques pour le commerce méditerranéen, auquel elle a permis un second souffle après les invasions

1. H. Pirenne, *Mahomet et Charlemagne* (1922), dans *Histoire économique de l'Occident médiéval*, Bruges, Desclée de Brouwer, 1951, p. 62-70. Dossier de la réception dans P. E. Hübinger (éd.), *Bedeutung und Rolle des Islam beim Übergang vom Altertum zum Mittelalter*, Darmstadt, Wissenschaftliche Buchgesellschaft, 1968, XII-329 p.

barbares [1]. Qu'on songe au destin des ports du nord de la Méditerranée, et en particulier de Venise.

Mais si ladite reprise a bien la Méditerranée pour scène, son moteur, ou, si l'on veut, son épicentre, n'est pas méditerranéen.

D. TROIS SORTIES DE LA MÉDITERRANÉE

On pourrait en effet s'amuser, en tout amateurisme, à raconter l'histoire du monde médiéval et moderne comme celle de trois sorties successives de la Méditerranée. Ce sont, quant à la géographie, des sorties de l'espace que forme le bassin méditerranéen. Ce sont aussi, quant à l'histoire, des sorties de la culture antique.

Ces trois sorties successives se sont fixées sur trois régions qui prolongent, et aussi s'éloignent de, la Méditerranée : 1) Byzance, qui ouvre la Méditerranée en direction de la Mer Noire par le Bosphore (sur lequel se trouve Constantinople elle-même) ; 2) l'Islam, qui l'ouvre en direction de l'Océan Indien par le détroit d'Ormuz (le port-clé est ici Bassorah) ; 3) l'Europe moderne, qui l'ouvre en direction de l'Atlantique par le détroit de Gibraltar et la Manche (Séville, Londres, Amsterdam). Ces civilisations sont comme des abcès de fixation sur des goulots de la Méditerranée.

On peut distinguer des mondes-détroits et des mondes-isthmes. Byzance est un monde-détroit, l'Europe médiévale et l'Empire islamique sont des mondes-isthmes. L'Europe est l'ensemble des isthmes entre la Méditerranée et l'Atlantique. L'Empire islamique est

1. Voir M. Lombard, *L'Islam dans sa première grandeur*.

l'ensemble des isthmes entre la Méditerranée, l'Océan indien et les grandes mers enclavées, Mer Noire, Mer Caspienne.

Or, l'histoire a donné raison aux mondes-isthmes : Byzance, prise en tenaille entre les deux mondes-isthmes, s'est finalement laissée absorber par l'Empire islamique. Et les deux mondes médiévaux qui ont gagné dans le *struggle for life* sont tous deux des mondes dont le centre de gravité s'est déplacé loin de la Méditerranée. Celui de l'Empire arabe est peut-être d'abord Médine, puis à coup sûr Damas, puis Bagdad – cet Empire devenant, d'ailleurs, avec les Abbassides (750), au moins aussi persan qu'arabe. Le centre de l'Empire romain d'Orient n'est plus Rome, mais Constantinople, laquelle n'est méditerranéenne qu'à l'extrême limite. Le centre de l'Empire romain d'Occident, esquissé par Charlemagne, puis réalisé à partir des Ottoniens, n'est plus Rome, mais Aix-la-Chapelle, qui est fort loin de la Méditerranée.

E. La Méditerranée comme rêve rétrospectif de l'Europe

De ce point de vue, non seulement l'Europe, en tant que telle, n'est pas méditerranéenne, mais elle est l'anti-Méditerranée par excellence. Elle est le lieu de la percée la plus décisive hors de l'espace méditerranéen. C'est d'elle en effet qu'est partie la réorientation du commerce mondial d'abord directement vers l'Asie en contournant l'Afrique, puis en direction de l'Atlantique, enfin vers le monde entier.

On pourrait rattacher à ceci la présence de la Méditerranée dans l'imaginaire européen, présence qui est celle d'une nostalgie, éventuellement d'un traumatisme. C'est sans doute justement à cause de ce statut onirique que sa valeur affective est si puissante. Pour le dire en une phrase peut-être un peu trop connue de Proust, « les vrais paradis sont les paradis qu'on a perdus » [1].

Dans l'histoire des sensibilités européennes, ces nostalgies sont successives, car elles se fixent sur des pays différents selon les époques. Ceux-ci sont perçus comme conservant, embaumés, les mondes dépassés par la civilisation. Ainsi, l'Italie est pour le Moyen Âge et la Renaissance le conservatoire de l'héritage romain ; la Grèce est pour l'Allemagne classique le conservatoire du paganisme (Schiller, Hölderlin) ; puis, pour l'Europe industrialisée, l'Espagne est le conservatoire des mœurs médiévales (Mérimée, Bizet).

Pour les Européens d'aujourd'hui, le Maroc, la Tunisie, voire l'Égypte, sont perçus comme les conservatoires d'un monde qui contenait tant de choses qu'il a fallu refouler depuis la rationalisation moderne des conditions de vie : un monde de sensations oubliées, bigarré, sonore et odoriférant, un monde de rapports humains fondés sur l'hommage, l'hospitalité, etc. D'où le rêve orientaliste de bien des écrivains et des peintres. On pourrait citer ici, dans les registres les plus divers, les noms de Flaubert, d'Ignace Goldziher [2], de Lyautey, de Th. E. Lawrence, de Paul Klee, etc. Sans parler de ce que promettent les agences de voyage...

---

1. M. Proust, *Le Temps retrouvé*, dans *À la Recherche du temps perdu*, éd. P. Clarac et A. Ferré, Paris, Gallimard, 1954, t. 3, p. 870.
2. Voir I. Goldziher, *Sur l'islam. Origines de la théologie islamique*, et mon introduction au volume, surtout p. 13.

Quant à Venise, elle est pour tous les Européens le souvenir merveilleux d'un centre délaissé de la première économie capitaliste, une coquille splendide et nacrée abandonnée par un mollusque capable de s'adapter à toutes les formes.

F. Y A-T-IL EU UN DIALOGUE DES CIVILISATIONS MÉDITERRANÉENNES ?

Dans une littérature qui est presque devenue un genre littéraire en soi, on se plaît à souligner les échanges culturels dont le Moyen Âge méditerranéen a été le cadre. Je les ai moi-même évoqués ailleurs [1]. Je suis payé pour le savoir – au sens propre du premier de ces deux verbes.

Il y a là une réalité incontestable. Mais il faut s'entendre. Les emprunts d'éléments culturels entre civilisations sont des réalités. Ils sont d'ailleurs la règle depuis fort longtemps, en Méditerranée comme partout dans le monde. En revanche, « emprunt » ne veut pas dire « dialogue ».

D'abord parce qu'un dialogue doit être à deux directions. Or, dans le domaine de la culture, les emprunts, au Moyen Âge, sont à sens unique. Le Nord chrétien emprunte beaucoup au Sud musulman, mais celui-ci ne connaît à peu près rien du Nord, auquel il ne s'intéresse d'ailleurs guère. Les seuls exemples médiévaux d'influences réciproques sont à l'intérieur du Nord chrétien, entre Latins et Byzantins. Et ils sont tardifs. C'est seulement au XVe siècle que les Byzantins se mettent à traduire Augustin, Boèce, Thomas d'Aquin.

---

1. Voir Brague, *EVR*, chap. IV-VI.

Ensuite, plus radicalement, parce que les partenaires d'un dialogue doivent au moins être contemporains. Or, ce n'est pas le cas. Thomas d'Aquin est né vingt-sept ans après la mort d'Averroès, et vingt-et-un après celle de Maïmonide. Nous avons un seul exemple de dialogue au sens authentique de ce mot, et le succès en est plutôt mitigé. Il s'agit du traité dans lequel Ibn Sab'în, de Murcie (1217-1270), répond entre 1237 et 1242 à des questions philosophiques posées par l'empereur Frédéric II. Le mystique espagnol y traite de haut l'empereur chrétien, corrigeant ses questions de façon pédante, comme s'il s'agissait d'un petit garçon – et lui faisant d'ailleurs des réponses qui ne brillent pas par leur originalité [1].

G. Le mauvais côté de l'histoire

On attribue à Marx une phrase selon laquelle « l'histoire avance par son mauvais côté ». La phrase authentique est plus pâteuse : « c'est le mauvais côté qui produit le mouvement qui fait l'histoire en constituant la lutte » [2]. Elle reprend l'idée hégélienne d'une ruse de la raison. En tout cas, la phrase de Marx n'est pas sans plausibilité. Car, de fait, les guerres, et même les croisades, ont peut-être plus contribué au progrès de la culture que le « dialogue » et autres mots à la mode.

1. Ibn Sab'în, *Correspondance philosophique* avec l'empereur Frédéric II de Hohenstaufen, t. 1er (seul paru), voir par exemple p. 45, 19 s. ; 48, 9 s. ; 62, 19 s. ; 64, 7 s. ; 71, 1 s.

2. K. Marx, *Misère de la philosophie*, II, 1, dans *Œuvres*, t. 1 : *Économie*, éd. M. Rubel, Paris, Gallimard, 1965, p. 89.

Les influences culturelles sont souvent la conséquence d'invasions. J'en donnerai trois exemples, dans l'ordre chronologique.

Les traductions du grec à l'arabe, dans la Bagdad du IXe siècle, n'auraient pas été possibles sans la conquête arabe du VIIe et la constitution d'un empire qui englobait des populations de culture plus avancée que les dirigeants.

Ensuite, les traductions de l'école de Tolède au XIIe siècle supposent la conquête de cette ville par les Castillans en 1085. Avec les manuscrits sont aussi conquis ceux qui peuvent les lire, à savoir les Juifs restés sur place. Il faut deux conditions : être là et être cultivé. Or, les musulmans restés sur place ne sont pas ceux des milieux cultivés. Les Juifs sont plus ou moins neutres entre christianisme et islam. Cela leur joue d'ailleurs des tours, chaque camp les accusant facilement d'être les complices de l'adversaire. En tout cas, ils restent, et permettent de traduire.

Enfin, on souligne à juste titre la façon dont l'héritage culturel islamique est passé aux communautés juives de Catalogne et de Provence, puis de l'Europe entière. On rappelle l'importance de la famille Ibn Tibbon, qui a fourni trois générations de traducteurs de l'arabe à l'hébreu. Mais cela ne se serait pas produit, ou en tout cas pas si tôt, si certaines familles juives n'avaient décidé de fuir devant les Almohades, arrivés en 1148, et de s'établir au Nord, du côté chrétien de la frontière.

Je terminerai par un exemple joli, mais quelque peu grinçant, de la façon dont les choses se passent réellement. La bibliothèque du couvent-palais de l'Escorial, non loin de Madrid, contient, comme on le sait, un riche fonds de manuscrits arabes. Rien de plus normal, se dit-on, et l'on pense encore à l'Andalousie. En réalité, ce fonds n'est nullement constitué de manuscrits trouvés par les royaumes chrétiens au moment de la conquête de l'Andalousie. Il est venu par bateau. Et nous voilà à nouveau à rêver de la Méditerranée... Mais c'est parce que le bateau, celui d'un libraire, a fait *naufrage* sur les côtes d'Espagne [1] ! Il n'était nullement en route vers celle-ci. Et son contenu, s'il fut confisqué, ne fut d'ailleurs guère exploité avant le XVIIe siècle.

H. Conclusion

Tout ceci peut sembler bien pessimiste. Un pessimiste étant, selon Georges Bernanos, un imbécile triste – l'optimiste étant d'ailleurs de son côté, selon le même auteur, un imbécile gai –, on comprendra que je n'aimerais pas donner ici cette impression.

Il me semble en revanche utile de rappeler que le dialogue des civilisations, ou quel que soit le nom qu'on lui donne, ne relève pas du passé, mais de l'avenir. Il n'est pas un fait de la mémoire, mais de la volonté. Nous n'avons pas de modèles. Le constater pourrait nous permettre de voir en face les problèmes actuels, là où ils sont. Cela serait déjà un premier pas pour tenter de les résoudre.

1. B. Justel Calabozo, *La real biblioteca de el Escorial y sus manuscritos arabes. Sinopsis historico-descriptiva*, Madrid, Instituto hispano-arabe de cultura, 1978, 324 p. (*non vidi*).

Y a-t-il eu au Moyen Âge un dialogue entre les religions ?

Je ne puis ici donner un panorama exhaustif d'une question si vaste et qui excède ma compétence. Je souhaiterais uniquement la poser de mon mieux. Il me faudra présenter le contexte d'ensemble, décrire l'espace et les orientations d'un dialogue éventuel, et souligner les contraintes qui l'ont empêché de se déployer.

A. Le cadre historique

Des débuts de l'islam, nous ne savons à peu près rien, ce qui s'appelle savoir. Les plus anciennes œuvres historiques écrites par des musulmans ne furent composées qu'au IXe siècle, c'est-à-dire deux siècles après les événements qu'ils sont censés rapporter. Les témoignages proches ne sont pas moins orientés que les historiens musulmans, ils sont de plus maigres et incomplets, et ils nous donnent une toute autre image de « ce qui s'est vraiment passé ». On a essayé d'écrire l'histoire de l'islam primitif en décidant d'ignorer systématiquement, par souci de méthode, tout ce que l'on ne peut pas dater [1].

1. Voir Crone et Cook, *H.*

On a aussi réuni les témoignages des chroniqueurs, etc. non musulmans, de toute langue, pour les traduire en anglais et les soumettre à un examen critique [1]. Sans parler de tentatives quelque peu risquées, mais passionnantes, pour donner des événements du VIIe siècle une vision renouvelée et fort différente de celle que donne l'histoire traditionnelle [2].

Le plus ancien événement pour lequel on puisse indiquer une date certaine est la conquête arabe. Ce fait historique installe la scène sur laquelle la rencontre de l'islam et du christianisme a eu lieu. Notre plus ancien document est un papyrus, un reçu qui fut établi en 643 par un fonctionnaire arabe pour un paysan égyptien à qui l'on donnait quittance de l'impôt foncier versé aux conquérants [3]. Cette guerre de conquête semble s'être déroulée comme toute autre guerre. Les Arabes n'ont été ni plus doux ni plus sanguinaires que les conquérants antérieurs, des Assyriens à Alexandre le Grand.

La conquête concerne le Moyen-Orient et l'Égypte, qui se trouvaient sous domination romaine – nous dirions « byzantine » –, la Perse qui avait sa dynastie nationale, les rives méridionales du bassin méditerranéen,

1. Voir R. G. Hoyland, *Seeing Islam As Others Saw It. A Survey and Evaluation of Christian, Jewish and Zoroastrian Writings on Early Islam*, Princeton, Darwin Press, 1999.

2. Voir par exemple J. Nevo et J. Koren, *Crossroads to Islam. The Origin of the Arab Religion and the Arab State*, Amherst, Prometheus Books, 2003 ; E.-M. Gallez, *Le Messie et son prophète. Aux origines de l'Islam*, Versailles, Éditions de Paris, 2005, 2 vol. ; K.-H. Ohlig et G.-R. Puin (éd.), *Die dunklen Anfänge. Neue Forschungen zur Entstehung und frühen Geschichte des Islam*, Berlin, Schiler, 2005.

3. *Papyrus Erzherzog Rainer. Führer durch die Ausstellung*, Vienne, 1894, N. 558, p. 139 ou A. Grohmann, *From the World of Arabic Papyri*, Le Caire, 1952, p. 113-115.

et l'Espagne qui était dominée par les Wisigoths. Hormis la Perse, qui avait sa religion nationale, celle de Zoroastre, la majorité de la population – nous ne pouvons guère nous faire une idée précise de son nombre – était de religion chrétienne.

Les conquérants arabes ne pouvaient ni massacrer ces gens ni les convertir en masse et d'un coup. Ils n'avaient d'ailleurs l'intention de faire aucune des deux choses. Cette cruauté aurait tué la poule aux œufs d'or. Selon une formule attribuée à Ali, les protégés sont « la matière des musulmans ». De même, le calife Omar aurait écrit à Abu Obeyda : « Si nous prenions ceux qui y sont assujettis et que nous nous les partagions, que resterait-il aux musulmans qui viendront après nous ? Ils ne trouveraient, pardieu, plus personne à qui parler ni du travail de qui profiter [1] ! »

C'est ainsi que naquit une situation qui contribua de façon essentielle à déterminer la possibilité et le déroulement d'un dialogue entre religions. Elle est caractérisée par une asymétrie. Il y a dans l'espace musulman des chrétiens. Ils possèdent dans la cité islamique une place définie par le droit. En revanche, il n'y a en terre de chrétienté, en théorie du moins, que des chrétiens et des Juifs. Pour le monde islamique, les chrétiens sont donc aussi bien « dedans » que « dehors ». Pour le monde chrétien, à l'opposé, les musulmans ne sont que « dehors ». Ce n'est que de façon exceptionnelle et provisoire que des musulmans vivent en terre chrétienne.

1. Ali, cité dans Morabia, *GIM*, p. 270 ; voir aussi la lettre d'Omar à Abu Obeyda citée dans Abû Yûsuf Ya'kub, *Livre de l'impôt foncier*, trad. E. Fagnan, Paris, Geuthner, 1921, p. 218 et les textes cités dans A. Fattal, *Le Statut légal des non-musulmans en pays d'Islam*, Beyrouth, Dâr el-Machreq, 1958, p. 91.

Cela se produit là où des armées chrétiennes occupent des régions qui étaient sous domination musulmane. Ceci ne concerne guère, cependant, que les musulmans de base, paysans ou artisans ; les « intellectuels » ne restaient généralement pas sous domination chrétienne : liés au pouvoir, ils partaient avec lui. On a quelques exemples de ce genre de situation. La frontière entre l'Islam et l'Empire romain d'Orient n'est pas stable. Dans la guerre entre celui-ci et les califes, la ligne de front se déplace en Syrie, parfois assez vite. Au Xe siècle, les byzantins ont à nouveau le vent en poupe. Des villes comme Alep passent tour à tour sous domination chrétienne et musulmane. En Europe, on peut citer certaines régions d'Espagne, après la conquête, ce qu'on appelle la *reconquista* du Sud islamique par les royaumes chrétiens du Nord. C'est le cas de Tolède sous le règne d'Alphonse le Sage. Même cas de figure en Sicile à partir de la seconde moitié du XIe siècle, moment où les Normands prennent d'abord Messine (1061) et un peu plus tard Palerme (1072).

Les Croisades, à partir de 1096, n'ont éveillé dans le monde musulman qu'un écho faible et tardif. Ainsi, le plus grand intellectuel de l'islam médiéval, et peut-être de l'islam tout court, Ghazali († 1111), qui vivait pourtant dans la région, n'y fait nulle part allusion et semble ne pas les avoir remarquées. Ce n'est que bien plus tard, pas avant le XIXe siècle, qu'elles furent montées en épingle comme symbole de la rencontre manquée entre Orient et Occident.

B. Le contexte social

À l'intérieur des deux domaines, le contexte des rencontres entre religions est lui aussi asymétrique. Dans chacun d'eux, une religion déterminée est la religion dominante, celle que l'on pourrait appeler, non sans anachronisme, la religion de « l'État ». Les gouvernants se réclament de cette religion comme à un des principes de leur légitimation. Il ne peut donc être question de permettre ce que nous appelons la « liberté de penser ». En chercher l'équivalent au Moyen Âge serait parfaitement anachronique.

La seule exception, celle qui confirme la règle, le seul cas de neutralité de la puissance politique vis-à-vis des religions, est présentée par la situation qui s'était créée dans une partie du monde musulman, entre 1258 et 1290. La première date est celle de la prise de Bagdad par les Mongols. Les vainqueurs étaient bigarrés en matière de religion : il y avait parmi eux des musulmans, mais aussi des chrétiens d'obédience nestorienne, des bouddhistes, des chamanistes. Les khans n'avaient pas de religion déterminée à imposer aux vaincus, et n'en imposèrent donc aucune non plus. Une telle atmosphère permit notamment l'œuvre du médecin juif Ibn Kammuna : il mena entre les trois religions une comparaison qui, pour l'époque, faisait preuve d'une grande objectivité [1]. Cela dura jusqu'en 1290, lorsque le Grand Khan de l'époque décida d'adopter la religion qui était déjà

1. Sa'd b. Mansûr Ibn Kammûna, *Examination of the Inquiries into the Three Faiths. A Thirteenth-Century Essay in Comparative Religion*, éd. M. Perlmann, Berkeley *et al.*, University of California Press, 1967 ; trad. M. Perlmann, Berkeley *et al.*, University of California Press, 1971.

devenue celle de la majorité de ses nouveaux sujets, c'est-à-dire l'islam.

Le système islamique de la *dhimma* consiste à tolérer des communautés non musulmanes, pourvu qu'elles possèdent un livre saint. Les « païens », en revanche, n'ont en principe que le choix entre la conversion ou la mort. Juifs et chrétiens sont soumis à diverses mesures explicitement destinées à leur faire comprendre, en les humiliant, l'intérêt qu'ils auraient à adopter l'islam. C'est ainsi qu'ils doivent payer un impôt spécial, se vêtir de couleurs spécifiques – bleu pour les chrétiens, jaune pour les Juifs –, monter des ânes et non des chevaux, pour les chrétiens : ne pas construire de nouvelles églises, éviter de faire sonner leurs cloches ou de chanter l'hymne trop fort, etc. Quant à ses conséquences sociales, ce système fonctionne un peu comme une nasse où l'entrée est libre et la sortie interdite. On est en droit d'adopter la religion des souverains, voire, on y est encouragé. Il est en revanche strictement défendu, en principe sous peine de mort, de la quitter en faveur d'une autre. Le christianisme médiéval appliquait d'ailleurs des règles analogues aux Juifs, les unes dès avant l'islam, certaines inspirées de lui, comme la rouelle de couleur jaune.

Au Moyen Âge, sauf rares exceptions, la conversion vient d'en haut. Les chefs prennent des décisions en matière de religion, c'est-à-dire aussi en matière de politique ; le peuple suit en bloc la classe dirigeante. C'est de cette façon que les tribus dites « barbares » se laissaient baptiser comme un seul homme, une fois que leur chef s'était déclaré prêt à adopter le christianisme. Cela se passa ainsi pour Clovis, et plus tard dans l'Est et le Nord de l'Europe, jusqu'au dernier peuple à accepter le baptême, aussi tard qu'en 1386, les Lituaniens.

Des phénomènes analogues se produisirent plus tard quand par exemple l'Indonésie adopta l'islam : le rajah local se faisait musulman, son peuple suivait en masse. La conscience d'une valeur indépendante de l'individu était à l'époque plutôt une exception qu'une règle. On a un exemple d'une telle exception dans un récit sur la conquête arabe : un général musulman, passant en revue une tribu victorieuse, constata qu'elle était chrétienne. Il exigea qu'elle passât à l'islam, qui devait être l'unique religion des Arabes. Tous acceptèrent, sauf un certain Layth, qui subit le martyre [1]. Sans cet acte de courage, nous ignorerions tout des faits.

C. Le contexte intellectuel

Entre la situation de la chrétienté et celle du monde islamique, on observe une différence capitale. Dans le premier cas, chaque communauté religieuse possède sa langue de culture, qui est selon les régions le grec ou le latin. Dans le second, même si les communautés chrétiennes gardent longtemps une langue liturgique bien à elles, comme le copte ou le syriaque, il se met en place assez rapidement une langue de culture commune, qui est l'arabe. Celui-ci est la langue de l'administration depuis 685. Quant à la possibilité d'un dialogue entre religions, le fait entraîne des conséquences positives et négatives. Dans le monde islamique, la présence d'une langue commune permet, c'est l'aspect positif, une intercommunication très facile. En revanche, les non musulmans peuvent être compris sans trop de difficulté de leurs

1. Voir R. G. Hoyland, *op. cit.*, p. 352-354.

souverains musulmans et doivent donc prendre leurs précautions. L'usage d'un alphabet différent ne suffit que jusqu'à un certain point. Une attaque frontale contre la religion dominante est à peu près impensable.

On voit bien les conséquences quand on compare la situation des Juifs en chrétienté et en terre d'islam. En terre chrétienne, les Juifs emploient, dans la vie quotidienne, la même langue que les chrétiens, à savoir le vernaculaire local. Mais si l'on se place au niveau du savoir religieux et, socialement, dans le milieu des clercs de chaque religion, les conditions du dialogue intérieur avec le judaïsme deviennent analogues à celles qui déterminent le dialogue extérieur entre Islam et chrétienté. Les rabbins et les clercs chrétiens n'écrivent pas la même langue, mais, respectivement, l'hébreu et le latin ou le grec. Les ulémas écrivent l'arabe, alors que leurs adversaires chrétiens s'expriment en grec ou en latin. D'où un dialogue de sourds. Par ailleurs, écrire sa propre langue offre une protection qui permet aux hétérodoxes de dire ce qu'ils ont sur le cœur. Les Juifs peuvent par exemple mettre en circulation les *Toledot Yeshu*, qui offrent une version antichrétienne de l'histoire du Christ. Les choses ne s'envenimèrent que lorsque des transfuges mirent en garde leurs nouveaux coreligionnaires contre le contenu des livres de la religion de leurs pères.

À l'intérieur même de la chrétienté, il y a des différences entre l'Orient et l'Occident. Byzance connaît l'islam relativement bien, et relativement tôt, avant même que la dogmatique islamique ne se cristallise. Ainsi, la polémique de saint Jean Damascène, peu avant le milieu du VIIIe siècle, nous présente un état des questions disputées dans l'islam de l'époque [1]. Le Coran est traduit en grec dès le IXe siècle, d'ailleurs pour pouvoir être réfuté plus efficacement.

En revanche, les Européens connaissent l'islam assez mal. Pour eux, les musulmans sont simplement des païens. Cette façon de voir a aussi des raisons concrètes. Le premier contact avec des musulmans ouvrit en effet un second front au Sud, alors que l'Europe était déjà assiégée au Nord par les Normands. Comme l'Europe croyait elle-même représenter la chrétienté, elle considéra ses ennemis comme étant, globalement, des païens. Dans une situation d'urgence, des nuances plus subtiles n'avaient guère leur place. D'où la caricature que l'on trouve encore dans la *Chanson de Roland* : le « sarrasin » est un idolâtre, qui adore trois divinités, parmi lesquelles figure aussi Mahomet [2].

Ce n'est qu'à partir du XIIe siècle que le portrait-charge naïf le céda à une vision plus nuancée de l'adversaire. Pierre le Vénérable, abbé de Cluny († 1156), fit traduire en latin le Coran ainsi que d'autres œuvres donnant une idée plus juste et plus précise de l'islam. Ce dossier produit par des érudits réunis à Tolède forme ce que l'on appelle la *collectio toletana*. Mais le manuscrit qui le contient n'a à peu près pas circulé, et son contenu ne fut imprimé qu'au XVIe siècle [3].

---

1. Jean Damascène, *Controverse entre un musulman et un chrétien*, dans *Écrits sur l'islam*, éd. R . Le Coz, Paris, Cerf, 1992, p. 228-251.
2. Voir par exemple l'ouvrage récent de S. Hotz, *Mohammed und seine Lehre in der Darstellung abendländischer Autoren vom späten 11. bis zur Mitte des 12. Jahrhunderts. Aspekte, Quellen und Tendenzen in Kontinuität und Wandel*, Francfort/Main *et al.*, Lang, 2002.
3. Voir J. Kritzeck, *Peter the Venerable and Islam*, Princeton University Press, 1964.

Au XIIIe siècle, le besoin se fit sentir d'une meilleure connaissance de l'islam. Le franciscain Roger Bacon († 1292) fit figurer parmi l'ambitieux programme de réformes qu'il soumit au pape la fondation d'écoles de langues qui devraient enseigner entre autres l'arabe. Raymond Martin, un dominicain catalan, se familiarisa suffisamment avec l'arabe et l'hébreu pour pouvoir écrire son célèbre *Pugio fidei adversus mauros et judaeos* (1278), dont le titre indique bien l'intention polémique. Raymond Lulle (1233-1315), Catalan originaire de Majorque qui avait été reconquise peu avant sa naissance, se donna la peine d'apprendre l'arabe pour composer en cette langue des présentations du christianisme à l'usage des arabophones, lesquelles semblent malheureusement avoir été toutes perdues.

D. Le contexte affectif

La connaissance de chacune des deux religions par l'autre est souvent assez mauvaise. Mais ce n'est pas pour les mêmes raisons. Il importe de se rendre compte des obstacles. Ils sont symétriques, mais inversés. Pour le dire en une formule évidemment sommaire : les chrétiens savent qu'ils ne connaissent pas l'islam ; les musulmans croient qu'ils connaissent le christianisme.

Pour le christianisme, l'islam est quelque chose qui n'aurait pas dû exister. L'islam est un imprévu, quelque chose de nouveau et d'inattendu, et donc de paradoxal. Les chrétiens en tant que tels savent, ou croient savoir, ce que c'est que le judaïsme et ce que c'est que le paganisme. Or, les musulmans ne se laissent pas classer dans une catégorie préexistante : l'islam n'est pas païen – en tout cas il est monothéiste ; il n'est pas non plus juif ; il est encore moins chrétien. C'est ce qui explique une surprise qu'on n'a pas de mal à sentir chez les Pères de l'Église qui ont eu à faire avec l'islam. Ainsi Jean Damascène, déjà cité, considère l'islam comme une hérésie chrétienne [1].

Rien de tel pour l'islam. Pour lui, le christianisme est quelque chose de bien connu, une vieille histoire. Le Coran contient des renseignements sur les chrétiens : ils adorent à côté du Dieu unique d'autres entités, comme Jésus et sa mère. Le christianisme est quelque chose de dépassé. Les chrétiens se sont refusés à reconnaître le prophète définitif qui devait parachever leur religion. Ils ont manqué le coche. De plus, ceux des chrétiens concrets qui sont présents sous domination musulmane, divisés en sectes qui s'anathématisent réciproquement, et maintenus dans une humiliation commune, ne semblent pas avoir grand-chose d'intéressant à enseigner.

De telles façons de voir ont des conséquences quant aux affects fondamentaux de chaque religion envers les autres. Nous n'éprouvons pas face à l'inconnu les mêmes affects qu'envers ce qui nous est familier. Quand les choses se passent bien entre les deux religions, l'islam est aux yeux des chrétiens un objet de curiosité qui peut fasciner, une sorte d'*enfant terrible* que l'on regarde avec une tendresse indulgente ; quand au contraire les choses vont mal, il devient un objet de haine et de crainte.

Réciproquement, quand les choses vont bien, le christianisme est pour l'islam un objet de sympathie, cette sympathie condescendante que l'on a envers un vieil oncle un peu gâteux et qui rabâche toujours les mêmes histoires. Mais il n'est en aucun cas un objet de curiosité.

---

1. Jean Damascène, *L'Islam*, dans *Écrits sur l'islam*, p. 210-227.

La curiosité envers l'autre est d'ailleurs une attitude typiquement européenne, rare hors d'Europe, et exceptionnelle en Islam [1]. Quand les choses vont mal, l'islam éprouve envers le christianisme beaucoup moins de la haine que du mépris.

En dernière instance, cette attitude dépend directement de la place que les deux religions occupent dans l'histoire. Très platement : l'une vient avant l'autre. Mais cet ordre n'est pas que chronologique. Il a été l'objet d'une réflexion. Très tôt, à vrai dire dès qu'il s'est constitué comme une dogmatique indépendante, l'islam s'est compris comme un postchristianisme : les plus anciens textes de style coranique que l'on puisse dater sont les inscriptions du Dôme du Rocher, à Jérusalem (691), qui attaquent la Trinité. L'islam se voit comme la dernière religion, la religion définitive, celle qui relève le judaïsme comme le christianisme, au sens de la « relève » telle que le concevait Hegel (*Aufhebung*), laquelle tout à la fois abolit et assume ce qui la précède et la prépare.

E. Esquisse de la littérature apologétique

Je ne puis ici risquer qu'un coup d'œil rapide et pour l'essentiel de seconde main sur la littérature polémique et apologétique.

Elle s'adresse avant tout à ceux qui partagent la religion de leur auteur. Elle est à usage interne. Il ne s'agit pas de convaincre l'autre de se convertir en montrant les beautés

1. Voir Brague, *EE*, p. 252-253 ; sur le peu de curiosité des musulmans envers l'Europe, voir B. Lewis, *Comment l'islam a découvert l'Europe*.

de sa propre religion. Il s'agit bien plutôt de décourager ses coreligionnaires d'abandonner leur foi en faveur d'une autre religion, dont on devra donc faire ressortir les absurdités. Cela n'encourage guère l'objectivité, encore moins l'effort pour comprendre avec sympathie la position de l'autre.

La situation n'est pas la même pour le christianisme et pour l'islam. Le christianisme a dû se séparer du judaïsme, du paganisme, de la gnose, de ses propres hérésies ; en revanche, il n'a bien évidemment pas eu à se définir en se distinguant de l'islam qui n'existait pas encore. Alors que celui-ci entre en scène, la dogmatique chrétienne est en place depuis des siècles. En revanche, l'islam a dû se définir contre un christianisme qui était déjà là. La polémique contre le christianisme (et déjà contre le judaïsme) n'est pas pour l'islam secondaire, elle est constitutive. Le premier livre de polémique antichrétienne de l'islam n'est autre que son tout premier livre en général, c'est le Coran.

Plus tard, la polémique fut rendue nécessaire non pas malgré les conversions à l'islam, mais, paradoxalement, par le mouvement même de ces conversions. Se faire musulman est très facile. Il suffit de prononcer devant témoins une courte formule de confession de foi (*shahâda*). Le catéchisme auquel on adhère est bref et assez plausible. Et les musulmans n'ont pas l'habitude de mettre à l'épreuve la conviction du néophyte. Une telle attitude ne manque pas d'avantages évidents. Mais elle fomente un danger, celui du syncrétisme chez des gens qui ne se sont convertis que pour la forme ou sans vraiment savoir à quoi ils s'engageaient, et qui cherchent à introduire dans l'islam le plus possible du contenu de leur religion précédente. L'islam craint donc de se dissoudre dans une vague religiosité composite. La polémique sert à immuniser les musulmans contre le christianisme.

Les contenus de cette polémique sont toujours les mêmes et roulent sur les grands thèmes de la christologie et de la Trinité, de la Bible : a-t-elle été corrompue par ses porteurs ou gardée intacte ? Mahomet y a-t-il été prédit ? De temps en temps, elle prend une allure sociale, et les musulmans se plaignent de la trop grande influence des chrétiens, médecins par exemple, dans la société. Le thème d'une corruption historique du christianisme mise au débit de saint Paul n'apparaît qu'au XIIIe siècle avec Abd al-Jabbâr, qui a peut-être utilisé des textes judéo-chrétiens [1].

Les arguments sont eux aussi récurrents. Ainsi ceux des chrétiens : comment une religion est-elle venue au pouvoir, pacifiquement, ou par la force des armes ? À quoi reconnaît-on l'authenticité de la mission d'un prophète ? Est-elle corroborée par des miracles ? Le prophète se distingue-t-il par un mode de vie particulièrement édifiant ? Ces questions d'allure purement historique sont biaisées : il s'agit de faire ressortir le caractère militaire de l'expansion de l'islam, l'absence de miracles chez Mahomet, sa vie sexuelle agitée. Dans ce genre de littérature, tous les arguments sont bons, pourvu qu'ils frappent l'adversaire. On comprend que la lecture de ces textes ne donne pas une idée très positive de la nature humaine...

L'attitude d'esprit que nous considérons aujourd'hui comme le strict minimum pour un dialogue interreligieux consiste en une ouverture d'esprit, en un effort pour bien connaître la position de l'interlocuteur, voire pour la comprendre de l'intérieur, éventuellement pour se

1. Voir les articles de S. Pinès recueillis dans *CW*, t. 4, p. 211-486.

« mettre à sa place » en essayant de regarder sa propre tradition d'origine avec les yeux de l'autre. Une telle attitude est excessivement rare au Moyen Âge. Parmi le peu d'exemples que je connaisse, il y a celui de Pierre Abélard, dans son *Dialogue entre un philosophe, un Juif et un chrétien* (*c.* 1140). Dans une réplique, le Juif se plaint de la situation d'humiliation dans laquelle vit son peuple sous la domination des chrétiens [1]. Ce qui est remarquable n'est pas le contenu de cette tirade, mais bien le fait qu'elle fut écrite par un chrétien. On peut citer également une œuvre d'Honoré Bouvet, dans laquelle l'auteur, un moine de la fin du XIVe siècle, place dans la bouche d'un Juif et d'un musulman une satire cruelle des mœurs des chétiens de son temps [2].

F. DIALOGUES ?

En fait de dialogues, nous possédons avant tout des œuvres littéraires qui se présentent comme si elles reproduisaient des discussions réelles entre les représentants de diverses religions. Mais il s'agit de fictions. C'est le cas du dialogue d'Abélard, que je viens de citer, et dans lequel le philosophe est un musulman, peu orthodoxe il est vrai, puisqu'il se contente de la loi naturelle [3]. C'est aussi le cas du *Livre du gentil et des trois sages* de Raymond Lulle (*c.* 1276) [4]. Il en est de même de *La Paix de la foi* écrit par le cardinal Nicolas de Cuse au lendemain de la prise

1. Abélard, *DPJC*, 254-294, p. 58-62.
2. Voir Brague, *EE*, p. 256-258.
3. Abélard, *DPJC*, 81, p. 4 ; voir Jolivet, *APM*, p. 53-61.
4. Raymond Lulle, *Le Livre du gentil et des trois sages*, traduction du catalan, introduction et notes par A. Llinarès, Paris, Cerf, 1993.

de Constantinople (1453), et où interviennent une multitude non seulement de religions, mais aussi de nations [1]. C'est enfin le cas du *Colloquium Heptaplomeres* que le juriste français Jean Bodin écrivit probablement vers 1593 et qui, comme son titre l'indique, met en scène sept personnages [2].

De véritables dialogues entre des personnages réels où chacun exprimerait dans son vocabulaire à lui ses convictions authentiques, restent une exception. On cite partout une disputation de ce genre, censée avoir eu lieu à Bagdad au IXe siècle. Les représentants de chaque opinion, même les moins admises, y auraient pu s'exprimer librement, tous se seraient mis d'accord pour s'abstenir d'argumenter sur la base d'un texte scripturaire, etc. [3] Il n'en faut pas plus pour enflammer l'imagination « multiculti » de nos belles âmes. L'anecdote provient en fait d'un orthodoxe des plus étroits, qui ne la rapporte que pour dire son scandale devant un laxisme aussi abominable. N'aurait-il pas, sinon tout inventé, du moins considérablement forcé le trait ?

La plupart du temps, le contexte des dialogues est polémique. On peut signaler la *disputatio* tenue le 30 mai 1254 à Karakorum, en présence du khan des Mongols Möngke. Chez les Mongols, on l'a dit, plusieurs religions

1. Nicolas de Cuse, *De pace fidei*, dans *Philosophisch-theologische Schriften*, éd. L. Gabriel, trad. D. et W. Dupré, Vienne, Herder, 1967, t. 3, p. 705-797.

2. Jean Bodin, *Colloquium heptaplomeres de rerum sublimium arcanis abditis*, éd. L. Noack, Stuttgart, Frommann, 1966 (= Schwerin, 1857).

3. Abu 'Umar ibn Sa'dî, dans le dictionnaire biographique d'al-Jumaydî, Le Caire, 1953 (*non vidi*) ; encore cité récemment dans L. E. Goodman, *Jewish and Islamic Philosophy. Crosspollinations in the Classic Age*, New Brunswick, Rutgers University Press, 1999, p. VII.

coexistaient. Prirent part aux débats le franciscain flamand Guillaume de Ruysbroek (Rubruquis), envoyé de Louis IX et du pape, des chrétiens nestoriens, des bouddhistes et des musulmans. Mais notre seule source est le franciscain lui-même, qui s'est sans doute, et bien naturellement, donné le beau rôle [1].

Entre Juifs et chrétiens, les disputations (*wikkuah*) sont institutionnalisées. La plus connue est la grande disputation de Tortosa (1414-1416). Dans ces joutes, les Juifs sont contraints à disputer, la plupart du temps pour répondre aux accusations d'un de leurs coreligionnaires passé au christianisme. Cela ne se fait pas sans une certaine équité. Ainsi, le roi de Catalogne, pourtant chrétien, déclara vainqueur le rabbin de Gérone Nahmanide dans la polémique qui, à Barcelone, en 1263, l'opposait au converti Pablo Cristiani, et lui décerna même une récompense en argent [2]. Reste que l'atmosphère de tels débats est dans l'ensemble fort désagréable, la pression sociale s'exerçant en sens unique. Elle ira d'ailleurs en s'accentuant et prendra la forme d'émeutes, jusqu'à l'expulsion finale de 1492.

Entre chrétiens et musulmans, les disputes publiques n'ont pas de caractère institutionnel et sont plus rares. Les légendes ne manquent pas, par exemple à propos de

---

1. Guillaume de Rubrouck, *Voyage dans l'empire mongol, 1253-1255*, trad. C.-C. et R. Kappler, Paris, 1993, chap. XXXIII, p. 182-186.

2. Voir « Wikkuah Ha-RaMBaN », dans *Kol Kitvey RaMBaN*, éd. H. D. Chavel, Jérusalem, Mosad Rav Kook, 1963, t. 1, p. 302-320 – sur le don du roi, voir p. 320 ; Nahmanide, *La Dispute de Barcelone*, trad. E. Smilevitch, Lagrasse, Verdier, 2000 (4e éd.), p. 62. Voir F. I. Baer, « Contribution à l'étude critique des disputations de R. Yehiel de Paris et de R. Moïse Nahmanide » [hébreu], *Tarbiz*, II, 2, 1931, p. 10.

saint François. Le « petit pauvre » d'Assise aurait rencontré en 1219, pendant la cinquième Croisade, le sultan d'Égypte al-Malik al-Kamil. L'événement a été en Occident l'objet de nombreuses interprétations qu'un gros livre a récemment recensées [1]. Mais les sources arabes n'en disent rien. Raymond Lulle fit une tentative de ce genre à Bougie, et y fut lapidé. On a peut-être un cas, mais notre seule source à ce sujet est un poème espagnol, *La Disputa que fue fecha en la çibdad de Feç delante del Rey e de sus sabios*, supposé écrit à Nicosie (Chypre) en 1469, et rapportant une dispute tenue à Fez en 1394 [2]. Elle se serait terminée par la conversion du principal docteur de la Loi musulmane (*faqih*) de Fez. On peut y voir, pour dire le moins, une certaine stylisation... Il est en tout cas intéressant que la dispute pût s'être déroulée à propos d'un livre sur la Trinité et l'Incarnation, écrit en arabe, intitulé *Condus* (peut-être *Quddûs*, « très saint »), et œuvre de Raymond Lulle. Par ailleurs, le climat global de tolérance semble correspondre assez bien à la réalité de l'époque. Enfin, on peut signaler ce qui est peut-être le seul cas d'une œuvre littéraire qui reflète un dialogue ayant réellement eu lieu. Il s'agit de l'*Entretien avec un musulman* de l'Empereur byzantin Manuel II Paléologue. Un livre parmi les vingt-six que compte cette œuvre volumineuse a été édité [3]. Il a récemment attiré la plus vive

1. J. Tolan, *Le Saint chez le Sultan. La rencontre de François d'Assise et de l'Islam (huit siècles d'interprétation)*, Paris, Seuil, 2007.

2. Voir F. Vendrell de Millas, « La tradición de la apologetica luliana en el reino de Fez », *Estudios Lulianos*, I-2 (1957), p. 371-376.

3. Manuel II Paléologue, *Entretien avec un musulman*, éd. A. Th. Khoury, Paris, Cerf, 1966. Voir la mise au point récente de M.-H. Congourdeau, « Manuel II et l'islam », *Contacts*, n° 220 (octobre-décembre 2007), p. 20-34.

attention, puisque c'est une phrase de celui-ci, citée par la Pape Benoît XVI dans son discours de Ratisbonne (12 septembre 2006), qui a provoqué de violentes réactions dans certains pays musulmans. À l'époque de la rédaction du dialogue, à la fin du XIVe siècle, les conditions initiales n'étaient pas des plus favorables, puisque l'Empereur était retenu comme otage par celui qui devint son partenaire. Il semble cependant que les deux points de vue aient pu s'exprimer assez franchement ; et les minutes de l'entretien, que nous ne possédons que dans la version de l'interlocuteur chrétien, sont en tout cas écrites sur un ton paisible, l'une des rares exceptions étant le passage que le Pape a cité.

G. CONCLUSION : « PRÊCHER DES CONVERTIS »

Ainsi, au Moyen Âge, les véritables dialogues entre islam et christianisme sont des plus rares, et, si l'on entend par là des dialogues tels que ceux qui nous semblent souhaitables, simplement inexistants. La littérature polémique s'adresse à des gens déjà convaincus. Le dialogue est plutôt un genre littéraire qu'une réalité. Les essais de traiter l'autre avec équité, et, déjà, de bien le comprendre, restent une exception. On a certes le droit de rêver à de tels dialogues entre religions pour l'avenir. Mais rien ne nous autorise à projeter ce rêve dans le passé médiéval. Notre entreprise est peut-être noble, mais elle ne doit pas sa noblesse à de quelconques ancêtres.

Le géocentrisme comme humiliation de l'homme *

Chacun connaît le passage célèbre d'*Une difficulté de la psychanalyse* dans lequel le fondateur de celle-ci explique les résistances de ceux qui hésitent à admettre l'étiologie sexuelle des névroses. Freud compare ces réticences à celles qu'auraient suscitées, à leur époque, deux révolutions scientifiques capitales : celle de Copernic, l'héliocentrisme, et celle de Darwin, l'évolution des espèces par sélection naturelle du plus apte. Ces deux penseurs auraient en commun d'avoir infligé au narcissisme humain une blessure difficile à supporter : le premier aurait montré à l'homme qu'il n'était pas au centre du monde, le second l'aurait empêché de se considérer comme le sommet du règne animal. Quant à Freud lui-même, il aurait révélé à l'orgueilleuse raison qu'elle n'est pas même maîtresse chez elle et que son logis abrite une « folle » bien plus compromettante encore que ne fut jamais l'imagination pour l'âge classique.

---

* La rédaction de ce texte a été grandement facilitée par la richesse et la commodité des bibliothèques de l'Université de Cologne (Thomas-Institut, Martin-Buber Institut, Séminaire d'orientalisme) que j'ai pu exploiter au cours d'un séjour rendu possible par la Fondation Alexander von Humboldt, que je tiens à remercier ici.

Je laisserai de côté ici l'examen de la validité générale que l'on peut accorder à ce genre de « parathéorie » qui prétend expliquer la résistance à la théorie elle-même chez ceux qui la critiquent. On songe à des arguments du genre : vous refusez la théorie de la plus-value à la suite de l'influence inconsciente de l'idéologie bourgeoise, etc. [1] Je ne ferai qu'effleurer, de même, la difficulté qui les grève : ou bien la cause de la résistance est faible, et pourquoi aurait-elle exercé sa puissance si longtemps et de façon si décisive sur les esprits ? ou bien elle est forte, auquel cas on peut se demander comment on a pu en général la surmonter. Je jetterai un voile pudique sur le manque de modestie quelque peu narcissique que l'on peut constater ici chez la personne de Freud, qui se compare posément aux plus grands savants du passé.

1. J'ai trouvé ce mot dans H. Blumenberg, *Die Genesis der kopernikanischen Welt*, Francfort/Main, Suhrkamp, 1981 (= 1975), p. 316 et 762. Cet auteur voit bien que la révolution copernicienne a été rendue tolérable parce que l'anthropocentrisme renaissant est transposé sur un fondement idéal (ce qui, pour le dire en passant, le rend autrement plus radical et prétentieux que le prétendu anthropocentrisme médiéval, dans lequel l'homme aurait partagé sa position centrale avec les autres habitants de la terre), qui rend superflue sa dimension physique (p. 47, 91, 244, 325, 565). Ce fait n'est qu'un cas particulier d'une certaine indépassabilité de l'anthropocentrisme sous d'autres visages (égocentrisme, « nostrocentrisme » ou privilège du présent par rapport au passé, etc.) (p. 97-98, 108, 201, 272). H. Blumenberg voit bien, également, ce qui, dans le modèle médiéval, est humiliant pour la terre : le centre, loin d'être une place d'honneur, est la place du diable (p. 40, 312) ; la terre est basse et indigne parce qu'elle est centrale (p. 162, 215 et voir p. 518), exposée à toutes les influences (p. 166-167), une lie au cul du monde (p. 793). Cependant, il lui arrive de laisser passer des expressions qui retombent dans la théorie de la « blessure au narcissisme », comme « à l'abri au milieu du monde » (p. 374). Voir aussi p. 99 (corrigé p. 106).

Je n'examinerai donc que son texte. Et dans celui-ci, je laisserai de côté, enfin, le second et troisième exemples qui y sont cités, à savoir l'évolution et la psychanalyse elle-même. En effet, je n'ai rien de bien spécial à en dire. Je me concentrerai sur le premier, à savoir la signification de ce que l'on a appelé la « révolution copernicienne ».

Je rappelle ici pour mémoire le passage dans lequel Freud nous parle de la première blessure, celle que Copernic aurait infligée à l'orgueil géocentrique de l'homme :

> L'homme commença par croire, lorsqu'il se mit à chercher, que l'endroit où il habite, la terre, se trouvait immobile au centre de l'univers, tandis que le soleil, la lune et les planètes se déplaçaient autour de la terre sur des orbites circulaires. Par là, il suivait naïvement l'impression de ses perceptions sensibles, car il ne sent pas un mouvement de la terre et, partout où il peut librement regarder autour de lui, il se trouve au centre d'un cercle qui englobe le monde extérieur. Or, la situation centrale de la terre était pour lui une garantie du rôle dominant de celle-ci dans l'univers, et semblait bien s'accorder avec sa tendance à se sentir le seigneur de ce monde. La destruction de cette illusion narcissique est liée pour nous au nom et à l'œuvre de Nicolas Copernic, au XVIe siècle. (...) Lorsqu'elle [la théorie héliocentrique] fut universellement admise, l'amour-propre humain avait éprouvé par là sa première blessure (*Kränkung*), la blessure cosmologique [1].

1. S. Freud, *Eine Schwierigkeit der Psychoanalyse* (*Imago*, 5 [1917]), dans *Gesammelte Werke*, Francfort/Main, Fischer, 1966 (= 1947), t. 12, p. 7. On trouve une tentative analogue pour trouver des ancêtres à l'humiliation qu'on prétend infliger à l'homme chez R. Carnap, « Psychologie in physikalischer Sprache », dans *Erkenntnis*, 3 (1932-1933), p. 110 (cité dans H. Blumenberg, *op. cit.*, p. 710).

A. La préhistoire d'une erreur

Même si l'on se limite à l'étude de cette affirmation, on ne peut prétendre l'examiner et l'évaluer exactement qu'au prix d'une étude de toute l'atmosphère intellectuelle avant et après Copernic, tâche immense que je ne saurais prétendre aborder, d'autant moins qu'elle a déjà fait l'objet de nombreux travaux. Je ne prétends nullement que les découvertes astronomiques à partir du XVIe siècle n'auraient pas eu la moindre conséquence sur la « conscience moderne » [1]. Mais je me limiterai ici à l'idée centrale, que l'on pourrait résumer ainsi : le géocentrisme plaçait l'homme au sommet de l'univers sensible ; son remplacement par un autre modèle cosmologique entraîne son détrônement. Il y a là une façon de voir les choses fort répandue.

Le texte de Freud reprend une comparaison entre Copernic et Darwin qu'il n'avait pas lui-même inventée. À ma connaissance, le premier à l'avoir proposée fut Ernst Haeckel, auteur de « philosophie populaire » et défenseur du positivisme de la fin du XIXe siècle. Bien entendu, le fondateur du « monisme » ne mentionne pas la psychanalyse. Cependant, il trace le parallèle entre Copernic et Darwin [2].

1. On trouvera de la bibliographie dans les notes de l'ouvrage (lui-même un peu décevant) de F. Hallyn, *La Structure poétique du monde : Copernic, Kepler*, Paris, Seuil, 1987. Pour M. H. Nicolson, selon laquelle « l'hypothèse copernicienne dérangea les gens fort peu, et en fait ne dérangea pas du tout le non-spécialiste », la véritable nouveauté n'était pas l'héliocentrisme, mais la découverte d'étoiles nouvelles (*The Breaking of the Circle. Studies in the Effect of the « New Science » upon Seventeenth-Century Poetry*, Revised Edition, Columbia University Press et Oxford University Press, 1960, p. 115. Tout le chapitre 3, « The Death of a World », p. 115-122, développe la thèse citée.

2. E. Haeckel. *Natürliche Schöpfungsgeschichte. Gemeinverständliche wissenschaftliche Vorträge über die Entwickelungslehre* (...), Berlin, 1868,

Quant à l'idée d'un premier coup au narcissisme, qui aurait été porté par Copernic, cela serait une tâche fascinante que d'en écrire l'histoire, mais sa réalisation dépasserait en toute hypothèse le cadre du présent essai. Cependant, sans prétendre viser à l'exhaustivité, j'aimerais mentionner deux exemples importants. Dans la première soirée de ses *Entretiens sur la pluralité des mondes*, exposé d'astronomie populaire écrit en 1687, Fontenelle écrit :

> Figurez-vous un Allemand [!] nommé Copernic (...). Saisi d'une noble fureur d'Astronome, il prend la Terre et l'envoie bien loin du centre de l'Univers, où elle s'était placée, et dans ce centre, il y met le Soleil, à qui cet honneur était bien mieux dû (...). Je lui sais bon gré d'avoir rabattu la vanité des hommes, qui s'étaient mis à la plus belle place de l'Univers, et j'ai du plaisir à voir présentement la terre dans la foule des Planètes. (...) La même inclination qui fait qu'on veut avoir la place la plus honorable dans une cérémonie, fait qu'un Philosophe dans un système se met au centre du Monde, s'il peut. Il est bien aise que tout soit fait pour lui ; il suppose peut-être sans s'en apercevoir ce principe qui le flatte, et son cœur ne laisse pas de s'intéresser à une affaire de pure spéculation [1].

Un siècle et demi plus tard, le poète italien Giacomo Leopardi exprime la même idée dans son dialogue

---

1874 (5e éd.), p. 35. La preuve de la dépendance de Freud par rapport à Haeckel a été fournie par P.-L. Assoun. Voir son *Introduction à l'épistémologie freudienne*, Paris, Payot, 1981, p. 197 s. (Je dois la référence au livre d'Assoun à la gentillesse du Prof. Yvon Brès.)

1. Fontenelle, *Entretiens sur la pluralité des mondes*, édition critique avec une introduction et des notes par A. Calame, Paris, Didier, 1966. Ici : Première soirée, p. 28-30.

Copernic. Il choisit un autre ton que le badinage urbain de Fontenelle, qui le cède à l'ironie amère. Le soleil est las de devoir se lever tous les matins pour éclairer un misérable grain de poussière. Désormais, la terre devra se débrouiller seule et prendre sur soi la corvée. Copernic soulève plusieurs objections contre le nouvel état de choses. L'une d'elles est de nature psychologique :

> La Terre, jusqu'à aujourd'hui, a occupé la première place du monde, c'est-à-dire le milieu. Et, (...) comme elle est immobile, et n'a rien d'autre à faire que regarder autour d'elle, tous les autres globes de l'univers, les plus grands comme les plus petits, les plus brillants comme les plus obscurs, n'ont jamais cessé de tourner autour d'elle, au-dessus, au-dessous, de côté, sans arrêt ; et avec une hâte, un affairement, une rage tels qu'on en est abasourdi quand on y pense. De la sorte, puisque toutes choses montrent qu'elles sont occupées à le servir, il semblait que l'univers était semblable à une cour, dans laquelle la terre était assise comme sur un trône, et les autres globes autour d'elle, comme des courtisans, des gardes, des serviteurs, étaient occupés l'un à un service, l'autre à un autre. En sorte que la terre s'est imaginée être l'impératrice du monde. (...) Que vous dirais-je ensuite des hommes ? Comme ils se considéraient (comme nous nous considérerons toujours) plus que les premiers, plus que les principaux entre les créatures terrestres, chacun de nous (...) a cru qu'à coup sûr il était un empereur (...) de l'univers, empereur du soleil, des planètes, de toutes les étoiles visibles et invisibles, et cause finale des étoiles, des planètes, de votre illustrissime Seigneurie [le soleil], et de toutes choses. Mais maintenant, si nous voulons que la terre quitte son lieu central, si nous faisons qu'elle se mette à courir, à se tourner, à se donner sans cesse de la peine, qu'elle en fasse autant, ni plus ni moins, que ce que

> faisaient alors les autres globes, en un mot, qu'elle entre au nombre des planètes, cela aura pour conséquence que sa majesté terrestre, et leurs majestés humaines devront vider leur trône, et abandonner l'empire (...) ; cela bouleversera les degrés de dignité entre les choses et l'ordre des étants ; cela changera les fins des créatures, et provoquera du coup un immense bouleversement jusque dans la métaphysique [1].

On peut donc voir que Freud n'est pas isolé. Au contraire, il a eu plusieurs précurseurs. J'ai pourtant préféré me concentrer sur un texte de lui, pour deux raisons. D'abord, parce que Freud exprime sa pensée avec beaucoup de clarté et de sérieux. Ensuite, parce que sa grande réputation a contribué à accorder à cette vision de la révolution astronomique un monopole à peu près total, si bien qu'elle est acceptée aussi bien dans le vulgaire que chez beaucoup de savants, comme par exemple Rudolf Carnap, qui prétend ajouter aux trois humiliations successives une quatrième blessure au narcissisme humain, due à la naturalisation de la psychologie [2].

B. Deux modèles de la centralité

Or donc, je prétends que ce que Freud soutient dans le texte que j'ai cité est faux. Bien plus, c'est le contraire qui est vrai. Il n'y a là nul paradoxe de ma part, ni non plus une quelconque prétention à l'originalité. Au contraire, je ne fais, non sans prier qu'on veuille bien

---

1. G. Leopardi, *Operette morali*, introduzione, note e commenti di Paolo Ruffilli, Milan, Garzanti, 1992 (6e éd.), p. 284.
2. R. Carnap, « Psychologie in physikalischer Sprache », p. 110.

m'en excuser, qu'enfoncer une porte largement béante, au moins chez les gens compétents. Les textes que je vais citer seront pour une large part empruntés aux travaux d'autrui, que je citerai lorsque ce sera le cas [1]. Je ne ferai qu'ajouter quelques textes que je n'ai trouvé cités nulle part ailleurs à ce propos. Ils viendront notamment d'auteurs écrivant en arabe ou en hébreu, souvent négligés par les auteurs qui se sont occupés de la question. Ces textes me semblent propres à montrer que la place centrale, loin de constituer dans la vision du monde précopernicienne une place d'honneur pour la terre, comme c'est le cas dans les rapports intrahumains, ne l'est nullement là où il s'agit d'astronomie. Dans ce contexte, le centre était au contraire un endroit des plus modestes, voire le plus humble de tous.

Il faut ici prendre garde de distinguer deux choses : la vision vulgaire du monde, celle de l'éternel « homme de la rue » d'une part, et d'autre part les résultats de la recherche philosophique et/ou scientifique. Ce que Freud prend pour le « commencement de la recherche humaine » était en fait le résultat d'une longue série

1. Par ordre chronologique : A. O. Lovejoy, *The Great Chain of Being. A Study of the History of an Idea*, Cambridge (Mass.), Harvard University Press, 1950 (= 1936), p. 101-108, p. 344-345, n. 4-14 ; E. M. W. Tillyard, *The Elisabethan World Picture*, Londres, Penguin, 1972 (= 1943) ; M. H. Nicolson, *op. cit.* ; C. S. Lewis, *The Discarded Image. An Introduction to Medieval and Renaissance Literature*, Cambridge University Press, 1964 (ici = *DI*), surtout p. 55, 58, 62-63 ; du même, *English Literature in the Sixteenth Century Excluding Drama*, Oxford, Clarendon Press, 1954 (ici = *EL*), surtout p. 2-3. Se fondant surtout sur A. O. Lovejoy, Paolo Rossi, « Nobility of Man and Plurality of Worlds », dans A. G. Debus (éd.), *Science, Medicine and Society in the Renaissance : Essays to honor Walter Pagel*, Londres, Science History Publications, 1972, t. 2, p. 131-162.

d'efforts de la part des astronomes grecs. La plus ancienne vision du monde qui nous soit parvenue ne considère pas la terre comme étant au centre, mais comme étant « en bas », « ici-bas », « sous le soleil », en dessous du ciel qui passe pour le sublime séjour des êtres divins : « *Ihr wandelt droben im Licht*[1]... » En ce cas, la terre est un lieu d'humilité, et il ne saurait être question de centre. La seule centralité concevable est alors celle d'un point par rapport à un cercle, les deux étant situés sur une surface plane. Le centre peut être une place d'honneur lorsqu'il s'agit de l'endroit où l'on est le point de mire de tous les regards. Ce qui suppose d'ailleurs que ces regards soient admiratifs, car enfin un pilori doit lui aussi être bien en vue... La place centrale peut, si elle est le lieu stratégique, être celle qui permet de contrôler l'espace environnant, et donc de le soumettre plus aisément à son pouvoir.

Cette centralité-là est celle, pratique, de l'homme de la rue, qui (avec nous tous) se voit sur une surface plane et pour lequel la révolution de Copernic n'a d'ailleurs jamais eu lieu. Une telle centralité peut donner occasion à des métaphores : la vertu est située à mi-chemin de deux extrêmes, etc. Il est donc tentant de transposer ce qui possède une légitimité anthropologique à la considération des faits cosmologiques et de dire que, si la terre est au centre du monde, elle doit donc y occuper la place d'honneur. C'est justement à cette transposition inconsciente que se livre Freud dans notre texte, par un processus auquel il faut bien donner son nom, celui d'anthropomorphisme.

---

1. Hölderlin, *Hyperions Schicksalslied*, dans *Sämtliche Werke*, éd. Fr. Beissner, Stuttgart, Cotta, 1946, t. 1, p. 265.

Or, l'anthropomorphisme ne va ici nullement de soi. En effet, ce qui vaut pour une surface plane et son centre ne vaut pas là où il s'agit d'une sphère. La vision vulgaire du monde s'applique à la surface ; la théorie astronomique porte en revanche sur un univers sphérique. La question est alors de savoir si, dans l'image précopernicienne du monde, le centre d'une sphère est valorisé comme l'est celui d'une surface, en d'autres termes si le centre géométrique est aussi un centre axiologique. Pour y répondre, il nous faut nous tourner vers les textes. Nous en verrons surgir une image autrement plus nuancée que ce que l'on se représente communément.

C. Les exceptions

Le seul texte antique que cite Blumenberg, et dans lequel la situation centrale de l'homme fait figure de privilège accordé à celui-ci, se lit dans Sénèque : « Afin que tu saches qu'elle [la nature] a voulu être contemplée et pas seulement regardée, vois quel lieu elle nous a donné : elle nous a établis dans sa partie médiane et nous a donné un regard panoramique (*circumspectus*) sur tout » [1]. Il ne

1. Sénèque, *De otio*, V, 4, éd. R. Waltz, Paris, Hachette, 1909, p. 117. Ce texte reçoit chez Blumenberg une place qui me semble exagérée, comme représentant du stoïcisme en général (voir la citation p. 27 et les allusions p. 106, 208, 234, 433, 647, 728 ainsi que, du même auteur, *Die Legitimität der Neuzeit*, Francfort/Main, Suhrkamp, 1988, p. 300, 324). L'essai de G. Aujac, « Stoïcisme et hypothèse géocentrique », dans *Aufstieg und Niedergang der römischen Welt*, II, 36-1 (1989), p. 1430-1453, présente une esquisse d'ensemble de la doctrine stoïcienne. L'auteur montre à quel point il était important pour les Stoïciens que la cosmologie fût fondée sur un ordre rationnel et non sur le hasard. Mais elle ne dit pas grand-chose sur l'importance ou manque d'importance de la situation centrale de la Terre.

s'agit ici nullement d'une suprématie de l'homme, mais au contraire de l'idée selon laquelle la nature requiert un observateur afin de pouvoir déployer la totalité de ses richesses. La position centrale de celui-ci n'est pas un privilège qu'il pourrait s'arroger, mais la trace de la puissance souveraine de la nature qui met à son service, aux premières loges, une claque disciplinée.

À ma (maigre) connaissance, un seul auteur médiéval a identifié les deux acceptions de la centralité et a fondé la valeur plus grande qu'il reconnaît à l'homme sur le fait que son séjour, la terre, est au centre du monde. Il s'agit, dans la Bagdad de la première moitié du Xe siècle, du théologien et apologète (*mutakallim*) juif Saadia Gaon (882-942). C'est le caractère discordant de sa façon de voir, qui détonne dans le concert médiéval, qui le rend ici intéressant pour mon propos. Je cite un passage de son œuvre principale, le traité d'apologétique *Livre des croyances et des convictions* :

> Puisque nous voyons le grand nombre des choses créées, il ne convient pas que nous trouble la question de savoir quelle est la fin qu'elles poursuivent, parce qu'il existe un principe physique par lequel se manifestera à nous avec évidence laquelle, parmi toutes les choses créées, est la fin. Or, si nous faisons nos recherches selon ce principe, nous trouvons que la fin est l'homme. En effet, l'habitude ou la constitution naturelle (*binya*) place toute chose noble au centre des choses qui ne sont pas aussi nobles qu'elles. Nous commençons par les petites choses et nous disons : la semence est au centre, entre toutes les feuilles. En effet, la semence est plus noble qu'elles, puisque la croissance de la plante et sa subsistance proviennent d'elle. De la même façon, ce à partir de quoi croît l'arbre, s'il est ce qui se mange, est au centre

du fruit, comme [dans] la noix, et s'il croît à partir d'un noyau, le noyau est au centre, comme [dans] la datte, et il n'est pas fait attention à ce qui se mange, qui est laissé au dehors de ceux-ci, pour les protéger. De même, le jaune de l'œuf est en lui au centre, parce que c'est à partir de lui que naîtront le poussin et le poulet. De même, le cœur de l'homme est au centre de sa poitrine, parce qu'il est l'âme et la chaleur naturelle. De même, l'esprit visuel est au centre de l'œil, parce que la vision se fait par lui. Puisque donc nous voyons que ce principe s'attache à beaucoup de choses, et qu'ensuite nous trouvons que la terre est au centre et que le ciel et les sphères l'enveloppent de tous les côtés, il est clair, pour nous, que la chose visée par la création est sur [om. v.l.] la terre. Ensuite, nous avons examiné ses parties, et nous avons vu que la terre et l'eau sont inertes, puis nous avons trouvé que les bêtes sont dépourvues de raison. Il n'est donc resté que l'homme. Il est donc établi sans nul doute que l'homme est le but visé [1].

Nous avons ainsi en Saadia et, à ma connaissance du moins, en lui seul, un exemple tout à fait net d'un anthropocentrisme fondé sur un géocentrisme. Le texte appelle plusieurs remarques. D'une part, la position de Saadia est loin de représenter une téléologie naïve : la précision qu'il tient à fournir à propos des fruits, dont la fin est, au centre, le noyau immangeable et non l'enveloppe comestible, montre déjà qu'il envisage les réalités naturelles de leur

1. Je traduis l'arabe d'après *Sefer ha-nibkhar be-emunot ve-de'ot* le Rabbénu Sa'adia ben Yoseph Fayyumî (...), original arabe et traduction hébraïque par Joseph Qâfih, Jérusalem, Sura, s.d., IVe traité, Introduction, p. 150-151. Voir Saadia Gaon, *The Book of Beliefs and Opinions*, trad. S. Rosenblatt, New Haven, Yale University Press, 1948, p. 180-181. La même idée se trouve, mais sans justifications, dans l'Introduction générale, § 5, p. 21/24 et au chap. IX, § 1, p. 261/323.

propre point de vue et non de celui de l'intérêt humain. D'autre part, la force du raisonnement est troublée par le changement de critère : une fois arrivés sur terre, il nous fait abandonner le critère de la centralité pour ajouter celui de la vie, qui lui permet d'éliminer les éléments, puis celui de la rationalité, qui exclut les bêtes brutes. Le premier critère ne pourrait à lui seul conclure qu'à la plus grande valeur de la terre elle-même – ce qu'indique la variante textuelle que j'ai signalée dans le corps de la citation.

Il faut noter aussi et surtout, d'autre part, que les auteurs postérieurs ont critiqué Saadia sur ce point, et sans mettre de gants [1]. Le plus acerbe en même temps que le plus connu est le grand voyageur et érudit critique biblique Abraham Ibn Ezra (1092-1167). Le passage le plus topique que j'aie pu trouver se lit dans une longue digression de la variante (*shittah akheret*) de son *Commentaire sur le Pentateuque*, et plus précisément sur le premier verset de la Genèse. Le passage se replace sur le fond d'une critique générale de l'anthropomorphisme, et en particulier de l'idée selon laquelle l'homme vaudrait mieux que les anges, critique bien attestée ailleurs chez Ibn Ezra [2]. Celui-ci commence par rappeler les dimensions minuscules de la terre, presque un point géométrique dans l'univers. Puis il soumet les deux exemples de

---

1. Voir les textes dont les références sont données dans H. Malter, *Saadia Gaon. His Life and Works*, p. 212-213, n. 485. Cette très riche note envisage cependant surtout la question de savoir si la création a pour sommet et pour but l'homme, plutôt que les anges ou les corps célestes, reléguant ainsi en marge l'argument de la centralité de la terre.

2. Ibn Ezra, *Commentaire sur la Torah*, éd. Weiser, Jérusalem, Mosad Rav Kook, 1976, Préface à Genèse, p. 7-8 ; sur Genèse 1, 1, p. 12 ; sur Exode 23, 25 (t. 2, p. 164).

Saadia (le pépin dans la pomme, le jaune de l'œuf) à une critique cinglante : « Le fait qu'il allègue, que ce qu'il y a de précieux dans le fruit du pommier est la graine, qui conserve l'espèce, cela n'est pas une preuve non plus, parce que ceci [la pomme] est un composé, alors qu'il n'en est pas ainsi du ciel. De plus, le fruit du pommier qui passe à l'acte est plus précieux que ce qui existe en puissance d'être. Et ce qu'il dit, que le poussin sort du rouge de l'œuf, c'est-à-dire du jaune, est faux, car le jaune est pour lui une nourriture » [1]. On voit qu'Ibn Ezra, malheureusement pour nous, ne fait pas porter l'essentiel de sa critique sur le lien prétendu entre la situation centrale et la plus grande valeur à attribuer à ce qui l'occupe [2].

D. CENTRALITÉ GÉOMÉTRIQUE ET CENTRALITÉ AXIOLOGIQUE

Saadia reste donc une exception. En effet, la vision du monde qui domine à son époque, et sur laquelle se fondent ses critiques, est tout autre. Au début du monde antique, plusieurs schémas cosmologiques se faisaient face sans qu'aucun ne l'emporte de façon décisive [3]. En

1. Voir respectivement *ibid.*, p. 156, 27-30, puis p. 156, 11-157, 27, cit. 157, 11-15.

2. Au principe sur lequel se fonde Saadia, selon lequel le contenu serait de plus grande valeur que le contenant, s'oppose diamétralement un autre principe, plus répandu, qui valorise au contraire ce qui entoure par rapport à ce qui est entouré. Voir Aristote, *Traité du Ciel*, II, 13, 293 *b* 13-14 et Servius, *Commentaire de l'Énéide*, I, 381 (= *SVF*, t. 2, p. 559).

3. Voir G. E. R. Lloyd, « Greek Cosmologies », dans C. Blacker et M. Loewe (éd.), *Ancient Cosmologies*, Londres, Allen & Unwin, 1975, p. 198-224, surtout p. 205.

revanche, l'Antiquité classique s'était arrêtée sur un modèle communément admis. Elle le transmit au Moyen Âge, où il recevra les faveurs aussi bien des clercs que des laïcs, pour autant qu'on peut le supposer [1]. Il s'agit de la vision du monde d'Aristote, corrigée par Ptolémée. Le premier avait expliqué dans son *Traité du Ciel* que la terre, bien qu'elle soit située au centre géométrique de l'univers, ne mérite pas la dignité qui revient aux choses centrales dans le domaine humain. Dans un contexte astronomique, le centre est tout le contraire d'une place d'honneur. Sur le fond d'une polémique contre l'idée des Pythagoriciens selon lesquels le feu, qui est le plus noble des éléments, doit avoir la place centrale, Aristote distingue soigneusement le centre comme notion purement géométrique et le centre comme « cœur » ou « noyau » ontologique d'une réalité [2].

Les penseurs qui relèvent de la tradition aristotélicienne emboîtent le pas à leur maître. C'est en premier lieu le cas des commentateurs, que je citerai ici plutôt que de recopier le texte d'Aristote, qui est d'accès aisé. Au IVe siècle, Thémistius développe la distinction pratiquée par le Philosophe entre le centre d'un animal à proprement parler et le centre géométrique de son corps. Il donne un exemple : le centre géométrique d'un animal est son foie, alors que son « milieu substantiel (*emtsa' 'atsamî*) », plus haut en dignité, est sa force vitale ou, si l'on préfère, son cœur [3]. Au début du VIe siècle, Simpli-

1. Voir Ch.-V. Langlois, *La Connaissance de la nature et du monde au Moyen Âge d'après quelques écrits français à l'usage des laïcs*, Paris, Hachette, 1911, surtout p. 78, 155, 349.

2. Aristote, *Traité du Ciel*, II, 13, 293 *a-b*.

3. Thémistius, *Commentaire au Traité du Ciel* [hébreu], sur II, 13, 293 *b* 6, *CAG*, V-4 (1902), p. 83, 11-13 hébreu = 124, 23-26 latin.

cius introduit un exemple analogue, et poursuit d'une façon qui nous intéresse directement : « Ainsi, il en est de même pour l'univers dans son entier : il se trouve que le centre (*kentron*) est le milieu (*meson*) en tant qu'il est celui d'une grandeur et d'un corps sphérique ; mais en tant que ce qu'il y a de plus digne et d'analogue au cœur, il faut chercher quelque chose d'autre comme milieu, et pas le centre, mais plutôt la sphère des fixes, comme principe d'être pour l'univers, comme entraînant avec elle les autres sphères et englobant l'ensemble de la nature corporelle. C'est donc là qu'il aurait fallu chercher ce qu'il y a de plus digne » [1]. On remarquera dans le texte de Simplicius la distinction, qui de prime abord peut paraître surprenante, entre « milieu » et « centre ». Le « milieu » n'est pas le « centre », mais bien plutôt, ce qui est encore plus surprenant, la périphérie. Cette distinction entre deux types de centralité est restée canonique par la suite [2]. Nous retrouverons plus loin le renversement entre centre et périphérie qu'elle entraîne, et qui est paradoxal pour nous.

1. Simplicius, *CAG*, VII (1894), p. 514, 13-18.

2. Voir par exemple *RIS*, II, 2 (16), t. 2, p. 30 ; Averroès, *Commentaire sur le Traité du Ciel*, II, iv, 1, C 74, p. 148 A-G, éd. Juntina, 1564 et Albert le Grand, *De Caelo et Mundo*, II, 4, 1, éd. P. Hassfeld, *Opera omnia*, V-1, Münster, 1971, p. 179-181. Même distinction chez Chalcidius, *Commentaire du Timée*, § C, p. 151-152 Waszink, qui l'emprunte à Théon de Smyrne, *Connaissances mathématiques nécessaires à la lecture de Platon*, éd. E. Hiller, Leipzig, 1878, p. 187-188.

E. Le centre comme « bas »

Chez des auteurs qui n'étaient ni les commentateurs ni les disciples d'Aristote, ou qui ne l'étaient que très indirectement, on rencontre la même façon de considérer le centre. Pour eux, « au centre » signifie avant tout « en bas ». On trouve cette identification sous une forme très nette chez Plotin : « Dans tout animal, les parties qui sont en haut, le visage et la tête, sont plus belles, alors que celles qui sont au milieu et en bas ne sont pas aussi belles ; mais les hommes sont au milieu et en bas et au-dessus se trouvent le ciel et les dieux qui sont en lui ; et la majeure partie de l'univers, ce sont des dieux, et tout le ciel disposé en cercle ; quant à la terre, elle est comme un point, même quand on ne la compare qu'à un seul quelconque parmi les astres » [1].

Ce passage contient les principaux thèmes que je vais devoir traiter désormais. Le principal est l'identification du centre avec le « bas » : si le centre est le centre, non d'une figure plane, mais d'une sphère, alors il est en même temps son point le plus intérieur. Dans le cas de la sphère cosmique, l'intérieur est du coup l'inférieur. Et d'une infériorité non relative, mais absolue, puisque chaque point de la circonférence est « en haut » par rapport au centre. C'est ce qu'exprime avec une parfaite clarté Macrobe : « Dans une sphère, il n'y a que de ce qui est au centre qu'il soit établi qu'il est en bas (*In sphaera* [...] *hoc solum constat imum esse quod medium est*) » [2].

1. Plotin, *Ennéades*, III, 2 [47], 8, 2-7, éd. Henry-Schwyzer, p. 279.
2. Macrobe, *Commentaire sur le Songe de Scipion*, I, 22, 4, p. 91 Willis. Même idée chez Abraham bar Hiyya (vers 1130), *Hegyon hannefesh ha-'atsumah*, III, éd. G. Wigoder, Jérusalem, Mosad Bialiq, 1971, p. 101-102. Le pasage est intéressant, entre autres, parce qu'il

Pour les penseurs médiévaux, cette partie de l'univers que nous appellerions spontanément son « centre » en est en réalité le « bas ». C'est ce dernier terme qui est, pour eux, le plus précis et le plus pertinent, aussi bien pour l'intelligence astronomique que pour l'imagination. On l'a remarqué plus d'une fois [1]. Nous trouvons cette identification du central avec l'inférieur chez de nombreux auteurs, de façon plus ou moins explicite. Je donnerai ici quelques exemples, sans respecter l'ordre chronologique, mais en ne suivant que l'ordre logique de l'approfondissement de l'idée :

1) Les Stoïciens : « Sous la lune <se trouve> la <sphère> de l'air qui est portée par lui [?], ensuite celle de l'eau, enfin celle de la terre, située autour du point (*sèmeion*) central de l'univers, qui est en bas (*katô*) du tout, alors qu'est en haut ce qui part de lui jusqu'à ce qui est en cercle <autour de lui>, dans toutes les directions » [2].

2) Biruni : « Au centre de la sphère de la lune se trouve la terre, et ce centre est en réalité la partie la plus basse » [3].

3) Pline : « La terre est dans l'univers la plus basse, et donc centrale » [4]. L'intérêt du passage réside dans le retournement dans la relation des deux notions.

---

contient la première occurrence du mot hébraïque pour « centre », *merkaz.*

1. H. Blumenberg, *op. cit.*, p. 40 et voir Lewis, *DI*, p. 98-99, F. Hallyn, *op. cit.*, p. 146.

2. Arius Didyme, dans Diels, *Doxographi Graeci*, p. 466, 14-17 (= *SVF*, t. 2, § 527, p. 169) ; même idée dans *SVF*, t. 2, § 557 fin (Cléomède).

3. Al-Biruni, *Elements of Astrology*, trad. R. Ramsay Wright, Londres, Luzac, 1934, p. 34 (*non vidi*), cité dans S. H. Nasr, *An Introduction to Islamic Cosmological Doctrines. Conceptions of Nature and Methods used for its Study by the Ikhwan al-Safâ', al-Biruni and Ibn Sinâ*, Cambridge (Mass.), The Belknap Press of the Harvard University Press, 1964, p. 139.

4. Pline l'Ancien, *Histoire naturelle*, II, iv, 5, § 11.

4) Guillaume de Conches (première moitié du XIIe siècle) : « La terre est donc un élément placé au milieu du monde, et de ce fait le plus bas. Le monde est en effet structuré à l'image d'un œuf : la terre est au milieu comme le jaune dans l'œuf ; autour de celle-ci est l'eau, comme le blanc est autour du jaune ; autour de celle-ci est l'air, comme la pellicule qui contient le blanc » [1].

Chaque fois qu'un penseur de l'Antiquité tardive ou du Moyen Âge dessine une esquisse de sa vision du monde, la terre se trouve au fond, à la limite extrême de l'être. La Terre est le point le plus éloigné que la générosité divine puisse atteindre et sur lequel elle puisse répandre ses dons : « tous les pouvoirs divins, qui ont leur principe en haut (*anôthen*) et qui procèdent par l'intermédiaire des médiateurs adéquats, descendent jusqu'à l'endroit le plus extrême, le domaine de la terre » [2]. Il n'est même plus nécessaire de rappeler que la Terre est au centre ; il suffit de dire qu'elle est en bas.

La « bassesse » de la terre est plus importante que sa place centrale. Ainsi, lorsqu'Avicenne veut présenter un résumé de sa vision de l'univers physique, la première idée qui lui vienne à l'esprit, dans des notes écrites au fil de la plume, n'est pas que nous sommes au centre de tout, mais que nous sommes « en dessous de tout » [3]. Je

1. Guillaume de Conches, *Elementa philosophiae*, III (*PL*, 90, p. 1167), cité dans K. Bernath, « Thomas von Aquin und die Erde », dans A. Zimmermann et C. Kopp (éd.), *Miscellanea Mediaevalia*, vol. 19 : *Thomas von Aquin. Werke und Wirkung im Licht neuerer Forschung*, Berlin et New York, De Gruyter, 1988, p. 175-191.

2. Proclus, *Éléments de Théologie*, § 140 ; voir aussi Maxime de Tyr, *Dissertations*, XVII, 12, éd. F. Dübner, Paris, 1877, p. 70.

3. Avicenne, *Notes sur Aristote, Métaphysique, Lambda*, dans A. Badawî, *Aristote chez les Arabes* [arabe], Koweït, 1978 (3e éd.), p. 33, 14.

maintiens cette traduction littérale, bien qu'elle soit légèrement impropre, l'expression française étant devenue ironique. Elle rend bien, en effet, le sentiment d'infériorité qu'implique la situation inférieure dans l'espace.

Je puis donc conclure, avec A. H. Armstrong : « La cosmologie géocentrique n'a pas conduit les astronomes de l'Antiquité à une vision anthropocentrique de l'univers, ce qui serait une vision exagérée de l'importance de l'homme dans la hiérarchie des êtres. Elle les conduisit plutôt à mettre l'accent sur sa petitesse, son insignifiance et sa position basse dans l'ordre cosmique [1]... »

Dans une telle optique, le centre peut être considéré de deux façons, qui ne s'excluent d'ailleurs en rien. Il apparaît d'abord comme un point mathématique, sans dignité particulière [2]. Mais il peut également apparaître comme le point le plus bas, en suite de quoi ce qui l'occupe est systématiquement dévalorisé, à commencer par l'élément qui s'y trouve porté par son poids, à savoir la terre, dont le globe – ce que nous appelons justement la Terre – n'est que la condensation.

1. A. H. Armstrong, traduction de Plotin, coll. Loeb, t. III, p. 68-69, note. Voir également l'édition de Marc-Aurèle par A. S. L. Farquharson, Oxford, Clarendon Press, 1968, t. 2, p. 595, avec les textes auxquels il est renvoyé à cet endroit.

2. Voir par exemple Chalcidius, *Commentaire du Timée*, dans Lewis, *DI*, p. 55 et § C, p. 151, 12 s., cité par S. Gersh, *Middle Platonism and Neoplatonism, The Latin Tradition* (vol. 2), South Bend, Notre Dame University Press, 1986, p. 480.

F. La terre comme élément le plus vil

La dévalorisation de l'élément terreux se rencontre partout. Je me contenterai de trois exemples, qui viennent respectivement du monde païen, du monde islamique et du monde chrétien :

a) Dans son commentaire au *Timée* de Platon, Proclus écrit : « dans l'univers, ce qui est le dernier (le plus loin) est le milieu (*meson*), qui est entouré de tous côtés par des êtres plus divins. Ce qui est le plus matériel (*enulotaton*) et le plus grossier (*pakhutaton*) fut placé au centre par l'art (*dèmiurgia*) <divin> » [1].

b) Dans leur « Encyclopédie » (*rasâ'il*) de philosophie populaire, ceux qui s'appelaient les « Frères Sincères » de Basra nous donnent un compendium de ce que l'homme cultivé du IXe-Xe siècle était censé savoir. Ils reviennent à satiété sur la structure de l'univers, un étagement concentrique de sphères dont la terre occupe le point le plus bas : « la terre est le centre. Elle a la substance la plus grossière et la plus compacte de tous les corps. (...) Elle est le corps le plus grossier et le plus obscur, parce qu'elle se trouve tellement loin de la sphère qui englobe tout » [2].

c) Thomas d'Aquin (1225-1274) : « Et pour cette raison, dans l'univers entier, de même que la terre, qui est contenue par toutes (les sphères), et qui se trouve, quant au lieu, au milieu, est celui des corps qui est au plus haut point matériel et le plus vil (*ignobilissima*), de même aussi

---

1. Proclus Diadochus, *in Platonis Timaeum Commentaria*, éd. E. Diehl, Leipzig, Teubner, 1903, p. 155, 10-12.

2. *RIS*, III, 1 (32), t. 3, p. 187 et 197. Traduction allemande dans S. Diwald, *Arabische Philosophie und Wissenschaft in der Enzyklopädie Kitâb Ihwân as-Safâ' (III), Die Lehre von Seele und Intellekt*, Wiesbaden, Harrasowitz, 1975, p. 65 et 99.

la sphère dernière est au plus haut point formelle et la plus noble et, parmi les éléments, le feu est celui qui a le plus la nature d'un contenant et d'une forme »[1].

Une des façons de mettre en évidence la réalisation concrète de cette dévaluation de la terre est de rappeler que le « bas » est la direction vers laquelle les corps tombent. Il n'est donc pas surprenant que la terre soit de tous les éléments le plus grossier, compact et opaque, et qu'elle attire tout ce qu'il y a de grossier dans l'univers, devenant ainsi comme une poubelle cosmique. On le voit dans un texte de Macrobe : « Ce qu'il y a, venant de tout le désordre matériel, de vide, d'impénétrable, de condensé, ce qui se dépose, arraché aux éléments devenus lie (*defaecatis*), et s'arrête tout en bas, ce qui, plongé dans un gel perpétuel qui le fait prendre, ce qui, chassé jusqu'à la dernière partie du monde y est aggloméré par l'éloignement du soleil, ce qui donc se coagule ainsi a reçu le nom de "terre" »[2]. Ici, une métaphore capitale est introduite : l'image des impuretés qui se déposent au fond d'une bouteille ou d'un tonneau. Elle nous permet d'imaginer comment une matière grossière doit nécessairement gagner le point le plus bas de la réalité. L'image eut une postérité nombreuse. Elle servit même à exprimer la loi générale d'une vision du monde, dans laquelle l'univers est un système de sphères concentriques. C'est le cas, par exemple, dans un passage de Miskawayh, historien et lettré persan du début du XIe siècle : « chacune de ces

1. Thomas d'Aquin, *Commentaria in libros Aristotelis De caelo et mundo* (vers 1272), II, xiii, l. xx, n° 7, p. 202 *b*.
2. Macrobe, *Commentaire sur le Songe de Scipion*, I, 22, 6, p. 92 Willis, cité par Lewis, *DI*, p. 62-63.

sphères est par rapport à la sphère qui la recouvre, comme une lie (*thufl*) et une impureté (*kadar*) pour elle »[1].

Citons aussi l'auteur néopythagoricien anonyme reproduit par Photius : « Nécessairement, le mal lui aussi se trouve dans le lieu qui entoure la terre, puisque celle-ci occupe le rang de fond par rapport à l'univers entier et qu'elle est propre à en recevoir la lie »[2]. Citons encore un ouvrage juif de piété dans le genre *De contemptu mundi*, du début du XIVe siècle : « La terre est placée dans leur milieu [des sphères célestes], basse caverne dans laquelle sont versés tous les résidus des êtres naturels [?] et leurs pourritures »[3]. Enfin Albert le Grand, souabe il est vrai, ne recule pas devant une image énergique : « La terre est en effet comme un excrément (*faex*) parmi les corps simples et, parmi les éléments, le feu est le plus noble et tient plus de la forme »[4].

1. Miskawayh, *Le Petit Livre du Salut*, éd. S. 'Udeymah, trad. franç. R. Arnaldez, Tunis, Maison arabe du Livre, 1987, p. 100-101 [arabe] et p. 61 [français].

2. *Anonymus Photii*, cod. 249, dans *The Pythagorean Texts of the Hellenistic Period*, Collected and Edited by H. Thesleff, Abo Akademi, 1965, p. 239, p. 11-13. L'image est ancienne, puisqu'elle est déjà présente chez les Stoïciens, qui parlent de la terre comme du « dépôt » (au sens de « lie ») (*hypostathmè*) de l'humide. Voir *SVF*, t. 1, § 105. Dans le passage de Diogène Laërce où figure l'idée (VII, 137), le terme est traduit de façon erronée par « base » (*St*, p. 60). Elle se retrouve aussi tard qu'au XVe siècle, chez le philosophe juif espagnol Joseph Albo, *Livre des Principes*, IV, 23, éd. I. Husik, Philadelphie, The Jewish Publication Society of America, 1946, p. 208.

3. Jedaiah b. Abraham Bedersi (1270-1340), *Behinat ha-'Olam*, IV, xii, 10, éd. M. Frank-Kamenietsky, Vilna, 1879, p. 46.

4. Albert le Grand, *De Caelo et Mundo*, I, 4, 6, p. 16, 27-29 Hassfeld. De tels passages forment l'arrière-plan du passage de Kant, *Das Ende aller Dinge*, *WW*, t. 6, p. 180, note, où est citée la théorie d'un « plaisantin persan », malheureusement laissé anonyme et non identifié par les éditeurs, selon lequel la terre serait les latrines de l'univers

La place centrale qu'occupe la terre, loin d'être une place d'honneur pour elle-même et pour ses habitants, est plutôt un lieu de relégation et de mépris. C'est ce qu'exprime magnifiquement Maïmonide, dans un texte qui a l'intérêt de réfléchir l'attitude générale que je tente ici de reconstituer, en renversant l'analogie habituelle entre les animaux comme microcosmes et l'univers comme macrocosme :

> Dans tous les animaux qui ont un cœur, celui-ci se trouve au milieu, et tous les membres dominés l'environnent pour lui être généralement utiles, en le gardant et en le protégeant, afin qu'il ne lui survienne pas de malheur du dehors. Mais dans l'ensemble de l'univers, la chose est à l'inverse : la partie la plus noble environne ce qui en est moins noble, parce qu'elle n'est point exposée à recevoir une impression de ce qui est en dehors d'elle ; et, quand même elle serait impressionnable, elle ne trouverait point en dehors d'elle un autre corps qui pût agir sur elle, car elle influe sur ce qui est au-dedans d'elle, et il ne lui arrive aucune impression ni aucune faculté <venant> d'un autre corps. – Il y a cependant ici quelque ressemblance : car tout ce qui d'entre les membres de l'animal est plus éloigné du membre dominant est moins noble que ce qui en est plus près ; et de même, dans l'ensemble de l'univers, à mesure que les corps s'approchent du centre, ils deviennent ternes, leur substance devient plus grossière et leur mouvement plus difficile, et ils perdent leur éclat et leur transparence, à cause de leur éloignement du corps noble, lumineux, transparent, mobile, subtil et simple, je veux dire de la sphère céleste ; mais, à mesure qu'un corps s'en approche, il

---

entier. On a une histoire analogue chez Voltaire : « Le sottisier », s.v. « Mahométisme », dans *Supplément aux œuvres en prose*, *Œuvres Complètes*, Paris, vol. XXXII, 1880, p. 515.

acquiert quelque chose de ces qualités, à raison de sa proximité, et jouit d'une certaine supériorité sur ce qui est au-dessous de lui [1].

Le même retournement de perspective est exprimé par Alain de Lille au moyen d'une image extrêmement intéressante : « L'homme est comme un métèque (*alienigena*) habitant la banlieue (*suburbium*) du monde ». Le monde est comparé à une ville. Le centre en est occupé par le palais du roi, et c'est le ciel empyrée. Nous vivons hors les murs, en banlieue, pour ne pas dire dans les bidonvilles, comme des métèques. Lewis, qui cite le texte, conclut : « Le modèle médiéval est, pour ainsi dire, anthropopériphérique. Nous sommes des créatures marginales » [2]. En tout cas, l'image est d'autant plus remarquable qu'Alain de Lille, ce que Lewis ne signale pas, continue par un parallèle avec la tripartition platonicienne des parties de l'âme et ses équivalences dans le corps humain, exposée dans le *Timée* : la citadelle correspond à la tête, qui abrite la sagesse, la partie médiane de la ville correspond au cœur, siège de la magnanimité (et des anges), et la banlieue où logent les désirs à ce qu'il appelle pudiquement *renes*, les « reins », chez Platon les intestins. Nous vivons dans les tripes de l'univers – image que nous aurons à retrouver.

Un passage de Dante est également très parlant en ce contexte : le céleste voyageur y contemple une vision d'un ordre dans lequel Dieu est au centre, et qui est censé

---

1. Maïmonide, *G*, I, 72, p. 133, 15-26 ; trad. Munk, p. 372. Ce texte constitute sans doute une réponse à Saadia (voir p. 269, n. 1), qui n'y est cependant pas nommé.

2. Alain de Lille, *De planctu naturae*, Prosa, III, 108-109 ; *PL*, 210, p. 444 *a-b* ; références dans Lewis, *DI*, p. 58.

présenter le monde spirituel en reflétant le monde des corps. Le voyageur rappelle alors, comme une évidence qu'il s'excuse presque d'avoir à rappeler que, normalement, c'est à la périphérie que se trouve ce qui est le plus digne : « Mais, dans le monde sensible, on peut voir que les sphères sont d'autant plus divines qu'elles sont plus éloignées du centre »[1].

La place de la terre, loin d'être orgueilleuse, est au contraire humble. C'est ce que dit Bède le Vénérable : « Laquelle [la terre], située au centre ou au pôle du monde, comme la plus lourde, occupe parmi les créatures le lieu le plus humble et central (*humillimum* [...] *ac medium locum* [...] *tenet*), alors que l'eau, l'air et le feu la précèdent vers le haut par la légèreté de leur nature comme par leur position »[2].

G. L'HOMME DANS UN CUL DE BASSE-FOSSE

Cette situation de la terre a des conséquences désagréables pour ceux qui l'habitent. Pour citer Cicéron : « Ne comprenons-nous même pas que toutes les réalités supérieures sont meilleures, alors que la terre est la plus basse, elle qu'entoure l'air le plus grossier ? De sorte que, pour cette même raison qui fait que nous constatons aussi, dans certaines régions ou certaines villes, que les esprits naissent plus émoussés que ne le sont ceux des hommes, à cause de l'épaisseur plus grande de l'atmosphère, la même

1. Dante, *Divine Comédie*, Paradis, 28, v. 49-51. On a une image analogue chez Thérèse d'Avila, citée dans F. Hallyn, *op. cit.*, p. 149.
2. Bède le Vénérable, *De natura rerum*, éd. Ch. W. Jones et Fr. Lipp, *CCSL*, t. 123 A (1975), § XLV, p. 228, 6-9.

chose arrive au genre humain, parce que les hommes sont situés sur la terre, c'est-à-dire dans la plus grossière des régions du monde »[1]. L'allusion est à la théorie des climats : l'air subtil de l'Attique produit des gens fins, l'air épais de Thèbes rend compte de la lourdeur proverbiale de ses habitants. Mais les hommes en général, à cause de leur situation sur la terre, sont les Béotiens de l'univers.

Ibn Tufayl († 1185) exprime la même idée avec plus de brutalité : « Ce qui constitue, dans la concavité de cette Sphère, le monde de la génération et de la corruption, joue le rôle qu'ont dans le ventre de l'animal les divers excréments et humeurs, dans lesquels assez souvent se forment aussi des animaux comme dans le macrocosme »[2]. En d'autres termes : l'homme est au centre de l'univers comme un bousier sur une crotte.

Une telle situation, on en conviendra, est humiliante. C'est ce qu'exprime un philosophe antérieur d'une génération, Ibn Bâjja († 1138). Il cite un vers d'un poète inconnu par ailleurs, du nom d'Ibn al-Jallâb : « *Muhit as-samawâti awlâ binâ / fa-madhâ al-khulûd ilâ 'l-markaz* ». L'érudit espagnol qui a édité le texte, Miguel Asín Palacios, à son habitude, paraphrase plus qu'il ne traduit. Mais il exprime parfaitement l'idée : « *La esfera celeste que circunda al cosmos, es el lugar màs digno para nosotros ; pero ¿ que sera el permanecer eternamente en el centro de la esfera*[3] *?* »

1. Cicéron, *De natura deorum*, II, vi, 17, cité dans A. O. Lovejoy, *op. cit.*, p. 344, n. 6. Voir les textes parallèles dans l'édition de A. S. Pease, p. 592-593.

2. Ibn Tufayl, *Hayy ben Yaqdhân* (...), éd. L. Gauthier, Beyrouth, Imprimerie catholique, 1936, p. 61.

3. Ibn Bâjja, *Lettre d'adieux*, dans *Opera Metaphysica*, p. 121 ; éd. M. Asín Palacios, dans *Al-Andalus*, 8 (1943), p. 21 (texte) et p. 53 (trad.).

H. De l'humiliation à l'humilité

L'humiliation peut être subie passivement. Elle peut être aussi acceptée et assumée comme moyen d'acquérir la vertu d'humilité. D'une manière générale, les thèmes cosmologiques ne sont pas rares dans le contexte des exhortations à l'humilité : l'homme est invité à réfléchir sur sa petitesse et sur la bassesse de sa position dans l'univers. Ce thème n'a pas attendu l'élargissement du monde connu consécutif à la découverte de la lunette astronomique, et l'effroi du « silence éternel des espaces infinis ». Il constitue au contraire un de ceux qui transitent sans solution de continuité entre le Moyen Âge et les Temps modernes. Qu'on regarde par exemple les *Devoirs des cœurs* de Bahya ibn Paquda, qui sont sans doute le livre de spiritualité juive le plus célèbre et le plus lu de tous les temps. Bien que l'homme soit pour lui, comme il l'est pour une grande partie des penseurs médiévaux, le but de la création, sa place dans l'univers physique n'est jamais alléguée comme argument qui parlerait en faveur du prix que l'homme aurait aux yeux de Dieu. Au contraire, l'homme n'est presque rien quand on le compare aux sphères célestes [1].

Cette idée est rendue avec beaucoup de force par Abraham, le fils du grand Moïse Maïmonide : « De plus, il faut faire attention à ce qu'Il, qu'Il soit exalté [Dieu considéré comme auteur de la Bible], dit à la fin du verset : "que je suis le Seigneur qui exerce miséricorde, justice et

---

1. Bahya ibn Paquda, *Kitâb al-Hidâya ilâ farâ'id al-qulûb*, éd. Yahuda ; voir II, 6, p. 122, 20-123, 21, surtout p. 123, 17 ; VI [Sur l'humilité], 5, n° 2, p. 266, 9 ; n° 5, p. 268, 1-4 ; VIII, 3, n° 18, p. 332, 8-10.

droiture sur la terre" (Jérémie 9, 23). En effet, il y a là quelque chose dont la considération conduit nécessairement à une extrême humilité, parce que la terre et ce qui est en elle sont les créatures les moindres et les plus petites en comparaison du monde céleste (*li-anna 'l-arda wa-mâ fihâ aqallu 'l-mawjûdât, wa-asgharu-hâ bi-'l-nisbati li-'l-'âlami 'l-'alawiyyi*), ce pourquoi Sa sollicitude pour ses habitants est surprenante »[1].

Saint Bonaventure, se proposant de montrer comment le Christ est de sept façons le milieu (*medium*) de toutes choses, mentionne en troisième lieu le milieu quant à la distance. Celui-ci est la terre, « sphérique et inférieure, parce qu'au centre », et recevant toutes les influences des corps célestes. De même, le Fils de Dieu n'est pas seulement venu sur la surface de la terre, mais descendu en son centre (les enfers), opérant le salut par l'humilité de la croix, qu'exprime la situation centrale[2].

Maître Eckhart, lui aussi, introduit un élément cosmologique dans la structure de sa doctrine spirituelle. Mais il transpose le paradoxe de l'Incarnation au niveau de la naissance de Dieu dans l'âme. Il intègre ce paradoxe à un jeu dialectique qui renverse les valeurs, dans l'esprit du Magnificat : « il renverse les puissants de leur trône, il élève les humbles ». Dans un sermon allemand, il illustre ceci par une image étrange : « La terre est ce qu'il y a de plus éloigné du ciel. Elle est recroquevillée dans un coin et elle a honte. Elle aimerait bien échapper au beau ciel en allant de coin en coin. Mais où pourrait-elle s'arrêter ?

---

1. Abraham Maïmonide, *The High Ways to Perfection*, éd. S. Rosenblatt, Baltimore, The Johns Hopkins Press, 1938, t. 2, p. 64. Le passage est tiré du chapitre XVI, consacré à l'humilité.

2. Bonaventure, *Collationes in Hexaemeron*, I, 22, dans *Opera omnia*, Florence (Quaracchi), t. 5, 1891, p. 333 *a*.

Si elle fuit vers le bas, elle arrive au ciel ; si elle fuit vers le haut, elle ne lui échappe pas davantage. Il la chasse dans un coin, il lui imprime sa force et la rend féconde. Pourquoi ? Parce que le supérieur émane dans l'inférieur » [1]. On peut préférer à cette description d'un viol cosmique le ton plus apaisé d'un autre sermon : « Les maîtres disent que les astres déversent tout leur pouvoir jusqu'au fond de la terre, dans la nature et dans l'élément terreux, et qu'ils y produisent l'or le plus pur » [2]. La position de la terre au plus bas du monde est la raison de la présence en elle des dons les plus remarquables, les métaux précieux. De la même façon, l'homme qui s'humilie attire la grâce divine d'une façon tellement irrésistible qu'elle ne peut pas ne pas s'écouler en lui.

Dans tous ces textes, l'idée d'humilité est expressément soulignée : le fait que nous habitions sur la terre, loin de nous pousser à des sentiments d'orgueil, devrait au contraire nous amener à l'humilité et à la gratitude envers Dieu. Celui-ci a en effet élevé l'homme en l'arrachant à son indignité, soit, pour les Juifs et les musulmans, en lui donnant Sa Loi, soit, pour les chrétiens, en s'incarnant. La grâce qu'Il a ainsi octroyée à l'homme va d'autant moins de soi que l'homme n'a pas de raison spéciale d'attirer l'attention de Dieu, voire, qu'il devrait normalement susciter son mépris. Cette attitude n'est pas une exception au Moyen Âge, et nous en trouvons une trace aussi tard que chez Schelling : « ce qui scandalise bien des gens, que le séjour de l'homme n'est pas ces fiers

1. Eckhart, *Sermon 14* (« Surge, illuminare »), *DW*, t. 1, p. 233-234. Parallèles à l'endroit. Je cite la traduction française d'Alain de Libera (Eckhart, *Traités et Sermons*, Paris, Garnier-Flammarion, 1993, p. 307).

2. *Id.*, *Sermon 54*, *DW*, t. 2, p. 551-552.

enfants du ciel qui pourraient en quelque façon s'estimer supérieurs aux choses humaines, mais bien la terre, tout en bas. C'est à ce sujet qu'il est écrit : “aux humbles il donne sa grâce”. Dieu a fait si grand cas de l'homme qu'il s'est contenté de l'homme purement terrestre » [1].

La même façon de considérer la terre persiste en tout cas, même après que Copernic a proposé son hypothèse, par exemple chez Montaigne (1533-1592), qui la connaît pourtant : « Elle [la créature, l'homme] se sent et se void logée icy, parmy la bourbe et le fient du monde, attachée à la pire, plus morte et croupie partie de l'univers, au dernier estage du logis et le plus esloigné de la voûte céleste, avec les animaux de la pire condition des trois [aériens, aquatiques et terrestres] ; et se va plantant par l'imagination au dessus du cercle de la Lune et ramenant le ciel soubs ses pieds » [2].

I. L'HÉLIOCENTRISME COMME PROMOTION

L'hypothèse héliocentrique fut donc proposée à partir de 1540 et accueillie de diverses façons. Je puis me permettre de n'en dire que très peu, car de nombreux historiens ont déjà étudié la réception de la théorie

1. F. W. J. Schelling, *Philosophie der Mythologie*, I, Darmstadt, Wissenschaftliche Buchgesellschaft, 1957, p. 494 (cité dans H. Blumenberg, *op. cit.*, p. 95). Je regrette d'avoir retrouvé dans un livre par ailleurs remarquable : Flasch, *PDM*, p. 301, l'idée selon laquelle la place centrale de l'homme dans l'univers rendrait plus plausible la sollicitude divine à son égard.

2. Montaigne, *Essais*, II, 12, p. 239 Villey. Le passage est cité par A. O. Lovejoy, *op. cit.*, p. 102 et Lewis, *EL*, p. 3. Montaigne, sur ce plan, ne diffère pas d'auteurs antérieurs comme Boistuau, cité dans E. M. W. Tillyard, *op. cit.*, p. 47 et 120.

copernicienne [1]. Rappelons qu'elle resta une hypothèse sans vérification physique jusqu'au milieu du XVIIIe siècle. On peut se demander si la réaction la plus répandue n'aurait pas été, tout simplement, l'absence de réaction. Je ne parle pas ici des gens incultes, qui n'eurent même pas vent de la nouvelle théorie. Je pense à ceux qui réagirent par l'indifférence plus ou moins ironique. Je fournirai ici un seul exemple, tout simplement parce que je ne me souviens pas de l'avoir trouvé cité nulle part. Thomas Browne conclut sa *Religio medici* (*c.* 1635) en disant qu'il n'y a aucun bonheur sous le soleil. Il cite de la sorte un passage bien connu de l'*Ecclésiaste*. Mais il ajoute une parenthèse révélatrice : « il n'y a aucun bonheur au-dessous (ou, comme Copernic voudrait nous le faire croire, *au-dessus*) du soleil » [2]. Où sont l'angoisse, l'humiliation, la blessure ? Tout est tourné à la plaisanterie. Rit-on de ce qui angoisse ?

Cette hypothèse, donc, loin d'être considérée comme une blessure, fut ressentie au contraire comme une flatteuse montée en grade : au lieu de croupir dans un cul de basse-fosse, l'homme était désormais l'habitant d'un quartier aussi chic que celui où loge le soleil.

L'héliocentrisme fut senti comme une promotion accordée à la terre dès avant Copernic, chez Nicolas de Cuse, pour lequel la théorie héliocentrique n'était guère qu'une possibilité. Le Cusain consacre un chapitre spécial

1. Voir par exemple H. A. Oberman, « Reformation and Revolution : Copernicus' Discovery in an Era of Change », dans J. E. Murdoch et E. D. Sylla (éd.), *The Cultural Context of Mediaeval Learning* (...), Dordrecht/Boston, Reidel, 1975, p. 397-435.

2. Th. Browne, *Religio medici*, II, 15, éd. W. A. Greenhill, Londres, Macmillan, 1950 (= 1881), p. 123. Browne ne croit pas au mouvement de la terre, voir *ibid.*, II, 13, p. 120.

à une réhabilitation de la terre. Nous y lisons : « Il n'est pas vrai que cette terre soit la plus vile et inférieure. En effet, bien qu'elle semble plus centrale quant au monde, elle est pourtant, pour cette même raison, plus proche de l'axe. (...) La terre est donc une étoile noble, qui possède une lumière, une chaleur et un rayonnement (*influentia*) autre et différente de celle de toutes les étoiles. (...) Le rayonnement même qu'elle reçoit n'est pas un argument qui permette de conclure à son imperfection. En effet, elle-même, puisqu'elle est une étoile, émet peut-être sous la même forme un rayonnement sur le soleil et sa région. (...) Et comme notre expérience se limite, du fait que nous sommes au centre, vers lequel convergent les rayonnements, nous n'avons aucune expérience de ce rayonnement en sens inverse (*refluentia*) »[1]. On notera que notre place centrale sur terre est ici, par rapport à la connaissance, plutôt un handicap qu'un avantage.

Après que Copernic a publié son ouvrage, on se demanda si la terre méritait une telle place d'honneur, qui la mettait sur le même plan que tout autre corps céleste, voire que le soleil. Cette conséquence de l'idée héliocentrique fut ressentie non comme parlant en la faveur de Copernic, mais bien au contraire comme une objection contre lui. C'est implicite chez le réformateur Philippe Melanchthon : « *Terram etiam inter sidera collocant* »[2]. D'autres sont plus clairs. Ainsi, l'Italien Francesco Ingoli brandit contre Galilée tout un arsenal

1. Nicolas de Cuse, *De docta ignorantia*, éd. E. Hoffmann et R. Klibansky, Leipzig, Meiner, 1932, II, xii ; cité dans Lewis, *EL*, p. 3 et H. Blumenberg, *op. cit.*, p. 293.

2. Ph. Melanchthon, *Initia doctrinae physicae* (1549), chap. XX : « Quis est motus mundi », dans *Corpus Reformatorum*, XIII (1846), p. 216 ; cité dans H. Blumenberg, *op. cit.*, p. 379 et 384, n. 99.

d'arguments. L'un de ceux-ci est tiré du trésor de la « science théologique » (*doctrina theologorum*) : il faut que la terre soit au centre, puisque l'Enfer, séjour du Démon et des damnés, est situé dans son centre [1]. Enfin, l'argument est très explicite chez John Wilkins. Celui-ci invoque l'argument tiré « de ce que notre terre a de vil, puisqu'elle consiste en une matière plus crasseuse (*sordid*) et vile (*base*) que toute autre partie du monde ; en conséquence, il faut qu'elle soit située au centre, qui est la pire des places, et à la plus grande distance de ces corps purs et incorruptibles, les cieux » [2].

D'autre part, nous trouvons le même argument, et même l'expression dont se sert Melanchthon, mais cette fois en un sens positif, sous la plume d'un partisan décidé de Copernic, Galilée, qui fait dire à son porte parole Salviati : « Quant à la terre, nous cherchons à l'anoblir et à la rendre plus parfaite, lorsque nous nous soucions de la rendre semblable aux corps célestes et, d'une certaine manière, à la mettre comme au ciel d'où vos philosophes l'avaient bannie » [3].

---

1. Fr. Ingoli, *De situ et quiete terrae disputatio*, dans *Opere* di Galileo, Edizione nazionale, t. V, p. 408. Ingoli a peut-être été influencé par le Cardinal Bellarmin, voir sa *Controversia generalis de Christo*, Livre V, chap. 10, *Opera omnia*, Paris, vol. 1, 1870, p. 418 ; *Controversia generalis de purgatorio*, II, 6, *loc. cit.*, vol. 3, p. 109-112. Pour ces références à Ingoli et à Bellarmin, je remercie le Professeur William R. Shea, actuel titulaire de la chaire Galilée de l'Université de Padoue.

2. J. Wilkins, *The Discovery of A New World, or a Discourse tending to prove that it is probable there may be another Habitable World in the Moon* (1638), dans *Philosophical and Mathematical Works*, Londres, 1802, t. 1, p. 190 ; cité par A. O. Lovejoy, *op. cit.*, p. 102 et par P. Rossi, *op. cit.*, p. 137 (qui se réfère à l'édition originale de 1638).

3. Galilée, *Dialogo dei due massimi sistemi del mondo* (1632), cité par P. Rossi, *op. cit.*, p. 137.

J. Conclusion

L'historien des sciences italien Paolo Rossi, que j'ai déjà cité, fournit ces textes et ajoute une remarque désabusée : « Il est souvent inutile de citer les textes, et bien des énoncés vrais semblent destinés à tomber dans le vide quand ils s'opposent aux *idola theatri*, dont la diffusion est plus large. À lire les digressions des romanciers, essayistes, journalistes et intellectuels de tout poil après les projets d'exploration spatiale et l'atterrissage sur la lune, et à lire les pages de bien des historiens et philosophes, il semblerait que le géocentrisme et l'anthropocentrisme aient toujours été indissolublement soudés l'un à l'autre. L'acceptation des doctrines astronomiques de Copernic semble du coup avoir impliqué la renonciation à une vision du monde anthropocentrique comme telle. Lovejoy a consacré, sans succès, bien des pages de son œuvre historique majeure à démontrer la fausseté de ces associations »[1].

Je n'ai fait que reprendre ce à quoi Lovejoy, Rossi, et tant d'autres se sont attelés. Pourquoi espérerais-je avoir plus de succès qu'eux ?

1. P. Rossi, *op. cit.*, p. 137-138.

Averroès est-il un gentil ?

Averroès n'a pas de chance. Il n'est pas le seul philosophe arabe dans ce cas. Ainsi, Farabi, qui fut peut-être le plus grand, n'a été que très peu traduit au Moyen Âge et donc très peu connu en Europe. Averroès n'a pas été reçu dans le monde arabe, qui l'a à peu près totalement oublié dès sa mort. Il a été en revanche traduit et commenté, et très vite, aussi bien par les chrétiens que par les Juifs du nord de la Méditerranée. Mais le plus curieux, et qui singularise Averroès, est ce paradoxe que, en Europe, il est malchanceux même quand il a de la chance.

A. Au bon beur

En apparence, en effet, la chance lui sourit. D'autant plus qu'il revient de loin. Il a été bien longtemps un personnage de légende, et de légende noire. N'était-il pas, selon Thomas d'Aquin, plutôt le corrupteur de la philosophie aristotélicienne que son interprète [1] ? On lui prête des déclarations impies : « que mon âme meure de la mort des philosophes ! (*moriatur anima mea morte* [ou :

1. Thomas d'Aquin, *De unitate intellectus contra Averroistas*, 2, § 214.

mortem] *philosophorum*) »[1]. N'aurait-il pas été l'auteur maudit du terrible traité « Des trois imposteurs », selon lequel l'humanité aurait été bernée par un berger, un médecin et un chamelier, dans lesquels on n'aura guère de mal à reconnaître les fondateurs successifs des trois monothéismes[2] ? Le livre était aussi fameux qu'introuvable, en tout cas jusqu'à ce qu'on se lasse de le chercher et qu'on décide de l'écrire, en plusieurs versions d'ailleurs, au XVIIe siècle.

La tendance s'est retournée dès la monographie de Renan, et encore plus après les travaux de Léon Gauthier[3]. Averroès devint par là un musulman bien comme il faut. Il est désormais un « gentil », ce mot étant pris au sens hollywoodien du terme, un *good guy*, quoi. Cela va jusqu'à une véritable averromanie. Averroès était déjà, récemment, devenu un héros de cinéma. Le voilà maintenant affublé par la République française, une et indivisible, du rôle du gentil arabe de service. Après avoir créé des islamistes modérés et les avoir nommés représentatifs, elle se donne maintenant leur équivalent intellectuel, projetant vers le Moyen Âge la version académique du béni oui-oui.

Le signe de cette consécration est patent : Averroès vient d'entrer officiellement dans l'Université française. Certes, il figurait depuis longtemps parmi les auteurs sur

1. Dictionnaires de Moreri, puis de Bayle, s.v. Averroès, etc.

2. Voir la récente synthèse de Fr. Niewöhner, *Veritas sive varietas : Lessings Toleranzparabel und das Buch « Von den drei Betrügern »*, Heidelberg, Schneider, 1988.

3. E. Renan, *Averroès et l'averroïsme. Essai historique* (1852), *Œuvres complètes*, Paris, Calmann-Lévy, t. 3, 1949, p. 10-365 ; puis L. Gauthier, *La Théorie d'Ibn Rushd (Averroès) sur les rapports de la religion et de la philosophie*, Paris, Leroux, 1909 ; réédition, Vrin, 1983.

lesquels pouvaient être interrogés, à l'oral de l'agrégation de philosophie, les quelques rares candidats ayant choisi la langue arabe. C'est à ce titre que j'ai eu le plaisir de l'enseigner. Mais il est désormais inscrit sur la liste de ceux dont une œuvre est susceptible d'être présentée à l'oral de philosophie du baccalauréat [1].

Cela suscite en moi une joie *avec* mélange. Car de quelle œuvre s'agira-t-il ? Des raisons de simple bon sens demandent un texte traduit en français, disponible dans le commerce, d'une longueur raisonnable, d'un niveau de difficulté accessible à des potaches. Il n'y en a qu'un seul qui réponde à ces réquisits, et c'est le *Discours décisif*. Il avait été réédité dans une bonne traduction due à Léon Gauthier, et à nouveau épuisé [2]. Il a été récemment retraduit dans une édition de poche par Marc Geoffroy, avec une longue présentation d'Alain de Libera [3]. Tous deux, d'ailleurs savants d'une compétence inattaquable, sont ainsi assurés d'une rente de situation.

B. UNE ŒUVRE EN MARGE

Averroès se trouve de la sorte, et par la force des choses plutôt que de propos délibéré, ramené à un seul et unique texte.

Effectuons donc un travelling arrière et prenons une vue cavalière de l'ensemble de l'œuvre d'Averroès.

1. Arrêté du 5 juillet 2001 portant sur le Programme d'enseignement de la philosophie en classe terminale des séries générales, *Bulletin officiel de l'Éducation nationale*, n° 28 du 12 juillet 2001.

2. Ibn Rochd (Averroès), *Traité décisif* (...) *sur l'accord de la religion et de la philosophie* (...), Alger, 1948, réédition Paris, Vrin, 1983.

3. Averroès, *DD*.

Rappelons que le sage de Cordoue a commenté tout ce qui était disponible de l'œuvre d'Aristote, au moins une fois, parfois trois fois. Sur chacune de ces 19 œuvres il a en effet composé un résumé ou épitomé (*jawâmi'*). Sur 16 une paraphrase (*talkhîs*). Sur 5 (*Seconds Analytiques* ; *Physique* ; *Du Ciel* ; *De l'âme*, 546 pages de latin dans l'édition Crawford ; *Métaphysique*, 1736 pages d'arabe dans l'édition de Bouyges) un commentaire dit « grand » (*tafsîr*) qui procède avec Aristote comme le faisait Tabari ou d'autres pour le Coran : le passage à commenter est d'abord reproduit intégralement, puis cité à nouveau lambeau par lambeau et expliqué. Ces ouvrages ne nous sont parvenus que partiellement dans l'original arabe mais, les traductions hébraïques et latines comblant les lacunes de celui-ci, nous possédons le tout. Ces explications sont profondes et précises.

En outre, Averroès a écrit une volumineuse réfutation de Ghazali (588 pages d'arabe dans l'édition de Bouyges), quelques monographies philosophiques (*Sur la substance de la sphère*, *Sur la conjonction*, *De la béatitude de l'âme*, etc.). Enfin, en dehors du champ philosophique, il a composé un volumineux ouvrage de droit (deux volumes d'environ 500 pages chacun dans la traduction anglaise) et des ouvrages médicaux (270 pages d'espagnol).

Nous sommes donc en face d'un penseur à la stature imposante, d'un génie universel. L'ennui est qu'avec le *Discours décisif*, l'Averroès des bacheliers est réduit à une portion de son œuvre que l'on peut estimer, comme ordre de grandeur, entre le centième et le cinq-centième de celle-ci.

Par ailleurs, le *Discours décisif* est le premier volet d'un diptyque dont la seconde moitié, le *Dévoilement des méthodes de démonstration quant aux principes de la reli-*

gion, qui attend encore une traduction française intégrale [1], fait à peu près quatre fois la longueur. Dans la même édition, le *Discours décisif* fait 26 pages d'arabe, et l'autre un peu moins de cent.

L'œuvre n'a eu que fort peu d'influence au Moyen Âge européen. Elle n'a pas eu les honneurs d'une traduction latine, à l'exception du bref Appendice, traduit en latin dans le *Pugio Fidei* du dominicain Raymond Martin sous le titre *Epistula ad amicum* [2]. L'hypothèse de l'arabisant espagnol M. Asín Palacios selon laquelle Thomas d'Aquin aurait eu connaissance de la pensée théologique d'Averroès par son compagnon d'ordre Raymond Martin, émise en 1904, est encore citée par Marc Geoffroy, qui omet de signaler qu'elle a été réfutée aussitôt que publiée [3]. Le *Pugio Fidei* date en tout cas de 1278, quatre ans après la mort de Thomas d'Aquin.

En revanche, le *Discours décisif* a été traduit en hébreu, assez tard, au XVe siècle, et a exercé une certaine influence sur des Juifs comme Shem Tob Falaquera ou Élie del Medigo [4].

Dans le monde arabe pré-moderne, son écho repérable a été extrêmement limité. Elle a été imprimée pour la première fois en Occident par l'orientaliste allemand

1. J'attends beaucoup de la thèse sur ce sujet que prépare sous ma direction Mme Barbara Canova-Geoffroy.

2. Le texte est commodément accessible dans M. Alonso, *Teologia de Averroes (Estudios y documentos)*, Madrid-Granada, Maestre, 1947 (réimpression Séville, 1998), p. 357-365.

3. Averroès, *DD*, p. 190, n. 49. Voir L. Robles Carcedo, « En torno a una vieja polémica : el "Pugio Fidei" y Tomás de Aquino », *Revista española de Teologia*, 34 (1974), p. 321-350 ; 35 (1975), p. 21-41 (*non vidi*).

4. Falaquera's *Epistle of the Debate. An Introduction to Jewish Philosophy* ; Élie del Medigo, *BD*.

M. J. Müller en 1859, lequel la traduisit en 1875. Les éditions publiées postérieurement dans le monde arabe, dès l'époque du « Réveil » (*nahda*) à la fin du XIXe siècle, piratent celle-ci.

C. VÉRITÉ ET ORIGINALITÉ

On peut dire : certes, en quantité, le *Discours décisif* n'est qu'une toute petite partie de la production d'Averroès. Mais ce point de vue n'est que secondaire, si cette œuvre exprimait la pensée d'Averroès. De plus, dira-t-on, la masse des textes d'Averroès est constituée par des commentaires. Ceux-ci ne pèsent rien à côté des œuvres originales.

Est-ce bien vrai ? Pour nous, une œuvre originale exprime la pensée d'un auteur qui y parle en son nom propre. En revanche, un commentaire est un travail historique dans lequel l'auteur peut faire preuve de beaucoup de talent dans l'art d'interpréter, mais où il se tait, voire, où il est moralement tenu de se taire, quant à ses prises de position personnelles. Eh bien, il nous faut nous débarrasser de cette façon de voir si nous voulons comprendre Averroès. Comme tous les auteurs du Moyen Âge, celui-ci n'avait pas adopté le point de vue historique qui nous est devenu naturel depuis quelques siècles. Pour lui, Aristote était le sommet absolu de l'humanité – hormis, bien sûr, les Prophètes. Son intellect ne le cédait qu'à celui des hommes à qui Dieu dicte les règles de la communauté juste. On répète la formule de Dante à propos d'Aristote : « le maître de ceux qui savent (*Il maestro di color che sanno)* » [1]. Mais cette formule n'est pas grand-chose à côté des éloges hyperboliques dont le couvre Averroès. Ils serviront d'exemple à Malebranche pour illustrer ce qu'il appelle la « préoccupation des commentateurs » [2]. Averroès voit en Aristote le sommet de l'humanité, un don de Dieu à celle-ci [3].

Cette attitude a survécu à Averroès : son commentateur et disciple juif Moïse de Narbonne renchérit encore : si Aristote a dit quelque chose, il n'est plus besoin de chercher [4]. Et elle l'a précédé, car Moïse de Narbonne cite, sans le savoir ou en le sachant, une formule d'un philosophe antérieur, Farabi, lequel écrit posément qu'après Aristote, la philosophie n'est plus une enquête, mais le contenu d'un enseignement : on n'a plus besoin de chercher, il n'est que de transmettre le savoir [5].

Pour Averroès, ce que dit Aristote était donc tout simplement *vrai* : la vérité, rien que la vérité. Et aussi *toute* la vérité. Ce qui explique qu'il n'hésite pas à ajouter à ses commentaires des théories qui se sont avérées bien après. Ainsi, le rôle des nerfs dans la perception, dont Aristote n'avait aucune idée, et qui ne fut établi que par Galien [6].

---

1. Dante, *Divine Comédie*, Enfer, 4, v. 131.
2. Voir *supra*, p. 208, note 1.
3. Voir les textes stupéfiants cités par É. Gilson, *History of Christian Philosophy in the Middle Ages*, New York, Random House, 1954, p. 642, n. 17 (les notes ne sont pas dans l'édition française de la même œuvre).
4. Moïse de Narbonne, *Commentaire sur le* De substantia orbis *d'Averroès*, reproduit dans l'édition A. Hyman du *De substantia orbis*, Cambridge (Mass.)/Jérusalem, 1986, p. 44, n. 15.
5. Farabi, *Book of Letters*, II, § 143, p. 152 Mahdi.
6. Voir Averroès, *Grand Commentaire du Traité de l'âme*, II, § 107, éd. F. S. Crawford, Cambridge (Mass.), The Mediaeval Academy of America, 1953, p. 298.

Nous connaissons cette façon de penser dans le domaine religieux, comme ce concordisme qui fait reconnaître dans le Coran ou dans les Upanishads, selon les progrès de la science occidentale, les atomes, les microbes, l'évolution, etc. Quant à Aristote, cette attitude d'esprit aura la vie dure. À l'époque de Galilée, l'aristotélicien padouan Cesare Cremonini croira reconnaître dans un passage du traité de la *Génération des animaux* l'invention du télescope [1].

Ainsi, du point de vue d'Averroès lui-même, la vérité et l'originalité, non seulement font deux, mais s'opposent diamétralement. Il se peut qu'il n'ait vu dans ses œuvres originales guère plus que des travaux de circonstance, destinés à défendre la philosophie contre ses adversaires, mais nullement à établir une vérité dont il se savait déjà en possession.

Ceci ne signifie nullement qu'Averroès n'aurait pas été un penseur original. J'ai seulement dit qu'il ne *voulait* pas en être un. Or, il n'est pas rare qu'une sorte de loi malicieuse s'applique aux penseurs, comme elle s'applique aux écrivains et aux artistes : ceux qui cherchent à tout prix l'originalité, et prétendent à son de trompe renverser jusqu'à la racine tout ce qui a été fait avant eux ne font assez souvent que réchauffer et servir à leur sauce insipide quelque vieillerie qui n'avait de nouveau que d'être oubliée. En revanche, ceux qui n'ont pas d'autre ambition consciente ou du moins affichée que de se replacer dans une grande tradition pour lui apporter quelques minimes adaptations ou mises à jour se dévoilent souvent à un regard rétrospectif comme de puissants innovateurs, voire des révolutionnaires. Beaucoup de médiévaux sont des

1. Aristote, *Génération des animaux*, V, 1, 780 *b* 18-22. À ma honte, je ne retrouve pas où j'ai lu l'anecdote sur Cremonini.

exemples de ce second cas de figure, et parmi eux, Averroès n'est pas le moindre.

D. Le Discours décisif

Le *Discours décisif* est une consultation juridique, une sorte de *fatwa*. Ce mot est connu en Occident depuis celle qui fut lancée contre Salman Rushdie. Je rappelle ici qu'il ne désigne pas nécessairement une condamnation, encore moins une condamnation à mort, mais simplement la réponse d'un juriste (*muftî*) à une question à lui posée sur la légitimité d'une pratique. Averroès y fait comparaître l'activité philosophique devant le tribunal de la *sharia*. C'est le mouvement contraire de ce qui se passe en chrétienté, où Thomas d'Aquin, au début de sa *Somme théologique*, s'interroge sur la légitimité de la théologie devant le tribunal de la philosophie en demandant : une autre science que celle-ci est-elle bien nécessaire [1] ?

Le but de guerre d'Averroès est de remplacer les juristes malikites et les théologiens du Kalâm ash'arite comme conseillers du prince. Le texte s'achève par une allusion au régime victorieux (*al-amr al-ghâlib*) sous lequel Averroès vit [2]. Le philosophe fait de la sorte appel au bras séculier pour assurer le triomphe de sa propre lecture de la Loi islamique.

Sa stratégie est de montrer que l'investigation philosophique est obligatoire pour ceux qui en ont les moyens, c'est-à-dire l'élite des philosophes, et interdite aux autres, c'est-à-dire la masse du bon peuple. Comme chez Pascal,

1. Thomas d'Aquin, *ST*, Ia, q. 1, a. 1.
2. Averroès, *DD*, § 72, p. 170.

ceux qui « troublent le monde et jugent mal de tout » sont les demi-savants [1], en l'occurrence les gens du Kalâm.

S'agit-il de montrer l'*accord* de la philosophie et de la religion ? C'est ce que suggèrent les titres les plus souvent choisis par certains traducteurs : harmonie, concorde, etc. D'autres, plus récents, sont plus circonspects. Ainsi Marc Geoffroy traduit le titre plus littéralement : « Le livre du discours décisif où l'on établit la connexion (*ittisâl*) existant entre la révélation (*sharia*) et la philosophie (*hikma*) » [2]. La traduction des deux derniers mots mis entre parenthèses me semble problématique, et je préfère pour ma part celle, encore plus littérale, de Charles Butterworth : « *The Book of the Decisive Treatise determining the connection between the Law and Wisdom* », voire celle, encore plus exacte, due au même savant qui la reconnaît lui-même inutilisable, de « *Book of decisively judging the statement and determining the connection between the Law and Wisdom* » [3]. Dans son Introduction à la traduction de Marc Geoffroy, Alain de Libera attaque à plusieurs reprises et avec beaucoup d'éloquence l'interprétation qui voit dans cette « connexion » une conciliation [4]. Peut-être... Reste que, lorsqu'Averroès lui-même renvoie à son œuvre dans l'ouvrage qui y fait suite, il utilise le titre de « Discours décisif sur la correspondance (*mutâbaqa*) » ou « sur l'accord (*muwâfaqa*) de la sagesse et de la Loi » [5].

1. Pascal, *Pensées*, n° 327 Brunschvicg.
2. Averroès, *DD*, p. 103.
3. Averroès, *Decisive Treatise & Epistle Dedicatory*, Translation, with Introduction and Notes by Ch. E. Butterworth, Provo (Utah), Brigham Young University Press, 2001, p. xix.
4. Averroès, *DD*, p. 65-67, 81-82.
5. Averroès, *Kashf 'an manâhij al-adilla fî qawâ'id al-milla*, dans *Falsafat Ibn Rushd*, Beyrouth, Dâr al-Afâq al-Jadîda, 1982 (= 1910), p. 45 et 90.

E. Un dur

D'une manière générale, Averroès n'est pas un tendre. Et pas seulement dans ses œuvres juridiques, ou dans celles où l'on pourrait penser qu'il lui faut donner le change, mais là-même où il écrit en tant que philosophe. Ainsi, dans le *Commentaire de la République de Platon*, il n'élève aucune objection contre l'élimination des enfants handicapés [1]. Il n'a rien à dire non plus sur le point par lequel le Socrate mis en scène par Platon touche à Pol Pot, à savoir l'expulsion des adultes de la cité idéale à fonder. Sa seule réserve est d'ordre technique : il existe une autre méthode que celle préconisée par le Socrate de la *République*, et elle est peut-être plus efficace [2].

On rencontre la même attitude dans une œuvre où Averroès se donne pour tâche de défendre la philosophie contre ses détracteurs. Il s'agit en l'occurrence de repousser les attaques de Ghazali, dans la célèbre *Incohérence de l'Incohérence*. C'est là que, par deux fois, il justifie la mise à mort des hétérodoxes.

Un de ces passages, tout à la fin du texte, est disponible en français dans une traduction récente, que je reproduis ici :

> Ceux qui mettent en doute de telles choses, qui les contredisent et s'expriment ouvertement là-dessus, ce sont ceux dont le but est d'invalider les Lois révélées et les vertus, ce sont les *zindiq-s*, ceux qui pensent qu'il n'y a d'autre fin pour l'homme que de jouir des plaisirs matériels. Mais personne [parmi les philosophes] ne doute [de la réalité de la vie future], et aucun ne doute non plus

1. Averroès, *CR*, I, xvii, 8, p. 38, 16 s.
2. *Ibid.*, II, xvii, p. 78, 26-79, 1.

> que si l'on était parvenu à s'emparer de l'un de ceux-là [i.e. un hérétique], *les porteurs de Lois révélées et les sages tous ensemble l'eussent condamné à mort* [1].

L'autre passage, en revanche, n'est à ma connaissance pas accessible dans notre langue, ce pour quoi j'en risque ici une traduction :

> Quant à l'opposition au miracle d'Abraham qu'il [Ghazali] attribue <aux philosophes>, c'est une chose que personne d'autre ne dit que les hétérodoxes (*zanâdiqa*) de l'islam. Selon ceux des philosophes qui sont sages, il n'est pas permis de parler ou de discuter dialectiquement des principes des religions. Celui qui le fait, selon eux, requiert une sévère correction. En effet, puisque toute discipline a des principes, et puisqu'il faut que celui qui s'applique à cette discipline en admette les principes et ne leur oppose ni rejet ni réfutation, il en est ainsi, à plus forte raison, de la discipline pratique qui relève de la Loi (*shar'iyya*). En effet, la quête des vertus relevant de la Loi, selon eux, n'est pas nécessaire pour l'être de l'homme en tant qu'il est homme, mais en tant qu'il est homme savant. Ce pourquoi tout homme est obligé d'admettre les principes de la Loi et de se soumettre à leur propos et – inévitablement – à celui qui les a posés. En effet contester <ces principes> et les discuter est pernicieux pour l'existence de l'homme. *En conséquence, il est obligatoire de tuer les hétérodoxes* [2].

1. Averroès, *TT*, XX, Questions physiques, IV, § 11, p. 585-586 ; français : *L'Islam et la raison. Anthologie de textes juridiques, théologiques et polémiques*, trad. de M. Geoffroy (...), Paris, GF-Flammarion, 2000, p. 204. Les ajouts sont du traducteur.

2. *Ibid.*, XVII, Questions physiques, I, § 17, p. 527. Ce que j'ai traduit par « une sévère correction » (*adab shadîd*), j'aurais aimé le traduire par « une énergique rééducation ».

Dans le premier texte cité, Averroès rapporte ce qu'auraient fait les fondateurs de religion et les philosophes, unanimes pour une fois. Il ne prend pas explicitement position en faveur de leur attitude. Dans le second texte, il se range de leur côté et prononce la sentence en son propre nom. La question se pose donc : parle-t-il ici en musulman pieux, en docteur de la loi, ou en philosophe ?

Je crains bien que ce ne soit *aussi* en tant que philosophe. Car enfin, qui a dit que les philosophes étaient des tendres ? Qui peut encore ignorer ce que l'on pourrait appeler leur faible pour la force ? On se souvient du flirt de Heidegger avec le nazisme. On connaît aussi le penchant pour les régimes idéologiques les plus criminels – Union Soviétique, Chine, Cambodge, Iran, etc. – de bien des intellectuels de notre époque, dont certains ne s'en sont jamais excusés. On peut citer avant eux la servilité des « philosophes » autoproclamés du XVIIIe siècle français devant les despotes « éclairés », ainsi Voltaire glorifiant l'invasion de la Silésie, sans déclaration de guerre, par la Prusse de Frédéric II. On n'a pas oublié non plus, tout au début, la collusion de Platon avec le tyran de Syracuse. Tout cela devrait mener à un examen de conscience de la corporation, et il serait trop facile de se l'épargner en ne voyant dans ces cas que des exceptions... En tout cas, on ne voit pas pourquoi les médiévaux auraient dû faire mieux que leurs prédécesseurs et leurs successeurs.

Terminons quand même sur une note plus « progressiste » : Averroès profite du passage de la *République* dans lequel Socrate défend l'égalité des gardiens et des gardiennes de la cité pour faire quelques remarques qui visent peut-être la condition de la femme dans les pays islamiques [1]. Il constate que celles-ci n'ont à son époque d'autre fonction que de s'occuper des enfants, et, pour se faire de l'argent, de filer et tisser ; elles sont par là ravalées à l'état de plantes. Cela dit, Averroès ne met nullement l'accent sur le tort qui est ainsi fait aux femmes, mais bien sur leur inutilité et sur la charge qu'elles représentent en conséquence pour leurs maris.

F. Un intellectuel organique

Pourquoi va-t-on étudier le *Discours décisif* ? Il y a fort à parier que ce sera pour montrer que l'islam est compatible avec nos propres dadas, qu'on les appelle du nom qu'on voudra : raison, modernité, progrès, laïcité, etc. On risque par là de plaquer sur Averroès des problématiques qui n'étaient nullement les siennes, et de s'interdire du coup tout accès un peu probe à la lettre de ce qu'il écrit. Or, celle-ci s'éclaire par son contexte, à savoir par une situation historique déterminée, par des présupposés dogmatiques déterminés, tous sujets qu'il est hors de question d'expliciter dans le cadre d'un cours de philosophie en classe terminale. Tout au plus le professeur serait-il bien venu de s'aider de quelque bon livre pour reconstruire l'arrière-plan sur lequel l'œuvre d'Averroès devient compréhensible. Je pense en particulier à la biographie modeste, mais précise, de Dominique Urvoy [2].

On connaît le concept d'« intellectuel organique » (Gramsci), auquel on oppose l'« intellectuel critique ». On voudrait faire d'Averroès le type même de l'intellec-

1. Averroès, *CR*, I, xxv, 9-10, p. 54, 6-13.
2. Urvoy, *AAIM*.

tuel critique. Or, Averroès est aussi un « intellectuel organique », et tout porte à croire qu'il se soit lui-même compris comme tel [1]. Il se comprend d'abord comme exerçant un métier qui le met au service de l'Islam. Ce métier n'est pas celui de philosophe. Du reste, l'activité philosophique, au Moyen Âge, n'a nulle part été institutionnalisée ailleurs qu'en chrétienté. En terre d'islam et dans les communautés juives, elle reste un violon d'Ingres que l'on exerce à côté de son vrai métier. Celui d'Averroès est le droit religieux. Il est en effet grand cadi de Cordoue. Cette situation dans la cité musulmane entraîne des obligations. À long terme, il doit appliquer la Loi islamique. De façon ponctuelle, il doit prêcher la « guerre sainte » lorsque son souverain décide de la mener. Comme philosophe, il lui faut également donner un fondement rationnel à ladite guerre [2].

Averroès se comprend plus précisément comme au service des Almohades. Il fait l'éloge du régime au service duquel il se trouve en critiquant celui des Almoravides, que ses maîtres avaient renversé [3]. Il donne une version philosophique de la doctrine officielle d'Ibn Tumart, mahdi des Almohades. C'est un thème sur lequel Dominique Urvoy a beaucoup insisté, longtemps un peu seul [4]. Son intuition vient d'être confirmée par Marc Geoffroy. Celui-ci a récemment découvert une version du *Dévoilement*... dans laquelle Averroès, sans doute au vu de

1. L'expression est employée par M. Campanini dans son introduction à son édition : Averroès, *Il trattato decisivo sull'accordo della religione con la filosofia*, Milan, Rizzoli, 1994, p. 9.
2. Voir *supra*, p. 250 et suiv.
3. Averroès, *CR*, III, xi, 5, p. 92, 4-8.
4. Voir Urvoy, *AAIM*, p. 57-60.

remarques faites par un théologien, adapte son œuvre à l'orthodoxie de la doctrine almohade [1].

Quant à savoir si, dans toutes ces activités, Averroès est sincère, ou s'il ne fait que s'exécuter à son cœur défendant, pour donner au pouvoir en place de l'eau bénite de cour, qui pourrait en décider ?

G. Conclusion

Averroès était sans aucun doute un grand philosophe et un grand savant, en particulier un grand commentateur d'Aristote. Mais c'était un homme de son temps. Il se sentait inséré dans la cité musulmane de son époque. En partageait-il les convictions au fond de son cœur ? Qui peut le dire ? Toujours est-il qu'il défendait ces convictions dans son œuvre écrite, qui est le seul document que nous possédions. Faire d'Averroès le précurseur de quoi que ce soit, en faire le totem d'un quelconque progressisme, d'une quelconque réforme, c'est peut-être travailler pour une très noble cause. Mais c'est en tout cas aller contre la vérité historique.

1. M. Geoffroy, « Ibn Rushd et la théologie almohadiste. Une version inconnue du *Kitâb al-Kasf 'an manâhig al-adilla* dans deux manuscrits d'Istanbul », *Medioevo*, 26 (2001), p. 327-351.

Références des textes

Comme je l'ai indiqué dans mon avant-propos, tous les textes de ce recueil ont été remaniés de quelque façon. J'en indique cependant la première publication ou la première présentation orale.

« La religion et la philosophie », entretien avec Christophe Cervellon et Kristell Trego, *Le Philosophoire*, 22 (2004), p. 25-44.

« La philosophie médiévale, exemple pour l'Europe d'aujourd'hui », dans P. Llorente *et al.* (éd.), *Actes del simposi internacional de filosofia de l'edat mitjana. El pensament antropològic medieval en els àmbits islàmic, hebreu i cristià, Vic-Girona, 11-16 d'abril de 1993*, Patronat d'Etudis Osonencs, Series « Actes », n° 1, Vic, 1996, p. 3-9.

« Sens et valeur de la philosophie dans les trois cultures médiévales », dans J. A. Aertsen et A. Speer (éd.), *Was ist Philosophie im Mittelalter ?* (*Miscellanea Mediaevalia*, 26), Berlin / New York, De Gruyter, 1998, p. 229-244.

« En quoi la philosophie islamique est-elle islamique ? », dans G. Gobillot (éd.), *L'Orient chrétien dans l'Empire musulman. Hommage au Professeur Gérard Troupeau*, Éditions de Paris, 2005, p. 119-141.Version allemande : « Wie islamisch ist die islamische Philosophie ? », dans A. Speer et L. Wegener (éd.), *Wissen über Grenzen. Arabisches Wissen und lateinisches Mittelalter* (*Miscellanea Mediaevalia*, 33), Berlin / New York, De Gruyter, 2006, p. 165-178.

« Le déni d'humanité. Sur le jugement : "ces gens ne sont pas des hommes" dans quelques textes antiques et médiévaux », *Lignes*, 12 (décembre 1990), « Penser le racisme », p. 217-232.

« Un modèle médiéval de la subjectivité : la chair », *Le Colloque de Cordoue. Ibn Rochd, Maïmonide, saint Thomas, ou la filiation entre foi et raison*, Castelnau-le-Lez / Paris, Climats / Association freudienne internationale, 1994, p. 36-62.Version anglaise : « A Medieval Model of Subjectivity : Toward a Rediscovery of Fleshliness », dans R. Lilly (éd.), *The Ancients and the Moderns*, Indiana University Press, p. 230-247.

« Is Physics Interesting ? Some Late Ancient and Medieval Answers », *Graduate Faculty Philosophy Journal*, XXIII-2 (2002), p. 183-201.Présenté comme la septième Shlomo Pines Memorial Lecture à l'Académie Israëlienne des Sciences et des Humanités (Jérusalem), le 8 janvier 1997. Répété à The University of Pennsylvania, le 2 février 1997 et à Notre Dame University, Jacques Maritain Center, le 2 novembre 1998.

Inédit en français.

« Inclusion et digestion. Deux modèles d'appropriation culturelle », dans Ph. Capelle, G. Hébert, M.-D. Popelard (éd.), *Le Souci du passage. Hommage à Jean Greisch*, Paris, Cerf, 2003, p. 77-96.Version allemande : « Inklusion und Verdauung. Zwei Modelle kultureller Aneignung », dans G. Figal, J. Grondin, D. J. Schmidt (éd.), *Hermeneutische Wege. Hans-Georg*

Gadamer zum Hundertsten, Tübingen, Mohr, 2000, p. 295-308.

« Trois regards musulmans sur la cité chrétienne », *Le trimestre psychanalytique*, 3 (1996), « Le théologico-politique », p. 17-28.

« Le Jihâd des philosophes », trad. E. Patard, dans J. Bosshard et A.-M. Delcambre (éd.), *Enquêtes sur l'islam. Hommage à A. Moussali*, Paris, Desclée de Brouwer, 2004, p. 242-261.Original allemand : « Der Dschihad der Philosophen », dans H.-H. Kortüm (éd.), *Krieg im Mittelalter*, Berlin, Akademie Verlag, 2001, p. 77-91.

« Le truchement ou les traductions arabes », Traductions et identité : Romains, Arabes et Juifs face à la culture grecque, Séminaire annuel *La Question de l'identité* (C. Moatti), École doctorale « Pratiques et théories du sens », Université Paris VIII, Saint-Denis, 3.06.2002. Inédit.

« L'entrée d'Aristote en Europe. L'intermédiaire arabe », *Aristote, l'école de Chartres et la cathédrale. Actes du colloque européen des 5 et 6 juillet 1997*, Chartres, AAC-MEC, 1997 [en fait 1998], p. 73-79.

« Les sources extra-européennes de l'Europe philosophique », dans N. Weill (éd.), *Existe-t-il une Europe philosophique ? 16ᵉ forum Le Monde Le Mans, 22 au 24 octobre 2004*, Rennes, Presses Universitaires de Rennes, 2005, p. 189-195.

« Quelques mythes méditerranéens », *Latinité et héritage islamique*, 3ᵉ Colloque international, Académie de la Latinité, Paris, 25.03.2003. Inédit en français. Traduction italienne abrégée et sans les notes : « Mediterraneo spazio di dialogo. È una leggenda », trad. anonyme dans *Vita e Pensiero*, 88 (2005-6), p. 31-37.

« Y a-t-il eu au Moyen Âge un dialogue entre l'islam et le christianisme ? », dans M. Lejbowicz (éd.), *Les Relations culturelles entre chrétiens et musulmans au moyen âge. Quelles leçons en tirer de nos jours ?* (Rencontres médiévales européennes, 5), Turnhout, Brepols, 2005, p. 15-27.

« Le géocentrisme comme humiliation de l'homme », *Herméneutique et ontologie*, Hommage à Pierre Aubenque, Paris, PUF, 1990, p. 203-223. Version augmentée en allemand : « Geozentrismus als Demütigung des Menschen », *Internationale Zeitschrift für Philosophie,* 1994 / 1, p. 1-24. Version augmentée en anglais : « Geocentrism as a Humiliation for Man », *Medieval Encounters*, 1997 / 3, p. 187-210.

« Averroès était-il un gentil ? », IUFM, Aix-en-Provence, 10.03.2004 ; Mosaiksteine. Kulturen des Islam, MZIS, Université de Munich, 11.05. 2004. Inédit.

Index des noms propres

Antiquité et Moyen Âge

Abd al-Jabbâr : 356.
Abderrahman (calife) : 310.
Abélard Pierre : 27-28, 106, 119, 317-318, 325, 357.
Abraham (patriarche) : 31, 239, 408.
Abraham ibn Ezra : 374.
Abraham Maïmonide : 390
Abravanel Isaac : 73-74, 212.
Adélard de Bath : 324.
Alain de Lille : 35, 386.
Albalag Isaac : 67.
Albert le Grand (saint) : 101, 118-119, 146-147, 275, 377 n. 2, 384.
Albo Joseph : 69, 314 n.2.
Alexandre d'Aphrodise : 94, 129, 145, 238, 272.
Alexandre le Grand : 344.
Ali (calife) : 345.
Al-Amiri : 84, 151.
Anaxagore : 148.
Al-Ansârî al-Marrâkushî : 251.
Alphonse le Sage : 67, 346.
Anselme de Cantorbéry (saint) : 19, 65, 113.
Apulée : 56.
Aristippe Henri : 324.
Aristophane : 302.
Aristote : 25, 28-30, 36, 54-55, 67, 75, 78, 83, 86, 99-101, 106-107, 109-110, 115-117, 120, 122, 124, 127, 129, 131, 135, 143-144, 147, 164 n.1, 169, 173, 182-185, 193, 195-198, 201-202, 205-207, 222-223, 234, 238-240, 251-252, 256, 264, 271-279, 285, 291, 293, 300, 302, 305, 308-318, 320, 324, 326, 328, 375-376, 378, 380, 383, 397, 400, 402-404, 412.
Augustin d'Hippone (saint) : 35, 160, 173-178, 191, 194, 267, 325, 339.
Avempace : voir Ibn Bâjja.
Avendehut Johannes : 312.
Averroès (Ibn Rushd) : 18, 22, 24, 29, 68, 75, 91-92, 96-97, 100-101, 105, 121-124, 128-131, 145, 148, 152, 157, 162, 208, 222-224, 238-240, 250-255, 257,258, 271, 275, 277-278, 285, 305, 314, 316-317, 322, 326, 333, 340, 377, 397-412.
Avicébron : voir Ibn Gabirol.
Avicenne (Ibn Sînâ) : 18, 22, 28, 67, 75, 92, 94, 100-101, 109, 116-118, 120-124, 130-132, 175, 186, 207, 212, 234, 238, 240-241, 246-250, 257-258, 273-275, 277, 285, 312-313, 317, 326, 380.
Bahmanyar : 249.
Bahya ibn Paquda : 148-150, 203 n.3, 389.
Bède le Vénérable : 387.

Bernard de Chartres : 77 n.2, 156.
Bernard de Clairvaux (saint) : 87, 173 n.2, 178-183, 188-190, 264 n.3.
Al-Biruni : 117, 219-221, 224, 232, 301, 307, 379.
Al-Bitriq : 117.
Al-Bitrugî (Alpetragius) : 285.
Boèce : 120, 205-206, 214, 275, 290, 309-310, 339.
Bonaventure (saint) : 35, 149-150, 390.
Bouvet H : 357.
Bradwardine Thomas : 325.
Bruni Leonardo : 309.
Bryson : 124.
Charlemagne : 230, 335 n.1, 337.
Cicéron : 202, 290, 309, 320, 387-388.
Clovis : 348.
Constantin : 56, 221.
Constantin l'Africain : 311.
Cremonini Cesare : 404.
Crescas Bunan : 212.
Crescas Hasdaï : 69, 95, 162.
Cuse Nicolas de : 56, 357-358, 393-394.
Daniel (prophète) : 57.
Denys l'Aréopagite : 175, 182, 270, 290.
Dhu Nun : 91.
Duns Scot Jean : 22-23, 55, 75, 94, 119-121, 258 n.2.
Duran Simon b Zemach : 24.
Eckhart Maître : 66, 120, 212, 390-391.
Épictète : 203.
Épicure : 31, 140-141, 161, 320.
Euclide : 78.
Ézéchiel : 204.
Fakhr ud-Dîn al-Râzî : 274.
Falaquera Shem Tov : 152, 212, 401.
Al-Farabi : 18, 22, 67-68, 83-84, 89, 94, 100, 103-104, 115-117, 121-122, 124, 128, 131, 136, 174-175, 214 n.1, 223, 236-238, 240-245, 253-258, 272, 275, 277, 300, 306, 316-317, 326, 397, 403.
Ficin Marsile : 325.
Flore Joachim de : 57.
Fonseca Pedro : 276.
François d'Assise (saint) : 360.
Frédéric II de Sicile : 67, 322, 324, 340.
« Frères Sincères » : 76, 118, 236 n.1, 382.
Galien : 75, 78, 148, 271, 403.
Gérard de Crémone : 311.
Gerbert d'Aurillac : 311.
Gersonide : 18, 69, 95, 162-165, 203 n. 3, 224 n.1, 278.
Al-Ghazali : 23, 67 n.2, 104, 109, 123, 130, 238, 296, 326, 346, 400, 407-408.
Gorgias : 194-195.
Grégoire de Nysse (saint) : 290.
Grosseteste Robert : 309.
Guillaume de Conches : 280.
Gundissalinus : 312.
Halévi Jehuda : 7, 28, 84, 207-210, 213, 215, 230 n.4, 237-238, 259, 316-317.
Hermarque : 142.

« Hermès Trismégiste » : 203-204, 213, 325.
Hérodote : 305.
Homère : 30, 294.
Ibn al-Jallâb : 388.
Ibn Arabi : 92, 105.
Ibn Bâjja (Avempace) : 106, 119, 124, 207, 238, 285, 316-318, 388.
Ibn Caspi Joseph : 212.
Ibn Daoud Abraham : 230 n.3, 317.
Ibn Gabirol (Avicébron) : 118.
Ibn Hazm : 334.
Ibn Kammuna : 347.
Ibn Khaldûn : 72-73, 83, 138, 155, 208, 224, 226-235, 280-281, 301, 334.
Ibn al-Muqaffa‘ : 291.
Ibn Nagrila Samuel : 334.
Ibn Rushd : voir Averroès.
Ibn Sab‘în : 67, 340.
Ibn Sînâ : voir Avicenne.
Ibn Taymiyya : 250.
Ibn Tibbon Jehuda : 210, 314, 322, 341.
Ibn Tibbon Moses : 314, 322, 341.
Ibn Tibbon Samuel : 71, 73-74, 88-90, 117-118, 270, 314, 322, 341.
Ibn Tufayl : 124, 321, 388.
Ibn Tumart : 411.
Irénée de Lyon (saint) : 290.
Isaac Israeli : 117.
Isaïe (prophète) : 73, 148.
Jacques de Venise : 310.
Jâhiz : 302.
Jean de la Croix (saint) : 44, 50.
Jean Damascène (saint) : 68, 350, 351 n.1, 353.
Jean Philopon : 30, 68, 116-117, 130.
Jean Scot Érigène : 38, 173 n.2, 290.
Jean de Vandières : 310.
Jérémie (prophète) : 159-160, 390.
Jésus-Christ : 20, 49, 232-234, 283, 350, 353, 390.
Joseph ha-Saddiq : 118, 203 n.3.
Justin (saint) : 25.
Al-Kindi : 82-83, 91, 108, 124-125, 150, 316, 326.
Kiyâ : 116.
Kydonès Demetrios : 73.
Layth : 349.
Lucrèce : 142, 320.
Lulle Raymond : 352, 357, 360.
Macrobe : 120, 127 n.1, 378, 383.
Mahmud de Ghazna : 241, 321.
Mahomet : 22-23, 25-26, 29, 120, 126, 233, 253, 255, 294, 296, 324, 335 n. 1, 351, 356.
Maïmonide :
Mani (Manès) : 26.
Manuel II Paléologue : 360.
Marie (Vierge) : 62-63, 233.
Marius Victorinus : 127 n.1, 290.
Marsile de Padoue : 34.
Martin Raymond : 352, 401.
Maxime le Confesseur (saint) : 290.
Medigo Élie del : 24, 152 n.2, 401.
Michel Scot : 311.

Miskawayh : 124-125, 383-384.
Moerbeke Guillaume de : 309.
Moïse (prophète) : 325.
Moïse de Narbonne : 67, 212, 403.
Moïse b Ezra : 84.
Möngke (khan mongol) : 358.
Moscato Jehuda : 208.
Nahmanide : 359.
Nasîr-u Dîn Tûsî : 123-124, 271, 274.
Némésios d'Émèse : 290.
Nissim de Gérone : 69.
Nizam al-Mulk : 311.
Ockham Guillaume d' : 34, 55.
Olieu Pierre de Jean (Olivi) : 194.
Omar (calife) : 345.
Origène : 290.
Othon III : 310.
Ovide : 78.
Pablo Cristiani : 359.
Pachymeres Giorgios : 270.
Paul (saint) : 34-35, 87, 356.
Philon d'Alexandrie :
Photius : 384.
Pierre Alphonsi : 324.
Pierre d'Auvergne : 202.
Pierre le Vénérable : 23, 324, 351.
Platon : 28, 31, 53-55, 110, 122, 124, 131, 144, 148, 154-156, 158 n.1, 161, 174, 195, 206, 214, 224 n.1, 240, 243-245, 253-255, 258, 305-306, 309, 320, 324-325, 382, 386, 407, 409.
Platon de Tivoli : 324.
Pline l'Ancien : 379.
Plotin : 28, 110, 126-128,290, 305, 320, 378.
Plutarque : 38.
Pompée : 335.
Porphyre : 109, 142.
Proclus : 31, 42, 175, 325, 382.
Protagoras : 171.
Ptolémée : 271 ; 285 ; 376.
Psellos Michel : 86.
Pythagore : 223.
Qadi Sa'id de Qumm : 101, 275.
Al-Razi (Rhazès) : 7, 22, 111, 118, 274, 302, 324.
Saadi : 188.
Saadia Gaon : 294, 372-375.
Sâ'id al-Andalusî : 316.
Sâwmâ Rabban : 71-72.
Sayf ad-Dawla : 240.
Scholarios Giorgios : 73.
Sénèque : 120, 157, 202, 317, 320, 371.
Sextus Empiricus : 187 n.1, 195 n.1, 325.
Al-Shahrastani : 83.
Shem Tov b Joseph : 212, 270, 401.
Siméon b Yokhaï : 204.
Simplicius : 100, 130, 142-143, 145-146, 154, 158, 272, 377.
Socrate : 53, 96, 116, 140, 407-409.
Sohravardi : 92, 102, 105, 109.
Suarez Francisco : 34.
Suyuti : 303.
Sylvester Maurus : 276
Tabari : 400.
Al-Tayyib : 117.
Thémistius : 100, 120, 129, 163-164, 195, 238, 272, 376.

Thomas d'Aquin (saint) : 28, 33, 63-64, 66, 69, 75, 94-95, 97, 101, 113, 118-120, 158-161, 175, 182-183, 195-196, 201-202, 275-276, 309, 312, 339-340, 382-383, 397, 401, 405.
Virgile : 77.
Xénophon : 140.
Yahyâ ibn 'Adî : 67, 117.
Zamosc (Israël b Moses Halévi) : 208.
Zénon : 109, 320.
Zoroastre : 293, 345.

Âge classique et Temps modernes

Adams H : 62-63.
Altmann A : 68.
Andrea G : 56.
Arendt H : 39, 199 n.2.
Armstrong A H : 381.
Asín Palacios M : 388, 401.
Bachelard G : 41.
Bacon R : 352.
Bayle P : 37-38, 398 n.1.
Benjamin W : 167.
Benoît XVI : 361.
Bergson H : 28, 251.
Berkeley G : 23, 347 n.1.
Berman H J : 24, 283 n.2, 328.
Berman L V : 109, 251 n.3.
Bernanos G : 342.
Bibliander (Buchmann) : 324.
Bizet G : 338.
Bloy L : 62.
Blumenberg H : 364-365, 371, 379 n.1, 392 n.1, 394.
Bodin J : 358.
Boehme J : 93.
Borges J L : 305.
Boulainvilliers H de : 199.
Bréhier É : 112.
Browne Th : 393.
Bruno Giordano : 30.
Butterworth Ch E : 241 n.1, 249 n.2, 257 n.1, 406.
Campanini M : 125-126, 130, 411 n.1.
Camus A : 331.
Carnap R : 364 n.1, 368.
Casaubon I : 326.
Chardin J : 304.
Chenu M -D : 82.
Chesterton G K : 43.
Comte A : 60.
Condorcet J de Caritat de : 22, 59-60, 244 n.2.
Condillac É Bonnot de : 22.
Copernic N : 64, 185, 362-367, 370, 392-396.
Corbin H : 91-93, 101-102, 105, 275 n.1.
Croce B : 49.
Darwin Ch : 362, 365.
Defoe D : 321.
Descartes R : 28, 113, 139, 186.
Fénélon Fr de Salignac de la Motte-F : 35, 38.
Feuerbach L : 33.
Fichte J G : 85, 110.
Flasch K : 95 n.1, 268, 310 n.2, 324 n.1, 325 n.2, 392 n.1.

Flaubert G : 47, 338.
Fontenelle B le Bovier de : 366-367.
Frédéric II de Prusse : 409.
Freud S : 333, 362-366, 368-370.
Friedrich C-D : 62.
Galilée : 394-395, 404.
Gauthier L : 388 n.2, 398-399.
Geoffroy M : 399, 401, 406, 408 n.1, 411-412.
Gibbon E : 60.
Gilson É : 75, 112, 173 n.4, 403 n.3.
Goethe J W : 195.
Goldziher I : 48, 296 n.2, 338.
Gramsci A : 410.
Grass G : 265.
Gutas D : 115 n.1, 274 n.1, 291, 293, 299, 302 n.4, 306 n.1.
Hadot Pierre : 85.
Haeckel E : 365-366.
Harvey W Z : 69 n.2, 96, 111 n.3, 148 n.4.
Hegel G W Fr : 32, 110, 168, 240, 354.
Heidegger M : 92, 168-171, 185, 190, 199-200, 267, 409.
Henry M : 286-289.
Hirschfeld H : 210.
Hobbes Th : 34, 38.
Hölderlin Fr : 338, 370 n.1.
Houdas O : 302.
Hugo V : 62.
Husserl E : 169, 185-186, 193 n.2, 200 n.1.
Huysmans J -K : 62.
Ingoli Fr : 394-395.
Jastrow M : 89.
Jolivet J : 106, 119 n.2, 308 n.1, 313 n.2, 357 n.3.
Kant I : 31-34, 110, 169 n.3, 171, 176, 191, 384 n.4.
Keller Ch (Cellarius) : 56.
Klee P : 338.
Kojève A : 110.
Kraemer J L : 237, 257.
Lavater J C : 195.
Lawrence Th E : 338.
Lazarus M : 204-205.
Leibovitz Y : 47.
Leopardi G : 366, 368 n.1.
Lessing G E : 163.
Lewis C S : 369 n.1, 379 n.1, 381 n.2, 383 n.2, 386, 392 n.2, 394 n.1.
Libera A de : 21 n.1, 61 n.1, 318 n.2, 391 n.1, 399, 406.
Locke J : 37.
Lovejoy A O : 369 n.1, 388 n.1, 392 n.2, 395-396.
Luther M : 59, 194.
Luxenberg Ch : 25-26, 297 n.1.
Lyautey (maréchal) : 338.
Malebranche N : 23, 208 n.1, 403.
Marx K : 141, 340.
Melanchthon Ph : 394-395.
Mérimée P : 338.
Merleau-Ponty M : 192-193.
Mesland P : 113.
Michelet Jules : 57.
Montaigne M de : 267, 392.
Morabia A : 228, 236, 250, 255 n.2, 257, 345.
Mozart W A : 333.
Muhammad Ali (Maulana) : 228, 233 n.1.

Müller M J : 322, 402.
Munk S : 118, 207 n.1.
Napoléon : 284.
Newton I : 43.
Nietzsche Fr : 32, 37, 43, 110, 169-171, 198-199, 214 n.2, 267, 286, 288.
Novalis (Fr von Hardenberg) : 61.
Pascal B : 163, 405-406.
Pinès S : 69, 111, 116-118, 131, 186 n.1, 226 n.3, 254 n.2, 277 n.1, 317.
Pirenne H : 335.
Pol Pot : 407.
Popper K : 240.
Proust M : 338.
Quillet J : 41 n.1.
Rabelais Fr : 59.
Ramsay A M : 35.
Renan E : 22, 39, 398.
Rilke R M : 164.
Rosenthal Fr : 84 n.1, 151 n.2, 281, 296 n.1.
Rossi P : 369 n.1, 395-396.
Rousseau J -J : 38-39.
Rushdie S : 239, 405.
Saussure F de : 80.
Schelling Fr W : 110, 391-392.
Schiller Fr : 44, 338.
Schlegel Fr : 279-281.
Schleiermacher Fr : 194, 197.
Scholem G : 68.
Schopenhauer A : 39, 191.
Schregle G : 300.
Scott W : 62.
Sondag G : 55 n.1.
Spinoza B : 30.
Strauss L : 36, 95 n.1, 97-98, 103-104, 259 n.1.
Swedenborg E : 93.
Tocqueville A de : 176.
Touati Ch : 73 n.2, 164 n.4, 203 n.3, 210.
Trigano G : 331.
Turgot A : 59.
Urvoy D : 239, 282 n.1, 333 n.3, 410-411.
Valéry P : 268, 311.
Van den Bergh S : 130.
Viollet-le-Duc E : 62.
Voltaire : 385 n., 401.
Wagner R : 62.
Weber M : 44.
Weiler J H : 46.
Wilkins J : 395.
Wittgenstein L : 333.

Index des principaux concepts

Alexandrie : 223, 300-301, 332.
Almohades : 29, 278, 313-314, 322, 333, 341, 411-412.
amour : 62-63, 178-182.
ange : 128, 172, 174, 180-183, 190-191, 196, 306, 374.
angoisse : 142, 160, 393.
aristotélisme : 100, 274-275, 285, 316.
astronomie : 151, 285, 295, 311.
ataraxia : 161.
athéisme athées : 37-38, 112-113.
Athènes : 53-78.
authenticité : 78, 356.
autonomie : 33-34.
Bagdad : 67, 78, 116-117, 277, 301, 335-337, 347.
barbarie : 59-61, 286-287.
béatitude : 94, 162-166.
bouddhisme : 230.
Byzance : 66, 69, 82, 85-86, 223, 227, 230, 302, 312, 321, 336-337, 350.
certitude : 170-171.
chair : 172, 177-187, 192-193, 196-197.
chrétienté : 21.
christianistes : 49.
cité : 131-132, 196-197.
civilisation : 49.
cœur : 377.
commentaire : 99-101, 269-271.
conquête arabe : 344-346.
conscience : 234-235.
considération : 190.
Constantinople : 306, 319, 336-337.
conversation : 197.
Coran : 23, 25-26, 126-130, 151, 181, 206, 245, 253-254, 296-297, 324, 351.
Cordoue : 332-334.
cosmothéisme : 30.
Croisades : 230, 340, 346.
croyance : 43.
curiosité : 353-354.
dhimma : 19, 298, 333, 347-348.
dialogue : 66, 331, 339, 357-361.
digestion : 266-267.
dignité : 158-162, 181.
Dôme du Rocher : 354.
droit : 25, 281-283, 328.
dyspepsie : 288.
élite/vulgaire : 231.
émancipation : 34.
epistèmè : 81, 91-93.
épluchage : 281.
équité : 251-252.
esclavage : 208, 211, 243, 247.
Escorial : 341.
État : 41, 350.
éthique : 131.
Être suprême : 37.
eurocentrisme : 56, 93.
Évangiles : 232-234.
falsafa : 17-19, 82-83, 102-104, 258.
fanatisme : 38, 60.
fatwa : 405.
femmes : 408-410.
foi : 45, 95, 113.
fomes : 34.

« Francs » (*Ifranj*) : 223, 229, 319.
gnose : 31, 102, 213.
Goths : 59.
hadith : 23, 228, 250, 281, 295-296, 324.
hétéronomie : 33-34.
hikma : 102-103, 406.
humain : 254.
humanisme : 45.
Humanistes : 59-60.
humiliation : 334, 353, 367-368.
humilité : 77, 173, 189, 369, 390.
idéologie : 45, 76, 115.
« Ignorance » (*Jâhiliyya*) : 122, 282, 295-296.
'ilm : 295-296.
image : 170.
Incarnation : 126, 302, 390.
inclusion : 263-266.
individu : 195-197.
influence : 23-24, 327.
insertion : 268.
institutionnalisation : 17, 96-97, 103-104.
intérêt : 136-138.
irrationalisme : 42.
Islam/islam : 20-23.
i'tibâr : 148.
Jérusalem : 78, 354.
jihâd (« militance ») : 228-229, 236, 240-241, 249-252, 257.
justice : 156-157.
Kabbale : 104.
Kalâm : 17-19, 23, 98, 103, 113, 116-117, 121, 257, 293, 405-406.
laïc : 49, 60.
latin : 65-66.
libéralisme : 224.
liberté : 45, 130.
Lituaniens : 348.
livre : 19-20, 35.
logos : 19-20, 215.
loi : 33-35, 126, 132, 150, 219, 232-233, 239-240, 247-249, 252-254, 391, 409.
« Lumières » : 37, 43, 58-60.
magie : 42-43.
« Maison de la sagesse » : 299.
mariage : 49.
message : 232-234.
métaphysique : 40, 92, 135-136.
methorion : 174.
milieu/centre : 376-377.
modernité : 167-168.
monde : 29-35.
Mongols : 71, 347, 358.
monothéisme : 30-32, 125-127, 204.
multiculturalisme : 331-332.
mystère : 95.
mystique : 90-91, 257.
Nahda : 322, 402.
nain : 77.
nature : 36, 129.
néoplatonisme : 33, 126-127, 173, 175, 325.
Noirs : 211, 213, 246.
Normands : 351.
œil : 183.
œuf : 373-375, 380.
ordinateur : 193-194.
originalité : 402-405.
païen : 44, 110-111, 120, 351-352.
paix : 258-259.

palmiers : 255.
pape papauté :
paraphrase : 269-271.
parathéorie : 363.
Perse : 75, 297, 344-345.
pesher : 283.
philologie : 105, 276-277, 309.
philosophie chrétienne : 87, 110-112.
phronèsis : 36, 147.
pogrom : 333.
post-moderne : 167-168, 192.
postulat : 31.
prêtre : 60.
progrès : 59-60, 284.
projeter : 33.
Prométhée : 33.
providence : 35-36.
prudence : 36.
Querelle des investitures : 24, 328.
racisme : 198-200.
raison : 42-44, 194, 213-215, 362.
rationalisme : 42.
Renaissance : 58-59, 78, 101.
renaissances : 284-285, 327.
respect : 46-47.
résurrection : 178.
Romantisme : 61.
Rome : 73, 77, 225, 289, 335-337.
Sabiens : 298-299, 302, 315.
sacré : 45.
sagesse : 35.
saint : 44-45.
Salerne : 311, 322.
Sem (ancêtre des Sémites) : 84, 209.
sharia : 41, 132, 220-221, 224, 232, 333, 405-406.
société : 39.
soufisme : 103-104, 250-251, 256-257.
Stoïciens : 281-282, 379.
subjectivité : 169-170.
superstition : 38.
tahrîf : 294.
tahrîr : 271.
Talmud : 20, 57, 88-89, 213.
technique : 139-140.
terre : 185, 188-189, 369-370, 373-374, 382-385, 389, 393-395.
théâtre : 305.
théologie : 17-19, 33, 40, 64, 405.
« Théologie d'Aristote » : 100-101, 273-275.
theôria physikè : 148.
théorique : 135-136.
théosophie : 102.
Tolède : 67, 310-311, 322-324, 351.
« *Toledot Yeshu* » : 350.
tolérance : 36-38, 69, 213.
Torah : 20, 27, 71, 95, 294.
totalitaire : 245.
toucher : 182-187.
translatio studiorum : 300.
tratteggio : 287-288.
Trinité : 126-127, 354-357.
« Des trois imposteurs » : 398-399.
Turcs : 59, 211, 247, 321.
université : 18, 72, 96, 311.
Venise : 336, 339.
wikkuah : 67-69, 359.

Table des matières

Avant-propos 7
Abréviations 11
Entretien 17

PREMIÈRE PARTIE
GÉNÉRALITÉS

Les leçons du Moyen Âge 53
A. AUTOPORTRAIT D'UN TRANSFUGE 54
B. DEUX LÉGENDES CONTRAIRES 56
1. La légende du Moyen Âge 56
2. Le noir... 58
3. ... et le doré 61
4. Crever les baudruches 63
C. LA PENSÉE MÉDIÉVALE ET SON ACTUALITÉ POUR L'EUROPE 65
1. Une Europe sans frontières linguistiques ?.. 65
2. Un dialogue entre cultures ? 66
3. L'émergence intellectuelle de l'Europe, un fait médiéval 70
4. Savoir emprunter 74
5. Éloge du complexe d'infériorité 76
D. CONCLUSION : UN EXEMPLE À SUIVRE 78

Sens et valeur de la philosophie dans les trois cultures médiévales 80
A. SENS 82
1. Un mot étranger 82
2. Variété sémantique 85
a) Byzance 85
b) L'Occident latin 87
c) Le judaïsme : les silences d'Ibn Tibbon 88
d) L'Islam 90
B. VALEUR 93
1. La restructuration religieuse du champ de l'*epistèmè* médiévale 93
2. Institutionnalisation de la philosophie 96
3. Modes d'appropriation 98
C. CONTRE LES BAPTÊMES INVOLONTAIRES 102
D. CONCLUSION 105

En quoi la philosophie islamique est-elle islamique ? 108
A. DES NOMS 108
1. Peut-on nommer une philosophie d'après une religion ? 109
2. Débat 112
B. LA PERTINENCE DE LA RELIGION 114
Ad extra : 1. Vu de l'Islam 115
Ad extra : 2. Vu du judaïsme 117
Ad extra : 3. Vu du christianisme 118
Ad intra : L'image de soi de l'Islam 121
C. LES CONTENUS 125
1. Le *Tawhîd* 126
2. La structure de l'univers 128
3. L'intellect humain 129
4. Éternité ou adventicité du monde 130
5. Éthique et politique 131
D. CONCLUSION 132

DEUXIÈME PARTIE

THÈMES COMMUNS

La physique est-elle intéressante ? 135
A. INTRODUCTION 135
B. LA NÉGATION DE TOUT INTÉRÊT 138
C. L'IMPERTINENCE DE LA PHYSIQUE 140
D. SIMPLICIUS SUR L'INTÉRÊT DE LA PHYSIQUE 142
E. LA PHYSIQUE COMME UN CHEMIN VERS LA THÉOLOGIE 147
F. L'INTÉRÊT DIRECT DE LA PHYSIQUE 154
1. Le *Timée* et sa postérité : les vertus de la nature 154
2. Thomas d'Aquin : sauvegarder la dignité humaine 158
3. Gersonide : former le sujet de la béatitude 162
G. Conclusion 166

Un modèle médiéval de la subjectivité : la chair 167
A. UN PROGRAMME DE RECHERCHES : HEIDEGGER, LA SUBJECTIVITÉ ET LA MODERNITÉ 168
B. LA CHAIR COMME CRITÈRE ANTHROPOLOGIQUE : L'HOMME ET L'ANGE 172
C. CHAIR ET CORPS 177
D. CHAIR ET CONSCIENCE : LE SENS DU TOUCHER.... 182
E. L'HUMILITÉ COMME CONSCIENCE DE LA CARNALITÉ 187
F. DEUX PROBLÉMATIQUES CONTEMPORAINES ET LE MODÈLE MÉDIÉVAL DE LA SUBJECTIVITÉ 191
1. Anthropologie 191
2. Herméneutique 194
G. CONCLUSION 197

Le déni d'humanité 198
A. QUELQUES PRÉCAUTIONS 198
B. QUELQUES TEXTES « PAÏENS » 201
C. DÉBUTS DES MONOTHÉISMES 204
D. L'APOGÉE DE L'ARISTOTÉLISME MÉDIÉVAL 207
E. QUELQUES RÉFLEXIONS 212

TROISIÈME PARTIE

COMPARAISONS

Trois regards musulmans sur la cité chrétienne 219
A. BIRUNI : UNE FOI SANS LOI 219
B. AVERROÈS : DES LOIS FONDÉES SUR L'INTÉRÊT DU MOMENT 222
C. IBN KHALDÛN : DES LOIS SANS « SHARIA » 224
D. LA MILITANCE (« JIHÂD ») 228
E. LA NATURE DU CONTENU RÉVÉLÉ 232

Le Jihâd des philosophes 236
A. EN GUISE D'INTRODUCTION 236
B. UNE ANTINOMIE : CLÉMENCE OU DURETÉ DES PHILOSOPHES 237
1. Clémence du philosophe idéal-typique ? 237
2. Dureté des philosophes réels 238
C. FARABI 241
1. L'homme d'État idéal en tant que guerrier. 241
2. La guerre juste 242
3. La guerre en tant que pédagogie 244
D. AVICENNE 246
1. « Bien mal acquis ne profite jamais » 246
2. Prétention à l'absolu 247
3. Ambiguïté 249
E. AVERROÈS 250
1. *Jihâd* et équité 251

2. La guerre en tant que chemin vers Dieu.... 253
3. Surenchère religieuse au sujet de la guerre . 254
F. CONCLUSION 256

QUATRIÈME PARTIE

FILIATIONS

Inclusion et Digestion 263
A. DEUX FAÇONS DE S'APPROPRIER 264
B. DEUX MÉTAPHORES DE L'APPROPRIATION CULTURELLE 266
C. DIVERSES FAÇONS DE COMMENTER 269
D. ARISTOTE COMME EXEMPLE 272
E. LES CONTEXTES CHRÉTIEN ET ISLAMIQUE 277
F. L'ISLAM COMME CULTURE DE LA DIGESTION 279
G. L'EUROPE COMME CULTURE DE L'INCLUSION 283
H. LA LITTÉRATURE SUR L'ESTOMAC 286

Le truchement 289
A. UN MOUVEMENT MILLÉNAIRE DE TRANSFERT 289
B. LE CADRE 291
C. QUE TRADUIT-ON QUAND ON TRADUIT ? 294
D. PART DE LA TRADUCTION DANS LA CONSTITUTION D'UNE CULTURE 295
E. PLACE DE L'AUTRE DANS LA CONSTITUTION D'UN ESPACE PUBLIC 297
F. VOCABULAIRE DE L'ACTE DE TRADUCTION : TRANSPORTER, IMITER, CONCURRENCER, ETC....... 299
G. LE RAPPORT AUX GRECS DANS CHAQUE CULTURE . 301
H. PLACE DE LA TRADUCTION DANS LA CULTURE ÉTUDIÉE 303
I. ARABES ET LATINS 306

L'entrée d'Aristote en Europe 308
A. UN ITINÉRAIRE ESPAGNOL 308
B. QUELQUES RÉFLEXIONS 312
C. LE RÔLE DU MONDE ARABE 314

Les sources extra-européennes de l'Europe philosophique 319
A. Où est l'Europe ? 319
B. Les traductions de l'arabe 320
C. Le contenu transféré 324
D. Pourquoi a-t-on traduit ? 327

Cinquième partie
Baudruches

Quelques mythes méditerranéens 331
A. Une expérience concluante 331
B. Un passé pas si rose 332
C. La Méditerranée comme réalité passée 334
D. Trois sorties de la méditerranée 336
E. La Méditerranée comme rêve rétrospectif de l'europe 337
F. Y a-t-il eu un dialogue des civilisations méditerranéennes ? 339
G. Le mauvais côté de l'histoire 340
H. Conclusion 342

Y a-t-il eu au Moyen Âge un dialogue entre les religions ? 343
A. Le cadre historique 343
B. Le contexte social 347
C. Le contexte intellectuel 349
D. Le contexte affectif 352
E. Esquisse de la littérature apologétique 354
F. Dialogues ? 357
G. Conclusion : « Prêcher des convertis » 361

Le géocentrisme comme humiliation de l'homme 362
A. La préhistoire d'une erreur 365
B. Deux modèles de la centralité 368

C. Les exceptions 371
D. Centralité géométrique et centralité axiologique 375
E. Le centre comme « bas » 378
F. La terre comme élément le plus vil 382
G. L'homme dans un cul de basse-fosse 387
H. De l'humiliation à l'humilité 389
I. L'héliocentrisme comme promotion 392
J. Conclusion 396

Averroès est-il un gentil ? 397
A. Au bon beur 397
B. Une œuvre en marge 399
C. Vérité et originalité 402
D. Le Discours décisif 405
E. Un dur 407
F. Un intellectuel organique 410
G. Conclusion 412

Références des textes 413
Index des noms propres 417
Index des principaux concepts 424

Composition et mise en page

NORD COMPO
multimédia

N° d'édition : L.01EHQN000221.B002
Dépôt légal : septembre 2008
Imprimé en Espagne par Novoprint (Barcelone)